RUBY CASTILLA PUENTES — FERNANDO ESPI FORCEN

QUIJOTES DE LA PSIQUIATRIA

LIDERES HISPANOS Y LATINOS EN SALUD MENTAL

"Al bien hacer
jamás le falta premio."

Don Quijote de la Mancha

QUIJOTES DE LA PSIQUIATRIA
LIDERES HISPANOS Y LATINOS EN SALUD MENTAL

Ruby Castilla & Fernando Espí

Copyright © 2020 Ruby Castilla & Fernando Espi

Todos los derechos reservados.

ISBN: 9798669529376

QUIJOTES DE LA PSIQUIATRIA

ILUSTRACIONES

Emily Rose Castilla

QUIJOTES DE LA PSIQUIATRIA

CONTENIDO

1	DEDICATORIA	4
2	AGRADECIMIENTOS	5
3.	ACRONIMOS	6
4	PROLOGO	7
3	ORIGEN DE LA LATINIDAD Y LA HISPANIDAD	9
4	UNA HISTORIA DE LA PSIQUIATRÍA HISPANA O LATINA	12
5	BIOGRAFIAS Y ENTREVISTAS A LOS QUIJOTES	18
6	IN MEMORIAM	197
7	UNA MIRADA AL FUTURO	441
8	LA SOCIEDAD AMERICANA DE PSIQUIATRAS HISPANOS	449
9	EPILOGO	452
10	A CERCA DE LOS AUTORES	456

DEDICATORIA

A nuestros padres. Nuestros Quijotes

AGRADECIMIENTOS

A todos los Psiquiatras que nos brindaron su apoyo.

A esos Quijotes de la psiquiatría hispana que se unieron a nuestro proyecto.

Sin su aporte, este libro no existiría.

QUIJOTES DE LA PSIQUIATRIA

ACRONIMOS

Antes de Cristo (a. C)
Colegio Americano de Psiquiatras (ACP)
Asociación Española de Psicoanálisis Freudianos (AEPF)
Asociación Médica Argentina (AMA)
Asociación Psiquiátrica Americana (APA)
Asociación Americana de Psicopatología (APPA)
Asociación Psiquiátrica de América Latina (APAL)
Sociedad Americana de Psiquiatría Hispánica (ASHP)
Caja Nacional de Previsión (CAJANAL)
Centro de Investigación Biomédica en Red del Área de Salud Mental (CIBERSAM)
Después de Cristo (d.C.)
Consejo Español del Cerebro (CEC)
Proyecto educativo de prevención de. la deserción y la delincuencia (CEPA)
Servicios de Prevención e Intervención Para Niños –(CHIPS)
Manual diagnóstico y estadístico de trastornos mentales (DSM)
Resultados en Salud Infantil (Child Health Outcomes ECHO)
Asociación Europea de Psiquiatría (EPA)
Fisiopatología y Terapéutica Experimenta (ETPB)
Fundación Española de Psiquiatría y Salud Mental (FEPSM)
Federación latinoamericana de Psiquiatría de la infancia (FLAPIA)
Imágenes de resonancia magnética funcional (fMRI)
Grupo para el Avance de la Psiquiatría (GAP)
Grupo Latinoamericano de Estudios Transculturales (GLADET)
Inteligencia Artificial (IA)
Diagnóstico Integral Centrado en la Persona (ICPCM)
Comité Científico de la Red International de Epidemiologia Clínica (INCLEN)
Instituto Provincial de Investigaciones y Estudios Toledanos (IPIET)
Facultad de Medicina Icahn en Monte Sinaí (ISMMS)
Instituto de Investigación Sanitaria del Principado de Asturias (ISPA)
Red latinoamericana de Epidemiología Clínica (LatinCLEN)
Comunidad Lesbiana, Gay, Bisexual y Transgénero (LGBT) Resonancia magnética (MR)
Magnetoencefalografía (MEG)
Alianza Nacional de investigación en Esquizofrenia y Depresión (NARSAD)
Instituto Nacional de Salud (NIH)
Instituto Nacional de Salud Mental (NIMH)
Organización Panamericana de la Salud (OPS)
Trastorno bipolar pediátrico (PBD)
Tomografía por emisión de positrones (PET)
Polisomnografía (PSG)
Trastorno de Estrés Post Traumático (PTSD)
Que En Paz Descanse (QEPD)
Sociedad Española de Psiquiatría (SEP)
Sociedad Española de Psiquiatría Biológica (SEPB)
Sociedad Española para el Estudio de los Trastornos de Personalidad (SEETP)
Universidad Autónoma de Barcelona (UAB)
Universidad de California, San Diego (UCSD)
Universidad Nacional Autónoma de México (UNAM)
Universidad Nacional de Córdoba (UNC)
Oficina de Naciones Unidas Contra la Droga y el Delito, para Colombia (UNODC)
Universidad Peruana Cayetano Heredia (UPCH)
Centro Médico de la Universidad de Pittsburgh (UPMC)
University of Tennessee Health Science Center (UTHSC)
Mujer en Quechua-Red de Profesionales Promoviendo la Salud Mental de las Mujeres (WARMI)
Asociación Mundial de Psiquiatría Cultural (WACP)
Federacion Mundial de las Sociedades de Psiquiatria Biologica (WFSBP)
Instituto Psiquiátrico de Pittsburgh, PA -Western Psychiatric Institute and Clinic (WPI

PROLOGO

Este libro se concibió en San Francisco, California durante la reunión de la Asociación de Psiquiatras Americanos (APA) en Mayo de 2019. Nos encontramos en la sección de libros mi amigo y colega Fernando Espí y después de tomarnos un par de fotos frente a las letras grandes que promocionan la APA nos pusimos a hablar de la necesidad de reconocer y rendir un homenaje a los psiquiatras hispanos que trabajan en Estados Unidos, España, América Latina y el mundo hispano. Después de la repentina muerte de nuestros colegas y amigos Jaime Vengoechea y Álvaro Camacho, quisimos elaborar el duelo a través de la creación de este libro. Tras sentarnos, y con lápiz y papel, delinear un plan, quisimos también rendir un homenaje a "El Ingenioso Hidalgo Don Quijote de la Mancha", la obra cumbre de la literatura en español, escrita por Miguel de Cervantes y publicada hace más de 400 años (en Enero de 1605).

A pesar de encontrarnos con injustas definiciones de "quixotic" (e.j. poco práctico, marcado por ideas románticas, precipitadas, caprichoso, impredecible, etc.) al leer la obra de Cervantes no se puede negar la sabiduría que encierran sus personajes en cuanto a sus comportamientos y formas de pensar. Nos refugiamos en las definiciones de Don Quijote como una magistral representación del idealismo puro. Un personaje que, a pesar de actuar muchas veces, erráticamente, se lanza a lograr sus objetivos y a condensar el deseo humano de trascender. Quisimos resaltar el idealismo proyectado por Don Quijote, el cual vimos plasmado en los más de 100 Quijotes de la psiquiatría hispana que se unieron a nuestro proyecto. Para ellos, nuestro eterno agradecimiento. Sin su aporte, este libro no existiría. Quisimos también rendir un homenaje póstumo a los Quijotes que partieron. A aquellos que dejaron una huella imborrable en las vidas de pacientes, colegas y familias. Que lucharon contra los molinos de viento representados por la inequidad y el estigma. A los Quijotes que no incluimos en esta edición, reciban nuestras más sinceras disculpas con nuestro firme compromiso de adicionarlos en la próxima edición.

Este libro tiene una primera sección delineando los aspectos históricos de la salud mental en el mundo hispano; una segunda sección en orden alfabético, se encuentran las fotos, el resumen biográfico y las respuestas a un cuestionario. Al final tenemos la sección en la que rendimos homenaje a los colegas que ya se marcharon. Aunque pudimos contactar a algunos familiares, la mayoría de los datos fueron recopilados de los obituarios, revistas o de los colegas que los conocieron y tuvieron contacto cercano con ellos. Tratamos de conservar los diversos estilos con que cada uno de los Psiquiatras-Quijotes presentaron sus datos biográficos o expresan sus pensamientos respondiendo la lista de preguntas. Algunos describen las biografías en primera, otros en tercera persona; unos contando con múltiples detalles, otros más reservados, pero todos ayudándonos a cumplir nuestro objetivo. Fuimos privilegiados de contar en esta versión actualizada, con el prefacio escrito por nuestro querido compañero y amplio conocedor del Quijote, Fructuoso Irigoyen.

Esperamos que los jóvenes y la nueva generación de hispanos que quieren dedicarse a la noble profesión de la psiquiatría puedan encontrar algunas respuestas en este libro. Sin embargo, solo con el placer de compartir esta aventura con mi amigo Fernando Espí; el poder reconectarme con mis admirados profesores, Dr. Boris Birmaher, Drs. Horacio Taborda, María Cristina de Taborda y Pablo "Pablito" Rodriguez, y el tener el privilegio de rendir homenaje a Alvaro Camacho, "Camachito," Carolina Borda y mis queridos mentores Dr, Roberto Serpa, Jaime Vengoechea y James Perel, el esfuerzo valió la pena. Así como Don Quijote una vez ungido como caballero andante, lo primero que hace es expresar su agradecimiento al ventero que lo ungió, no podría terminar este escrito sin compartir un párrafo del libro que nos inspiró: "De gente bien nacido es agradecer los beneficios que reciben, y uno de los pecados que más a Dios ofende es la ingratitud" Fragmento del de Don Quijote de la Mancha, Capitulo XXI.

Ruby C. Castilla-Puentes, MD, DrPH, MBA.
Presidenta de la Sociedad Americana de Psiquiatras Hispanos,
2020-2022
http://www.americansocietyhispanicpsychiatry.com/
Presidenta de la Red de Salud Mental de la Mujer WARMI
https://www.warmimentalhealth.com/

QUIJOTES DE LA PSIQUIATRIA

ORIGEN DE LA HISPANIDAD Y LATINIDAD

Fernando Espí Forcén

Iberia: Antes de la Hispanidad

Antes de la invasión romana, la península ibérica, estaba poblada por diferentes pueblos que tenían relaciones comerciales con griegos y fenicios entre otros. Existen varias teorías sobre la procedencia de estos pueblos íberos, pero en general se consideran los primeros pobladores de lo que los griegos llamaron Iberia. En general, estos pueblos íberos se dividían en celtíberos, que hablaban lenguas celtas, los tartesos, en el área de la actual Andalucía y los íberos propiamente dichos que se hallaban en el área mediterránea. Los íberos hablaban y escribían, aunque su lengua no se ha podido descifrar todavía. Establecieron relaciones comerciales con fenicios y griegos. Los griegos influyeron claramente en el arte íbero. Un ejemplo de ello es la famosa dama de Elche, hoy en el museo arqueológico de Madrid. Los griegos también fundaron colonias en Iberia, como es el caso de Ampurias y también lo hicieron los fenicios fundando Gadir (Cádiz). Los cartaginenses eran un pueblo independizado de los fenicios que se estableció en Túnez y más tarde en Iberia donde fundaron Qart Hadasht (Cartagena). Algunas palabras celtíberas han persistido en el lenguaje español actual como "greñas" o "gancho".

Hispania

Tras las guerras púnicas entre romanos y cartaginenses, los Escipiones iniciaron la conquista romana de la mayor parte de la península ibérica a finales del siglo III a.C. Ya en el siglo I d.C. con Octavio Augusto se aseguró todo el territorio y la península ibérica pasó a ser una provincia más del imperio. Las lenguas íberas, fenicias, y el griego se fueron abandonando en merced de la lengua del imperio, el latín. Así pues, gradualmente Iberia paso a ser la Hispania romana, y sus habitantes fueron latinizándose progresivamente. La Hispania romana dio importantes emperadores como Trajano, Adriano o Marco Aurelio, así como importantes filósofos como Séneca. El latín dio lugar a las lenguas romances incluyendo el español. Los hispano-romanos adoptaron la religión católica tras la declaración del cristianismo como religión oficial del imperio bajo en emperador Teodosio I que también era de origen hispano.

Visigodos

Con la decadencia del imperio romano, un pueblo de origen sueco se desplazó desde Gotland hacia el sur de Europa estableciéndose finalmente en Hispania a principios del siglo V d.C. y creando por primera vez en la historia de la península una unidad territorial independiente. Los visigodos tomaron control de toda la provincia romana, adoptaron el catolicismo y aprendieron a hablar el latín, aunque todavía quedan vocablos godos en el español actual como las palabras guerra o tregua. La mayoría de los nombres típicos españoles como Sancho, Gonzalo, Lope, Fernando, o Álvaro son de origen visigodo. De la Hispana visigoda hay que resaltar la figura de San Isidoro de Sevilla, que en realidad había nacido en Cartagena y que fue uno de los principales historiadores de la antigüedad y de las primeras personas que hablo de Hispania como unidad política independiente.

Al Ándalus

A principios del siglo VIII d.C., el general musulmán Tariq del imperio Omeya, cruzó el estrecho de Gibraltar y tras vencer a los visigodos en la batalla de Guadalete conquistó toda la Hispania Visigoda anexionándola al imperio islámico Omeya. La ciudad de Córdoba acabó siendo la capital del Imperio Omeya. En la Córdoba Islámica nació Maimónides, padre de la medicina en el mundo judío. En la región de Asturias los cristianos iniciaron una serie de batallas contra los musulmanes que dieron origen a la llamada reconquista que terminó con la toma de Granada por los Reyes Católicos en 1492. Ese mismo año, los judíos sefarditas que quedaban fueron obligados a convertirse al cristianismo o a marcharse. Los sefarditas que fueron expulsados han conservado su variante judezma o ladina del castellano que se conserva hasta nuestros días. En Al Ándalus se abandonó el latín por el árabe. A pesar de que los cristianos retomaron el latín tras la retoma de territorios hispanos, han quedado muchos vocablos árabes en el español moderno como "alcantarilla", "aceite", "algodón", "arrecife", "alcalde", "aldea", "alfombra" y muchas más.

La Hispanidad o Latinidad en el Mundo

La incorporación de la actual Santo Domingo a la corona de los reyes católicos ocurrió en 1492 tras la llegada de Cristóbal Colón, el mismo año de la conquista de Granada. Sin embargo, el reino ibérico de Navarra no pasó a formar parte de la corona hasta 1512. De esta manera, la emergente España se formó de una manera dinámica, cuando todavía no existía unidad territorial en la península. Los reinos de Castilla y Aragón permanecieron separados administrativamente durante siglos. Aragón realizó conquistas por todo el mediterráneo incluyendo Nápoles y Sicilia mientras Castilla realizó la conquista del nuevo continente, llamado Indias Occidentales hasta el siglo XVIII. La primera vez que se usó la palabra España de forma oficial fue en México, a la cual se le llamó Nueva España.

La conquista de las islas Filipinas se realizó entre peninsulares y ciudadanos de Acapulco procedentes de Nueva España. La fundación de

QUIJOTES DE LA PSIQUIATRIA

Manila en Filipinas permitió el primer comercio global entre China, América y Europa. La moneda hispana, el real de a ocho, fue la primera moneda de carácter internacional. El castellano o español y el catolicismo se convirtieron en los dos elementos de cohesión de la Hispanidad en el mundo. El mestizaje se produjo desde el primer momento entre peninsulares y nativos americanos bajo estos dos elementos de cohesión dando lugar a una nueva cultura producto de la fusión entre Europa y América. Muchos africanos fueron traídos a América para trabajar como esclavos, lo que dio lugar a mayor mestizaje. Tras varios fracasos para emigrar a América, Miguel de Cervantes se quedó en la península y publicó Don Quijote de la Mancha en 1604. En el siglo XVIII, tras la guerra de la Sucesión, llego a España un rey de origen francés, Felipe V de Borbón. Se perdieron los territorios italianos como parte del acuerdo de paz. Al poco tiempo se le concedió Guinea Ecuatorial a la monarquía española. Los franceses reclamaron el nombre de Latinoamérica en sustitución de Hispanoamérica puesto que tras la toma de Haití y la Guayana, ellos también querían ser considerados en el territorio Felipe V centralizó Castilla y Aragón, dando origen a relaciones comerciales entre catalanes y americanos. Los cabildos americanos gozaban de cierta autonomía, aunque no se les permitía comerciar con otras naciones Europeas, existía mucho contrabando. Más tarde, el hijo de Felipe V, Carlos III de Borbón, endureció las leyes de comercio. Esto, junto con la caída de la monarquía y estabilidad política con la invasión de la península por Napoleón, dio lugar a la declaración de la Independencia de los territorios Americanos. La idea inicial de Simon Bolívar fue crear una gran Colombia, pero por conflictos políticos, se crearon un número de repúblicas que han llegado hasta nuestros días. Los siglos XIX y XX fueron marcados por inestabilidad política y numerosas guerras civiles tanto en España como en las nuevas repúblicas americanas y Filipinas.

UNA HISTORIA DE LA PSIQUIATRÍA HISPANA O LATINA

Fernando Espí Forcén

La medicina clásica en la península ibérica

Como ya sabemos todos, Hipócrates fue un médico griego de la isla de Kos en los siglos V-IV a.C. En torno a su figura se creó la llamada escuela Hipocrática de medicina. Dicha escuela abogaba por el uso de la medicina preventiva para prevenir enfermedades. La salud se presumía relacionada con el buen equilibrio de cuatro humores en el cuerpo. La higiene, los buenos alimentos, y en ocasiones las purgas podían ayudar a establecer dicho equilibrio. Galeno fue un médico griego del siglo I d.C. ya en época romana que propuso una actitud más activa en el rol del médico. Así, las sangrías se volvieron más recurrentes en medicina. Dioscórides fue otro médico griego del mismo periodo que desarrolló una enciclopedia de medicinas naturales, considerada en cierto modo una de las primeras farmacopeas. Hipócrates, Galeno y Dioscórides marcaron la medicina occidental en los siglos posteriores. La medicina clásica probablemente llegó a la península ibérica a través de los primeros comerciantes griegos, pero se estableció de forma homogénea tras la conquista romana de Iberia. Dicha medicina fue continuada por los visigodos cuando arribaron a la Hispania romana.

La medicina de Al Ándalus

Tras el triunfo del Cristianismo en Occidente, la medicina clásica decayó en Europa. Mientras tanto en Oriente el Islam se convirtió en la religión dominante. Los médicos musulmanes conservaron bien la medicina clásica griega y la siguieron ejerciendo en los hospitales del mundo islámico llamados maristanes. Iberia pasó a formar parte del imperio islámico Omeya en el siglo VIII d.C. Baghdad era en la alta Edad Media la ciudad más importante del mundo. Avicena fue un médico musulmán que trabajando en el maristán de Bagdad publicó en 1025 el canon de la medicina. Este libro innovó la medicina mediante la aplicación de conceptos Aristotélicos en la medicina clásica. De la Iberia musulmana llamada Al Ándalus, es importante destacar la aparición de muchos médicos y filósofos como el filósofo Averroes, el cirujano Albucasis, el padre de la medicina judía Maimónides o el sufí murciano Abenarabí.

La reconquista

Los cristianos resistieron la conquista islámica en el norte y en el mismo siglo VIII comenzaron la llamada reconquista del antiguo territorio godo. Tras la conquista de Toledo por Alfonso VIII en 1159, se hallaron un gran número de manuscritos árabes en las bibliotecas. Muchos humanistas Europeos se trasladaron a Toledo para traducir esos manuscritos con la ayuda de judíos. Gerardo de Cremona, por ejemplo, se mudó a Toledo desde Italia y tradujo del árabe al latín el canon de la medicina de Avicena. Este libro se convirtió en el texto de referencia en todas las escuelas de medicina occidentales hasta bien entrado el siglo XVII. Así la medicina clásica grecorromana se reintrodujo en la España cristiana y, en consecuencia, Europa a través del mundo Islámico del Al Ándalus Ibérico. Más tarde, Alfonso X, conquistó Murcia y creó la escuela de traducción de Murcia que dio lugar a la fundación de la futura universidad.

El origen del tratamiento psiquiátrico específico en Aragón y Castilla

En 1409, el padre Joan Gilabert Jofré, caminaba a la catedral de Valencia para preparar su sermón cuando vio a un grupo de jóvenes abusando de un enfermo mental. El padre Jofré protegió a este enfermo de seguir siendo abusado y preparó un sermón para el domingo siguiente en el que denunció el abuso de los hombres y las mujeres con enfermedades mentales en la calle. Para ello propuso la creación de un hospital. El sermón fue escuchado por Lorenzo Saloni y otros burgueses que recaudaron fondos para la construcción de dicho hospital. Este hospital se convirtió en el primer hospital conocido creado para el tratamiento específico de los enfermos mentales. Siguiendo el modelo de Valencia, se inició el tratamiento de los enfermos mentales en los hospitales de los reinos de Aragón y Castilla. En dichos hospitales, los pacientes eran tratados por médicos que seguían los principios de la medicina clásica para restablecer el equilibro de los humores y ayudar a los pacientes a recobrar la salud mental. También se organizaban talleres ocupacionales y servicios espirituales por parte del clero.

La medicina en la América prehispánica

Antes de la llegada de los españoles al llamado nuevo continente, los mayas, aztecas e incas habían desarrollado una serie de conocimientos médicos relativamente avanzados para su época. Los curanderos o chamanes usaban plantas medicinales, en combinación con danzas, amuletos y rituales religiosos para ayudar a los pacientes a recobrar la salud. Se usaban granos de maíz o inspección de entrañas de animales sacrificados para establecer pronóstico. Existían especialistas en obstetricia que asistían con los partos y cirujanos especializados en curar y suturar heridas. Así pues, el pensamiento mágico o religioso se encontraba imbuido en la medicina precolombina. El uso de psicodélicos en rituales chamanísticos era común y fue descrito por los frailes españoles. La medicina psicodélica persistió y es quizás la mayor aportación de la medicina prehispánica a la medicina occidental.

La medicina hispanoamericana

Tras la llegada de Cristóbal Colón, Nicolas de Ovando llegó fue enviado como administrador y gobernador de Santo Domingo donde fundó el hospital San Nicolás de Bari, el primer hospital de características occidentales en América. Hernán Cortés fundo Jesús Nazareno en Tenochtitlán y así sucesivamente en el resto de continente y Filipinas. El primer hospital mental del continente americano fue fundado por un fraile español sevillano, Bernardino Álvarez. Tras haber luchado como soldado en los conflictos Chimichecas, Bernardino Álvarez se vio envuelto en homicidio relacionado con el juego y fue encarcelado. Tras unos años de recluso, consiguió escapar con la ayuda de una amante y se escapó al Perú donde se enriqueció como comerciante. Treinta años más tarde, tras la muerte de su padre, tuvo un despertar religioso y se volvió a México donde se ordenó fraile. Allí en Tenochtitlán trabajó como voluntario en Jesús Nazareno y con todos sus ahorros fundó el hospital de San Hipólito en 1567, al lado de la Iglesia de San Hipólito fundada por Hernán Cortés. El Hospital de San Hipólito, se especializó en la enfermedad mental siguiendo la medicina clásica y tuvo a José de Cabas como primer médico contratado. El hospital atendía a pacientes españoles, mestizos y mulatos y fue el hospital mental de referencia en todo México hasta principios de siglo XX. Bernardino Álvarez creía en el contagio de la virtud y juntaba a pacientes más capacitados con los menos capacitados. En este sentido, Bernardino se podría considerar un pionero de la psiquiatría positiva. La calidad en la atención médica en América y la península Ibérica fue equivalente durante los siglos posteriores.

Decadencia de la atención psiquiátrica en el mundo hispano

Tras la invasión de España por Napoleón y la guerra para independizarse de Francia, Francisco de Miranda, Simón Bolívar, Antonio José de Sucre, José de San Martín y resto de próceres declararon la independencia de los territorios americanos estableciendo finalmente una serie de repúblicas independientes. La medicina en la península ibérica decayó tras la guerra con Francia. Tras las desamortizaciones, los hospitales mentales de España pasaron a formar parte de la administración pública que en aquel momento carecían de medios suficientes. Tanto en España como en América se produjeron fuerte crisis económicas y políticas con sucesivas guerras civiles y golpes de Estados a lo largo de los siglos XIX y XX. La medicina de la salud mental hispana que había hasta ahora liberado el tratamiento psiquiátrico en el mundo decayó. No obstante, se siguieron produciendo cambios que llegaban principalmente de Europa como el desarrollo del mesmerismo, la frenología, o la polémica eugenesia. Es de destacar en esta época la figura de Santiago Ramón y Cajal, cuyos avances científicos llevaron al descubrimiento de la neurona, la dirección del potencial de acción, el desarrollo embrionario del cerebro, la memoria y la neuroplasticidad. Debido a esto, debe considerarse el padre de la neurociencia moderna y en consecuencia de la psiquiatría biológica.

QUIJOTES DE LA PSIQUIATRIA

ESTELA ABRAHAM

La Doctora Estela Abraham es Médica Especialista Universitaria en Psiquiatría y Psicología médica, de la Universidad Nacional de La Plata en Argentina. Realizo su residencia en psiquiatría y psicología médica en Hospital Privado de Comunidad y fur jefe de residentes en Psiquiatría ypsicología médica en Hospital privado de comunidad.

Dra. Abraham es especialista consultora en Psiquiatria y Psicologia Medica y se desempeña como Perito Psiquiatra. En 2014, ella realizo una Rotación en el Hospital Clínic de Barcelona en el programa Trastornos Bipolares.

Es Profesora de la carrera de Medicina y Profesora del Postgrado de Medicina Legal Universidad Fasta de Mar del Plata en Argentina.

Es Fellow Internacional de la American Psychiatric Association y .Miembro del colegio europeo de neuropsicofarmacología. Es también Presidenta de la Sociedad de Psiquiatría y Psicología médica de Mar del Plata y se desempeña como Asesora de WARMI, la Red de profesionales que promueven la salud mental de las mujeres hispanas y de America Latina.

Es Miembro fundador del Colegio Argentino de Psicofarmacología y Neurociencias y Miembro de comisión directiva de la Asociación Argentina de Psiquiatría Biológica.

Ha sido colaboradora del capítulo "Vigorexia" del Libro Adicciones Juego Patológico y otras adicciones conductuales y ha participado en más de 100 congresos nacionales, 50 congresos internacionales, y 30 cursos realizados en la especialida de psiquiatria. Actualmente trabaja en practica privada en el Instituto Medico San Lorenzo, Mar del plata.

¿Cómo decidió hacerse psiquiatra? Cuando en la facultad cursé la materia de psiquiatría y concurrí al hospital psiquiátrico Melchor Romero de la ciudad de La Plata me pareció muy interesante, entender la conducta humana.

¿Cuáles han sido sus principales fuentes de inspiración? Mi principal fuente de inspiración fueron los pacientes psiquiátricos y ver la evolución de los mismos a partir del tratamiento.

¿De qué se siente más orgulloso? Mi principal orgullo es el ejercicio de mi profesión a partir del reconocimiento de los pacientes de su mejoría y recuperación funcional y de sus familiares.

¿Qué significa ser hispano o latino para usted? Ser latino para mi significa proceder de un país de Latinoamérica que presenta diferencias y similitudes entre las culturas.

¿Qué le aconsejaría a un estudiante o residente que acaba de comenzar su carrera?
A un estudiante o residente latino le recomendaría que en el ejercicio de su profesión tenga empatía por sus pacientes, y pueda romper las barreras del estigma de nuestra especialidad.

¿Díganos algo importante que haya aprendido de trabajar con pacientes hispanos y latinos? Trabajando con pacientes hispanos y latinos he aprendido a respetar las diferentes culturas y con códigos humanos.

¿Qué futuro le augura a la psiquiatría hispana? La psiquiatría hispana tiene un gran futuro debido a los excelentes profesionales que hay.

¿Cuál ha sido el mayor obstáculo de su carrera y cómo consiguió superarlo? El mayor obstáculo en mi carrera fue ser mujer ya que aun en mi país hay una preferencia de hombres en diferentes sociedades académica.

¿Cuál es en su opinión el mayor reto de la psiquiatría? El mayor reto de la psiquiatra es disminuir el indice de suicidio en el mundo, con la consecuente detecion precoz y tratamiento de los cuadros de depresion mayor.

QUIJOTES DE LA PSIQUIATRIA

¿Cuáles son los cambios más necesarios en la psiquiatría? Los principales cambios en la psiquiatría son fomentar la psicoeducación, mayor accesibilidad a los tratamientos psiquiátricos y vencer las barreras del estigma de la especialidad psiquiátrica

El valor se halla en ese lugar intermedio entre la cobardía y la temeridad.

Don Quijote de la Mancha

RENATO ALARCÓN

Nacido en Arequipa, Perú, culminó sus estudios secundarios en el Colegio Nacional de la Independencia Americana, estudió cuatro años en las Facultades de Ciencias y Medicina de la Universidad de San Agustín y otros cuatro en la Universidad Peruana Cayetano Heredia (UPCH), de Lima, donde se graduó como Médico-Cirujano en 1965. Nominado para un año (1967) de entrenamiento en Medicina Psicosomática en el Hospital Johns Hopkins de Baltimore, Maryland, en el contexto de un Programa de Intercambio Académico entre UPCH y la Escuela de Medicina de Hopkins, postuló e ingresó luego a la Residencia de Psiquiatría en esta última y obtuvo, además, en su 5°. Año, el grado de Máster en la Escuela de Higiene y Salud Pública.

A su retorno a UPCH en 1972, recibió el grado de Doctor en Medicina, fundó y dirigió el primer programa universitario de rresidencia psiquiátrica en el Perú y fue Decano Asociado de la Facultad de Medicina y Director de Asuntos Pedagógicos de la Universidad. En 1980 volvió a Estados Unidos como Profesor de Psiquiatría y Jefe de la Unidad de Trastornos Afectivos del Hospital de la Universidad de Alabama en Birmingham. Fue luego (1992-2001), Jefe del Servicio de Psiquiatría y Salud Mental del Hospital de la Administración de Veteranos y Sub-Jefe del Departamento de Psiquiatría de la Universidad de Emory, en Atlanta, Georgia. Entre 2002 y 2013 fue Profesor y Consultor de Psiquiatría en la Escuela de Medicina de la Clínica Mayo en Rochester, Minnesota, además de Director Médico del Centro de Tratamiento de Psiquiatría y Psicología y de la Unidad de Trastornos Afectivos de la misma institución. En el 2014 fue nombrado Profesor y

Consultor Emérito. Anteriormente, en el 2009, la UPCH lo nombró Titular de la Cátedra Honorio Delgado, cargo que ejerce hasta el presente.

El Dr. Alarcon ha recibido múltiples reconocimientos y ocupado importantes cargos directivos en prestigiosas asociaciones internacionales. Fue distinguido por la Asociación Psiquiátrica Americana (APA) y del Colegio Americano de Psiquiatras (ACP). Secretario General de la Asociación Mundial de Psiquiatría Cultural (WACP) en 2015-2018; actual miembro de los Comités de Educación y Psicoterapia de la Asociación Mundial de Psiquiatría, y de la Sociedad para el Estudio de Psiquiatría y Cultura en Estados Unidos. Fue también Presidente de la Sociedad Americana de Psiquiatría Hispánica (ASHP), del Capítulo de Psiquiatría Cultural del Grupo para el Avance de la Psiquiatría (GAP) y miembro del Comité de Salud Mental del Carter Center en Atlanta, de la Asociación Americana de Psicopatología (APPA). Miembro de Número y Presidente del Comité de Ética y Deontología de la Academia Nacional de Medicina del Perú, Editor Asociado de Transcultural Psychiatry y Asia-Pacific Psychiatry, miembro de Comités Editoriales de diecinueve publicaciones internacionales. En la APA, ha desempeñado además cargos de Director del Comité de Derechos Humanos, Comité Científico de Congresos Anuales y Miembro del Board Ejecutivo del Caucus Hispánico. Miembro del Comité del DSM-5 en los Grupos de Trabajo sobre Trastornos de Personalidad y Temas Culturales (2000-2013) y, actualmente, del Screening Committee del DSM.

Becario de la Fundación Rockefeller en 1989, ha recibido los Premios Simón Bolívar (2001) y George Tarjan (2010) de la APA, el Life Achievement Award de la Sociedad para el Estudio de Psiquiatría y Cultura (2011), el Premio Garrabé del Grupo Latinoamericano de Estudios Transculturales (GLADET) (2014), el Premio Weng-Shin Tseng, Life Achievement Award de la Asociación Mundial de Psiquiatría Cultural (2016) y la primera Medalla/Condecoración Honorio Delgado (2015) del Instituto Nacional de Salud Mental Honorio Delgado-Hideyo Noguchi en Lima. En 2012, fue declarado Hijo Ilustre de la Ciudad de Arequipa. Es además Maestro de la Psiquiatría Latinoamericana nombrado por la APAL, Miembro Honorario de Asociaciones Psiquiátricas y Profesor Honorario en varias Universidades de América Latina, Europa y Estados Unidos.

El Dr. Alarcon es autor de 260 artículos de la especialidad, 20 libros, 98 capítulos, 24 editoriales, 15 abstractos y cartas al editor y 63 recensiones de libros. Jefe Editor del Texto Latinoamericano de Psiquiatría (cuya 4ª. edición fue presentada en Septiembre 2019) auspiciado por la Organización Panamericana de la Salud (OPS) y Coeditor de la Enciclopedia Iberoamericana de Psiquiatría. Además de psiquiatría cultural, salud mental global y diagnóstico y nosología, sus intereses en investigación abarcan trastornos afectivos y de personalidad, trastorno por estrés postraumático y Farmacogenómica Psiquiátrica. Casado en 1967 con la Dra. Graciela Solís, es padre de Patricia (arquitecta), Sylvia (educadora) y Daniel (escritor) y conduce su actividad académica y vida familiar entre Estados Unidos y el Perú.

¿Qué le hizo emigrar a los Estados Unidos? Sobre la base de excelentes cursos de psiquiátrica durante mis estudios médicos en el Perú, mi primer viaje a Estados Unidos tuvo como objetivo recibir el mejor adiestramiento posible en la especialidad. Fui aceptado en el Programa de Residencia de Johns Hopkins y culminé mi entrenamiento, incluido el grado de Máster en Salud Pública, luego de cinco años. Retorné al Perú y trabajé en mi Alma Mater por espacio de ocho años. Mi segunda (y definitiva) travesía (¡que se prolongó por más de 30 años!) tuvo que ver, fundamentalmente, con mi deseo de dedicarme a tiempo completo a la labor académica que, afortunadamente, se materializó en tres excelentes centros universitarios. Estudiar, aprender, investigar y enseñar a generaciones jóvenes han sido incentivos constantes de mi carrera.

¿Cómo decidió hacerse psiquiatra? He creído siempre que la Psiquiatría representa no solo el bastión más alterado de un auténtico humanismo en Medicina sino también un campo propicio para el desarrollo profundo y la valiosa vigencia de las Neurociencias. Tomé la decisión relativamente temprano en mis estudios y la lectura de obras de autores como Jaspers, Laín Entralgo, Ramón y Cajal, Freud y Ey, reafirmó tal convencimiento. El estímulo de mis padres y de maestros brillantes en el Perú y en Estados Unidos, han sido fuentes permanentes de reafirmación y renovación.

¿Cuáles han sido sus principales fuentes de inspiración? La vida y obra de varios de mis maestros. En el Perú y siendo aun estudiante de Medicina, tuve la suerte de alternar y trabajar al lado de quien es reconocido como el psiquiatra latinoamericano más eminente del Siglo XX: Honorio Delgado, pionero de estudios de psicopatología fenomenológica, humanismo y adiestramiento integral, resultado de su estrecho contacto académico con grandes figuras de la psiquiatría europea de su tiempo. En Estados Unidos, tuve como supervisor, por vario años, a Jerome D. Frank, el primer investigador en temas de psicoterapia, a nivel mundial. Los aportes de científicos sociales han reafirmado mis convicciones acerca de lo que otro maestro peruano, Javier Mariátegui, llamó "escepticismo saludable". La compleja y fascinante multidimensionalidad de la conducta y las emociones humanas, la lectura de obras de filosofía, historia, sociología o antropología, encuentros académicos y libros escritos por pacientes psiquiátricos en torno a sus experiencias, son también fuentes invalorables de inspiración y estudio, al igual que actitudes, palabras, testimonios y recuerdos de muchos pacientes a lo largo de más de medio siglo.

¿De qué se siente más orgulloso? En el campo académico, el haber contribuido a los estudios sobre la identidad mestiza, social y crítica de la psiquiatría latinoamericana e hispanohablante, a su mayor visibilidad en el escenario mundial, a investigaciones pioneras sobre Realidad Virtual y Farmacogenómica, al avance de diversas modalidades diagnósticas y al desarrollo de la Psiquiatría Cultural a nivel global. Dentro de mis libros, las cuatro ediciones de Psiquiatría, texto auspiciado por la OPS, Identidad de la Psiquiatría Latinoamericana y The Psychotherapy of Hope son todavía fuente de reflexión e ideas. Me considero también afortunado por haber pertenecido a distinguidas organizaciones profesionales y académicas y por haber recibido múltiples reconocimientos institucionales a través de los años.

¿Qué significa ser hispano o latino para usted? Vivir siempre como orgulloso depositario y portador del legado de una cultura milenaria, única, plena de valores auténticos, fuente de una historia heroica, escenario de hechos memorables a lo largo de siglos. Me siento en la obligación de difundir y defender esa cultura, de proteger sus logros, de reafirmar sus alcances, pero también de corregir sus errores, "enderezar sus entuertos" como diría Cervantes por boca de Don Quijote. Laborar sin complejos al lado de miembros de otros grupos étnicos, reafirmando principios de equidad, respeto y dignidad. Servir y ayudar a quienes vienen de la Patria Grande en busca de un mejor futuro, volver a ella cada vez que sea posible y, sin dejar de aspirar a ser un "ciudadano del mundo", mantener enhiesto mi origen hispánico y latino.

¿Qué le aconsejaría a un estudiante o residente hispano o latino que acabe de comenzar su carrera? Además de dedicar lo mejor de sus esfuerzos a una formación psiquiátrica holística, a lecturas relevantes, a detalles precisos de diagnóstico y manejo y a un diálogo abierto y continuo con supervisores y colegas residentes, el trato con todos y cada uno de sus pacientes reviste particular importancia. En ese contexto, debe mantener una perspectiva intercultural objetiva en su relación con cada paciente, dejando claro que un contacto cercano y efectivo se basa en los objetivos comunes del encuentro clínico, más allá de diferencias de aspecto físico, de acento en la pronunciación del inglés, o en la manera de formular preguntas. De hecho, su presencia constituye un aporte valioso a la diversidad como ingrediente de una formación armónica y consistente.

¿Díganos algo importante que haya aprendido de trabajar con pacientes hispanos y latinos? He aprendido a valorar las diferencias de apariencia física, de rasgos socioculturales y aun de características clínicas como componentes esenciales en la evaluación diagnóstica y manejo terapéutico de todos mis pacientes. He reafirmado la tabla de valores aprendidos en el hogar y desde la infancia, los principios de familismo, solidaridad, respeto a la autoridad parental, resiliencia, cultivo de la fe y de la esperanza como elementos clave en todo tipo de terapia.

¿Qué papel (positivo o negativo) ha jugado en su carrera el hecho de ser hispano o latino? Tal vez inicialmente percibí algunos niveles de cautela, resquemor o incluso desconfianza en pacientes, familiares o incluso en administradores y en algunos colegas y docentes. De mi parte, puedo haber contribuido también con una actitud reservada o expectante. Rápidamente, sin embargo, el atractivo de la tarea común –estudiar y hacer todo lo posible por ser un profesional capaz y competente--, el cultivo de amistades duraderas, la influencia de maestros insignes, el avance del conocimiento técnico y especializado y la forja de una experiencia edificante de manejo humano y profundidad científica, dio a mi condición de hispánico o latino una perspectiva ventajosa en mi desenvolvimiento profesional.

¿Qué futuro le augura a la psiquiatría hispana? He tenido la buena fortuna de trabajar en instituciones y dependencias de diversas organizaciones dedicadas a la psiquiatría y la salud mental. A lo largo de casi medio siglo, he sido testigo de acciones y logros por parte de numerosos psiquiatras hispánico/latinos (presidentes de instituciones nacionales e internacionales, jefes o líderes de departamentos académicos, Editores de importantes publicaciones científicas, asesores o consultores de organizaciones públicas y privadas, etc.), que son motivo de orgullo y esperanza. El rol de organizaciones tutelares como la ASHP ha sido, es y será de crítica importancia, mediante fructíferos esfuerzos de colaboración. El futuro es promisorio, aun cuando queda ciertamente mucho por hacer en diferentes terrenos.

¿Cuál ha sido el mayor obstáculo de su carrera y cómo consiguió superarlo? Todo comienzo es difícil ya que entraña el afronte y manejo de un proceso de aculturación o adaptación a la cultura anfitriona, de aceptación consciente de diferentes principios de coexistencia y trato social sin sacrificar aquéllos que trajimos de la patria original. Ello, no obstante, este proceso fue mínimo en mi caso y en el de mi familia: gracias a amigos, compatriotas y norteamericanos, a un contacto firme y sostenido con la familia lejana, al cultivo de nuevas amistades y a satisfacciones académicas resultantes de una labor sostenida y apoyada por colegas y profesores de talla, los obstáculos fueron superados. La obtención de credenciales de práctica profesional y académica, trámites legales y administrativos u ocasionales entrecruzamientos burocráticos fueron solo "piedrecillas en el camino."

¿Cuál es en su opinión el mayor reto de la psiquiatría? La psiquiatría contemporánea confronta retos en diferentes áreas. En la puramente neurobiológica o de investigación básico-clínica, puede decirse que hay temas significativos tales como los llamados "marcadores biológicos", exploraciones neuroimagenológicas, fórmulas bioquímico- genéticas y los múltiples roles de la industria farmacéutica que requieren enfoques realistas a corto, mediano y largo plazo. En la práctica clínica, la tendencia "robotizante" o hiper-tecnologizada de la atención al paciente está ya generando un impacto despersonalizador y deshumanizante. La educación psiquiátrica necesita retener su componente humanístico esencial, con adiestramiento igualmente eficiente del futuro psiquiatra en aspectos de psiquiatría biológica o psicoterapia. En el campo de la salud mental/salud pública, los gobiernos del mundo deben asignar presupuestos decentes a la salud mental de la población a fin de incrementar personal y facilitar un afronte justo y apropiado de los "determinantes sociales" de la salud mental (pobreza, inequidad, injusticia social, estigmatización, violencia, corrupción, desastres naturales, cambio climático, etc.).

¿Cuáles son los cambios más necesarios en la psiquiatría? Varias de las áreas mencionadas arriba merecen el interés prioritario de profesionales, científicos, administradores y políticos sinceramente comprometidos con la salud mental colectiva y global: a) Recursos humanos en número suficiente y con preparación adecuada, capacitados para prestar atención inmediata a todos los sectores de la población, en particular los más desposeídos y portadores de problemas clínicos severos, crónicos o no tratados; b) Constitución de equipos multidisciplinarios que ofrezcan atención integral y servicios eficientes y efectivos a pacientes y a su entorno familiar, comunitario y social), con seguro médico equitativo, hospitalizaciones breves y tareas armónicas de promoción y prevención orientadas a una mejor calidad de vida; c) Labor intensa en favor de la des-estigmatización de las enfermedades mentales y de aquéllos que las padecen, mediante campañas de educación de la población en procura de un cambio radical de actitudes y opiniones negativas; d) Apoyo pleno a la investigación y adaptación realista de hallazgos recientes en campos neurobiológicos y psico-socio- culturales; e) Disposiciones legales y normativas que consagren el derecho de toda la población a la protección, atención y promoción de su salud mental, permitan prácticas efectivas de justicia social y acallen voces incitadoras de violencia, discriminación y división social contra, por ejemplo, migrantes o refugiados; f) Programas de colaboración internacional que permitan a países y regiones la conducción de esfuerzos mancomunados hacia un objetivo común que responda a la crucial declaración de la OMS: "No hay salud sin salud mental."

ROGELIO ALQUIPIÁN

El Dr. Rogelio Alquipián nació en la Ciudad de México. Se formó como Médico Cirujano en la Universidad Anáhuac. Realizó la Especialidad en Psiquiatría por la Universidad Nacional Autónoma de México (UNAM) y el Instituto Nacional de Psiquiatría "Ramón de la Fuente". Maestría en Psiquiatría por la UNAM, obtenido la medalla Alfonso Caso otorgada al mejor promedio del programa. Doctorado en Ciencias Médicas en la UNAM y el Instituto de Ciencias Médicas y de la Nutrición, Salvador Zubirán obteniendo mención honorífica por la tesis "Estudio de Seguimiento de Pacientes con Primer Episodio Psicótico: Curso Clínico, Personalidad y Genotipos Moleculares. Miembro numerario de la Academia Nacional de Medicina y del Sistema Nacional de Investigadores Nivel I. Ha publicado 90 artículos siendo la principal línea de investigación la esquizofrenia y recientemente ha trabajado con emprendedores para validar videojuegos diseñados para evaluación y entrenamiento de funciones cognitivas. Ha trabajado como investigador en diversos estudios clínicos, ha sido conferencista y asesor de la industriaia farmacéutica. Actualmente se dedica a la práctica clínica en consulta privada, es investigador en la Universidad de las Américas de la Ciudad de México en la división de Ciencias del Comportamiento y del Desarrollo y Profesor en la Facultad de Medicina en la Universidad Anáhuac.

¿Cómo decidió hacerse psiquiatra? Desde la secundaria tenía muy claro que sería médico. Durante la preparatoria mis compañeros me buscaban para comentarme sus problemas y les gustaban mis consejos, me di cuenta de que sabía escuchar a las personas. Por lo que en mi último año para decidir una profesión dude en ser médico y dedicarme a la psicología, pero mi coordinador Jesús Salcedo que era psicólogo me motivo para estudiar medicina y dedicarme a la psiquiatría.

¿Cuáles han sido sus principales fuentes de inspiración? Definitivamente durante la preparatoria mi coordinador y profesor Jesus Salcedo. Durante la licenciatura el Dr. Arnulfo L'gamiz que daba la clase de bioestadística y era psiquiatra, con él me di cuenta del campo de la investigación en las Neurociencias. Durante mi entrenamiento como psiquiatra tuve la fortuna de trabajar con el Dr. Hector Ortega Soto con quien aprendí de la Esquizofrenia y gracias a que le ayudaba en sus proyectos de investigación definió mi área como investigador en esquizofrenia y psicofarmacología. El Dr. Francisco Paéz Agraz que fue mi jefe de residentes y un gran amigo, apoyo en mi formación como psiquiatra e investigador, me motivó a realizar un postgrado y juntos hicimos grandes proyectos. Durante el postgrado mi tutora María Elena Medina Mora fue un gran apoyo para completar una maestría y un Doctorado Ciencias médicas.

¿De qué se siente más orgulloso? De haber completado mi Doctorado y actualmente ser profesor universitario impartiendo la clase de psiquiatría en la licenciatura de Medicina motivando a los estudiantes a mejorar su salud mental y la de sus futuros pacientes.

¿Qué significa ser hispano o latino para usted? Es un reto demostrar que estamos a la altura de los médicos anglosajones y hemos aportado nuestro granito de arena para que se le dé importancia a la salud mental.

¿Qué le aconsejaría a un estudiante o residentee hispano o latino que acabe de comenzar su carrera? Que trate de generar una red de colaboración con otros médicos hispano- latinos en el país que radica y fuera para apoyar los esfuerzos y proyectos en países que tienen menos recursos y requieren un aporte para avanzar en mejorar los sistemas de salud mental.

¿Díganos algo importante que haya aprendido de trabajar con pacientes hispanos y latinos? A pesar de que hay diferencias culturales con otros países y se ha hablado de factores que se relacionan como un mejor pronóstico, la realidad es que tenemos desenlaces muy parecidos y cada día hay menos diferencias.

¿Qué papel (positivo o negativo) ha jugado en su carrera el hecho de ser hispano o latino? Por el lado positivo me ayudo a establecer colaboraciones con expertos de diferentes culturas y a esforzarme como investigador. En el lado negativo ha sido complicado mantener un ritmo similar países anglosajones por falta de una mejor estructura para el desarrollo de proyectos y limitaciones en la atención de pacientes en centros públicos al no ser una prioridad la salud mental.

¿Qué futuro le augura a la psiquiatría hispana? El futuro es prometedor porque cada día tenemos mejores psiquiatras que se han entrenado en países con más recursos para la investigación y atención. Se han formado excelentes psiquiatras que han creado redes de colaboración y cuentan con un sólido entrenamiento como investigadores y clínicos.

¿Cuál ha sido el mayor obstáculo de su carrera y cómo consiguió superarlo? El mayor obstáculo fue la falta de apoyo económico para desarrollar nuevos proyectos por la carencia de estructura y políticas de salud mental. Formando una red de colaboración con recursos obtenidos en otros países y creando un centro privado se logró concretar trabajos de investigación y mejorar la atención de los pacientes.

¿Cuál es en su opinión el mayor reto de la psiquiatría? Se requiere mayor integración con otras especialidades médicas y reforzar la importancia e impacto de la salud mental en nuestra sociedad.

¿Cuáles son los cambios más necesarios en la psiquiatría? Es necesario avanzar a un modelo dimensional para entender mejor la enfermedad mental y dejar atrás el abordaje categórico. Es necesario incorporar en la atención y prevención las aportaciones de la psicología positiva para un manejo integral. También integrar a investigadores de otras áreas no médicas que aporten mayor evidencia de alternativas no farmacológicas y nuevas hipótesis para favorecer el bienestar como prevención y mejorar la calidad de vida de nuestros pacientes.

CELSO ARANGO

El Doctor Celso Arango, es el jefe de servicio de psiquiatría de niños y adolescentes del departamento de psiquiatría del Hospital General Universitario Gregorio Marañón, catedrático de psiquiatría en las Universidades Complutense de Madrid, Universidad de Maryland, y catedrático visitante de psiquiatría en el King's College London y en la Universidad de California San Francisco. Entre los años 2008 y 2016, desempeñó el cargo de Director Científico del Centro de Investigaciones Biomédicas en Red en Salud Mental (CIBERSAM). Asimismo, en 2008 año el Ministerio de Sanidad, Política Social e Igualdad, le otorga la Cruz de la Orden Civil de Sanidad, mediante Encomienda y en categoríaía de Comendador.

Entre 2012 y 2014 desempeñó el cargo de Director de de Psiquiatría Infantil de la Universidad Complutense de Madrid y Fundación Alicia Koplowitz y desde 2013, es miembro del consejo del European Brain Council (órgano asesor de la Comisión Europea). En diciembre de 2014 es nombrado Presidente de la Comisión Nacional de la Especialidad de Psiquiatría del Niño y del Adolescente del Ministerio de Sanidad, Servicios Sociales e Igualdad y en 2015, Presidente de la Comisión Delegada de la Troncalidad de Psiquiatría del Ministerio de Sanidad, Servicios Sociales e Igualdad. Entre 2016 y 2020 ejerció como Presidente del European College of Neuropsychopharmacology —ECNP—, y en septiembre de 2019 es nombrado Presidente de la Sociedad Española de Psiquiatría. Dr. Arango fue galardonado con el premio Dean otorgado por la American College of

Psychiatrists en Febrero de 2020. Ha escrito numerosos artículos que han sido publicados en Nature, British Journal of Psychiatry, Archives of General Psychiatry, Biological Psychiatry, World Psychiatry o American Journal of Psychiatry.

¿Qué le hizo emigrar a los Estados Unidos? He trabajado en Estados Unidos en dos ocasiones a lo largo de mi carrera profesional, aunque voy a este país de forma muy frecuente. Al acabar mi residencia en Madrid fui al Maryland Psychiatric Research Center en Baltimore a realizar un fellowship de investigación en esquizofrenia tras el cual me quedé allí trabajando una temporada. Estuve más recientemente en San Francisco en la UCSF realizando un año sabático profundizando en la investigación en trastornos del neurodesarrollo y genética. En la actualidad soy Catedrático de Psiquiatría en la Universidad de Maryland y en la Universidad de California en San Francisco (UCSF).

¿Cómo decidió hacerse psiquiatra? Supongo que tuvo mucho que ver que mi padre fuera psiquiatra. Durante la Carrera fui alumno interno de neurocirugía. Estuve dudando hasta el último momento entre las especialidades neurología, neurocirugía y psiquiatría. Siempre me apasionó el cerebro como el órgano más complejo y probablemente dentro de las posibilidades que barajé me incline de nuevo por la más compleja y la que más oportunidad de nuevos conocimientos tenía en lo biológico, en lo ambiental y en la interacción de ambos.

¿Cuáles han sido sus principales fuentes de inspiración? Fundamentalmente he encontrado inspiración continua en los pacientes y familiares que he tratado, en los profesionales que me han acompañado en mi carrera profesional y en mi familia. También en libros clásicos como la psicosis incipiente de Conrad o el tratado de psicopatología general de Jaspers, la lógica de la investigación clínica de Karl Popper o la estructura de las revoluciones científicas de Thomas Kuhn. Naturalmente las lecturas casi diarias de los mejores artículos científicos. Por último, una de las mayores fuentes de inspiración ha sido uno de mis mentores a lo largo de muchas décadas el Dr. William Carpenter.

¿De qué se siente más orgulloso? Me siento muy orgulloso de haber potenciado un área poco desarrollada en nuestro país como la psiquiatría del niño y del adolescente, también de todos los programas clínicos que hemos creado y sobre todo del excelente equipo de profesionales de los que he conseguido rodearme y que son los verdaderos artífices de muchos de mis éxitos. Por último, he desarrollado recientemente un interés por la prevención primaria en salud mental.

QUIJOTES DE LA PSIQUIATRIA

¿Qué significa ser hispano o latino para usted? El compromiso de tener una amplia red de personas con orígenes y lengua comunes con los que trabajar.

¿Qué le aconsejaría a un estudiante o residente hispano o latino que acabe de comenzar su carrera? El que abra sus miras y sea un ciudadano del mundo, viaje todo lo posible y busque formación en países distintos al de origen.

¿Díganos algo importante que haya aprendido de trabajar con pacientes hispanos y latinos? La enorme capacidad de apoyo y sostén que tienen con sus familiares enfermos. En la mayoría de los países no latinos las personas con trastorno mentales graves viven en residencias o en la calle y no tienen el soporte y cariño familiar.

¿Qué papel (positivo o negativo) ha jugado en su carrera el hecho de ser hispano o latino? En mi caso creo que no ha tenido ninguna influencia positiva o negativa.

¿Qué futuro le augura a la psiquiatría hispana? España ha sufrido una enorme transformación y de pasar de estar a la cola de Europa ha pasado a estar entre los países en la cabeza de la psiquiatría europea. Eso se ha conseguido pasando página y dejando atrás un sistema arcaico en el que por ejemplo las cátedras se heredaban de padres a hijos o se conseguían por favores prestados en lugar de forma competitiva y por meritocracia. Hemos conseguido también la colaboración entre los grupos de investigación del país con el CIBERSAM. Una sanidad pública fuerte y una formación sólida durante la residencia consiguen una psiquiatría que en la actualidad es referente internacional.

¿Cuál ha sido el mayor obstáculo de su carrera y cómo consiguió superarlo? Mi mayor obstáculo ha sido siempre luchar contra los vicios que señalaba antes en un sistema que está desapareciendo en el que lo político, el amiguismo o la familia pesen más que los valores de los profesionales y los méritos personales.

¿Cuál es en su opinión el mayor reto de la psiquiatría? El mayor reto de la psiquiatría es integrar todas las fuentes de conocimiento, incluida la genética, epidemiología, neurobiología, sociológica, etc. Necesitamos tratamientos eficaces para todas aquellas patologías para los que aún no los tenemos. Necesitamos biomarcadores que nos ayuden a poder realizar una medicina personalizada y de precisión, una psiquiatría basada en los hechos y no en las ideas, filosofía o deseos. Es fundamental invertir en prevención primaria y secundaria y enseñar salud mental en los colegios.

¿Cuáles son los cambios más necesarios en la psiquiatría? Tenemos que reducir el estigma que ahoga y oprime a las personas con trastorno mental y añade una carga mayor a la ya producida por sus trastornos mentales. Tenemos que ser capaces de comunicar la prevalencia y carga de las enfermedades psiquiátricas (entre los 10 y los 30 años producen una mayor carga que el resto de las enfermedades médicas conjuntas) para que la inversión en nuestra disciplina no sea discriminatoria frente a otras disciplinas médicas. Necesitamos subirnos al tren de la medicina personalizada.

QUIJOTES DE LA PSIQUIATRIA

ASTRID ARRIETA

Estudié la secundaria en un colegio para niños superdotados, la Fundación Humboldt de la ciudad de Barranquilla. En ese momento era un colegio que dirigía el Club Rotario y se encargaba de seleccionar a los estudiantes más académicamente más sobresalientes, de cada colegio público de primaria de la ciudad, para reforzar en la secundaria esas aptitudes y conocimientos. Hoy es una institución pública que mantiene esa modalidad desde la primaria y es reconocida como una de las mejores del país, lo cual me enorgullece profundamente. Soy egresada de la Universidad Libre de pregrado, habiendo realizado mi internado rotatorio en el Hospital Evaristo García de la ciudad de Cali, que escogí en ese momento por tener una rotación de psiquiatría. Siempre quise ser psiquiatra, lo tenía claro desde el pregrado y por eso escogí mi internado en un sitio donde hubiese rotación de psiquiatría. Hice mi especialidad en psiquiatría en el Colegio Mayor de Nuestra Señora del Rosario (Universidad del Rosario). Tengo dos especializaciones administrativas en la Universidad del Norte: un postgrado en Gerencia en Servicios de Salud y Garantía de Calidad y Auditoría. Trabajé en el primer centro de psiquiatría comunitaria de Colombia que fue dirigido/asesorado por el grupo de Trieste. Fui presidente de la Asociación Colombiana de Psiquiatría en el año 2020, año de la pandemia, que representó una serie de cambios en la Asociación que incluyó la necesidad de optimizar la comunicación a través de plataformas y redes, lo cual al ocurrir de manera abrupta, obligada por las circunstancias, requirió gran trabajo y esfuerzo en equipo. Fue un reto superado satisfactoriamente. Mi presencia en la Asociación ha sido constante. He sido escogida por votación en tres oportunidades por la regional Caribe. Durante mi gestión se creó el subcomité de Derechos Humanos y en mi período como presidente impulsé que la Asociación liderara a nivel nacional la prevención de suicidio, como gran bandera. Miembro de la Asociación Colombiana de Psiquiatría.

¿Cómo decidió hacerse psiquiatra? Desde antes de llegar a clínica, en mi pregrado, quería ser psiquiatra, entender el funcionamiento del cerebro y entender los cambios comportamentales, los cambios emocionales, el que como médico pudiésemos ver al paciente de manera integral, como persona que es un ser social, emocional y físico, no una patología sin nombre, sin vida.

¿De qué se siente más orgulloso? Haber luchado, de manera quijotesca, por la reivindicación de los derechos de los pacientes de una institución de salud de mi ciudad. El trabajo que he estado haciendo desde el 2018 en salud pública en Barranquilla inicialmente y luego en compañía de la Dra. Otero en la Asociación Colombiana de Psiquiatría, que comenzó como una idea de llevar a todos la prevención del suicidio, hasta llegar a tener una campaña que ha trascendido con la ayuda de un publicista, hasta tener un grupo de voluntarios y un grupo de trabajo exclusivo en la Asociación, de eso me siento orgullosa, porque tiene vida propia, porque todos hablan de ello, todos conmemoran el día de la prevención y todos han empezado a hablar del tema en el país. En ese mismo sentido, entendiendo la salud como un conjunto, un ser integral donde la salud mental juega un papel importante, me hace sentir orgullo el trabajo que hemos realizado con enfermedades crónicas, como la diabetes. En este tema coordiné en Barranquilla, en representación de Colombia, dos investigaciones en prevención de diabetes, que ganaron en una competencia mundial. Hice parte de un grupo soñador, que llevó a Barranquilla a ser representante en Colombia en diabetes. Me da orgullo rescatar perritos en las calles.

¿Qué significa ser Hispano o Latino para usted? Ser hispano es tener una cultura, corazón y pasión, representar una población con raíces similiares, producto del mestizaje de una orgullosa ascendencia indígena, con las mezclas de España y África, emergente ahora, con gente trabajadora, con mucha inteligencia, disposición, pero muchas veces sin oportunidad.

¿Qué le aconsejaría a un estudiante o residente hispano latino que acabe de comenzar su carrera? Que tienen un mundo digital por delante, que pueden ir más allá que cualquiera, que pueden, tienen y saben con qué ser líderes, esos líderes que necesitamos como hispanos, para seguir, que puedes llegar muy lejos, investigar si es lo que quieres, ser docente, o ser asistencial de todas la modalidades, pero siempre ir mas allá, crear nuevas estrategias y formas de entender al ser humano, que tienen lo más importante que un ser humano puede tener y que lo da nuestra cultura, corazón y pasión.

¿Díganos algo importante que haya aprendido de trabajar con pacientes hispanos y latinos? Tenemos una forma de ver la vida con otros ojos, con los ojos de la necesidad, de la pobreza.

¿Qué futuro le augura a la psiquiatría hispana? La psiquiatría hispana se ha ido posicionando teniendo representantes destacados en diferentes países, sectores, que sobresalen, que tienen toda la preparación y lo mejor toda la pasión.

¿Cuál ha sido el mayor obstáculo de su carrera y cómo consiguió superarlo? El mayor obstáculo como psiquiatra, el que esta especialidad siga siendo la cenicienta de la salud, en muchas partes del mundo, pero en especial en nuestro país Colombia, lo cual nos genera a los especialistas un esfuerzo mayor para que sea escuchada, para que seamos escuchados como psiquiatras en el ámbito de los líderes de Estado, tanto locales como nacionales. Que la pandemia aceleró toda la problemática de salud mental, que venía en ascenso y que hizo imposible poder ignorar el problema que debía ser visto y tratado hace muchos años. Trabajo en el estigma y tabú de la salud mental, de las enfermedades en psiquiatría, el de su relación con todas las enfermedades en psiquiatría, el posicionarla en el lenguaje de los líderes políticos y en especial de la población en general.

¿Cuál es en su opinión el mayor reto de la psiquiatría? Bajar esos índices de suicidio, el poder llegar a todos los sectores, áreas, poblaciones del mundo donde no llega la salud mental, donde la pandemia arrasó con la tranquilidad y posicionarla como debe ser, una especialidad en salud que debería ser prioritaria.

QUIJOTES DE LA PSIQUIATRIA

JAVIER AULI

Médico y psiquiatra colombiano, graduado en la Pontificia Universidad Javeriana. Psiquiatra de niños y adolescentes de la Universidad de París. Psiquiatra de enlace de la Pontificia Universidad Javeriana. Psicoanalista de la sociedad colombiana de psicoanálisis.

El Dr. Javier Aulí Carrasco cuenta con más de 25 años de experiencia en diversas instituciones de prestigio como el Hospital Universitario San Ignacio: Bogotá, Bogota, CO

Actualmente el Dr. Aulí es profesor asociado de pregrado de medicina, de postgrado de psiquiatría y de la subespecialidad de psiquiatría de niños y adolescentes de la Pontificia Universidad Javeriana. Se desempeña como Director de la Unidad Salud Mental desde 2001, y del departamento de Psiquiatra de enlace desde 2002.

Sus investigaciones han sido publicadas en revistas nacionales e internacionales. Ellas incluyen: Manejo transdisciplinario de pacientes con desórdenes del desarrollo sexual en Colombia. Limitantes para un manejo oportuno e integral en Urología Colombiana, 2017; Prevalence and Associated Factors of Mental Disorders in Colombian Child Population, the 2015 National Mental Health Survey; Revista colombiana de psiquiatria 2016 y la Prevalencia y factores asociados a trastornos mentales en la población de niños colombianos, Encuesta Nacional de Salud Mental (ENSM) 2015. Revista colombiana de psiquiatría

En 2020 la Sociedad Americana de Psiquiatras Hispanos le otorgo el premio de excelencia en psiquiatria por su vida y trayectoria ayudando a niños, madres y familias en Colombia.

QUIJOTES DE LA PSIQUIATRIA

JOSE LUIS AYUSO

El Doctor Jose Luis Ayuso Gutierrez es Catedrático de Psiquiatría (Emeritus) en la Universidad Complutense de Madrid. Recibió su entrenamiento en Medicina y Psicología de la Universidad Complutense de Madrid. Posteriormente tuvo la oportunidad de viajar a Filadelfia, Estados Unidos con una beca de la organización Fullbright y posteriormente organización Mundial de la Salud (OMS) en el Reino Unido. Se desempeño como Vicepresidente de la Federación Mundial de Sociedades de Psiquiatría Biológica durante el periodo 2001-2005 y en la actualidad es Miembro de las Task Force de Trastornos Afectivos y de Trastornos de Ansiedad de la WFSBP.

El Dr. Ayuso ha sido reconocido por el su trabajo en el CINP. "Corresponding Fellow" de la APA, Académico Correspondiente de la Real Academia Nacional de Medicina y de la Real Academia de Medicina y Cirugía de Valladolid, Académico Correspondiente de la Academia Nacional de Medicina de México, Miembro Asociado Extranjero de la Societé Médico Psychologique de Francia y Profesor Honoris Causa de la Facultad de Ciencias Médicas de la Universidad de Santo Domingo. Miembro de Honor de 13 Sociedades Científicas. Ha presentado 323 ponencias y comunicaciones científicas, 163 en congresos nacionales y 160 en congresos celebrados en el extranjero. Miembro del Comité Editorial de 23 revistas de psiquiatría. Autor de 285 publicaciones: 209 artículos, 11 libros, 9 monografías y 56 capítulos en libros de múltiples autores.

Premio Andrés Piquer Arrufat a la Trayectoria Profesional en Psiquiatría concedido por la Sociedad Española de Psiquiatría en 2009. Premio a la Trayectoria en Investigación concedido por la Sociedad Española de Psiquiatría Biológica en 2010. Primera Medalla Ignacio Matte Blanco de la

QUIJOTES DE LA PSIQUIATRIA

Facultad de Medicina de la Universidad de Chile, 2013.

¿Qué le hizo emigrar a los Estados Unidos? Realmente yo no emigré a los Estados Unidos. Sin embargo, además de los numerosos viajes que he realizado frecuentemente a ese gran país, pasé un año conviviendo con colegas de Estados Unidos y de Latino- América en el Hospital Estatal de Filadelfia Hospital gracias a una beca Fullbright. Fue una experiencia muy gratificante e inolvidable.

¿Cómo decidió hacerse psiquiatra? Le decisión de hacer la especialidad de psiquiatría no fue estrictamente vocacional. Curiosamente la elegí porque consideraba que no se precisaban habilidades manuales para ejercerla a diferencia de la mayoría de las especialidades médicas y quirúrgicas. En todo caso, acerté con la decisión tomada ya que me he sentido siempre muy motivado y me considero un afortunado por ejercer esta especialidad.

¿De qué se siente más orgulloso? Me siento muy orgulloso por haber participado con el Profesor López Ibor en la creación y funcionamiento de la Escuela Profesional de Psiquiatría de la Universidad Complutense, donde se formaron y graduaron de psiquiatras numerosos médicos procedentes de toda la América latina con los cuales he mantenido una estrecha relación de colaboración y amistad.

¿Cuál ha sido el mayor obstáculo de su carrera? Afortunadamente, no he encontrado obstáculos insalvables en el ejercicio de mi profesión de psiquiatra.

¿Cuál es en su opinión el mayor reto de la psiquiatría? Existe el riesgo de la primacía absoluta de las técnicas de imagen cerebral y del perfil genético, así como la explosión de marcadores biológicos, supuestamente garantes de la objetividad, que puedan suplantar el campo de acción tradicional del psiquiatra incluyendo la relación médico- paciente. Así mismo, desafortunadamente se está perdiendo en las nuevas generaciones de psiquiatras el enfoque psicopatológico tradicional que se ha sustituido por los criterios diagnósticos operativos de las clasificaciones nosológicas actuales.

¿Qué le aconsejaría a un estudiante o residente hispano que acabe de comenzar su carrera? Ante todo, le aconsejaría evitar la utilización del Manual Diagnóstico y Estadístico DSM-V o la CIE-11 como si fueran un tratado de psicopatología. Las nosologías psiquiátricas (CIE-11 de la Organización Mundial de la Salud y DSM-V de la Asociación Americana de Psiquiatría) tienen diversas ventajas, como son facilitar la comunicación entre profesionales clínicos, utilizando un lenguaje común, y unificar los criterios de investigación clínica en los diferentes países. Sin embargo, la ampliación de categorías diagnósticas recogida en el DSM-5, así como la utilización de umbrales diagnósticos menos exigentes para muchos trastornos, puede traer consigo la psicopatologización de algunos problemas de la vida cotidiana y la generación de pacientes falsos positivos. Por otra parte, se requiere una sólida formación clínica para establecer un diagnóstico en el DSM-5 porque los criterios establecidos se refieren a síntomas que es preciso discriminar con precisión de lo que son los cambios en la vida cotidiana o las respuestas transitorias a las situaciones de estrés. Además, la mayor parte de las categorías diagnósticas no son validadas por los criterios biológicos. Evidentemente, los manuales de diagnóstico y de estadística de los trastornos mentales no permiten alcanzar la comprensión y la explicación, pilares fundamentales de la psiquiatría clásica. Resulta por tanto imprescindible en los programas de formación del futuro psiquiatra familiarizarse con los postulados de la psicopatología descriptiva clásica contando para ello con magníficos tratados publicados tanto en español como en inglés.

¿Díganos algo importante que haya aprendido de trabajar con pacientes psiquiátrico? Me gustaría relatar la satisfacción que me produjo el tratamiento preventivo del trastorno bipolar con las sales de litio, tratamiento que inicié ya desde su inclusión en la farmacopea española con magníficos resultados. Recuerdo un caso altamente significativo de la eficacia del tratamiento. Se trataba de una mujer de 26 años con historia de varios episodios maníacos que requirieron ingresos hospitalarios. Estuvo tratada con carbonato de litio durante 30 años sin recaída. Al cabo de ese período se decidió a petición de la paciente suprimir lentamente el tratamiento a lo largo de dos meses y al mes de la supresión total del fármaco asombrosamente sufrió otro episodio maníaco con grave sintomatología delirante que requirió hospitalización psiquiátrica durante dos meses.

¿Qué papel (positivo o negativo) ha jugado en su carrera el hecho de ser hispano o latino? Tengo que confesar que en mi estancia como becario Fullbright en el Hospital estatal de Filadelfia (Philadelphia State Hospital) recibí un gran apoyo de mis colegas tanto hispanos como americanos. Todo fue muy fácil. Mi vida en el Doctor Home, situado en el campus del Hospital, fue muy grata y confortable.

¿Qué futuro le augura a la psiquiatría hispana? Soy optimista y creo en un futuro más positivo para las nuevas generaciones de psiquiatras. He sido testigo como secretario de la Escuela Profesional de Psiquiatría de la Universidad Complutense de Madrid, (dirigida por el Profesor López Ibor Sr.), de la formación en la especialidad de psiquiatría de numerosos profesionales procedentes de la mayoría de los países latinoamericanos. En muchos casos, acudían a la Escuela de Madrid por ausencia de programas formativos en sus países. Afortunadamente ese problema dejó de existir y somos testigos del incremento actual de la investigación realizada por autores hispanos en numerosas áreas de la psiquiatría, particularmente en psiquiatría cultural, genética, psiquiatría social, epidemiología y etnopsicofarmacología psiquiátrica.

¿Cuál ha sido el mayor obstáculo de su carrera y como consiguió superarlo? Afortunadamente, a lo largo de toda mi trayectoria profesional no he encontrado obstáculo alguno que me haya impedido alcanzar las metas que me había propuesto.

¿Cuál es en su opinión el mayor reto de la psiquiatría? Según la Organización Mundial de la Salud, los trastornos mentales y los neurológicos representan una mayor proporción de carga de enfermedad y de discapacidad que cualquier otra categoría de enfermedades no transmisibles (WHO, 2008). Importa señalar también que la gran mayoría de las personas con trastornos mentales no recibe ningún tratamiento o recibe un tratamiento inadecuado. Así, la encuesta mundial de Salud Mental encontró que en los países en desarrollo (con importante representación de Latino-América) entre el 76,3 y el 85,4 % de las personas con trastornos mentales graves no habían recibido ningún tratamiento en el último año (WHO World Mental Health Survey Consortium). Estas cifras configuran claramente el mayor reto de la psiquiatría en Latino-América. Por otra parte, hay un elevado riesgo de que el avance extraordinario de las neurociencias, con los relevantes aportes al diagnóstico y tratamiento de los trastornos mentales, reduzca y anule los fundamentos psicopatológicos de la psiquiatría tradicional en aras de una visión reduccionista.

¿Cuáles son los cambios más necesarios en la psiquiatría? Considero absolutamente necesario la implementación de la asistencia psiquiátrica en una red de atención médica universal y la integración plena de los servicios psiquiátricos en los centros de salud primaria. Así mismo, debe prestarse especial atención a la prevención y tratamiento de la drogadicción y la conducta suicida, así como la asistencia de poblaciones en riesgo (niños, adolescentes y ancianos).

QUIJOTES DE LA PSIQUIATRIA

MIQUEL BERNARDO

Miquel Bernardo es especialista en Psiquiatría y doctor en Medicina egresado de la Universidad de Barcelona. Es Catedrático de Psiquiatría de la Universidad de Barcelona, coordinador de Psiquiatría, y profesor de tercer ciclo en los programas de doctorado de Medicina y de Biomedicina con mención de calidad. Desarrolla su tarea asistencial en el Hospital Clínic de Barcelona, como Consultor Senior del Servicio de Psiquiatría. Director y fundador de la Unidad de Esquizofrenia Clínic, 2001-2019. Presidente de la Sociedad Española de Psiquiatría Biológica (SEPB), periodo 2012- 2016 y de la Fundación Española de Psiquiatría y Salud Mental (FEPSM), periodo 2017-2018. Ha dirigido veinticinco tesis doctorales (21 leídas y 4 en curso), he publicado 15 libros, varios de ellos reeditados y escrito 75 capítulos de libro. Autor de más de 330 artículos en revistas científicas con un factor de impacto acumulado de 1090,172 (FI JCR 2018) y un Índice-h de 37 (WOS). Reconocidos 4 tramos de investigación consecutivos, tanto autonómicos como nacionales. He participado activamente en numerosos congresos nacionales e internacionales, y en cursos y actividades docentes, con una actividad en esta área de máss de 700 intervenciones.

Su línea de investigación está centrada en esquizofrenia, especialmente en las siguientes áreas: Primeros episodios psicóticos y fases tempranas de la enfermedad; salud física y estilos de vida; Biomarcadores, Psiquiatría Traslacional y de precisión; Neuropsicología, intervenciones psicológicas y evaluaciónn psicométrica; Neuropsicofarmacología y tratamientos biológicos.

Ha sido jefe del equipo de Bases biològiques del trastorn psíquic i psiquiatria nuclear de l'Institut de Investigacions Biomèdiques August Pí i Sunyer (IDIBAPS) desde la creación de este Instituto. (http://www.idibaps.org/). Coordinador del Grupo Esquizofrènia Clínic (GEC), reconocido como Grupo Consolidado de Investigación desde su creación por la Agència de Gestió d'Ajuts Universitaris i de Recerca de la Generalitat de Catalunya. (http://agaur.gencat.cat/es). Coordinador del Grup Esquizofrènia Clínic del Institut de Neurociències de l'Universitat de Barcelona. (http://www.neurociencies.ub.edu/). Investigador principal de CIBERSAM, del grupo G04 del programa de Esquizofrenia y fue responsable de relaciones institucionales. (http://www.cibersam.es/).

Es miembro del Grupo de innovación en Metodologías docentes activas para el desarrollo y evaluación de las competencias clínicas en Medicina (GINMAD) Código asignado-GINDO-UB/159 y asesor del RIMDA (Recerca, Innovació i Millora de la Docència i l'Aprenentatge) de la Universidad de Barcelona.

Ha sido reconocido como International Distinguished Fellowship por la APA y Socio de Honor de varias sociedades científicas (APAL y Sociedad Española de Patologíaía Dual y Sociedad Española de Psiquiatría Biológica).

Ha obtenido premios relevantes como el Premio del Institut d'Estudis Catalans, Premio August Pi-Sunyer por su trayectoria de investigación, Premio Best in Class a la mejor Unidad de Esquizofrenia del Servicio Nacional de Salud, Premio a la Excelencia Profesional en la categoría de Educaciónn Médica, por el Colegio Oficial de Médicos de Barcelona y Premio de la Sociedad Española de Psiquiatría 2019 a la trayectoria profesional.

La Psiquiatría es una de las especialidades médicas más humanista. El psiquiatra se acerca al paciente desde una perspectiva científica y, por tanto, basada en la evidencia, pero a la vez mantiene una interacción que es enriquecedora para ambos en muchos casos.

La Psiquiatría actual es una disciplina integral e integradora que ha tenido sus fuentes en muy diversos modelos, el biomédico y el psicobiológico, pero también el psicodinámico y el cultural, a la vez que el cognitivo y el conductual, así como el comunitario y el social. Esta trayectoria ha hecho de la Psiquiatría una de las ciencias más humanista siendo considerada a la vez una de las humanidades más científicas.

Personalidades como Kraepelin, Jaspers, Freud, Carlson o Kandel, entre muchos profesionales, han representado estas aportaciones. Esta capacidad integradora de la Psiquiatría va mucho más allá de coleccionar y ampliar conocimientos sobre el funcionamiento del cerebro.

El gran reto de la Psiquiatría del futuro va a ser contar con profesionales que ejerzan este humanismo científico incorporando los continuos avances en el conocimiento que aporta la neurociencia desde la genética a la neuroimagen y la neuroquímica del sistema nervioso. Nos encontramos ante un reto global que la Psiquiatría americana junto a la europea afronta desde hace siglos pero que hoy alcanza una nueva dimensión y se ha convertido en prioritario para la sociedad. Este objetivo solamente será asumible con la participación de los mejores psiquiatras de los cinco continentes.

Los psiquiatras de habla española están llamados a desempeñar una importante labor en pos de este objetivo que para ser alcanzado de forma plena necesita de todos nosotros.

QUIJOTES DE LA PSIQUIATRIA

CARLOS BLANCO

Carlos Blanco, M.D., Ph.D., M.S. es el director de la División de Epidemiología, Servicios e Investigación de Prevención del Instituto Nacional sobre el Abuso de Drogas (NIDA), un componente de los Institutos Nacionales de Salud. El Dr. Blanco es un experto nacional en epidemiología y tratamiento de trastornos adictivos.

Antes de unirse a NIDA, el Dr. Blanco fue profesor de psiquiatría en el Centro Médico de la Universidad de Columbia y psiquiatra de investigación en el Instituto Psiquiátrico del Estado de Nueva York.

Es graduado de la Universidad Autónoma de Madrid (España) y completó su residencia en psiquiatría en la Universidad de Columbia, donde también completó una beca de investigación. El Dr. Blanco es autor de más de 350 publicaciones revisadas por expertos.

El Dr. Blanco es un psiquiatra certificado en la ciudad de Nueva York, Washington, D.C., Maryland y Florida. Sus conocimientos en psicofarmacología y psicoterapia han facilitado el abordaje integral de sus pacientes de forma única e individual, con sus propios pensamientos, sentimientos trabajando de una manera colaborativa para identificar y lograr sus metas individuales.

Es experto reconocido internacionalmente en el tratamiento de la ansiedad, la depresión, el trastorno bipolar y la impulsividad (como el juego de azar), así como en el tratamiento de trastornos psiquiátricos en sobrevivientes de cáncer de mama.

Realiza evaluaciones de pacientes severamente enfermos con énfasis en casos difíciles de tratar.

El Dr. Blanco tiene más de 25 años de experiencia en el tratamiento de pacientes de todo el mundo y actualmente realiza investigaciones con colegas en múltiples universidades de los Estados Unidos y Europa encaminados a mejorar el tratamiento de los trastornos psiquiátricos.

En 2021 el Dr. Blanco recibio el premio otorgado por la Sociedad American a de Psiquiatras hispanos (ASHP) que reconoce a los distinguidos profesionales hispanos/latinos por sus contribuciones sobresalientes en el campo de la Psiquiatría y la Salud Mental.

QUIJOTES DE LA PSIQUIATRIA

BORIS BIRMAHER

El Dr. Birmaher es profesor de psiquiatría en la Universidad de Pittsburgh, Escuela de
Medicina. Recibió su título médico de la Universidad Valle en Cali, Colombia; completó su formación en psiquiatría general en la Universidad Hebrea en Jerusalén, Israel, y psiquiatría infantil en la Universidad de Columbia, Nueva York.

El Dr. Birmaher es un líder en el estudio del estado de ánimo pediátrico y trastornos de ansiedad. Es el experto mundial en trastorno bipolar pediátrico (PBD). Su trabajo aclaró la fenomenología y el curso de la PBD y su investigación ha documentado los precursores del trastorno bipolar en la juventud en riesgo de PBD.

Desarrolló una escala ampliamente utilizada para identificar los trastornos de ansiedad pediátrica y ha sido pionero en el desarrollo de investigaciones que establecen el riesgo para predecir la recurrencia de los síntomas bipolares y para predecir el inicio en los jóvenes en riesgo de padecer el trastorno.

A lo largo de su carrera, ha servido como Director, Codirector o coinvestigador para más de 25 proyectos de investigación patrocinados por el gobierno federal. Ha sido autor o coautor de más de 445 publicaciones, numerosos capítulos de libros, así como su propio libro, "Nueva Esperanza para niños y adolescentes con trastorno Bipolar."

Ha sido reconocido por su trabajo por la Academia Francesa de Medicina, la Fundación Cerebro y Comportamiento, la Academia Americana de

QUIJOTES DE LA PSIQUIATRIA

Psiquiatría Infantil, la Asociación Americana de Psiquiatría, y la Alianza de Apoyo a la Depresión y el Trastorno Bipolar, y es un investigador muy citado (Thomas Reuters). Durante cuatro años, hasta 10/2018, fue el director de programas de la Academia Americana de Psiquiatría Infantil y adolescente y recientemente fue nombrado consejero general de la misma asociación.

El Dr. Birmaher ha sido el mentor de individuos altamente productivos, que han ganado premios como el PECASE (Premio PECASE es el mayor honor otorgado por el gobierno de los Estados Unidos a científicos e ingenieros destacados que comienzan sus carreras independientes. Los premios se otorgan anualmente en la Casa Blanca siguiendo las recomendaciones de las agencias participantes), y que han desarrollado intervenciones innovadoras para prevenir y tratar el PBD. Ha desempeñado un papel importante en educación de estudiantes de medicina, residentes, estudiantes de postgrado y becarios de España, América Latina, Oriente Medio y China, y ha tenido un impacto importante en los institutos académicos mundiales que fomentan la salud mental infantil.

A pesar de liderar un importante esfuerzo de investigación, es muy activo clínicamente evaluando y tratando a jóvenes y adultos jóvenes con trastornos difíciles de diagnosticar y tratar tanto a nivel nacional como internacional. Proyecta una actitud cálida y alegre hacia sus pacientes, colegas, amigos y familiares.

Dr. Birmaher tiene un gran sentido del humor y siempre trata de levantar el ánimo de los que le rodean. Hace todo lo posible para ayudar y apoyar las iniciativas encaminadas a mejorar la calidad de atención de hispanos y pacientes en América Latina.

Por último, el Dr. Birmaher es muy respetado y reconocido entre sus colegas por su generosidad, vocación de servicio, compartiendo su tiempo, conocimiento y procurando que los niños y sus familias puedan recibir el mejor tratamiento, disminuyendo el impacto de la enfermedad mental.

Quien anda mucho y lee mucho, ve mucho y sabe mucho.

Don Quijote de la Mancha

QUIJOTES DE LA PSIQUIATRIA

JULIO BOBES

El Dr. Bobes es Catedrático de Psiquiatría vinculado de la Universidad de Oviedo. Actualmente dirige el Área de Psiquiatría del Departamento de Medicina de dicha Universidad y es Jefe de Servicio de Psiquiatría del Área Sanitaria de Oviedo (España). Asimismo, es investigador principal del Centro de Investigación Biomédica en Red del Área de Salud Mental (CIBERSAM) de Oviedo, Director del Área de Investigación en Neurociencia del Instituto de Investigación Sanitaria del Principado de Asturias (ISPA), y Presidente de la Real Academia de Medicina del Principado de Asturias.

Sus actividades incluyen tanto la docencia como la investigación y la práctica clínica. Ha publicado más de cuatrocientos artículos y es autor y/o coordinador de varios libros, así como colaborador de numerosos capítulos. Sus intereses investigadores incluyen diferentes aspectos de la evaluación, manejo, tratamiento e impacto de distintos trastornos psiquiátricos: adicciones, trastornos psicóticos, afectivos, de ansiedad y psicofisiológicos. Asimismo, participa activamente en el estudio y la prevención de comportamientos suicidas.

Ha sido miembro de la Comisión Clínica del Plan Nacional sobre Drogas (PNSD), miembro del Consejo Español de Drogodependencias y otras Adicciones y Presidente de la Comisión Nacional de la Especialidad de Psiquiatría desde junio de 2014 a octubre de 2019.

Es miembro de numerosas Sociedades Científicas, tanto españolas como extranjeras, habiendo ocupado puestos directivos en varias de ellas:

miembro del Board de la Asociación Europea de Psiquiatría (EPA), Presidente de la Sociedad Asturiana de Psiquiatría, primer Presidente del Consejo Español del Cerebro (CEC) -integrado en el European Brain Council-, Presidente de Sociedades monográficas: Socidrogalcohol y de la Sociedad Española para el Estudio de los Trastornos de Personalidad (SEETP), Presidente de la Sociedad Española de Psiquiatría Biológica (SEPB), y de la Sociedad Española de Psiquiatría (SEP). Participa en Comités Editoriales de varias publicaciones de impacto, tanto nacionales como internacionales, y Director Editorial de la Revista de Psiquiatría y Salud Mental.

¿Cómo decidió hacerse psiquiatra? Dado que vivía muy cerca del Hospital Psiquiátrico Regional de Asturias, cuando era niño me sorprendía ver personas que se arrojaban al tren y quedaban totalmente destrozadas. Desde entonces, siempre me preocupé por averiguar cuál era la motivación o la causalidad que podía tener una persona para arrojarse al tren y quedar totalmente destruida.

¿Cuáles han sido sus principales fuentes de inspiración? Deportes y valores de practicar larga distancia. Actividades con refuerzo a largo plazo. Los testimonios que demostraban gran resistencia a situaciones adversas.

¿De qué se siente más orgulloso? De mi testimonio como médico psiquiatra asistencial e investigador. También de haber contribuido a crear y desarrollar un equipo de Psiquiatría con competencias docentes, investigadoras y asistenciales en el contexto de la Universidad de Oviedo.

¿Qué significa ser hispano o latino para usted? Tener estilos de afrontamiento diferentes, como por ejemplo atrevidos y cargados de optimismo. Afrontamiento con mucha relatividad y flexibilidad social.

¿Qué le aconsejaría a un estudiante o residente que acaba de comenzar su carrera? Que ha de dedicar un poco de tiempo diariamente al trabajo formativo, aproximadamente 10 horas. Sobre todo, que tenga en cuenta que va a empezar una carrera de larga distancia y que, por tanto, los reconocimientos llegarán a largo plazo. También que aprenda a dosificarse a largo plazo.

¿Qué papel ha jugado en su carrera el hecho de ser hispano o latino? En una 1ª etapa percibí mi origen como de 2º nivel en las reuniones internacionales, probablemente debido a las limitaciones e insuficiencias que España tenía hace 50 años. Por el contrario, en las últimas décadas, estoy orgulloso de pertenecer a la cultura latina, una cultura muy diferente de la anglosajona.

¿Qué futuro le augura a la psiquiatría hispana? Muchas tareas por hacer, particularmente en investigación. Queda mucha por decir y por hacer en red desde y con Latinoamérica.

¿Cuál ha sido el mayor obstáculo de su carrera y cómo consiguió superarlo? Las insuficiencias económicas y de libertades que padecimos en el periodo franquista, lo que enlenteció mi desarrollo como ciudadano europeo.

¿Cuál es en su opinión el mayor reto de la psiquiatría? Desarrollar, con la mayor rapidez posible, la psiquiatría de precisión y, sobre todo, la aplicación de programas preventivos 1º y 2º, ya que la psiquiatría preventiva terciaria estamos acostumbrados a trabajarla cotidianamente.

¿Cuáles son los cambios más necesarios en la psiquiatría? Incorporar la prevención de la sobremortalidad en psiquiatría, tanto por comportamientos autolíticos como por falta de detección y tratamiento de la comorbilidad somática. También, mayor desarrollo de la psiquiatría comunitaria.

La pluma es lengua del alma; cuales fueren los conceptos que en ella se engendraron, tales serán sus escritos.

Don Quijote de la Mancha

QUIJOTES DE LA PSIQUIATRIA

MARCIA BRAIER

Mi nombre es Marcia Braier. Nací en la Ciudad de Buenos Aires, Argentina, nieta de inmigrantes europeos (alemanes, austriacos, polacos y rusos) en el seno de una familia de profesionales de clase media, judíos, con una madre odontóloga y un padre médico gastroenterólogo. Soy la hija mayor. Tengo dos hermanos: un hermano varón dos años menor y una hermana mujer 11 años menor. Todos en pareja estable y me dieron siete hermosos sobrinos. .La presencia de mis abuelas fue muy importante. Al ser una de las mayores, disfruté de su juventud y su amor incondicional. Ambas, amas de casa. Una, muy glamorosa; la otra, muy amorosa.

Realicé mis estudios primarios y secundarios en escuelas públicas y comencé la Facultad de Medicina a los 18 años de edad, en la Universidad de Buenos Aires, sabiendo que quería dedicarme a la psiquiatría infantil. Tengo estudios de música y danza desde los cuatro hasta los 18 años y di clases de danza en el mismo instituto desde los 18 hasta los 21. Me recibí de médica en 1982 y al año siguiente comencé con el sistema de concurrencias en el Hospital de Psiquiatría Infanto Juvenil Dra. Carolina Tobar García. Simultáneamente, realicé una residencia médica en un sanatorio privado, trabajando con tercera edad en clínica médica. El jefe de ese servicio es actualmente mi clínico de cabecera, exalumno de mi padre. Su nombre es Ricardo Kurgansky. Allí conocí a mi esposo, con quien estamos juntos hace 40 años. Tenemos cuatro hijos: tres varones y una niña. Mis hijos mayores presentan retraso mental y, gracias a ellos, aprendí lo que es el amor incondicional y la valoración de la necesidad especial, interpretando cuando no hay lenguaje, escuchando y entregando cuando se me lo pide. Todos los hijos enseñan. Pero tener hijos con discapacidad es un aprendizaje con un valor inconmensurable. Mis hijos mayores ganaron premios de belleza cuando eran pequeños. Todas las patologías del neurodesarrollo que se van evidenciando con el crecimiento confrontan con sensaciones y situaciones de adaptación permanente. Esa posibilidad de captar las necesidades apropiadas en el momento justo es lo que también como psiquiatra infantil transité a nivel profesional y compartí con tantos padres. Mi tercer hijo es médico anestesiólogo y mi hija es arquitecta y realiza un máster en Dinamarca, país donde vive.

Mis cuatro hijos tienen todos ojos de color diferente: el mayor, celeste; el que le sigue,
verdes; el otro, marrón y, la pequeña, color miel, y así son mis ojitos de colores. Me enseñaron a mirar el mundo desde esos cristales maravillosos, cada uno con cada color, con cada variable, con cada posibilidad y con cada deseo diferente. Nuestra vida familiar se adaptó exitosamente a la situación de hijos con discapacidad, tomando roles específicos cada uno y tratando de aliviar a nuestros hijos menores. Eso no fue fácil. Hubo confrontaciones y desacuerdos, tanto como acuerdos y un fuerte concepto familiar que pudo observar, en el momento apropiado, las necesidades de cada uno y llevarlas a cabo.

Estoy a cargo como subdirectora de la Carrera de Especialista en Psiquiatría Infanto Juvenil
de la Universidad de Buenos Aires, sede Hospital Tobar García, y soy presidenta del Capítulo de Psiquiatría Infanto Juvenil de la Asociación Argentina de Psiquiatras.(AAP), en el cual hay psiquiatras y profesiones afines de todo mi país y del extranjero, y donde se realizan ateneos que quedan grabados en la página web del Capítulo, con el objetivo de difundir conocimientos sobre la salud mental infanto juvenil. He llevado a cabo una prolífica actividad docente en diferentes universidades nacionales públicas y privadas, supervisiones a profesionales de la especialidad, y fui directora de cursos, congresos y jornadas en los últimos 35 años. He participado en múltiples trabajos de investigación y he publicado trabajos relacionados con la especialidad, prologado libros y escrito capítulos en libros de la especialidad. Pertenezco a la Red WARMI, presidida por la maravillosa Ruby Castilla Puentes, a la Fundación de Ayuda contra el Abuso Sexual Infantil y a la Red de Contención a cargo de la abogada Raquel Hermida Leyenda. Soy vocal de la Federación Latinoamericana de Psiquiatras Infantiles (FLAPIA). Mis hobbies son los viajes por el mundo, la moda y la cocina.

QUIJOTES DE LA PSIQUIATRIA

¿Cómo decidió hacerse psiquiatra? Cuándo era jovencita me dedicaba a la danza la que
luego apliqué a la enseñanza con niños. Paralelamente tenía gran facilidad en leer comprender y analizar los libros de los clásicos en la escuela. Mi padre que era un médico lector amante de la historia la geografía el arte y la filosofía, observando mis aptitudes me sugirió cuando termine la escuela secundaria que me dedicara a la psiquiatría infantil por un lado, porque me gustaban trabajar con los chicos, pero por otro, porque podía interpretar con facilidad todo aquello que ameritara ser interpretable analizable y observable.

¿Cuáles han sido sus principales fuentes de inspiración? Luego elegí otro padre en la vida
que me guio en la profesión. El doctor Roberto Yunes. Ejemplos fueron y lo son aún, El doctor Garcia Coto, la doctora López Mato, la doctora Lucila Agnese. En la época en que me forme había una impronta muy importante de la corriente psicoanalítica y yo estaba interesada en investigar cuál es eran las causas Neuropsiquiátricas que provocaban las alteraciones en los niños. Con lo cual empecé a contactarme con otras especialidades clínicas y neurológicas para interactuar y llegar al diagnóstico médico de los trastornos mentales infantiles.

¿De qué se siente más orgulloso? Me siento orgullosa de haber mantenido una línea de trabajo estudio y docencia con bases médicas de donde pude comprender etiologías, hacer buena semiología , llegar a diagnósticos comprender los antecedentes patológicos en familiares conocer los tiempos de evolución de enfermedades y las edades de inicio para poder acompañar en los procesos terapéuticos a quienes padecían los trastornos y contener a los familiares

¿Qué significa ser Hispano o Latino para usted? Una cultura donde el crisol de razas ha aportado parte de las suyas, para dar nacimiento a distintas variables de personalidad donde predomina el sentimiento del progreso del crecimiento y del contenido emocional.por sobre todo Que latino no abre sus puertas en el hogar , da besos cuando saluda , ofrece un plato de comida y agasaja a su invitado

¿Qué le aconsejaría a un estudiante o residente hispano o latino que acabe de comenzar su carrera? Primero que ame lo que hace. Cuando predomina ese sentimiento y se suma la pasión a aprender y a trabajar y estudiar permanentemente estar actualizado y a investigar y a volcar lo aprendido día a día el resultado no puede ser más que óptimo la vocación de ayudar al prójimo es una consecuencia de las virtudes previamente mencionadas

¿Díganos algo importante que haya aprendido de trabajar con pacientes hispanos y latinos? La cultura latina es muy empática. Y lo que he observado es que la especialidad, permite entrar en la familia, , que nos sienten parte de ella y que el agradecimiento a poder ayudar a transitar los procesos de las enfermedades,, conteniendo las familias ayudando a los docentes y por sobre todo a los niños niñas y adolescentes , crean un lazo afectivo permanente en esta cultura donde lo emocional prima.

¿Qué papel (positivo o negativo) ha jugado en su carrera el hecho de ser hispano o latino? El hecho de ser latino en mi cultura y en mi país donde hay tantos médicos psiquiatras y psicólogos , ha sido siempre positivo. Con lo cual la cultura latina también lo ha sido. El defecto que he encontrado en instituciones donde predomina la salud mental es que se extienden a veces en forma positiva y otras negativas a la comunidad terapéutica sobreinterpretaciones sobrediagnósticos y que no siempre se utilizan con buena intención. En mi experiencia particular, teniendo dos hijos con dificultades mentales tuve situaciones con colegas que lo utilizaron para perjudicar mi progreso laboral. No obstante del mismo grupo de compañeros hubo un apoyo incondicional. A pesar de todo pude continuar con mi carrera mi familia el cuidado de mis hijos y mantener mi matrimonio.

¿Qué futuro le augura a la psiquiatría hispana? Creo qué hay que invertir muchísimo en métodos diagnósticos recursos humanos y métodos terapéuticos específicos en la cultura hispana. Si bien hay mucho recurso humano el mismo debe estar bien remunerado y reconocido y actualizar al máximo toda la tecnología de laboratorio, de estudios electrofisiológicos, de estudios funcionales, investigaciones celulares metabólicas y por ende terapéuticas. En nuestra especialidad lo terapéutico involucra las terapias específicas la farmacoterapia la educación y una situación estable económica que permita a las familias tener un desarrollo ascendente y completo. Es mucho lo que hay que hacer. Pero el recurso humano deberá enlazar el económico de cada región para lograr los objetivos óptimos

¿Cuál ha sido el major obstáculo de su carrera y cómo consiguió superarlo? Mi mayor obstáculo fue luego del nacimiento de mis hijos mayores , quienes presentan un trastorno de retraso mental de causa no conocida aún, , donde la comunidad profesional de aquel momento , siendo yo muy muy joven , utilizó ese hecho para interrumpir mi desarrollo profesional. Tuve que pasar a otro servicio al cual me costó mucho entrar, pero fue el que me permitió desarrollarme , enseñar , aprender , no sólo por estudiar, sino también de la experiencia vital de una madre con hijos con dificultades mentales y que se dedica a la profesión , asumir esa situación y a su vez ayudar a vivir procesos similares a quienes vienen a pedir su ayuda profesional. Esto me permitió vivir la profesión de ambos lados, me humanizó mucho más, me sensibilizo mucho más , me hizo más tolerante, más comprensiva y mejor persona. Nunca deje de trabajar. Tuve gran apoyo por parte de mi familia de origen. De mi marido. Y del director más maravilloso que conocí en la vida que estuvo 20 años en el Hospital Tobar García de Argentina ciudad autónoma de Buenos Aires el doctor Roberto Yunes, Me abrió todas las puertas de la profesión

¿Cuál es en su opinion el mayor reto de la psiquiatría? El mayor reto de la psiquiatría es hacer un buen diagnóstico precoz una buena prevención primaria , generar agentes de salud que puedan detectar todo tipo de alteración mental que pueda ser diagnosticada lo más rápido posible , para que su tratamiento apropiado permita optimizar los resultados del desarrollo de ese niño niña o adolescente, logrando una vida feliz para ese sujeto para su familia y su entorno.

¿Cuáles son los cambios más necesarios a llevar a cabo en la psiquiatría en este momento? Los cambios actuales que sugeriría para la psiquiatría en nuestro país , serían una mayor inversión en investigación estudios de campo en todo el país para detección según regiones, ascendencia cultural, medio socioeconómico, antecedentes genéticos, cuidados durante el embarazo, registro de enfermedades como adicciones, intentos de suicidio, y cada uno de los trastornos del Neurodesarrollo infantojuvenil y de las áreas cognitivas, emocionales, comportamentales y sociales que se observen. En función de eso crear centros apropiados en todas las regiones con los métodos diagnósticos necesarios ya sea de laboratorio etc. etc. en resumen investigar diagnosticar asistir y enseñar

QUIJOTES DE LA PSIQUIATRIA

LUIS CABALLERO

Dr. Luis Caballero Martinez. Estoy casado y tengo dos hijos. Vivo en Madrid. Estudié la licenciatura de Medicina en la Universidad Complutense de Madrid y me doctoré en el Departamento de Psiquiatría la Universidad Autónoma de Madrid (UAM).

Soy especialista en Psiquiatría (1985), Máster en Dirección Médica y Gestión Clínica (2004) y Experto Universitario en Psiquiatría Legal (2011). En la actualidad ocupo los puestos de jefe del Servicio de Psiquiatría y Psicología Clínica del Grupo HM Hospitales y de jefe del Hospital de Día Psiquiátrico de Hospital Universitario Puerta de Hierro de Madrid.

Soy profesor del Departamento de Psiquiatría de la UAM y de la Universidad San Pablo CEU de Madrid. He sido profesor invitado en diversas Universidades españolas y extranjeras, así como ponente en múltiples congresos nacionales y extranjeros. He realizado estancias cortas en las Universidades de Grönigen (Holanda), Harvard (Boston), McGill (Montreal), Institute of Psychiatry (Londres), Instituto Karolinska (Estocolmo), New York Psychiatric Institute, Columbia University y otros.

Mis principales líneas de trabajo en psiquiatría clínica son: ansiedad-depresión- somatización, drogodependencias, enfermedad mental grave, neurociencia clínica y psiquiatría cultural. He publicado más de 160 artículos científicos en revistas españolas y extranjeras de la especialidad y más de 40 capítulos de libros o libros. He dirigido 5 tesis doctorales. Desde 2019 coordinó la cátedra de patrocinio sobre "Neurocinemática aplicada "de la Fundación HM Hospitales de Madrid.

He escrito con regularidad a lo largo de mi ejercicio profesional sobre aspectos psiquiátricos y neurobiológicos de la literatura, el cine o el arte contemporáneo. En la actualidad escribo mensualmente sobre estos temas en la web especializada "Brain News". Cuando tengo tiempo y puedo, viajo o comparto con amigos cualquier cosa que tenga que ver con las artes y las ciencias.

¿Cómo decidió hacerse psiquiatra? Pertenezco a una familia que ha ejercido la medicina en la cervantina y mítica región de "La Mancha" desde hace cuatro generaciones. Sospecho que algún mago o hechicero amigo y bueno, probablemente el gigante Malambruno, dispuso mediante artes desconocidas que estudiase medicina en Madrid. La elección de Psiquiatría entre las especialidades médicas posibles vino más tarde, asociada a las oportunidades humanistas y a la experiencia profesional y vital que prometía (o que otro mago bueno o malo me hizo creer).

¿Cuáles han sido sus principales fuentes de inspiración? En términos profesionales inmediatos: los problemas clínicos y humanos de los pacientes que se atienden cada día que son siempre una fuente inagotable de experiencia profesional y humana y de la mayor enseñanza de esta ciencia incierta. A lo largo del tiempo: los colegas de los que aprendí la psiquiatría (muchos poco conocidos más allá de su entorno profesional inmediato), a los que debo agradecer el aprendizaje de este oficio; las lecturas de los clásicos de la psiquiatría (casi siempre menos dogmáticos que sus epígonos); las lecturas de psiquiatría cultural y social (para corregir las veleidades reduccionistas); las lecturas de neurociencia clínica (para entrever y aprovechar sus oportunidades); las artes, las ciencias y los acontecimientos de nuestro tiempo. Y si me pidiesen elegir alguien en personaje inspirador para un psiquiatra en el Quijote, mencionaré al manchego don Diego de Miranda, el Caballero del Verde Gabán (capítulos 16 a 18 de la segunda parte), señor rural entre epicúreo y estoico del que se han dicho tantas cosas y al fin, uno de los pocos en la novela que, consciente de la locura de Alonso Quijano, ni se ríe ni abusa de él, trata de entrarlo en razón y cuando no lo consigue, ni se desespera, ni pierde los modales.

¿De qué se siente más orgulloso? En términos profesionales, del ejercicio y la enseñanza de la psiquiatría clínica y de dejar algo en mejores condiciones que cuando me la encontré o me hice cargo de ello. En términos personales, de mi familia, de mis amigos y de algunas pequeñas cosas que dan sustancia y brillo a la vida.

¿Qué significa ser hispano o latino para usted? Sobre todo, la extraordinaria oportunidad de comunicar inmediata y profundamente a través de la lengua española, y de las latinas, con millones de seres humanos en todo el mundo.

¿Qué le aconsejaría a un estudiante o residente hispano o latino que acabe de comenzar su carrera? En general: que estudie y que trabaje duro, que no descuide sus raíces culturales, que sea ambicioso y resuelto, que hable otros idiomas. En particular: nada sin conocerlo bien o saber lo suficiente de él, con la excepción de que lea el Quijote: no puede hacerle sino bien (Sydenham lo aconsejaba a sus estudiantes de medicina) y se garantizan algunos de los momentos más gratos de disfrutar en este planeta.

¿Díganos algo importante que haya aprendido de trabajar con pacientes hispanos y latinos? He atendido y atiendo muchos pacientes de distintos países latinoamericanos en distintos áámbitos asistenciales. En general, las variantes idiomáticas y culturales de los pacientes latinos, tan familiares y a la vez tan diferentes para los psiquiatras españoles, representan un aporte que amplia y enriquece la práctica clínica y resulta en uno de sus mayores y más constantes atractivos. En cierto modo, cada paciente latino representa una inmersión en el país del que procede con todas las facilidades que concede el español a los hispanohablantes. Visto de este modo, atender en España a este sector de población no deja de ser un privilegio.

¿Qué papel (positivo o negativo) ha jugado en su carrera el hecho de ser hispano o latino? Como soy español y vivo y ejerzo en España, vivo y siento lo hispano, y en general lo latino, como un elemento básico de identificación personal y una plantilla cultural de comunicación profesional y personal impagable.

¿Qué futuro le augura a la psiquiatría hispana? La psiquiatría hispana tiene un ingente colectivo poblacional en Sudamérica con una riqueza excepcional y, a la vez, una implantación y una influencia enorme y creciente en la psiquiatría norteamericana y con ella en todo el mundo, porque sus líderes de generaciones han tenido el acierto de mantener sus referencias culturales y a la vez de enriquecerlas y proyectarlas dentro y fuera de los Estados Unidos.

QUIJOTES DE LA PSIQUIATRIA

¿Cuál ha sido el mayor obstáculo de su carrera y cómo consiguió superarlo? Sinceramente: no puedo presumir de graves inclemencias profesionales en mi carrera, salvo las inevitables y las de orden menor. Casi siempre he podido hacer profesionalmente lo que (razonablemente) deseaba. Tampoco he tenido que superar obstáculos infranqueables, como vencer al mago Frestón o luchar con Pandafilando de la Fosca Vista (el desaforado gigante) o con otros, tanto o más peligrosos que, como sabemos, habitan nuestro trasmundo. Creo que como para la mayoría de los profesionales de la psiquiatría, el mayor reto es no rendirse ante las dificultades, mantener el interés y un rumbo profesional acertado y ofrecer esa garantía a los pacientes en una especialidad como la nuestra, no pocas veces cambiante e incierta.

¿Cuál es en su opinión el mayor reto de la psiquiatría? El desarrollo de una teoría de la psiquiatría clínica moderna que integre fenomenología, neurociencia y cultura con suficientes apoyos científicos. Es una tarea que habrá de hacerse desde dentro de la psiquiatría y a la que las ciencias básicas solo pueden prestar apoyos. Si no la hacemos los psiquiatras (y creo que hay hoy mucho descuido en esto) nadie lo hará por nosotros.

¿Cuáles son los cambios más necesarios en la psiquiatría? La simplificación y la integraciónón de la teoría y la práctica clínica en formatos compartidos por todos. La normalización social de su práctica. La extensión de la asistencia mínima y justa a todas las poblaciones, especialmente a las menos favorecidas.

QUIJOTES DE LA PSIQUIATRIA

MARIA IDALID CARREÑO

Médica Psiquiatra con experiencia en el examen,diagnóstico y tratamientos para la conservación de la salud. Evaluación y concepto forense orientado a Operadores del Sistema de Justicia. Psicoterapia de enfoque psicodinámico y de sistemas;para Individuos, Parejas y Familia.

Docente Universitaria en pregrado en Medicina, Derecho y Trabajo Social en las universidades Militar Nueva Granada, Católica y de la Salle. Docente en el posgrado de Psiquiatría de la Universidad Javeriana, posgrado de Derecho de Familia en la Universidad Gran Colombia y Posgrado de Derecho Penal en la Universidad Libre. Docente Investigadora en la Universidad Autónoma de Colombia.

¿Cómo decidió hacerse psiquiatra? En mi pensar y conocer actual, considero que la psiquiatría es una de las disciplinas académicas que guarda la mas estrecha relación con el estudio de la naturaleza de la condición humana. La emoción, la sensopercepción, la conciencia, el conocimiento, la reflexion, la comunicación, el lenguaje, el error, la salud, la enfermedad, etc. Desee pertenecer a ese grupo de estudios. Pensé en el pregrado de psicología pero opte por el camino largo de la medicina con la mira hacia la psiquiatría.

¿Cuáles han sido sus principales fuentes de inspiración? Han sido numerosas. Estudié autores de enfoque psicoanalítico europeo en mis comienzos de formación, Teofilo Hanni Abugataz, John Bowlby, Donald Winnicot, Melanie Klein,Sigmund , entre otros y junto a estos autores los avances contemporáneos de la psicofarmacología, la neurobiología y los aportes en la denominada década del cerebro. También el movimiento psiquitárico italiano, la transición de un grupo de psicoanalistas al enfoque sistémico, para la atención del individuo en su contexto familiar y grupal. Citando tan solo a Gianfranco Cechin, Luigi Boscolo, Selvini Palazzoli, etc. De gran importancia el estudio de autores externos a la Psiquiatría que suelen ampliar nuestros objetos de estudio, como desde la biologia con Gregory Bateson y Humberto Maturana o desde la fisica Heinz von Forster

¿De qué se siente más orgulloso? Estudiar psiquiatría y psicoterapia es una de las mejores inversiones para si mismo y con esto lograr la reducción del sufrimiento en la vida humana de otros, ha sido para mi, una gran satisfacción.

¿Qué significa ser Hispano o Latino para usted? Ser hispano seria tener raíces ancestrales en la denominada peninsula ibérica. Por tanto, hablar el castellano y compartir la multiculturalidad que ha tenido España y ahora los países hispanohablantes. Por los estudios de Emilio Yunis, genetista colombiano, llevaríamos un ADN con mezcla de tres grupos étnicos, el caucasoide, en porcentajes aproximados de un 60 por ciento, el mongoloide de un 30 y el negroide un 10 por ciento. El latino hace referencia a poblaciones relacionadas con lenguajes derivados del latín y culturas cercanas a la antigua Roma.

¿Qué le aconsejaría a un estudiante o resident hispano o latino que acabe de comenzar su carrera? Que autoestudiarse y conocerse a si mismo es la mas sabia decision.

¿Díganos algo importante que haya aprendido de trabajar con pacientes hispanos y latinos? Una gran capacidad de tolerancia a la adversidad y resiliencia.

¿Qué papel (positivo o negativo) ha jugado en su carrera el hecho de ser hispano o latino? En mi tiempo, no del todo valido ahora, estudiamos teorías con retraso frente a otros contextos en países mas desarrollados. La retribución económica recibida por nuestro trabajo fue inferior. La riqueza del idioma español podría ser un tema a evaluarse como instrumento terapéutico frente a otros idiomas.

¿Qué futuro le augura a la psiquiatría hispana? Creo que la psiquiatría hispana aun conserva sus origenes traidos de la psiquiatría francesa, alemana, rusa y aun inglesa. Esto podría darle una mayor riqueza que priorizar solamente el modelo cognitivo conductual.

¿Cuál ha sido el major obstáculo de su carrera y cómo consiguió superarlo? Fueron varios obstáculos: mencionaré los que sólo solucioné parcialmente. Quise hacer la Subespecialidad de Psiquiatría infantil. Con el paso del tiempo supe que quien mas se opuso lo hizo para conservar el campo libre de competidores. Busqué otras fuentes de instrucción. Otras obstrucciones fueron en el terreno de la investigación. Presenté proyectos que estaban respaldados en necesidades del servicio y fueron rechazados, pero algunos fueron derivados a contratos administrativos. En algunos pude expresar las divergencias surgidas porque el clínico percibe algo que es menos tangible en la administración.

¿Cuál es en su opinion el mayor reto de la psiquiatría? Mayor psiquiatría preventiva, oportuna, en etapas precoces del desarrollo. Mas psiquiatría para niños y habrá menos enfermedad en adultos. Y también el estudio de la inteligencia artificial y nuestra relación con los robots.

¿Cuáles son los cambios más necesarios que llevar a cabo en la psiquiatría en este momento? Debe trabajar en proyectos de conservación y promoción de la salud mental, no solo del manejo de enfermedades, lo que algunos centros académicos denominan como Psiquiatría positiva. Pero es necesario para llegar a ella, haber solucionado los graves problemas derivados de la Violencia, el maltrato, el Abuso, la depredación, los conflictos de identidad, de género, las adicciones, la incomunicación y los temas de las agremiaciones militares y las guerras. Cambiar el paradigma de pienso luego existo, por el de Siento luego Existo.

QUIJOTES DE LA PSIQUIATRIA

DANIEL CASTELLANOS

Nacido en La Habana, Cuba de una familia de médicos, el campo de la medicina siempre ha estado en su vida. Es nieto de un cardiólogo pediatra, nominado dos veces al premio Nobel por su trabajo pionero en el cateterismo cardíaco; hijo de un cardiólogo, electrofisiólogo de renombre internacional, creador del marcapasos "Demand" o Marcapasos VVI y marcapasos secuencial AV o "Bifocal", sobrino nieto de médico forense, hermano de un neurólogo y padre de un cardiólogo pediátrico. El Dr. Daniel Castellanos ha dedicado su carrera a la educación y formación de estudiantes, residentes y profesionales.

La educación y la formación han sido una parte integral de la visión y misión del Dr. Castellanos. En 2008 el fundió el Departamento de Psiquiatría de la Facultad de Medicina Herbert Wertheim de la Florida International University (FIU). Hoy en día, el departamento es el segundo departamento clínico más grande de la facultad de medicina. Desde 2011, como producto del reclutamiento de profesores clave, el departamento ha recibido casi $10 millones de dólares en fondos de investigación patrocinados. Pocos años después, en asociación con Citrus Health Network, el Dr. Castellanos cofundó, ayudó a desarrollar y a obtener la acreditación para una nueva residencia en psiquiatría y un programa de becas de psiquiatría para niños y adolescentes. El novedoso programa de entrenamiento brinda servicios para una población predominantemente hispana (> 90 %) y es la residencia en psiquiatría está acreditada por ACGME (Consejo de Acreditación para la

Educación Médica de Posgrado) en el país, con base en un centro de salud federalmente calificado. Ha recibido varios premios por su destacada enseñanza y ha sido mentor de numerosos psiquiatras de niños y adolescentes. Recibió el prestigioso premio Simón Bolívar de la American Psychiatric Association en 2020 y en 2021 el premio al Médico del Año de la Sociedad Psiquiátrica de la Florida, Florida Psychiatric Society Practitioner of the Year award.

El Dr. Castellanos tiene una trayectoria demostrada de amplia experiencia en liderazgo y administración. Se desempeñó como presidente de la Sociedad de Psiquiatría de la Florida y ocupó puestos de liderazgo en otras sociedades profesionales regionales y nacionales. El Dr. Castellanos es Profesor de Psiquiatría y Pediatría y presidente Fundador del Departamento de Psiquiatría de la Facultad de Medicina Herbert Wertheim de la FIU. Desde 2015, también se ha desempeñado como Decano Asistente de Educación de Posgrado en Medicina de esta Facultad. También es el director Asociado del Programa de Entrenamiento de Becas de Psiquiatría para Niños y Adolescentes de Citrus Health Network-FIU. El Dr. Castellanos ha realizado investigaciones y publicaciones sobre el suicidio y la juventud hispana y el uso de nuevas sustancias psicoactivas entre los jóvenes. Actualmente está examinando la integración de la salud del comportamiento y los determinantes sociales de la salud en la atención primaria pediátrica. Es un defensor de la salud mental de los jóvenes, trabaja extensamente con la población de bienestar de jovenes y fomenta la atención psiquiátrica adecuada para algunos de nuestros niños y adolescentes más vulnerables. Las áreas de especialización del Dr. Castellanos son el uso apropiado de medicamentos psicotrópicos en niños y adolescentes. Ha realizado más de 100 presentaciones internacionales, nacionales o regionales y ha publicado dos libros y un módulo de capacitación en línea sobre el uso adecuado de medicamentos psicotrópicos en niños y adolescentes. Desde 2004, ha ayudado a organizar, moderar y actualizar las directrices de mejores prácticas sobre medicamentos psicotrópicos del estado de la Florida.

¿Cómo decidió hacerse psiquiatra? Siempre supe que quería ayudar a los demás. Durante la universidad me especialicé en psicología. Aunque crecí en una familia de médicos, pensé que ayudaría a otros en un campo no médico. Después de graduarme temprano de la universidad, trabajé en un departamento de emergencias psiquiátricas y en una unidad de pacientes hospitalizados en uno de los hospitales más grandes del país. La exposición durante esta experiencia, junto con una mayor autorreflexión, me llevó a concluir que realmente quería ser psiquiatra, estudiar medicina y, por lo tanto, ser médico. Me di cuenta de que ser psiquiatra sería mucho más alineado con mis objetivos profesionales. Cuando ingresé a la facultad de medicina, era el único estudiante de mi promoción que sabía que elegiría la psiquiatría como especialidad. Afortunadamente, nunca he mirado atrás desde entonces.

¿Cuáles han sido sus principales fuentes de inspiración? La familia ha sido mi mayor fuente de inspiración. Al crecer, fui nieto de un cardiólogo pediátrico, sobrino nieto de un médico forense, hijo de un cardiólogo y hermano de un neurólogo. Estar expuesto a estos modelos a seguir me sirvió como base para mi inspiración. Durante un breve período de tiempo en mi carrera profesional, fui el "Dr. Daniel Castellanos". Durante los últimos años, me defino profesionalmente no por de quién era nieto, hijo o hermano, sino por de quién soy el padre... un padre orgulloso de un médico. Como adulto, mi esposa y mis hijos me han brindado una inspiración continua. Soy el esposo de una consejera de orientación para niñas de secundaria, padre de una hija dedicada, que trabaja como maestra ayudando a niños pequeños con excepcionalidades y padre de un hijo que es cardiólogo pediátrico. Sigo inspirándome en el hecho de que todos nosotros hemos dedicado nuestras carreras a ayudar a los jóvenes, particularmente en comunidades minoritarias y desatendidas.

¿De qué se siente más orgulloso? Estoy especialmente orgulloso de mis hijos. Mi esposa y yo hemos sido humildes "jardineros", creando un ambiente seguro, protegido y fértil para que ellos prosperen. Es posible que hayamos tratado de moldear a alguno de ellos, pero también hemos trabajado arduamente para brindarles un espacio para que crezcan. Mi hija y mi hijo tienen logros cada uno a su manera. Como padre, estoy tan orgulloso de lo que han logrado hasta ahora en sus vidas como de lo que son como individuos. Además de estar orgulloso de mis hijos, he llegado a valorar y estar orgulloso de mi compromiso de ayudar a los demás. El servicio ha sido el centro de todo lo que he hecho y la persona que soy hoy. He llegado a comprender que quería comprometerme con algo más grande que yo. Comenzar mi carrera con una filosofía centrada en la educación me ha ayudado a desarrollar mi mentalidad de servir primero. Esto ha facilitado mis experiencias de liderazgo progresivas enfocadas en empoderar y animar a otros y hacer las cosas. A medida que he trabajado en la creación y desarrollo de programas, he aprendido a aceptar que ningún trabajo está por debajo de mí. Servir en lugar de mandar, mostrar humildad en lugar de ostentar autoridad y buscar siempre mejorar el desarrollo de la facultad, el personal, los estudiantes y los aprendices ha llevado a mejores resultados y sentido de propósito. Estos procesos han llevado a más logros materiales.

¿Qué significa ser Hispano o Latino para usted? Nací en Cuba, crecí en Miami, Florida, ser hispano es parte de mi identidad. Significa tener la oportunidad de convivir y apreciar el valor de la familia, celebrando todo juntos, disfrutando de nuestra cultura y herencia. No fue hasta mis 20 años que comencé a entenderme más a mí mismo y lo que significaba ser hispano. Me di cuenta de que ser cubano es parte de mi personalidad, de mis intereses y de lo que soy. Llegué a aceptar y comprender que viviendo en los Estados Unidos podía ser verdaderamente una persona bicultural y abrazar el ser hispano.

¿Qué le aconsejaría a un estudiante o residente hispano o latino que acabe de comenzar su carrera? Siempre discuto con los alumnos la importancia de conocerse a uno mismo. La reflexión en la educación médica se ha generalizado. Ayudar a los demás empieza por uno entenderse mejor. Hacerlo fomenta la conciencia de los propios valores, creencias, prejuicios y antecedentes culturales de un individuo. Centrarse únicamente en los pacientes limita la capacidad de uno para comprender las complejidades de los demás. Por lo tanto, trabajar en la comprensión de uno mismo es un componente fundamental en el tratamiento de pacientes de diversos orígenes sociales y culturales.

¿Díganos algo importante que haya aprendido de trabajar con pacientes hispanos y latinos? Comenzando mi carrera fue difícil reconocer y aceptar lo que uno no sabe--- "saber lo que no se sabe". Hace muchos años, me concentré en las diferencias percibidas entre individuos y grupos raciales y étnicos. A medida que adquirí más experiencia, aprendí que comprender las similitudes y las diferencias es mucho más apropiado. Estoy de acuerdo con ese dicho "Nuestros pacientes son nuestros maestros". He aprendido mucho de nuestros pacientes y familias. He llegado a reconocer la necesidad de ser cada vez más flexible y matizado según las necesidades del individuo y la familia hispana. Esto se ha traducido en que puedo equilibrar la importancia del compromiso, el empoderamiento y la autonomía con ser más directo cuando necesario.

¿Qué papel (positivo o negativo) ha jugado en su carrera el hecho de ser hispano o latino?Ser hispano ha significado muchas cosas a lo largo de mi carrera. En general, mayoritariamente positivo. Soy hispano y psiquiatra. Una y la misma. Esto me ha ayudado en mi carrera brindándome perspectiva y resultando en ser un mejor médico y líder. Al final , una mejor persona.

¿Qué futuro le augura a la psiquiatría hispana? La "psiquiatría hispana" continúa en un viaje en busca de una mejor comprensión de quiénes somos como profesionales y como personas, familias y comunidades que tratamos. Veremos adónde nos llevará nuestra búsqueda de una mejor comprensión de los factores biológicos, genéticos, culturales, individuales y clínicos comunes y diferentes a medida que interactúan con nuestras variadas normas sociales y estructurales.

¿Cuál ha sido el mayor obstáculo de su carrera y cómo consiguió superarlo? Ser un médico
graduado internacionalmente (IMG) presentó desafíos. Los sesgos sutiles y no tan sutiles son inherentes al sistema médico estadounidense. Acepté los desafíos como oportunidades porque quería generar un cambio; ser parte del cambio. La belleza de crear un cambio es que puede diseñarlo para sus pacientes, colegas, la comunidad y sus propias necesidades. Mirando hacia atrás, no solo creé el cambio. ¡Me convertí en el cambio! He trabajado para mejorar la calidad de la educación y la formación, así como el cuidado de los jovenes y las familias a lo largo de mi carrera. Estos esfuerzos han ido acompañados de abordar continuamente cómo mejorar adecuadamente las oportunidades para TODOS los graduados de medicina.

¿Cuál es en su opinión el mayor reto de la psiquiatría? El campo de la psiquiatría busca
continuamente definir su identidad. Los paradigmas que han representado las fundaciones de la psiquiatría están cambiando, pero siguen siendo esquivos. Algunos han proclamado que la psiquiatría sigue sufriendo "una crisis de identidad" como especialidad. La conceptualización de la enfermedad mental como una enfermedad genética y biológica dentro de la neurociencia clínica sigue estando en desacuerdo con aquellos que enfatizan los factores y los determinantes sociales de la salud mental. Hoy en día, seguirá siendo una mezcla de factores.

¿Cuáles son los cambios más necesarios a llevar a cabo en la psiquiatría en este momento?
Tales preguntas siempre deben tener en cuenta la historia de la psiquiatría junto con el estado actual del conocimiento como base para esta especulación. En muchos sentidos, esto solo puede responderse cuando tengamos mejores respuestas a la pregunta: ¿Cuál es la naturaleza de la enfermedad mental?

QUIJOTES DE LA PSIQUIATRIA

RUBY CASTILLA-PUENTES

Dra. Ruby Cecilia Castilla-Puentes. Nacida en Neiva, Colombia recibió su educación primaria en el Liceo Santa Inés en Bucaramanga, culminando sus estudios secundarios en el Colegio de La Merced, y posteriormente Medicina en la Universidad Industrial de Santander (UIS) de donde se graduó como Médica-Cirujana. Estudio música, guitarra, teoría, solfeo y canto por 6 años y perteneció a los coros de la Dirección de Cultura Artística de Santander dirigidos por el Maestro Alonso Olarte. Fue soprano, solista en el "Grupo Studium," dirigido por el Maestro Janusz Kopitko. Hija de Ines Maria (artista, pintora) y Elias (educador) es la 2a. entre 4 hermanos, Wilma Ines (ginecóloga), Sandra Rocio (anestesióloga) y Elias Augusto (patólogo), todos egresados de la UIS. Realizo su año social obligatorio en Charalá, Santander e ingresó a la Residencia de Psiquiatría en la Pontificia Universidad Javeriana en Bogotá.

Se graduó como psiquiatra con el trabajo "Musicoterapia en Niños Autistas," asesorado por el Dr. Ricardo Wiesner Tobar. Mientras realizaba su residencia en Psiquiatría, trabajó como médica en el servicio de Urgencias de la Caja Nacional de Previsión (CAJANAL). Fue Directora del Programa de Indigentes de la Secretaria de Salud de Bogotá y posteriormente Directora del Departamento de Psiquiatría del Hospital Universitario Santa Clara centrándose en el desarrollo de programas de psiquiatría de enlace, y en nuevas opciones de tratamiento para los trastornos psicóticos agudos. Con el Profesor Boris Birmaher, en el Western Psychiatric Institute and Clinic (WPIC), Pittsburgh, PA, profundizo sus estudios sobre los efectos cardiovasculares de los psicotrópicos, trastornos afectivos, PTSD y trastornos de ansiedad en niños.

QUIJOTES DE LA PSIQUIATRIA

Después de terminar un Máster en Salud Publica y ser aceptada en el programa de Doctorado en Epidemiología psiquiátrica en la Universidad de Pittsburgh, trabajo en un proyecto de investigación sobre la salud de mujeres en Estados Unidos (Study of Women Health Across the Nation - SWAN). Con el Dr. James Perel investigo sobre los efectos de la enfermedad depresiva en los factores de coagulación. Desde 2003 trabaja combinando actividades de docencia, atención clínica e investigación en industrias farmacéuticas como GlaxoSmithKline, Sanofi-Aventis, Merck y Janssen. Actualmente dirige programas Clínicos de Neurociencias en Janssen donde apoya los ensayos clínicos de nuevos medicamentos para el tratamiento de Alzheimer, enfermedades neurodegenerativas y trastornos afectivos. En 2011 termino una Maestría en Adminisración MBA en la Universidad de Pittsburgh, Katz, escuela de negocios con énfasis en Negocios Globales e Internacionales. Es Profesora Universitaria de Psiquiatría y Farmacoepidemiología en las Universidades de Temple, Drexel en Filadelfia y la Universidad de Cincinnati y actualmente lidera las Estrategias Médicas de la Organización de Empleados Hispanos en Johnson y Johnson (HOLA). Fue elegida presidenta de la Sociedad Americana de Psiquiatras Hispanos (American Society of Hispanic Psychiatry ASHP) por el periodo 2020-2022. Sus intereses de investigación son: análisis de "Big Data" con inteligencia artificial, farmacovigilancia, y epidemiología psiquiátrica. Es miembro active de la Academia Americana de Medicina (AMA), la Asociación Americana de Psiquiatría (APA), la Asociación Americana de Médicos Hispanos (NHMA), la Asociación de Psiquiatría Biológica, y Fundadora del Colegio Colombiano de Neuropsicofarmacología y de la red de apoyo para los estudios de la mujer en América Latina (WARMI). Fue elegida Presidenta de la Asociación Americana de Psiquiatras Hispanos (ASHP), y es autora de más de 50 artículos científicos, capítulos de libros en psiquiatría, epidemiología y neurología, así como revisora médica de la revista Journal of General Hospital Psychiatry, European Heart Journal y Schizophrenia Research. Casada con el neurólogo, Dr. Miguel E. Habeych, es tía de Sebastian, Juliana, Emily, Beatrice y Elias y conduce su actividad profesional y vida familiar entre Estados Unidos y Colombia.

¿Qué le hizo emigrar a los Estados Unidos? Vine a Estados Unidos para hacer estudios en epidemiología psiquiátrica. Al terminar, pensando volver a Colombia me encontré con oportunidades que en ese momento me parecieron muy atractivas y me quedé a vivir en Pittsburgh, PA. También he vivido en otras ciudades como Chapel Hill, NC; Filadelfia, PA y en Cincinnati, OH.

QUIJOTES DE LA PSIQUIATRIA

¿Cómo decidió hacerse psiquiatra? A pesar de las múltiples voces de colegas que me retaban la decisión de escoger la psiquiatría como especialidad por considerarla poco académica y por creer que yo poseía habilidades quirúrgicas innatas (por ejemplo, podía hacer una cesárea en 30-45 minutos, y suturar la cara de un paciente con la habilidad de un cirujano plástico) tres eventos me hicieron tomar la decisión: 1. El suicidio de mi primer novio, Jorge Alberto (tenía 18 años, toda una vida por delante, y un trastorno depresivo que nunca recibió tratamiento); 2. Durante mi practica en el Hospital Psiquiátrico San Camilo, la dedicación de la Dra. Elizabeth Trillos y el carisma del Dr. Joaquín Casadiego (los pacientes viajaban largas horas porque solo con verlos y entrar a sus consultorios se aliviaban). 3. Al terminar la carrera de Medicina, durante el servicio social obligatorio me di cuenta de que, aunque la psiquiatría es una especialidad eminentemente médica, en la mayoría de los hospitales, no existían camas para los pacientes de psiquiatría. Considero que acerté con la decisión pues me he dedicado a investigar los factores de riesgo en el suicidio y me considero afortunada por ejercer esta especialidad.

¿Cuáles han sido sus principales fuentes de inspiración? He encontrado inspiración continua en diversas fuentes: 1) en los pacientes y familiares que he tratado; recuerdo particularmente a un paciente JG con un trastorno bipolar de difícil manejo hospitalizado múltiples veces quien después de tratarlo con un calcioantagonista, mejoro y se reintegró a sus actividades laborales; las "Martas" (a quienes les debo un libro, el cual escribiré prontamente), dos mujeres azotadas por la enfermedad mental y el abandono social quienes a pesar de todas las adversidades, pudieron vivir vidas plenas y llenas de momentos felices; 2) profesionales que me han acompañado en mi carrera profesional, como los Drs. Roberto Serpa, Ricardo Wiesner, Jaime Vengoechea y especialmente Dr. Boris Birmaher y Dr. James Perel, dos gigantes que me sostuvieron en sus hombros y me ayudaron a mirar lejos; y 3) en mi familia, mi padre Elias Castilla Perez, un educador que me enseñó la importancia de estudiar, sin importar el género, la edad y las condiciones sociales; a mi hermana Wilma, quien fue nos hizo enamorar de la medicina al punto de elegirla todos los hermanos como profesión, y a mi esposo Miguel Ernesto, compañero inseparable de combates contra molinos de viento y quien me recordaba muchas veces la frase de Don Quijote: Yo sé quién soy.

¿De qué se siente más orgulloso? Me siento muy orgullosa de haber tenido el valor de dejar todo, familia, cultura, carrera (Jefe de la Unidad de Salud Mental del Hospital Santa Clara de Bogotá, docente universitaria, líder de opinión en psiquiatría), amigos, país, etc. por perseguir el sueño de aprender. Por ser capaz de volver a empezar hasta lograr ser psiquiatra, docente, investigadora, epidemióloga y ejecutiva en multinacionales en Estados Unidos. Me siento orgullosísima de haber podido crear un semillero de vocaciones psiquiátricas entre los estudiantes de medicina que tuve el privilegio de enseñar. Me siento muy orgullosa de haber sido pionera en la utilización de "Big Data" en el ámbito de la psiquiatría, de poder conectar los colegas Latinoamericanos con los de Estados Unidos en relaciones de mutua colaboración y haber sido elegida presidenta de la Sociedad Americana de Psiquiatras Hispanos (ASHP).

¿Qué significa ser hispana o latina para usted? Significa perseverancia, autenticidad, solidaridad, trabajo duro y ser capaz mediante la creatividad de resolver los problemas más difíciles que se presentan en la vida. También significa la oportunidad, de comprender dos mundos y culturas.

¿Qué le aconsejaría a un estudiante o residente hispano o latino que acabe de comenzar su carrera? Que nunca deje de aprender, todos los días se aprende algo. Que conserve sus raíces familiares y culturales, que sea emprendedor y abra nuevos caminos. Que sea humilde y bondadoso con los demás y que haga todos los esfuerzos por alejarse de personas que no confíen en sus capacidades. Que intente muchas veces, sin desilusionarse por los primeros fracasos, que aprenda de ellos, y que trate a los demás como quisiera que lo trataran a el/ella. Que aprenda a brillar a pesar de las heridas, los errores y las adversidades. Le aconsejaría que conozca mucha gente y culturas y que escuche los consejos, pero siempre haga lo que más le conviene. Le diría que tenga tiempo para cantar, bailar, divertirse y que tenga siempre un plan B, C y hasta D. Y por último le aconsejaría que tenga en cuenta una frase del Quijote "Una retirada no es una derrota."

¿Díganos algo importante que haya aprendido de trabajar con pacientes hispanos y latinos? Que cada paciente latino representa una un país, un mundo distinto y que cada uno, a través de su historia es un libro abierto.

¿Qué papel (positivo o negativo) ha jugado en su carrera el hecho de ser hispano o latino? Como soy mujer y latina, tengo que decir que he tenido que batallar contra los estereotipos que encasillan en la mujer latina como un "útero, sin cerebro." Gracias a mis padres, aprendí desde mi infancia a luchar por la igualdad (incluyendo la igualdad de género) y en general a luchar por la justicia social. He aprendido a canalizar mi figura de "Mujer Latina" en torno a las ventajas, como la autenticidad, la inteligencia, el buen gusto y la gentileza con que tratamos a los demás.

QUIJOTES DE LA PSIQUIATRIA

¿Qué futuro le augura a la psiquiatría hispana? La psiquiatría hispana tiene un futuro muy prometedor gracias a los colegas que han sido líderes dentro y fuera de Estados Unidos. Han labrado el camino para que las futuras generaciones sean identificadas a través de los aportes culturales y sociales que dejaron sus predecesores.

. ¿Cuál ha sido el mayor obstáculo de su carrera y cómo consiguió superarlo? Siempre he seguido la premisa de que "si el mundo te da limones, te haces una limonada." He encontrado múltiples obstáculos, ej., estudiar en una universidad de la capital (Bogotá) viniendo de provincia (Bucaramanga); no ser bilingüe cuando emigre a Estados Unidos; decidir la carrera y no la maternidad; y no ser invitada a sentarme en la mesa de los círculos del mundo corporativo de Estados Unidos por mi género y etnicidad. Todos esos obstáculos los he convertido en motivaciones diarias para dar lo mejor de mí y poder ignorarlos y seguir adelante. He seguido la premisa de Don Quijote en que: "Amor y deseo son dos cosas diferentes; que no todo lo que se ama se desea, ni todo lo que se desea se ama."

¿Cuál es en su opinión el mayor reto de la psiquiatría? El lograr la posición que se merece dentro de la medicina. Es decir, que con los avances tecnológicos de la clínica moderna se integre a las neurociencias, sin olvidar la importancia de la cultura y la humanización de los tratamientos.

¿Cuáles son los cambios más necesarios en la psiquiatría? La incorporación de nuevos instrumentos y tecnologías (como la Inteligencia Artificial) en el armamentario científico sin dejar de lado su principal objetivo: que puedan ser incorporados a la práctica clínica para mejorar la salud de los pacientes.

QUIJOTES DE LA PSIQUIATRIA

CASTULO CISNEROS

Doctor Cástulo Cisneros Rivera. Médico Psiquiatra egresado de la Pontificia Universidad Javeriana Bogotá-Colombia. Realizo estudios de psiquiatría en la adolescencia en la Universidad de Milán-Italia y de administración en salud de la Universidad Nacional de Colombia. Es también especialista en docencia universitaria egresado de la Universidad de Nariño-Colombia. El Dr. Cisneros ha sido reconocido por la Asociación Psiquiátrica Americana y se desempeña como Profesor de las Facultades de Medicina, en las Universidades de Nariño y San Martin, en Pasto Colombia. Ha sido decano de la Facultad Ciencias de la Salud, Universidad de Nariño- Pasto, y Presidente de múltiples asociaciones de profesionales como la Asociación Colombiana de Psiquiatría, la Asociación Colombiana de Psiquiatría Biológica, y la Academia Nacional de Medicina, Capitulo Nariño-Colombia. Ha sido Coordinador de la Sección Suicidio de la Asociación Latino Americana de Psiquiatría (APAL).

¿Cómo decidió ser Psiquiatra? Al terminar mis estudios de Medicina, me asignaron construir un Programa de Salud Mental Comunitaria, esto me permitió profundizar mi vocación y compromiso con el conocimiento de la conducta humana, su salud mental y sus implicaciones en el contexto familiar y social.

¿Cuáles han sido sus principales fuentes de inspiración? Mis pacientes, mis estudiantes y las necesidades sociales y comunitarias en mejorar su salud mental.

QUIJOTES DE LA PSIQUIATRIA

¿De qué se siente más orgulloso? Haber construido una visión de la psiquiatría clínica en relación permanente con otras especialidades médicas, asociada a motivar a las nuevas generaciones de médicos de conocerla y estudiarla como base fundamental de la comprensión de la dolencia de los pacientes. Ser pionero en mi región Departamento de Nariño, sur de Colombia, en el estudio de la conducta suicida y haber impulsado esta temática en la agenda de la política pública local, regional y nacional.

¿Qué significa ser hispano o latino para usted? Persona comprometida, orgullosa, respetuosa y feliz por mi origen, con la apertura a conocer y compartir con otras culturas.

¿Qué le aconsejaría a un estudiante o residente hispano o latino que acabe de comenzar su carrera? Que aplique el conocimiento y su vocación, en los pacientes con mucho compromiso social, y que además valore la oportunidad de atender y aportar en mejorar la salud mental de una población Latina, de donde vienen sus ancestros.

¿Díganos algo importante que haya aprendido de trabajar con pacientes hispanos y latinos? Encontrar esos sentimientos de bondad y sufrimiento, inmersos en un contexto cultural de alegría a pesar de la adversidad.

¿Qué papel (positivo o negativo) ha jugado en su carrera el hecho de ser hispano o latino? Lo positivo ejercer una profesión tan humana en un ambiente cultural de tantas necesidades sociales, con personas y familias propositivas y luchadoras en busca de un mejor porvenir. Lo negativo poco apoyo del estado Colombiano y los gobiernos, frente las necesidades en salud mental.

¿Qué futuro le augura a la psiquiatría hispana? Un gran futuro, cada vez aparecen en el horizonte científico, figuras de la Psiquiatría latina, integrales, con fortaleza en el conocimiento científico y con la sensibilidad social, líderes indiscutibles y orgullo de nuestras raíces culturales.

¿Cuál ha sido el mayor obstáculo de su carrera y cómo consiguió superarlo? El estigma de la enfermedad mental y de la Psiquiatría, lo estoy superando gracias a la docencia, motivando a las nuevas generaciones en la importancia de conocer al ser humano de manera holística, además utilizando los medios de comunicación, tengo un programa radial semanal desde hace 15 años, esto me ha permitido llegar a la comunidad con temas pertinentes a salud mental.

QUIJOTES DE LA PSIQUIATRIA

¿Cuál es en su opinión el mayor reto de la psiquiatría? La investigación que permita encontrar marcadores biológicos, para precisar el diagnóstico y el tratamiento, determinar la efectividad de los psicofármacos y fortalecer e incentivar la importancia del trabajo con la comunidad para la prevención y detección temprana de los trastornos mentales.

¿Cuáles son los cambios más necesarios en la psiquiatría? Se requiere construir de manera colectiva, los programas académicos básicos y comunes en la formación del nuevo Psiquiatra, compartidos y aceptados por todos los centros universitarios, desde una visión holística e integradora. Fortalecer la presencia de la psiquiatría en el contexto de la medicina y ubicar la salud mental en un lugar prioritario en la agenda de la salud pública del país y de los gobiernos.

QUIJOTES DE LA PSIQUIATRIA

NANCY COLIMON

Medico especialista en Psiquiatría Fellow en Neuropsiquiatría, Terapeuta Familiar Sistémica   Ex Presidente de la Asociación Colombiana de Psiquiatría Bilógica, ACPB, Miembro del Board de la American Society of Hispanic Psychiatry, AHSP.

Nací en Bogotá, Colombia, de padre Haitiano y Madre Colombiana, soy la tercera de cinco hermanos, y una de los seis Médicos de mi familia extensa. Estudié medicina en la Universidad Nacional de Colombia y al terminar el pregrado buscando prepararme para una especialidad quirúrgica decidí hacer mi servicio social en la selva del Guainía, al sur oriente colombiano, en la época del conflicto armado, en donde no había médicos especialistas ni posibilidad de traslado de pacientes a hospitales de mayor complejidad. Así que fortalecí mis habilidades y tuve la oportunidad de aprender de la cultura indígena y de las riquezas naturales de mi país. Allí se hizo mas clara mi vocación de ser psiquiatra.

Durante mi rotación por Psiquiatría como estudiante sentí gran admiración por mis
maestros y el tratamiento de las enfermedades mentales se me convirtió en una prioridad, y aunque en los años 90's era cada vez menor la tendencia a escindir el cuerpo y la mente, hasta ese momento en mi carrera no había dimensionado la importancia de la salud mental, así que para mi ese tiempo aprendiendo en la Unidad de Salud mental del Hospital san Juan de Dios, que era en ese momento el hospital Universitario en donde llegaban los casos de mayor complejidad, fue casi mágico. Así que cuando terminé mi tiempo del

servicio social y después de haber realizado múltiples procedimientos quirúrgicos, que me hicieron entender que esa no era mi verdadera vocación, presente y aprobé los exámenes para la especialidad en psiquiatría pero lo que realmente me animó es que en el momento de la entrevista , aquellos profesores que tanto admiraba vieron en mi las cualidades para ser psiquiatría "de corriente biológica"! y cada día de mi vida confirmo que estaba en el lugar correcto!.

Complementé mis conocimientos estudiando formalmente psicoterapia sistémica y tuve la oportunidad de hacer un fellowship en Neuropsiquiatría con el Dr. Moisés Gaviria en la Universidad de Illinois en Chicago (UIC), en donde me sentí muy orgullosa del nivel académico de mi facultad de medicina. Allí tuve la oportunidad de ver y hacer psiquiatría del primer mundo, con aplicaciones tecnológicas a las que infortunadamente no tenemos acceso en todas las escuelas de medicina de Latinoamérica. Estando allí nuevamente tuve la fortuna de acercarme y de sentirme parte de otro grupo cultural que desconocía y era el de los Hispanos en Estados Unidos ya ejerciendo la psiquiatría bicA mi regreso a Colombia continúe dirigiendo el programa de atención diurna de pacientes con patologías mentales crónicas y simultáneamente abrí "Renovarse" un Centro de atención geriátrica especializado en pacientes con síntomas neuropsiquiátricos que inició con 16 camas y al cabo de 4 años creció a una capacidad instalada de 45 camas que dirigí durante 13 años.

Desde el inicio de mi carrera he tenido conciencia gremial y creo que las asociaciones son la base para fortalecer a los grupos desde lo académico y además de estrechar los lazos entre pares. Siendo residente ingresé a la Asociación Colombiana de Psiquiatría y a la Asociación Colombiana de Psiquiatría Biológica, ACPB; en donde me acogieron y me motivaron a participar de manera muy entusiasta y ahora tengo el orgullo haber sido la primera mujer presidente de la ACPB. Actualmente hago parte del Board de la AHSP, siendo la única psiquiatra miembro del mismo, que no ejerce en Estados Unidos.

Creo firmemente en que el conocimiento hay que compartirlo por eso he participado de
congresos y jornadas académicas en calidad de conferencista, soy autora y coautora capítulos de libros de psiquiatría y fui docente adscrita de la Universidad Javeriana, en el Posgrado de Psiquiatría. Docente voluntaria la Facultad del Posgrado de Psiquiatría de la Universidad Nacional y Docente de Psicopatología, de la Facultad de Psicología de la Universidad Santo Tomás.

QUIJOTES DE LA PSIQUIATRIA

Actualmente vivo en México en la frontera con Estados Unidos soy socia y Directora de Nuevo Atardecer Centro Geriátrico con capacidad para 50 pacientes con patología mental, especialmente trastornos neurocognitivos y otras condiciones medicas con síntomas neuropsiquiátricos. Equilibro el trabajo con la música y el canto y siempre estoy buscando la oportunidad para bucear, ya que desde hace 20 años descubrí en este deporte la mejor manera de contemplar la naturaleza y de meditar si se quiere, y desde hace 7 años he decidido compartir mi vida y la vocación por la psiquiatría, con un ser maravilloso y admirable con quien también buceo, cabalgo, corro y hago ciclismo de competencia, creciendo cada día como persona y como psiquiatra.

¿Cómo decidió hacerse psiquiatra? Descubrí mi vocación en el pregrado cuando roté por psiquiatría y entendí lo determinante que podía ser la intervención en el cuidado de la salud mental de las personas, pero cuando ingresé a medicina deseaba ser cirujana, lo cual para ese momento representaba un gran reto que quería asumir, ya que no había mujeres residentes en esa especialidad y mis habilidades quirúrgicas eran buenas, pero en el año de servicio social y tras realizar múltiples procedimientos quirúrgicos entendí que me atraía mucho mas descubrir las bases biológicas de la conducta y especialmente la fisiopatología de las enfermedes mentales y su tratamiento y además quería establecer un vínculo diferente con los pacientes que involucrara su dimensión emocional y sus redes de apoyo.

¿Cuáles han sido sus principales fuentes de inspiración? Mis maestros, ellos desde cada subespecialidad me orientaron a profundizar en el conocimiento de la fenomenología, en la fisiopatología y en la importancia de entrenarme en una forma de psicoterapia. Entre ellos destaco el Dr. Moisés Gaviria mi instructor en UIC y pionero de la psiquiatría hispana en américa. También me inspiran mis pacientes, por supuesto, que me retan y me motivan cada día a ser mejor para poderles servir.

¿De qué se siente más orgulloso? De haber sido la primera mujer presidente de la ACPB, y haber podido combinar la academia con la creación y dirección de empresas que me han permitido generar empleo en Colombia y en México.

¿Qué significa ser Hispano o Latino para usted? Es traer en la sangre un bagaje cultural y una tenacidad que inspira a ayudar a otros y además consagra un gran sentido de la solidaridad.

¿Qué le aconsejaría a un estudiante o residente hispano o latino que acabe de comenzar su carrera? Mantenerse actualizado es una responsabilidad y un deber para poder ofrecer lo mejor a quienes nos consultan.

QUIJOTES DE LA PSIQUIATRIA

¿Díganos algo importante que haya aprendido de trabajar con pacientes hispanos y latinos? Que no es posible brindar un tratamiento efectivo si no se involucra la red personal, bien sea familia, pareja o personas, instituciones o creencias religiosas que son parte de nuestra cultura

¿Qué papel (positivo o negativo) ha jugado en su carrera el hecho de ser hispano o latino? Me ha permitido ofrecer un enfoque cultural en la lectura de los diagnósticos en los grupos multidisciplinarios en los que he colaborado.

¿Qué futuro le augura a la psiquiatría hispana? El futuro es prometedor en la medida en que entendemos mas el funcionamiento del cerebro y tenemos cada vez mas herramientas paraclínicas para hacer diagnósticos acertados y tratamientos mas específicos reduciendo los efectos adversos

¿Cuál ha sido el mayor obstáculo de su carrera y cómo consiguió superarlo? Más que obstáculos me he enfrentado a retos que logrado salvar gracias a las valiosas enseñanzas de mis padres, al apoyo incondicional de mi familia que me forjaron la voluntad de cumplir mis metas especialmente las profesionales.

¿Cuál es en su opinión el mayor reto de la psiquiatría? Poder sensibilizar a nuestras comunidades sobre la importancia de la salud mental y poder también ser determinantes en mejorar el pensum de las universidades en psiquiatría para que ningún médico general o especialista se olvide de reconocer los síntomas de las enfermedades mentales y que no se denozca la dimensión emocional y relacional de los pacientes que consulten por cualquier problema de salud.

¿Cuáles son los cambios más necesarios a llevar a cabo en la psiquiatría en este momento? Fortalecer la psiquiatría comunitaria y adelantarnos al gran reto que genera la legalización, el aumento del uso de sustancias psicoactivas y los fenómenos migratorios a nivel mundial.

QUIJOTES DE LA PSIQUIATRIA

HÉCTOR COLÓN-RIVERA

El Dr. Héctor Colon-Rivera nació y creció entre Vieques y San Juan, PR. Después de terminar la escuela de medicina en Puerto Rico (PR) y su entrenamiento de residencia psiquiátrica en el Centro Médico de la Universidad de Boston, completó su entrenamiento en psiquiatría en adicciones en la Universidad de Yale, donde se centró en trabajar con adultos y adolescentes con trastornos por uso de sustancias y trastornos de ansiedad. Actualmente, se dedica a la atención de adultos y adolescentes en Pensilvania (PA) y PR.

El Dr. Colón-Rivera tiene una amplia experiencia en programas basados en la comunidad, con énfasis en abogar por el acceso a tratamientos médicos para pacientes con trastorno por uso de sustancias. Es el director médico del programa de salud asociado con la Asociación Puertorriqueños en Marcha (APM), Inc., una organización sin fines de lucro dedicada a mejorar la calidad de vida de las comunidades hispanas a través de servicios directos de trastornos del comportamiento y uso de sustancias en la región de Filadelfia. APM tiene funciones relacionadas con la educación, la salud, los servicios humanos y la comunidad. El Dr. Colón-Rivera también es líder en el uso de telemedicina. Participo en una subvención financiada por el NIH en la iniciativa Child Health Outcomes (ECHO) en el Centro médico de Pittsburgh (UPMC). Trabajo en un programa comunitario para aumentar el acceso rural a los servicios de salud mental y por uso de sustancias.

QUIJOTES DE LA PSIQUIATRIA

En compañía de cuatro colegas el Dr. Colon-Rivera fundó CrearConSalud, Inc, una organización sin ánimo de lucro con el objetivo de apoyar actividades educativas, de investigación para aumentar la conciencia pública y la acción con respecto a los trastornos de salud mental en las comunidades hispanas en los Estados Unidos. Actualmente el Dr. Colón-Rivera se desempeña como asesor clínico del Comité sobre Alcohol y Otras Drogas para el Estado de PA. También es miembro de la facultad en UPMC y el Centro Médico Einstein en PA. Ha participado en más de 50 presentaciones/ talleres / escritos nacionales e internacionales sobre temas relacionados con el uso de sustancias y trastornos relacionados, determinantes sociales y salud mental en adolescentes.

¿Qué le hizo emigrar a los Estados Unidos? Para los estudiantes de secundaria, universidad y medicina, pensar en el futuro puede ser confuso. La sociedad nos está diciendo que obtengamos un título, una carrera, nos casemos, y luego nos retiremos. Tendemos a quedarnos tan atrapados en nuestra vida cotidiana que, a veces, al quedarnos en nuestros países perdemos valiosas oportunidades. Estaba interesado en la cultura. En mi opinión, ser más comprensivo y tolerante con la cultura te hace un mejor médico. Creo que viajar me cambió física y psicológicamente. Conocí personas y tuve experiencias a las que nunca habría estado expuesto si me hubiera quedado en PR.

¿Cómo decidió hacerse psiquiatra? Cuando era niño, a menudo iba a trabajar con mi madre en una escuela local de educación especial en PR. Los niños allí tenían un denominador común en muchos de sus perfiles familiares, y esa era una de historial de trastornos mentales. Intuitivamente, comencé a darme cuenta de que el uso de sustancias y la ausencia de salud mental afectaba la dinámica de toda la familia. Estas experiencias me llevaron a darme cuenta de que los factores sociales y ambientales, como la pobreza, la falta de educación y el apoyo familiar, y la atención médica, contribuyen en gran medida a las disparidades de salud mental, el uso de sustancias ilícitas, y su impacto general en la salud. A lo largo de mi educación en la escuela de medicina, recibí información sobre múltiples aspectos de la enfermedad con un enfoque y perspectiva biopsicosocial. Es esta motivación la que me ayudo a escoger a la psiquiatría como especialización. Es esencial romper los estigmas contra aquellos que tienen un trastorno mental. También hay necesidad de expandir y educar al público y la comunidad médica sobre las realidades de los trastornos mentales y la necesidad de ampliar el acceso y las opciones de tratamiento en nuestras comunidades.

¿Cuáles han sido sus principales fuentes de inspiración? Mi abuela materna y mi madre, ambas maestras en el sistema público de PR me inculcaron la curiosidad de nunca dejar de aprender. Aprendí que la educación amplía la visión y crea conciencia. Nos ayuda a desarrollar una vida disciplinada y nos brinda oportunidades. Incluso cuando mi familia no tenía los medios para pagar por mi educación, me alentaron a adquirir una beca completa. Tuve una excelente educación. El haber sido seleccionado para ser parte de los premios de becas a lo largo de mis años como estudiante llenó a mi familia de una gran felicidad. Fue como ganar el boleto de lotería para mi madre. Mi madre y mi abuela, siendo los pilares de mi hogar, sacrificaron cuerpo y alma para proporcionarme todo. Gracias a la frase expresada diariamente por mi madre: "recuerda que compites académica y económicamente con esos niños. Te ganaste tu lugar por tu esfuerzo, así que aprovecha al máximo", nunca dejé de aprovechar las oportunidades cuando se presentaron.

¿De qué se siente más orgulloso? Las enseñanzas y experiencias durante mis años en la escuela secundaria, la universidad, la escuela de medicina y luego la residencia trascendieron las fronteras académicas. Aprendí a enfrentar la adversidad, a ser una persona amable y servicial para ayudar a quienes me necesitan. Valoro a todas las personas que conocí: mis maestros, mentores, amigos y mi comunidad. Es un sentimiento gratificante reconocer las adversidades y la resistencia de las comunidades puertorriqueñas. He conocido a excelentes colegas y juntos hemos dedicado innumerables horas a conversaciones sobre salud mental, enfermedades mentales, traumas, desastres naturales, recuperación y suicidio. Como resultado, cuatro amigos psiquiatras y yo fundamos CrearConSalud, Inc. La organización sin fines de lucro había estado trabajando para abordar las necesidades de salud mental de los residentes de Puerto Rico mucho antes de que la isla fuera devastada por dos huracanes en 2017. Hemos estado haciendo visitas regulares a la isla para capacitar a los líderes de la comunidad sobre los efectos del trauma y las disparidades de salud y sobre cómo y dónde obtener ayuda para los residentes de la isla, especialmente aquellos que viven en áreas rurales. Debido a que Puerto Rico ha experimentado un éxodo de psiquiatras en los últimos años, muchos puertorriqueños, particularmente aquellos en áreas rurales, a menudo se han quedado sin servicios adecuados de salud mental. CrearConSalud, Inc se compromete más que nunca a marcar la diferencia en la vida de los ciudadanos estadounidenses que nacieron y viven en PR.

QUIJOTES DE LA PSIQUIATRIA

¿Qué significa ser hispano o latino para usted? El término "latino" finalmente se hizo realidad en el censo de 2000 como una forma más inclusiva de incluir razas mixtas en América Central y América del Sur. En resumen, "hispano" se refiere a un idioma y "latino" se refiere a la geografía. Soy hispano, pero sé que definir lo que es ser latino o hispano en una conversación puede ser controversial. Algunos afirman ser más latinos que otros, incluso cuando no hablan español, y otros se sienten discriminados por sus costumbres.

¿Qué le aconsejaría a un estudiante o residentee hispano o latino que acabe de comenzar su carrera? Que procurara obtener tutoría y patrocinio. La tutoría viene en muchos sabores. Los estudios demuestran que los programas, aun los mejor diseñados no pueden sustituir una relación genuina entre dos personas. Vivimos en una sociedad más individualista, con un sentido decreciente de pertenencia. Todos necesitamos mentores y personas que nos guíen y eduquen en los rápidos cambios económicos, ambientales y sociales, y todos los desafíos y para aquellos trabajos que aún no se han creado.

¿Díganos algo importante que haya aprendido de trabajar con pacientes hispanos y latinos? Los hispanos son descritos como el grupo minoritario más grande en los Estados Unidos. Un tema clave es cómo las disparidades sociales y los índices de mortalidad son superiores en inmigrantes latinos. Necesitamos líderes en el sistema de salud para luchar contra el marco de desigualdad social de salud pública y el síndrome de estatus para explicar las disparidades latinas y su contexto de implicaciones para futuras investigaciones, educación, programas de salud pública y económicos.

¿Qué papel (positivo o negativo) ha jugado en su carrera el hecho de ser hispano o latino? Hay mucha confusión sobre cómo llamar a las personas cuyo origen étnico es de países latinoamericanos y de habla hispana. Por supuesto, comentarios como: "Vaya, hablas muy bien ... No eres como ellos ... Te ves diferente ... te vistes diferente ... Tu acento es diferente". Es útil procesar y validar que lo que experimentó fue real. Aprendí a avanzar y aprendí que nada me pasa. Utilicé mi herencia hispana para adquirir ventajas educativas al solicitar todas las becas y ayuda financiera para estudiantes de grupos minoritarios. Una beca que cambió mi vida fue el Programa de Becas para Minorías de la APA. Enriqueció mis experiencias en psiquiatría intercultural, liderazgo, e investigación clínica. Ser miembro de APA / APAFoundation fue una oportunidad increíble para establecer contactos e interactuar con colegas de todo el continente. Ser hispano es un poder, y en palabras del tío de Spiderman: cuando posees un poder viene una gran responsabilidad.

¿Qué futuro le augura a la psiquiatría hispana? Como presidente del Comité Hispano del APA (Hispanic Caucus), me siento comprometido a apoyar el tratamiento de salud mental, el crecimiento y el desarrollo de políticas proactivas en el desafiante sistema de salud actual para pacientes y médicos hispanos y latinos. Necesitamos trabajar juntos y crear un marco fundamental para que cada psiquiatra hispano pueda desarrollar y perseguir sus pasiones, ya sea investigación, salud pública o educación.

¿Cuál ha sido el mayor obstáculo de su carrera y cómo consiguió superarlo? La pérdida de un paciente es una experiencia de la que rara vez se habla libremente. No estaba preparado para lidiar con esta experiencia. No hay consejería de duelo después del hecho. A lo largo de mi carrera, tuve que lidiar con la pérdida de pacientes por adicción. Mantengo el recuerdo de todos cerca para que sus muertes sirvan como una guía sobre cómo ser el mejor médico y maestro que puedo ser. He aprendido a establecer expectativas personales y profesionales en el entorno preoperatorio, especialmente para casos difíciles.

¿Cuál es en su opinión el mayor reto de la psiquiatría? Un desafío único es la percepción pública, discriminación, y el estigma hacia los trastornos mentales. Estos desafíos causan la marginación de la psiquiatría y desalienta nuestra fuerza laboral. Necesitamos una comprensión de las necesidades de los pacientes en múltiples entornos y la capacidad de trabajar con personal de diversos orígenes. Necesitamos ir más allá de la capacidad de trabajar como un solo sector y asociarnos con agencias de salud y asistencia social, empleo, beneficios, vivienda y agencias de educación.

¿Cuáles son los cambios más necesarios por llevar a cabo en la psiquiatría en este momento? El papel de los psiquiatras debe considerarse junto con otros grupos profesionales. La capacitación de profesionales de la salud y psiquiatra debe incluir no solo los fundamentos y la especialización, sino también aprender sobre tecnología, inteligencia artificial, economía, y políticas gubernamentales.

QUIJOTES DE LA PSIQUIATRIA

RODRIGO CÓRDOBA

Nací en Bogotá y realize estudios básicos en mi ciudad natal, médico y psiquiatra de la universidad del Rosario, donde he sido profesor por más de treinta años y actualmente me desempeño como jefe del departamento de psiquiatría, donde he sido profesor de carrera e investigador. Mi vida en la clínica práctica, en la clínica nuestra señora de la paz, donde fuí jefe de educación médica y posteriormente director general del centro de investigaciones del sistema nervioso (CISNE), donde actualmente soy director general, fundador y director de la clínica Campo Abierto hasta el año 2019, además, profesor de diferentes universidades.

La labor investigativa la he desarrollado de manera conjunta con Cisne y la Universidad del Rosario, nuestro trabajo ha sido expuesto en eventos científicos como la reunión anual de la Asociación Americana de Psiquiatría, el Congreso de la Asociación Psiquiátrica de America Latina y diferentes Congresos Nacionales de Psiquiatría latinoamericanos y europeos; con publicaciones en revistas nacionales e internacionales. En mi actividad gremial, soy expresidente de la asociación colombiana de psiquiatría, de la asociación psiquiátrica de América Latina, expresidente de la asociación colombiana de sociedades científicas y actualmente miembro del comité de planeación de la asociación mundial de psiquiatría, miembro de honor de diferentes asociaciones como Ecuador, Perú, Argentina, España, APAL y WPA. Mi área de desarrollo ha sido en el trastorno mental establecido, fundamentalmente en la detección temprana e intervención precoz.

QUIJOTES DE LA PSIQUIATRIA

¿Cómo decidió hacerse psiquiatra? Durante mis estudios de medicina, tuve una orientación humanista. Eran los tiempos donde las ideas y los debates hacían parte de nuestra formación en la vida diaria. De ahí surge el querer entender que se escondía detrás de las conductas, las ideas y el comportamiento social. Era navegar en los aspectos del psiquismo, en el desarrollo de la comprensión de los fenómenos mentales y su correlato con la fisiología del cerebro. Prontamente me decidí a formarme como psiquiatra, además, que venía picado de casa. Pero creo que el gran resumen de todo esto lo tenían los psicopatólogos que fueron mis profesores, que, formados con la orientación clínica centroeuropea, describían con lujo de detalle, los resortes del comportamiento. Y en América latina vivíamos un reverdecer buscando caminos para una vida social más digna y estable para todos. Creo que esa mezcla de sentires, desde lo genético a lo social, me llevaron a decidirme muy precozmente en mi decisión de ser psiquiatra. También desde mi internado, que es el último año de formación, lo realice en un área rural, allí veía los pacientes que requerían atención de síntomas psicopatológicos, y sin duda consolido esta decisión.

¿Cuáles han sido sus principales fuentes de inspiración? Creo que en el ADN lo traía. Mi padre, Pedro Nel, era psiquiatra. Es un gen penetrante, mis hijos son psiquiatras, potenciado además por el de su madre, que también lo es. Pero sin duda, mi formación en pregrado, con mis profesores Luis Carlos Taborda, psicopatólogo y Rafael hurtado, psicoanalista, fueron determinando mi camino. Luego, crecer ya al lado de un gran hombre y un clínico impecable como Eduardo de la Roche, fueron mi norte en este proceso. Y no había muchos colegas en ese entonces, de hecho, los aspirantes a la especialidad no eran tantos como en otras áreas. Posteriormente, el huracán de las clasificaciones y el rápido avance de los tratamientos, terminaron mostrando una realidad: que las cifras de los trastornos mentales eran mucho más altas y el estigma.

¿De qué se siente más orgulloso? De ser colombiano, de ser latinoamericano, de ser psiquiatra y ser el padre de mis hijos. Y de ser un constante y permanente promotor activo de la paz en Colombia.

¿Qué significa ser hispano o latino para usted? Es la identidad esencial, que conlleva varias cosas, abrigada por esas lenguas romances como son el español y el portugués, sentir íntimamente una tradición, que nos lleva a vivir nuestras costumbres de una manera particular, siento que los latinos tenemos una capacidad particular de ratificarnos como seres humanos, porque esencialmente, lo que nos hace sentir vivos es la cadena de afectos en la que nos movemos. Sentir estas tierras, desde el rio bravo hasta la Patagonia, que han vivido momentos difíciles desde la conquista, pero que también nos ha dejado inmensas y desbordadas alegrías, satisfacciones y una riqueza cultural impresionante, esto nos permite tener una capacidad para ser afectuosos, solidarios y empáticos.

¿Qué le aconsejaría a un estudiante o residente hispano o latino que acabe de comenzar su carrera? Que no pierda su esencia. Como dicen muchos autores, nacieron en el continente del futuro, por su riqueza genética, geográfica y cultural que hay en sus raíces. Además, el latino tiene una relación estrecha y eterna con su familia. Siempre esta con sus raíces, los sabores, los paisajes y el colorido de su tierra y eso lo hace un ser excepcional para entender, diagnosticar y ayudar a sus pacientes. Que mantenga presente la información y los datos que ofrece la identidad cultural, expresada en su música, su cultura, sus narraciones. Y obviamente, que se mantenga actualizado en los puntos de vista de lo psicopatológico como en la investigación básica que crece día a día. Que no pierda la capacidad de trabajar en equipo, con espíritu colaborativo que revalore la condición humana.

¿Díganos algo importante que haya aprendido de trabajar con pacientes hispanos y latinos? Ellos siempre nos enseñan, porque la experiencia de la vida la tienen a flor de piel y la espontaneidad para hablar de sus cosas, los hace un libro abierto. Además, la gratitud y el afecto que siempre lo expresan de manera rebosada, es el mejor agradecimiento para un médico.

¿Qué papel (positivo o negativo) ha jugado en su carrera el hecho de ser hispano o latino? Todo, creo que ser latinoamericano y ser colombiano, ha sido mi razón y fuente de inspiración Esto, enriquecido por los regalos que me ha dado la vida, al ser presidente de la asociación psiquiátrica de América latina (APAL), me ha permitido conocer todos los países, intercambiar con muchos colegas de todas las nacionalidades y eso me ha mostrado la pujanza y el desarrollo de la psiquiatría latinoamericana, como el compromiso diario con sus pacientes y sus estudiantes. Cada rincón me dejo un recuerdo imborrable y una enseñanza definitiva.

¿Qué futuro le augura a la psiquiatría hispana? Promisorio. La psiquiatría hispana se consolidará en el mundo, en la medida que los colegas mantengan su esencia y fortalezcan la capacidad de registrar y publicar sus resultados, para discutirlo en la comunidad académica. Me da la sensación de que la verdadera esencia de ser médico está aún vigente entre los psiquiatras y médicos latinoamericanos: ser empáticos, considerados y con capacidad de comunicar de manera clara y concisa.

¿Cuál ha sido el mayor obstáculo de su carrera y cómo consiguió superarlo? Las absurdas diferencias que tuvimos en alguna época entre colegas, que sabiamente supimos superar cuando entendimos, que el otro siempre tiene algún pedazo de razón. Si somos capaces de escuchar y entender, siempre aprenderemos y seremos más libres.

¿Cuál es en su opinión el mayor reto de la psiquiatría? Creo que, en los tiempos actuales consolidar el valor del ser humano por encima de la tecnología, sin descuidar los desarrollos que día a día nos traen los nuevos avances y que tengan aspiraciones fundadas en una ética de la convivencia, que se oponga a pensamientos extremistas y se consoliden sobre los preceptos de lo humano.

¿Cuáles son los cambios más necesarios para llevar a cabo en la psiquiatría en este momento? Acoplar los constantes hallazgos neurobiológicos, con la capacidad psicológica individual y relacionarla con los constantes cambios sociales. Lo resume muy bien, uno de los primeros investigadores de las ciencias de la salud: "Que la utopía sea tan fuerte, que parezca razón y que la razón sea tan bella, que parezca utopía" Clemente Estable, 1894-1976. Uruguay.

QUIJOTES DE LA PSIQUIATRIA

RICARDO DE LA ESPRIELLA

Psiquiatra, terapeuta sistémico, epidemiólogo clínico. Docente universitario, he sido director de clínica psiquiátrica, director de docencia e investigación, actualmente trabajo como director asistencial para América Latina con instituciones de las Hermanas Hospitalarias.

¿Cómo decidió hacerse psiquiatra? Existe una aproximación desde la carrera de medicina, con la atención a las personas que sufren se despierta una curiosidad centrada en la respuesta emocional ante la enfermedad, se descubre una comodidad en abordar los temas de la psiquiatría, una de las especialidades que se relaciona más directamente con el paciente.

¿Cuáles han sido sus principales fuentes de inspiración? Los profesores en la carrera son un modelo de inspiración.

¿De qué se siente más orgulloso? El poder realizar psicoterapia individual, de pareja y familia, dando respuesta a las necesidades de quienes consultan, acompañándolos en su proceso de cambio.

¿Qué significa ser hispano o latino para usted? Tener una sensibilidad especial por la marginación, la exclusión y la diversidad; entender que la psicoterapia es una herramienta indispensable para el psiquiatra y dar cabida a las creencias y cultura de las personas en la atención médica.

¿Qué le aconsejaría a un estudiante o residente hispano o latino que acabe de comenzar su carrera? Que aproveche su condición de hispano, indague sobre su propia historia, eso le permitirá mejorar las habilidades de comunicación e intervención, manteniendo una sensibilidad especial a elementos inefables de los pacientes.

¿Díganos algo importante que haya aprendido de trabajar con pacientes hispanos y latinos? Si bien hay unidad en Hispanoamérica, hay diferencias que revelan diversidades que son complejas y retadoras para el clínico.

¿Qué papel (positivo o negativo) ha jugado en su carrera el hecho de ser hispano o latino? Si bien puede verse como limitación o desventaja, el ser psiquiatra latino permite una conexión con aspectos emocionales del paciente, mejorando las habilidades de intervención.

¿Qué futuro le augura a la psiquiatría hispana? A futuro se deslindará de los modelos anglosajones, promoviendo el enfoque de aspectos culturales, étnicos y religiosos.

¿Cuál ha sido el mayor obstáculo de su carrera y cómo consiguió superarlo? Tener formación clínica y trabajar en administración y educación, requiere dedicación en tiempo que puede alejarlo de la clínica; personalmente siempre he mantenido consultorio o dedicación de tiempo parcial para atender pacientes y familias

¿Cuál es en su opinión el mayor reto de la psiquiatría? Integrarse con las neurociencias, manteniendo un enfoque centrado en la persona y su contexto y no sólo en la función

¿Cuáles son los cambios más necesarios en la psiquiatría? Integrar enfoques diferentes, dando validez no únicamente a la medicina basada en la evidencia.

QUIJOTES DE LA PSIQUIATRIA

FABRIZZIO DELGADO C.

Dr. Fabrizzio Delgado Campodonico es un psiquiatra ecuatoriano, quien se desempeña como jefe del departamento de Neurofisiología clínica, en el Instituto de Neurociencias en Guayaquil. Recibió su título de médico y posteriormente, (siguiendo los pasos de su padre) de especialista en psiquiatría de la Universidad Católica de Santiago de Guayaquil.

Durante su entrenamiento como Psiquiatra realizo sus primeras pasantías en la Clínica Delgado en el sur de Guayaquil y el Hospital Lorenzo Ponce. Viajo a Francia donde tuvo la oportunidad de profundizar sus estudios en psiquiatría en La Pitie Salpetriere, Universidad de Paris.

Hizo subespecializaciones en Exploraciones Neurofisiológicas con la Universidad Pierre et Marie Curie en Paris y en Trastornos Afectivos con la Universidad Holandesa de Maastricht. Después de sus estudios en Europa regreso a trabajar en el Hospital Lorenzo Ponce siendo su director por 10 años, transformándolo en lo que es hoy el Instituto de Neurociencias que presta servicios de salud a varias provincias del Ecuador. Se dedica al servicio público como jefe de los servicios de epileptología y de tratamientos somáticos del Instituto de Neurociencias.

El Dr. Delgado promueve intercambio científico y académico nacional e internacionalmente. Ha creado pasantías de reforzamiento y entrenamiento para los psiquiatras jóvenes, impulsando la investigación mediante la creación de un premio anual al mejor trabajo científico.

QUIJOTES DE LA PSIQUIATRIA

Ha diseñado programas para investigación epidemiológica de trastornos con alta repercusión social como la farmacodependencia, la violencia intrafamiliar, el suicidio (sobre todo en población infanto juvenil), los trastornos de ansiedad y para evitar el deterioro de los pacientes con patologías mentales crónicas.

En el Instituto de Neurociencias trabaja en proyectos con el objetivo de mejorar los resultados de los tratamientos antidepresivos en patologías como la depresión resistente. Administra terapia electroconvulsiva y tratamientos con Ketamina para depresión resistente además tiene una práctica privada en el Omni Hospital de Guayaquil.

Realizo estudios de maestría en Gerencia Hospitalaria en la Escuela Superior Politécnica del Litoral y en técnicas de tratamientos comportamentales en Brooklyn, NY. (State University of New York - Downstate Health Sciences University). Fue elegido Comité Ejecutivo de la WPA Fue elegido representante de los psiquiatras de la zona 4 (parte norte de Suramérica). Dr. Delgado Campodonico es un reconocido conferencista nacional e internacional en el área de los trastornos afectivos, especialmente en Depresión Resistente y Trastornos Depresivos en el Adulto Mayor.

El andar tierras y comunicar con diversas gentes hace a los hombres discretos.

Don Quijote de la Mancha

QUIJOTES DE LA PSIQUIATRIA

FABRIZZIO DELGADO

Dr. Fabrizzio Delgado es un médico graduado de la Universidad Católica de Guayaquil que completo su entrenamiento en Lincoln Medical Center con afiliación a Weill Cornell Medical College en Bronx, NY.

Fue elegido Jefe de residentes en su último año e hizo una subespecialidad en Psiquiatría de Adicciones en UT-Southwestern. Actualmente es Profesor Asistente en Texas Tech University Health Sciences Center en El Paso, Texas, y se desempeña como Jefe del Servicio de Consulta Externa y Director Asociado del programa combinado de Medicina Interna y Psiquiatría.

¿Qué le hizo emigrar a los Estados Unidos? Cuando termine la Carrera de medicina en Ecuador se vivía una gran conmoción política y se habían cerrado las plazas de postgrado. Tuve la suerte de hace una rotación con el Dr. Pedro Ruiz en Houston y esa experiencia me impulso para buscar diferentes opciones para avanzar mi carrera en Estados Unidos.

¿Cómo decidió hacerse psiquiatra? Creciendo en Ecuador, uno de los temas principales de conversación en la mesa era la salud mental y sus diferentes puntos de vista de las políticas de salud pública entre mi papá y mi abuelo. Los dos eran psiquiatras, uno en el sector público y el otro en el área privada respectivamente. Siempre me interesó el funcionamiento de la mente y el comportamiento humano, entonces Psiquiatría era la opción más lógica para mí.

¿Cuáles han sido sus principales fuentes de inspiración? Mi esposa y mis padres.

¿De qué se siente más orgulloso? De haber podido crear y desarrollar un servicio de consulta de adicciones en el hospital general en El Paso. De poder ayudar a mis pacientes a través de la labor médica, que se ha convertido en casi tradición familiar puesto que mi bisabuelo, abuelo, padre, madre, hermana cunado y esposa son o fueron médicos. Y de tener el privilegio de formar los psiquiatras y" adiccionologos" de la próxima generación.

¿Qué significa ser hispano o Latino para usted? Ser hispano en Estados Unidos es toda una experiencia. Significa que mis raíces son de otro país, que tengo una cultura distinta y además soy parte de una minoría vulnerable en este país.

¿Qué le aconsejaría a un estudiante o residente hispano o latino que acabe de comenzar su carrera? Le aconsejaría que no pierda de vista sus sueños, y una vez que los haya logrado, que no se olvide de las personas que lo acompañaron en la parte difícil del camino.

¿Díganos algo importante que haya aprendido de trabajar con pacientes hispanos y latinos? Los pacientes hispanos a veces son poco comprendidos porque hay una barrera cultural, ahí es donde los médicos hispanos tienen el privilegio de poder ayudar a pacientes vulnerables.

¿Qué papel (positivo o negativo) ha jugado en su carrera el hecho de ser hispano o latino? Ser hispano en una ciudad multicultural me ha hecho sentir como en casa, me ha ayudado a conectarme con mis pacientes y a entender su cultura.

¿Qué futuro le augura a la psiquiatría hispana? Creo yo que, así como la población hispana está creciendo a nivel de todo el país, así mismo va a crecer la influencia en el campo de la psiquiatría. Por otro lado, tenemos que ser modelo y tratar de reclutar más estudiantes de medicina para que se sumen a esta profesión.

¿Cuál ha sido el mayor obstáculo de su carrera y cómo consiguió superarlo? La barrera del idioma me costó mucho poder adaptarme al inglés cuando empecé a estudiar para los exámenes de Estados Unidos y una vez que había entrado a la residencia en Bronx, NY para poder entender a mis pacientes.

QUIJOTES DE LA PSIQUIATRIA

¿Cuál es en su opinión el mayor reto de la psiquiatría? Creo que tenemos tres retos que son igual en importancia. 1 la falta de acceso a nuestros servicios. 2 el estigma que todavía existe con respecto a la salud mental, sobre todo en las minorías incluyendo la comunidad hispana. 3. El ataque contra nuestra profesión de parte de diferentes grupos políticos y sociales.

¿Cuáles son los cambios más necesarios en la psiquiatría? Al momento creo que lo más importante para la psiquiatría es mantener el enfoque biológico para facilitar avances diagnósticos y terapéuticos que han sido tradicionalmente más lentos que para el resto de medicina sin perder más de nuestras bases psicoterapéuticas.

QUIJOTES DE LA PSIQUIATRIA

ESPERANZA DÍAZ

Esperanza Díaz MD enseña y supervisa estudiantes de medicina, residentes de psiquiatría, e internos de otras disciplinas como psicología, trabajo social, enfermería etc. La doctora Díaz recibió su grado de MD de la facultad de medicina de la Universidad Javeriana en Bogotá, Colombia y terminó su residencia de Psiquiatría en la escuela de medicina de la Universidad de Yale. Ella es psicoanalista graduada del Western New England Institute de psicoanálisis y diplomada por el Board de Psiquiatría Americana y es miembro vitalicio de esta organización. Su investigación se enfoca en adherencia a medicinas, servicios de salud mental apropiados para Hispanos con desórdenes de salud mental crónicos, desarrollo de métodos de enseñanza sobre cuidados de salud sensibles a la cultura. Ella ha recibido becas para investigación de la Alianza Nacional de investigación en Esquizofrenia y Depresión (NARSAD) y del Instituto Nacional de Salud Mental (NIMH).

Sus intereses profesionales se enfocan en mejorar los servicios de salud mental para Hispanos y la educación de profesionales en entrevista psiquiátrica, servicios de salud mental sensibles a la cultura especializados en Hispanos, y disparidades en servicios de salud mental. Es la fundadora de Psiquiatría Hispana como subespecialidad. Ella pertenece a la Sociedad Americana de Psiquiatría para Hispanos, es una líder del Caucus Hispano de la sociedad Americana de Psiquiatría. Ha recibido numerosos premios por su labor docente incluyendo el premio APA Simon Bolívar, que honra un defensor de los Hispanos, y sus excepcionales contribuciones a la educación, investigación y logros en psiquiatría, es un modelo para las mujeres profesionales en carreras relacionadas con la salud, investigación, y docencia. Ella fue miembro del comité de consultores de servicios a mujeres de la Administración de Servicios de Salud Mental y Uso de Sustancias en Washington DC (SAMHSA). Ella es un miembro activo de comités de revisión científica de Instituto nacional de salud (NIH) y del instituto nacional de salud Mental (NIMH) y es revisora de numerosas revistas científicas.

¿Qué le hizo emigrar a los Estados Unidos? En unas vacaciones a Nueva York visitando a mis primos conocí a un hombre interesante. Me invitó a salir. Él estaba establecido en Estados Unidos. De vuelta a Bogotá, semanas después me sorprendió su llamada. Seguimos conociéndonos con sus visitas, por cartas y teléfono como por un año. Es difícil conocerse así. Entonces me propuso matrimonio. Hablamos de mi carrera y decidimos que si yo validaba mi grado de medicina en los Estados Unidos nos quedábamos en Estados Unidos y si no pues nos devolvíamos a Colombia, donde ya practicaba como médica. Pues yo pase todos esos exámenes y nos quedamos.

¿Cómo decidió hacerse psiquiatra? No consideré psiquiatría como especialidad inmediatamente después de mi grado. Tuve tiempo de considerar mis opciones mientras preparaba los exámenes para validar mi título de médico en Estados Unidos. Mi marido trabajaba como terapista de salud mental y sus colegas me dieron acogida. Lo acompañé a conferencias donde conocí a Salvador Minuchin y otros maestros de psicoterapia. Me encantó y seguí leyendo. Cuando pasé mis exámenes decidí solicitar residencia en psiquiatría. Hacía mucho sentido y respondía a mi deseo de servir una comunidad necesitada.

¿Cuáles han sido sus principales fuentes de inspiración? Primero mi compromiso de servir como médico. Luego mi curiosidad sobre cómo funciona muestra mente humana. Y también la gran necesidad en Estados Unidos de psiquiatras que hablen español para atender a nuestra comunidad que crece cada vez más.

¿De qué se siente más orgulloso? Soy una mujer Latina, la primera de grupos minoritarios, reconocida como profesora en el departamento de psiquiatría de la universidad de Yale. Como directora médica de una clínica de salud mental para personas que hablan Español me enorgullece pode servir a los Latinos y entrenar a estudiantes de diversos países de habla Hispana. Muy orgullosa de haber fundado el primer programa de entrenamiento en Psiquiatría Hispana, el primero en los Estados Unidos.

También me enorgullece ser parte del equipo de directores del programa de residencia de psiquiatría en Yale. Como educadora me he concentrado en psiquiatría cultural incluyendo entrenamientos sobre discriminación, disparidades de salud, y entrevistas culturalmente sensibles. Lógicamente en el campo personal mi familia, mi marido y mis dos hijos. Mis tres héroes.

¿Qué le aconsejaría a un estudiante o residente hispano o latino que acabe de comenzar su carrera? No se le olvide de donde viene. Use sus raíces y su cultura para enriquecer los que están alrededor y construir servicios de salud justos y que respondan apropiadamente a las necesidades de las minorías. Persistencia y esperanza muy importantes en nuestras carreras.

¿Díganos algo importante que haya aprendido de trabajar con pacientes hispanos y latinos? La vida del inmigrante. La dolorosa transición. Tener dos culturas es enriquecedor. En el desarrollo humano la transición hacia los dos años con muestras de rebeldía, tratando de establecer una separación de sus padres que luego se repite en la adolescencia llevando a una real separación e independencia. El inmigrante tiene la oportunidad de repetir ese proceso. Separarse de la cultura original y adquirir una nueva con una lengua nueva y objetos de transición como música, comidas, recuerdos, nostalgias para llegar a una persona plena con perspectivas y experiencias de dos culturas (Akhtar). ¿Se imaginan? Yo espero que todos los que pasen por nuestro entrenamiento entiendan tan grande oportunidad.

¿Qué papel (positivo o negativo) ha jugado en su carrera el hecho de ser hispano o latino? Soy orgullosa de mi herencia Hispana. Entiendo las necesidades de mis compatriotas, He pasado por experiencias de discriminación entonces soy muy sensible a las necesidades de las personas alrededor en servicios de salud y también en el entrenamiento de colegas Hispanos. Espero que mi ejemplo y trabajo apoye diversidad en los programas de educación e inspire cambio para servicios justos y apropiados a las diferentes culturas.

¿Qué futuro le augura a la psiquiatría hispana? Futuro Brillante. Las nuevas generaciones saben sobre disparidades, justicia social, determinantes sociales de salud, y la necesidad de abogar por servicios de salud y recuperación. Saben la necesidad de investigación para proveer servicios basados en evidencia en minorías. Pero todos tenemos que seguir trabajando en esto.

¿Cuál ha sido el mayor obstáculo de su carrera y cómo consiguió superarlo? Mi entrenamiento fue fuera de Estados Unidos muy diferente. Mi habilidad de escribir en Ingles es limitada comparada con mis colegas que se entrenaron aquí. No había un apoyo adecuado para mejorar y es una barrera en una carrera académica.

¿Cuál es en su opinión el mayor reto de la psiquiatría? Transformar los servicios para eliminar las disparidades de salud, y racismo. Y la escasez de psiquiatras pertenecientes a minorías y bilingües y biculturales.

¿Cuáles son los cambios más necesarios en la psiquiatría? Estar conscientes de las disparidades de salud, y justicia social en políticas de salud. Estar seguros de que los entrenamientos en las escuelas de medicina incluyan temas relacionados a justicia social. La necesidad de investigaciones enfocadas en minorías.

QUIJOTES DE LA PSIQUIATRIA

NORMA ECHAVARRIA

Medica graduada de Universidad de Buenos Aires, Argentina con diploma de honor en 1985. Especialista en Psiquiatría y Psicología Medica. Medica Legista. Formada en Terapia cognitiva Conductual y Terapia Sistémica. Desde 2006 dedicada a estudiar el Trastorno por Déficit de Atención e Hiperactividad en adultos. Autora del libro "Melodías Dispersas" una novela con personajes que atraviesan las diferentes formas de presentación de TDAH.

Fundadora de Athentun. Asociación Civil por el TDAH. Miembro de Asociación Argentina de Psiquiatras, actualmente presidiendo el capítulo de TDAH. Miembro de APSA. Miembro Internacional y Fellow de APA Miembro de Federación Mundial de TDAH. Miembro de APSARD. Adulto con TDAH y madre de cinco hijos con TDAH. Actualmente en redes sociales continuando el trabajo psicoeducativo en IG y Tik Tok en Espacio TDAH junto a mi hija Lucia Miri Echavarría.

¿Cómo decidió hacerse psiquiatra? Termine la carrera de medicina, con una beba de un mes y 25 años. Era mi segunda hija, mi primer bebe había nacido de 28 semanas y falleció a los tres días. Eso determino mi interés por la Toco ginecología, y la necesidad de tomarme un tiempo. Hice tres años de especialidad, cuando el jefe de Ginecología me llamo a su despacho inquieto. Dra. Echavarría, esta Ud. en la especialidad correcta? Ud. conoce el nombre de cada paciente, las acompaña en los prequirúrgicos y está pendiente de sus emociones más que de su postoperatorio. Las veces que solicito permiso para ausentarse fueron para las Jornadas del Niño aislado, y para dos eventos vinculados al autismo. Le recomiendo que inicie terapia, y vea si Ud. elige este como su espacio… Mi cuarto embarazo, un año sabático y mi tercera hija fueron parte de ese tiempo de gestación de mí misma. Al año siguiente ya estaba en el Hospital Borda. Como concurrente en Psiquiatría. Y feliz por haber escuchado al Dr. Orsini.

¿Cuáles han sido sus principales fuentes de inspiración? Estudiando la carrera de grado, mi hermana tuvo su primer hijo. Desde que naciera, algo había en ese bebe que me llamo la atención. Desconectado, hiperactivo, con crisis. Se torno una inspiración el pensar como hacer contacto. Mi gran inspiración fue la tristeza de verlo crecer sin diagnóstico, y luego ayudar a que pudiera tener finalmente uno que ayudara a desarrollarse con el apoyo que necesita un niño con TEA.

¿De qué se siente más orgulloso? Estoy muy orgullosa de mi elección de camino en mi carrera. Iniciarme como psiquiatra fue difícil en un país donde el psicoanálisis era la única manera de formación. A punto de mudarme de carrera a neurología, me encontré con la oportunidad de nuevos caminos, en la Terapia cognitiva Conductual, la terapia Sistémica de Palo Alto y el DSM.
A partir de allí, definir mi rumbo para difundir y educar en TDAH en Hispanoamérica fue mi gran objetivo. Un desorden que padezco, y que entendí desde que me introduje en el tema, en nuestro mundo hispano estaba muy ausente.

¿Qué significa ser Hispano o Latino para usted? Crecer en Latinoamérica me genero mucha resiliencia. Soy argentina y a mis 63 años vivi varias crisis no solo políticas sino también económicas. Aprendí a abrirme paso a pesar de las dificultades, a estudiar y formarme viajando, asumiendo los costos de mi formación que hay aun que pagar en dólares. Me siento con muchas ganas de seguir abriendo las puertas al mundo hispano, para permitir que información que solo se encuentra en ingles, sea accesible a todos.

¿Qué le aconsejaría a un estudiante o resident hispano o latino que acabe de comenzar su carrera? Les diria que estudien, que se capaciten y que vuelquen su conocimiento a nuestras comunidades. Tanto en sus países, como adonde migren. Porque los que somos latinos, necesitamos alguien que pueda interpretar nuestra cultura, y desde allí como impactan las diferentes patologías. No es lo mismo un traductor que un psiquiatra latino.

¿Díganos algo importante que haya aprendido de trabajar con pacientes hispanos y latinos? Todos nacemos y crecemos en un entorno de soporte, familias o figuras cuidadoras que brindan apego. Ser latino implica entender que nosotros vivimos alojados en el seno de nuestras familias hasta que termina nuestra historia. Tenemos que trabajar entendiendo la trascendencia que tiene para un latino su familia. Podremos irnos lejos, pero la trama familiar es indeleble y eterna.

¿Qué papel (positivo o negativo) ha jugado en su carrera el hecho de ser hispano o latino? Trabajo y vivo en un país de habla hispana, pero tuve oportunidad de trabajar 3 años en Chicago, como asesora de un estudio de abogados. Fue difícil al principio entender como los profesionales de Salud Mental tenían tanta distancia con sus pacientes. Claramente no hubiera podido ejercer como psiquiatra. Demasiados limites, demasiada distancia, demasiados protocolos. Poco afecto, y para mí la mano en la espalda en un momento de encuentro es tan sanadora como el mejor antidepresivo.

¿Qué futuro le augura a la psiquiatría hispana? Mucho. Tenemos la necesidad de confiar mas en nuestro enfoque. No por ser mas cercanos con los pacientes y sus familias el ejercicio de nuestra profesión es menos riguroso. Tenemos muchísimos profesionales prestigiosos que aportan a diario una mirada muy holística acerca del enfoque actual integrativo. Debemos creer mas en nosotros.

¿Cuál ha sido el mayor obstáculo de su carrera y cómo consiguió superarlo? Mi mayor obstaculo, fue cuando empecé a involucrarme activamente en mi formación en TDAH adultos, cuando tenia oportunidad en mi país de presentar una charla, o una ponencia, debia enfrentar la audiencia vacia, las burlas y el descreimiento acerca de lo que estudiaba. Jamas me detuvo. Fue el motor para seguir estudiando con los mas grandes en el tema, y empezar mi trabajo en sentido inverso. Buscando la psicoeducación, llegando a los verdaderos protagonistas del problema se empezó a forjar un camino diferente. Inicié un Blog en 2010 donde empecé a escribir acerca del tema y a utilizar el espacio para llevar conciencia a toda la comunidad hispana. Luego sume un canal de You Tube y llegue aun a mas personas..Alli hay videos que tienen 7.6 K de vistas.. De a poco mis colegas fueron dándose cuenta de que el TDAH no era un cuento.

¿Cuál es en su opinión el mayor reto de la psiquiatría? Para mi el máximo reto, es que la psiquiatría se reintegre a la medicina. De a poco se han logrado cambios muy importantes, desde la neurociencia, los avances en neuroimágenes fueron permitiendo que se vea que los desórdenes mentales son desordenes del cerebro.El entorno cumple una función importantísima, moldeando la genética, y por ello debemos seguir insistiendo en psicoeducar a profesionales de la salud.

QUIJOTES DE LA PSIQUIATRIA

¿Cuáles son los cambios más necesarios a llevar a cabo en la psiquiatría en este momento? Ampliar la investigación, abrirla en forma colaborativa dado que lograr poblaciones para estudio de neuroimágenes implica números muy altos. Necesitamos compartir y replicar las investigaciones para sacar a la psiquiatria del concepto de inconsistencia que la acompaña.

FRANKLIN ESCOBAR

Mis padres fueron una modista nacida en Copacabana, Colombia y mi padre, un técnico en mecánica industrial, nacido en Otavalo, Ecuador, de esta unión nací en Bogotá, en un hogar de clase media, mi educación se desarrolló en instituciones públicas hasta el máximo grado conseguido de Doctor en Medicina (Dr. PhD) obtenido con la máxima calificación. He vivido en Bogotá y Medellín, Colombia; Otavalo y Quito, Ecuador; La Plata y Buenos Aires, Argentina y en Toulouse Francia.

Desde niño me destaqué como uno de los mejores del curso obteniendo excelentes calificaciones y tuve una vocación temprana por ser médico. Terminando la educación secundaria, aun adolescente, asistí como pasante al servicio de neurocirugía del Hospital Infantil de La Misericordia en Bogotá donde el contacto con niños afectados de enfermedades del sistema nervioso cimentó mi deseo de ser médico. He dedicado mi vida al estudio de la medicina logrando obtener títulos de especialista en psiquiatría, psiquiatría forense y medicina del sueño.

Terminando mi carrera de médico me incliné por el estudio de los trastornos mentales y por concurso logré ingresar a la especialidad en psiquiatría en la Universidad Nacional de Colombia. Desde el año 1991 ejerzo por concurso público como profesor universitario del Departamento de Psiquiatría de la Universidad Nacional de Colombia donde he obtenido el máximo título de profesor titular con tenencia del cargo, he ocupado cargos administrativos, honoríficos, soy investigador Senior clasificado por Colciencias y editor de la Revista de la Facultad de Medicina desde el año 2013 y mi productividad académica es de alrededor de 150 artículos en revistas científicas y capítulos de libros, dos libros, más de 300 conferencias en congresos locales e internacionales, múltiples menciones honoríficas, director de numerosas tesis de grado en medicina y psicología, y profesor invitado de universidades de Argentina, Brasil y México.

En el año 2001 luego de subespecializarme en Francia en medicina del sueño fui miembro fundador de la Asociación Colombiana de Medicina del Sueño y director científico de la Fundación Sueño Vigilia Colombiana donde me he dedicado al ejercicio de la medicina y la investigación en pacientes con trastornos del sueño hasta la fecha actual. También he ejercido como psiquiatra forense oficial en el Instituto Nacional de Medicina Legal y Ciencias Forenses durante 16 años y luego en el ejercicio privado, llegando a ser presidente de la Red Iberoamericana de Salud Mental Aplicada a lo Forense. Casado durante varias décadas con Claudia Sarmiento Burgos, trabajadora social y con dos hijos, David Felipe, el mayor pintor y Camilo Andrés, el menor matemático, he tenido una familia funcional y armónica la mayor parte del tiempo. Luego de crear la Fundación Sueño Vigilia Colombiana en compañía de mi esposa, esta institución se ha constituido en un centro de referencia de atención a pacientes con perturbaciones del sueño y un centro de investigación importante en Colombia. En general, he sido reconocido como un líder innovador en el campo de la medicina del sueño y la psiquiatría forense latinoamericanas.

¿Cómo decidió hacerse psiquiatra? Siendo adolescente un hermano mayor leía libros de Sigmund Freud y mostré interés en este tipo de lectura, tanto que me leí casi que las obras completas y por tener una motivación temprana por la medicina que apareció en mi niñez, decidí estudiar medicina y me presenté únicamente a la Universidad Nacional de Colombia donde tuve la fortuna de pasar en concurso público en el primer intento alcanzando el título de Médico Cirujano, al final de mis estudios de pregrado y en la rotación por la Unidad de Salud Mental del Hospital San Juan de Dios en Bogotá confirmé mi vocación por ser psiquiatra. Siendo admitido en concurso público a la especialidad en psiquiatría al primer intento también en la Universidad Nacional de Colombia. Con el transcurso de la práctica psiquiátrica me incline por la medicina del sueño y la psiquiatría forense que las ejerzo en la actualidad.

QUIJOTES DE LA PSIQUIATRIA

¿Cuáles han sido sus principales fuentes de inspiración? Desde el inicio de la Carrera de medicina me incline por el estudio del Sistema nervioso central y esto me inspiro para ser psiquiatra, el dolor psíquico más difícil de apreciar y menos tangible, el tratar de comprender a los pacientes y su entorno familiar, la observación clínica de la evolución de los trastornos mentales y como la personalidad terapéutica del psiquiatra podía ayudar a lograr una mejoría sintomática y una mayor calidad de vida en estos enfermos.

¿De qué se siente más orgulloso? De mi familia en primer lugar, de ser profesor de la Universidad Nacional de Colombia, donde tuve la oportunidad de lograr lo que tengo en la actualidad y poder ser un médico referente en medicina del sueño y psiquiatría forense a nivel latinoamericano y de crear y sacar adelante la Fundación Sueño Vigilia Colombiana que ha mejorado la salud de muchos colombianos.

¿Qué significa ser hispano o latino para usted? Ser latino para mi significa tener un origen genético común de una mezcla racial de españoles, negros e indígenas, de condiciones muy diversas, donde resalta el espíritu luchador por romper cadenas colonialistas, racistas, religiosas, políticas dominantes por siglos y la aparición de un nuevo hombre más libre, diverso y pluralista político y religioso, menos tolerante a las cadenas opresivas.

¿Qué le aconsejaría a un estudiante o residente hispano o latino que acabe de comenzar su carrera? Recomiendo estudiar con tenacidad, aprender lo que más pueda, desarrollar habilidades sociales, brindar un buen trato a los que lo rodean y no perder ningún rasgo de humanismo que se tenga, esto lo hará mejor médico en el futuro.

¿Díganos algo importante que haya aprendido de trabajar con pacientes hispanos y latinos? La sonrisa que un paciente de escasos recursos económicos brinda a su médico en agradecimiento a una intervención basada en una adecuada comunicación, el humanismo y el buen trato.

¿Qué papel (positivo o negativo) ha jugado en su carrera el hecho de ser hispano o latino? Como médico latino y trabajando principalmente para latinos el hecho positivo sobresaliente para mi es poder llegar a comprender profundamente esta condición y usar este conocimiento en beneficio del paciente.

¿Qué futuro le augura a la psiquiatría hispana? El futuro es lograr obtener un nivel científico similar al primer mundo en las próximas décadas, basado principalmente en el desarrollo investigativo de las condiciones mentales de los latinos, produciendo artículos en revistas indexadas reconocidas por su alto factor de impacto, y de esta forma construir una sólida base para tener una psiquiatría latina para latinos.

¿Cuál ha sido el mayor obstáculo de su carrera y cómo consiguió superarlo? Para mí el mayor obstáculo en mi carrera fue el pregrado de medicina y el postgrado en psiquiatría y el nivel de ingresos económicos para estudiar con tranquilidad y en buenas condiciones que fue bajo y difícil de superar teniendo que recurrir a las ayudas que brindaba la universidad y trabajos extras y ocasionales por fuera de la condición como estudiante.

¿Cuál es en su opinión el mayor reto de la psiquiatría? Lograr algún día curar los trastornos mentales.

¿Cuáles son los cambios más necesarios en la psiquiatría? Pienso que el cambió más importante en la psiquiatría es poder lograr que los financiadores estatales y privados de investigación, aporten recursos económicos para curar los trastornos mentales y que las instituciones estatales le den la importancia que se merecen las alteraciones psiquiátricas y la salud mental en general

QUIJOTES DE LA PSIQUIATRIA

JAVIER ESCOBAR

Nací y crecí en Medellín, Colombia y fui educado por los padres jesuitas del Colegio de San Ignacio de Loyola. Estudie medicina en la Universidad de Antioquia, También en Medellín y luego continúe mi educación medica en el exterior, primero en Madrid, España y luego en los Estados Unidos en donde he residido por mas de cinco décadas.

Completé mi residencia en psiquiatría en los hospitales de la Universidad de Minnesota en Minneapolis, y luego un fellowship en investigación genética con el profesor Leonard Heston y una maestría (Masters degree) en psiquiatría y genética medica en la misma Universidad.

Luego fui profesor asistente de psiquiatría en la Universidad de Minnesota y continué mis investigaciones en psicofarmacología como parte de un estudio colaborador del NIMH en el tratamiento de la esquizofrenia. Mi carrera académica continuó en las Universidades de Tennessee, UCLA y Connecticut yendo de profesor asociado a profesor titular, vice chairman para investigaciones y chairman interino del departamento de psiquiatría. Luego fui escogido como profesor y jefe del departamento de psiquiatría en la facultad de medicina Robert Wood Johnson de la Universidad de Rutgers en Nueva Jersey, departamento que lideré por 14 años para luego crear la oficina de salud global de la facultad de medicina como decano asociado para salud global.

A través de mi carrera académica he estado envuelto en psiquiatría clínica, investigación y enseñanza siempre en entornos académicos. He sido miembro consultor de la OMS, miembro del consejo directivo del NIMH, del comité de psicofármacos de la FDA, del grupo de trabajo del DSM-5, del comité consultor nacional del programa "Clinical Scholars" de la fundación Robert Wood Johnson, además de otras posiciones de liderazgo nacional e internacional.

He contribuido al estimulo, formación y entrenamiento de nuevos investigadores por varias décadas. Ahora participo en colaboraciones investigaciones sobre genética y fenomenología clínica de trastornos mentales severos en la población "paisa" de Colombia en proyectos financiados por el NIMH y en el entrenamiento de nuevos investigadores en Argentina, Perú y Bolivia en un proyecto financiado por el instituto Fogarty de NIH.

¿Cómo decidió hacerse psiquiatra? Durante mi educación médica en Colombia me di cuenta de las inmensas necesidades de personas con trastornos mentales. Era aquella la época del psicoanálisis y apenas se vislumbraban los nuevos fármacos. La oportunidad que se me presentó para hacer una residencia de psiquiatría en el exterior (España y Estados Unidos) fue un factor determinante en la escogencia de psiquiatría como especialidad.

¿Cuáles han sido sus principales fuentes de inspiración? Libros: Historia de San Michelle (Axel Munthe); Corazon (Edmundo de Amicis); Mentores: En Colombia, Pablo Pérez Upegui y Carlos A León. En los Estados Unidos, Leonard Heston (genética y psiquiatría), William Webb (medicina psicosomática), Milton Greenblatt (psiquiatría administrativa), Marvin Karno (estudios en hispanoparlantes). En España, Juan José Lopez Ibor Sr. y su teoría de las neurosis como enfermedades del animo.

¿De qué se siente más orgulloso? Por varias décadas, y gracias al apoyo del NIMH, y la disponibilidad y gran generosidad de un grupo de expertos colaboradores, pude dedicarme a estimular y la formar nuevos investigadores con énfasis en investigaciones sobre salud mental de poblaciones Latinoamericanas. Hoy en día, me llenan de orgullo las colaboraciones exitosas en la investigación sobre trastornos mentales severos en la población "paisa" de la región cafetera de Colombia, con Carlos López-Jaramillo de la Universidad de Antioquia y Nelson Freimer y Carrie Bearden de la Universidad de California en Los Ángeles.

¿Qué significa ser Hispano o Latino para usted? Ser Hispano o Latino es pertenecer a un grupo muy heterogéneo, con orígenes en la vieja

España, y en las culturas nativas del continente americano, unidos por el lenguaje y otros factores culturales comunes, y en particular por un deseo constante de superación en el "melting pot" del entorno norteamericano.

¿Qué le aconsejaría a un estudiante o residente hispano o latino que acabe de comenzar su carrera? Dedicarse de lleno a la investigación. Las necesidades psiquiátricas en el continente americano son inmensas, los tratamientos continúan siendo poco precisos y efectivos, y el estado científico de la especialidad sigue siendo bastante pobre.

¿Díganos algo importante que haya aprendido de trabajar con pacientes hispanos y latinos? La importancia del sistema familiar es muy relevante y es esencial tenerlo en cuenta para las evaluaciones e intervenciones terapéuticas. Para el hispano la familia es fuente inagotable de apoyo e inspiración.

¿Qué papel (positivo o negativo) ha jugado en su carrera el hecho de ser hispano o latino? Las limitaciones iniciales en la inmersión al lenguaje y cultura anglosajonas me mantuvieron alejado de psicoanálisis y psicoterapias ortodoxas y me estimularon a explorar nuevos horizontes, la psiquiatría académica y las neurociencias. Luego, al reencontrar grupos de origen latino en California, encontré el estimulo para dedicarme a trabajar con poblaciones hispanoparlantes y a investigar la epidemiologia de trastornos mentales en la población hispana. Luego, tuve la fortuna de ser escogido como el primer chairman de origen hispano/latino en un departamento de psiquiatría académica en los Estados Unidos en 1994 (Rutgers-Robert Wood Johnson Medical School).

¿Qué futuro le augura a la psiquiatría hispana? Pienso que no se debe hablar de "psiquiatría hispana" ya que los hispanos/latinos mas que "minoría" somos parte integral de la sociedad norteamericana. Nuestras contribuciones a mejorar las instituciones y en nuestro caso personal, al avance de las neurociencias, deben ser esfuerzos conjuntos en colaboración con otros grupos culturales.

¿Cuál ha sido el mayor obstáculo de su carrera y cómo consiguió superarlo? Fue difícil el proceso de aculturación como inmigrante al medio oeste de los Estados Unidos, en una época en que muy pocos hispanos residían en esa región del país (limitaciones con el lenguaje y la cultura anglosajona). Sin embargo, del lado positivo, era la época del imperio americano, cuando la revista Time en su portada exhibía la "Buena Vida en

Minnesota", cuando todo lucia nuevo y glamoroso, y abundaban los buenos "samaritanos" anglosajones. Eventualmente, la formación de redes sociales con otros inmigrantes latinoamericanos nos dio apoyo social y facilitaron el difícil proceso.

¿Cuál es en su opinión el mayor reto de la psiquiatría? El diagnostico es muy poco especifico. Los tratamientos lo mismo, apenas "arañando" las capas mas superficiales de la enfermedad. Necesitamos un mejor modelo biopsicosocial.

¿Cuáles son los cambios más necesarios para llevar a cabo en la psiquiatría en este momento? La psiquiatría debe integrarse e incorporarse con los servicios de atención primaria para tener un mayor impacto. Debe además colocarse un énfasis mucho mayor sobre prevención primaria o secundaria de la enfermedad.

FERNANDO ESPÍ

El Dr. Fernando Espí Forcén trabaja en hospital Rush University Medical Center en Chicago como psiquiatra de enlace y de urgencias. A partir de Octubre de 2020 dejará Chicago para irse a Boston y trabajar en la unidad de medicina y psiquiatría de Massachussets General Hospital, Harvard Medical School. En Rush ha sido elegido profesor del año en el programa de residentes tres veces. Debido a ello, el premio al profesor del año ha sido renombrado como "Dr. Espi residency teaching award". En Chicago también lleva una clínica donde realiza evaluaciones psiquiátricas en pacientes con trasplante hepático y donantes de riñón. Fernando nació y creció en España, en la ciudad de Murcia. Allí se graduó de la facultad de medicina y realizó la tesis doctoral titulada "Demonios, ayuno y muerte: Salud mental en la Edad Media" en la que estudió el enfoque de la salud mental en Europa durante los siglos XIII y XIV. Debido al número de publicaciones en revistas de índice de impacto, dicha tesis fue galardonada con el premio extraordinario de tesis doctorales en ciencias de la salud.

Fernando realizó la residencia en los Estados Unidos, en el hospital MetroHealth Medical Center en Cleveland, Ohio. Tras acabar su residencia, se marchó a la Universidad de Chicago, donde hizo una subespecialidad en psiquiatría de niños y adolescentes durante dos años. Luego realizó otra subespecialidad en psiquiatría oncológica en el Hospital Memorial Sloan Kettering de Nueva York. Fernando ha realizado más de veinte publicaciones psiquiátricas indexadas en journal of citation reports (JCR) sobre temas variados como acatisia, síndrome metabólico, inflamación, fenomenología, historia y cine y presenta anualmente en conferencias internacionales como el American Psychiatric Association Annual Meeting, American Society of Hispanic Psychiatry, World Psychiatry Association Annual Meeting, etc. Ha sido invitado a dar charlas en sitios de prestigio nacional e internacional como el Davidof Center en Israel, el congreso internacional de psicofarmacología de Colombia, o en los Estados Unidos en universidades como Weill Cornell, Johns Hopkins, o la Universidad de Chicago. Fernando es el autor del libro "Monsters, demons and psychopaths: Psychiatry and horror film", libro que estudia el cine de terror desde la perspectiva psiquiátrica en su contexto histórico. También ha hecho una labor importante en la divulgación de la psiquiatría. Es el editor y fundador del Journal of Humanistic Psychiatry, una revista divulgativa que combina la psiquiatría con las humanidades y que se publica trimestralmente gratis por internet, y el fundador y presentador del podcast psiquiátrico "El Último Humanista", que se transmite en España y resto del mundo a través de las aplicaciones Ivoox, Spotify, Google, Libsyn y Apple. Este podcast discute temas de psiquiatría, psicología, historia, arte, cine y filosofía y cuenta con miles de seguidores en España, Estados Unidos, México, Colombia, Argentina, Perú, Chile y resto del mundo.

¿Qué le hizo emigrar a los Estados Unidos? Cuando era un niño en los años 80, me fascinaba la cultura estadounidense, su música, su cine. Mis padres me transmitieron la importancia de aprender inglés desde que era pequeño. Ellos eran médicos y profesores de la universidad de Murcia y habían aprendido inglés ya de adultos puesto que en su época se estudiaba francés en el colegio. Después de casarse vivieron en Escocia, donde mi hermano gemelo y yo fuimos concebidos, y se dieron cuenta de la transcendencia del mundo anglosajón en la medicina para poder realizar una carrera académica. Así pues, cuando yo entré en medicina en Murcia, pensé que sería bueno hacer la especialidad fuera de Españaa. Miré las opciones y vi que en los Estados Unidos había un proceso de solicitud estructurado para médicos extranjeros. Pensé que como hispano parlante tendría más opciones en los Estados Unidos que en otros países anglosajones. El objetivo de venirme a Estados Unidos era hacer una carrera investigadora, pero pensé que era mejor hacer la residencia clínica y desarrollar mi carrera investigadora paralelamente en la medida de lo posible para tener más opciones a largo plazo.

¿Cómo decidió hacerse psiquiatra? Mi madre era ginecóloga y mi padre internista. en consecuencia, desde niño pensé que acabaría siendo médico como mis padres, no obstante, tanto a mi hermano gemelo Carlos como a mí nos fascinaban las humanidades. Él acabo estudiando historia del arte y yo decidí estudiar medicina pero sabiendo ya desde el principio que la psiquiatría sería mi destino. Desde adolescente me gustaba dar consejo a mis amigos y familiares, además me fascinaba la idea de explorar el misterio de la relación entre el cerebro, la mente y el espíritu. También me di cuenta de que la mayoría de los psiquiatras que conocí eran gente afable y seguían cultivándose en las humanidades y las artes, cosa que me sirvió como inspiración para seguir adelante con la decisión.

¿Cuáles han sido sus principales fuentes de inspiración? Mi padre fue la primera persona que me inspiró en mi carrera profesional. Él es médico internista pero siempre le apasionó la psiquiatría. Desde niño me llevaba al cine y me aconsejaba libros para leer y desarrollar el pensamiento crítico. A través de él me llego la psicología, la filosofía, la poesía y la astronomía. Una vez que empecé la carrera, trabajé estrechamente con el doctor Joaquín Nieto Munuera, que también era músico y humanista. Conectamos enseguida e hicimos investigación juntos sobre el enfoque orgánico frente al enfoque psicológico en medicina y con él presenté mi primer poster como estudiante en una conferencia en Granada. Él me introdujo a la metodología de investigación en psiquiatría y me animó a hacer una carrera académica. Él y mi hermano me dirigieron la tesis doctoral. Desde entonces he seguido en contacto con él. En los Estados Unidos, la primera persona que me recibió fue el doctor Juan Jaramillo, un psiquiatra colombiano que trabajaba en Memphis, Tennessee. Lo conocí a través de dos médicos murcianos, los doctores Miguel Robles y Pilar Cekan. Juan se convirtió en mi padre profesional aquíí en los Estados Unidos, no sólo fue una inspiración profesional como psiquiatra y como persona, sino que me dio el apoyo emocional que necesitaba en los momentos más difíciles. A través de Juan conocí a la doctora Tatiana Falcone. Ella también es colombiana y trabajaba en Cleveland Clinic. Tatiana me ayudó mucho a impulsar mi carrera académica. Con ella empecé a trabajar en artículos que mandamos a revistas que se publicaron en revistas de índice de impacto y seguimos trabajando juntos. Durante la residencia, el doctor Stephen Ruedrich fue una fuente de inspiración por su valía como persona, y su rigor académico. Él trabajaba con pacientes que tenían discapacidades intelectuales principalmente. Esta población necesita mucha ayuda, pero hay pocos médicos que trabajen con ellos en Estados Unidos porque las evaluaciones son difíciles y llevan tiempo si se quieren hacer bien y además casi ninguno de estos pacientes tiene seguro privado y esto afecta a la remuneración. Me impactó su forma de trabajar, que era excelente y desinteresada. También en Cleveland conocí a doctor Howard Gottesman que era cirujano, psiquiatra, filósofo y humanista. Él me enseñó a interpretar el cine psicológicamente, y gracias a eso acabé escribiendo un libro de cine de terror. Él ha sido una de las personas que más me ha inspirado intelectualmente. Durante mi rotación en psiquiatría forense, trabajé con la doctora Susan Hatters Friedman. Ella me animó a desarrollar mi faceta humanística en la psiquiatría académica. Juntos hemos escrito sobre historia de la psiquiatría y cine. Durante mi subespecialidad de psiquiatría infantil, me influyeron mucho los doctores Karam Radwan y Khalid Afzal. Karam era de origen sirio y fue mi director de entrenamiento, leía mucho sobre psiquiatría y sabía mucho, me ayudo a ser más riguroso para buscar evidencia científica sobre todo lo que transmitía. Khalid era de origen paquistaní y era un humanista que me animó a publicar la revista de Humanistic Psychiatry. En mi subespecialidad de psiquiatría oncológica en Nueva York, me impactaron mucho la doctora Yesne Alici, que era de origen turco, por su profesionalidad y el doctor William Breitbart que fue mi mentor. Con él aprendí a integrar la filosofía y la psicoterapia en mi trabajo clínico. Bill era muy creativo, divertido y tremendamente productivo. Allí también tuve la oportunidad de trabajar con Jimmie Holland, fundadora de la psico-oncología en los Estados Unidos. Jimmie me impactó mucho por su energía, claridad mental, sencillez y humildad.

¿De qué se siente más orgulloso? Es una pregunta complicada porque me siento orgulloso y culpable la mayor parte del tiempo. Estoy contento de haber logrado trabajar en los Estados Unidos porque tuve que superar obstáculos importantes, pero me siento culpable de vivir lejos de mi familia y no estar allí con ellos en España. También me siento culpable de haber descuidado oportunidades y aspectos de mi vida personal por mi desarrollo profesional. Me siento orgulloso de haber publicado un libro, un podcast o artículos en revistas de índice de impacto, puesto que me ha llevado esfuerzo y muchas veces varios intentos hasta que saliera bien. Estoy contento de haber conocido gente interesante en todos los sitios donde he estado, pero me siento culpable de no haber visto o aprovechado bien oportunidades que se me han presentado en la vida. Estoy orgulloso de dar clases a los residentes, a los que me gusta mucho enseñar e intento transmitir valores humanos y también de intentar ayudar a los pacientes, aunque siempre me siento un poco culpable de no estar haciéndolo lo suficientemente bien o de no estar a la altura. Creo que de algo de lo que sí me siento orgulloso es de haber superado obstáculos importantes en mi vida personal y profesional.

QUIJOTES DE LA PSIQUIATRIA

¿Qué significa ser hispano o latino para usted? Para mí, ser hispano o latino significa una oportunidad. Nos guste o no, hemos heredado una lengua, una historia y una cultura en común. Nosotros somos libres de decidir lo que queremos hacer de ella. Si hubiéramos sido invadidos por otras civilizaciones anglosajonas o asiáticas, la hispanidad podría haber desaparecido y cada uno hablaría idiomas distintos en la península ibérica y Latinoamérica. Esto ocurrió en Guam y en Filipinas prácticamente, y casi ocurrió en Cuba y Puerto Rico. Pero por azar de la historia, en la mayoría de los lugares que formaron parte del antiguo imperio hispano, se sigue hablando el español y nos seguimos sintiendo hermanos culturalmente. A partir de aquí, nosotros decidimos qué significado tendrá la hispanidad para nosotros. Yo personalmente veo en la hispanidad una oportunidad para conectarme a mucha más gente en el mundo global en el que vivimos a través de estos aspectos comunes que tenemos. Existen oportunidades de colaboración en áreas académicas y financieras. Esto es un verdadero privilegio de los que muchos países no pueden gozar. Cuando viajo a Colombia o México me siento como si estuviera en casa y eso tiene mucho valor para mí. En Estados Unidos, son los médicos hispanos los que me ayudaron a meter cabeza y los que me han ayudado a desarrollarme profesionalmente. Así que la hispanidad recobró un nuevo significado una vez que emigré a los Estados Unidos.

¿Qué le aconsejaría a un estudiante o residente hispano o latino que acabe de comenzar su carrera? Es difícil dar consejos a un estudiante o residente en general. Los buenos consejos son los consejos individualizados para una persona en un momento concreto de su vida. No obstante, en general yo aconsejaría que intente buscar buenos mentores que le puedan transmitir actitudes y valores útiles para la profesión al tiempo que siga leyendo de forma independiente toda la literatura psiquiátrica que pueda. Para ser un buen profesional se requieren las dos cosas. Es crucial tener empatía y se agradable, compasivo y buena persona, pero también hay que seguir adquiriendo conocimientos médicos y científicos. Los dos se complementan. Una vez que nos graduamos es fácil abandonarse en lo segundo, pero en mi opinión hay que seguir cultivándose en el conocimiento de la psiquiatría. Al fin y al cabo, es la profesión que hemos elegido.

¿Díganos algo importante que haya aprendido de trabajar con pacientes hispanos y latinos? Dentro de los aspectos que nos unen también tenemos una diversidad cultural enorme. Yo he aprendido mucho de trabajar con todos los pacientes hispanos o latinos que he encontrado. Primero en España, y luego en los Estados Unidos donde he visto muchos pacientes de origen mexicano, portorriqueño, cubano, dominicano, venezolano, peruano, colombiano, argentino, chileno, filipino, etc. A nivel general podría decir que las cosas que he aprendido o me gustaría aprender de los pacientes hispanos que he visto en mi carrera profesional son: escuchar más y a aceptar más las recomendaciones de personas que tienen mayor conocimiento de algo que yo, y ser agradecido, cercano y cariñoso.

¿Qué papel (positivo o negativo) ha jugado en su carrera el hecho de ser hispano o latino? En mi caso personal ha sido crucial. Si no fuera por dos psiquiatras colombianos yo no estaría trabajando en los Estados Unidos. Los psiquiatras hispanos son los que me han ayudado más en los Estados Unidos, muchas veces sólo por el mero hecho de ser español. Hablar español me ha ayudado mucho a tratar a pacientes hispanos y a que se me considere en diferentes puestos de trabajo. Hoy en día, los Estados Unidos intentan celebrar la diversidad étnica. El hecho de hablar español, haber trabajado temas de hispanidad en mi carrera y pertenecer a la asociación hispana de psiquiatría en Estados Unidos me ha ayudado mucho a desarrollarme profesionalmente.

¿Qué futuro le augura a la psiquiatría hispana? El futuro no está escrito, pero yo espero que aprovechemos esta oportunidad que tenemos los países donde se habla español para acercarnos, establecer vínculos, y desarrollarnos como profesionales, incluyendo países menos obvios, pero con mucho potencial para desarrollar estas relaciones como Estados Unidos, Filipinas, Guinea Ecuatorial o incluso Israel. Si trabajamos juntos es posible que logremos que la psiquiatría hispana sea un verdadero referente mundial. La doctora Ruby Castilla-Puentes tiene, en este momento, como presidenta de la Asociación Hispana de Psiquiatría de los Estados Unidos, una gran oportunidad para internacionalizar la psiquiatría hispana y yo estaría encantado de ayudarla en todo lo que pueda.

¿Cuál ha sido el mayor obstáculo de su carrera y cómo consiguió superarlo? He tenido muchos obstáculos, pero al mismo tiempo los obstáculos han sido mis mejores profesores. He sufrido el duelo tras la pérdida de un ser querido cercano, pero eso me ayudó a vivir de otra forma, a negar un poco menos la muerte y a disfrutar un poco más del presente y de las cosas que la vida ofrece. A nivel profesional, como estudiante de medicina, yo era peor estudiante de lo que lo fue mi padre que fue premio extraordinario fin de carrera. Quizás por complejo de Edipo, me marché a los Estados Unidos, aunque la idea de venir aquíí en el fondo me la implanto él y siempre me apoyó. Una vez, aquí en los Estados Unidos, durante los dos o tres primeros años, casi todo lo que intentaba me salía mal. Por unas razones u otras, me las llevé por todos lados. Quizás por narcisismo, por ser un poco terco, o por ser constante con mi sueño, seguí intentándolo más allá de lo que yo creía que podía llegar a tolerar. Hubo algún momento en que flaqueé, incluso una vez ya empezada la residencia, pero mi mentor y amigo Juan Jaramillo estuvo ahí. Me he sentido apoyado por mi familia y amigos en los momentos más bajos. A veces un verdadero amigo puede ser una persona que acabas de conocer pero que está en el sitio adecuado en el momento adecuado. Me gustaría remarcar el valor de la constancia y de la amistad para superar obstáculos en la vida en general.

¿Cuál es en su opinión el mayor reto de la psiquiatría? El mayor reto en mi opinión es integrar los conocimientos de neurociencias en psiquiatría clínica. Mientras que en Estados Unidos se apuesta por los "research domain criteria," en Europa se están desarrollando los "symptom networks". Habría que ver qué modelo puede ser más productivo para comprender las neurociencias aplicadas a la psiquiatría e intentar colaborar más entre los dos continentes. Al mismo tiempo, en Estados Unidos, se está apostando mucho por las neurociencias en psiquiatría. Esto está muy bien mirando al futuro y a largo plazo, pero de momento los psiquiatras clínicos siguen usando clasificaciones categóricas neo-Kraepelianas y me da la sensación de que cada vez hay menos conocimiento de fenomenología en psiquiatría clínica. Los estudiantes y residentes memorizan criterios diagnósticos DSM-5 sin comprender la psicopatología o la fenomenología. El diagnostico en psiquiatría, al menos en Estados Unidos, está pasando por un momento bajo. Se tienen muchas expectativas de la neuromodulación como terapia en psiquiatría, pero todavía no sabemos la verdadera transcendencia que va a tener esta terapia. En Estados Unidos la psicoterapia y la psicofarmacología siguen teniendo peso, aunque en investigación no se han producido avances significativos. Yo creo que estos son los principales retos de la psiquiatría.

¿Cuáles son los cambios más necesarios en la psiquiatría? Creo que tenemos que seguir avanzando, pero también volver un poco a lo de antes. En psiquiatría a veces cambiamos de un polo al otro sin lograr integrar bien los conocimientos de diferentes disciplinas. Es importante tener un buen conocimiento de la historia de la psiquiatría para desarrollar el pensamiento crítico y concebir ideas creativas que nos permitan integrar mejor todos los conocimientos de nuestro campo y conseguir que la psiquiatría que tanto amamos siga avanzando.

QUIJOTES DE LA PSIQUIATRIA

TATIANA FALCONE

La Dra Falcone nació en Bucaramanga Colombia, estudio medicina, epidemiología y psiquiatría en la Universidad Pontificia Bolivariana en Medellín Colombia. Realizo rotaciones de internado en un programa de intercambio con el departamento de Psiquiatría de la Universidad de Texas en San Antonio. Volvió a Colombia para hacer su año de servicio social en la zona rural de Puerto Carreño Vichada, ahí trabajo como una de las medicas comunitarias en Pediatría con la población rural e indígena.

Durante su entrenamiento hizo un intercambio con el departamento de Psiquiatría de la Universidad de Thomas Jefferson (Filadelfia) en Psiquiatría de enlace. En el año 2000 se trasladó a los Estados Unidos, realizo su residencia de Psiquiatría y el entrenamiento en Psiquiatría de niños y adolescentes en Cleveland Clinic siendo elegida jefe de residentes. Temprano en su carrera empezó a participar activamente en la Asociación Americana de Psiquiatría (APA), inicialmente en psiquiatría publica y comunitaria, ocupando una posición de liderazgo (2006-2007) lo cual le permitió participar en la Junta Directiva (Board of Trustees) de la APA. A través de los años ha participado en varios comités en APA; el comité de hispanos, de investigación, de la mujer y el que congrega las minorías. También es miembro activo de la sociedad Americana de Psiquiatría de niños (AACAP), donde desde el 2007 participa como miembro activo del comité para los niños con enfermedades crónicas.

En el 2006 fue elegida para participar en "CHIPS" "Child Intervention Prevention Service Research" donde empezó a trabajar con el Dr. Neal Ryan como su mentor de investigación. En 2007, empezó a trabajar de tiempo completo en la Cleveland Clinic. Por dos años hizo parte del grupo de "Transformación y liderazgo" de la APA y trabajo con dos mentoras: la

Dra Annelle Primm y la Dra. Altha Stewart, en un proyecto analizando como aumentar los servicios de salud mental en las Islas Virgenes de Estados Unidos.

La Dra. Falcone a ocupado posiciones de liderazgo y ha recibido múltiples premios y reconocimientos: el premio de profesor del año en el 2007 y 2010. El premio de extraordinario mentor de la AACAP. Fue Presidente de la Sociedad de Psiquiatría de Enlace en el 2010-2012 y Vicepresidente de la misma 2012-2014.

Posee licencias para ejercer en Estados Unidos como psiquiatra general y de niños y adolescentes y es miembro activo de la Sociedad Americana de Epilepsia, en la cual ha participado en varios comités como el educativo, el de problemas psicosociales y durante los últimos cuatro años ha dirigido el Grupo de Interés especial de comorbilidades psiquiátricas.

En el área de investigación se ha enfocado en investigación de marcadores biológicos de tipo inflamatorios en pacientes con ideación suicida y en estudios de prevención de suicidio en adolescentes. A la vez, ayuda a niños con problemas médicos asociados a la comorbilidad psiquiátrica pertenecientes a los grupos minoritarios de Estados Unidos. Ha recibido financiación para desarrollar sus investigaciónes del Instituciones gubernamentales como NIMH, SAMHSA, HRSA y privadas como la Fundación contra la Epilepsia. Actualmente trabaja en el Instituto Neurológico en Cleveland Clinic y hace parte del equipo de psiquiatría de enlace.

¿Qué le hizo emigrar a los Estados Unidos? Mi esperanza de mejorar el tratamiento que tenemos para los pacientes psiquiátricos usando investigación. Desde siempre me gustó mucho la investigación, por lo cual hice epidemiología y quería aumentar mis chances de poder hacer investigación en psiquiatría. ¿Cómo decidió hacerse psiquiatra? Decidí hacerme psiquiatra desde el bachillerato, inclusive antes de decidir que quería ser médica. Durante un proyecto en el colegio tuve que visitar un centro de rehabilitación para adolescentes con problemas de abuso de substancias, y sentí el estigma que nuestra sociedad ponía en estos pacientes para recibir tratamiento, en este momento me pareció que esta era una importante causa que defender.

¿Cuáles han sido sus principales fuentes de inspiración? Durante mi residencia en Colombia mi profesor el Dr. Augusto Gonzalez que siempre nos enseñó con ejemplo, me encantaban sus conferencias de historia de la psiquiatría y especialmente el libro de Dementia Praecox de Kraepelin. Durante mi residencia en Cleveland Clinic, la Dra. Kathleen Franco quien me enseñó el arte de conectar con el paciente enfermo de manera empática y aprender a manejar ambos lados como intermediario, el médico y el psiquiátrico. Durante mi fellow de psiquiatría infantil, el Dr. Neal Ryan que ha sido mi mentor de investigación, que a pesar de que CHIPS fellow duraba solamente 2 años continúo siendo mi mentor, y me enseñó tanto a analizar la situación de una manera objetiva, para mejorar tus chances de ganarte una beca de investigación como a manejar el fracaso, ya que en investigación no es fácil obtener financiación para un trabajo de investigación en el primer intento.

¿De qué se siente más orgulloso? Me siento muy orgullosa de nuestro equipo de investigación en ambos proyectos IMPACTO y PIMS, nuestro equipo trabaja para mejorar los servicios, tratamientos e identificar marcadores biológicos en los niños y adolescentes al riesgo de suicidio.

¿Qué significa ser hispano o latino para usted? Para mi significa ser parte de una familia y cultura que valora la conexión humana, la empatía y nuestras raíces. Creo que es importante compartir y preservar nuestras tradiciones culturales.

¿Qué le aconsejaría a un estudiante o residente hispano o latino que acabe de comenzar su carrera? Ustedes son la generación del futuro, nos tienen que ayudad a empujar este campo hacia adelante, aprendan de todo y de todos un poco y cuando finalmente decidan que quieren hacer, inténtelo 100%. Hagan muchas preguntas, no le de miedo cuestionar paradigmas viejos, deje que su opinión y su voz sea escuchada, deje que sus pensamientos sean parte de la conversación. Su opinión es importante al igual que es muy importante compartirla.

¿Díganos algo importante que haya aprendido de trabajar con pacientes hispanos y latinos? He aprendido que trabajar con pacientes hispanos es muy satisfactorio. Es muy importante conectar con ellos emocionalmente, es importante conectar con su familia (la cual probablemente traerán a la cita). Algunas veces puede que tengan problemas superando las barreras del estigma y hacer psicoeducación para tratar la enfermedad mental como cualquier otra enfermad.

¿Qué papel (positivo o negativo) ha jugado en su carrera el hecho de ser hispano o latino? Ser Hispano le da una identidad única, también una perspectiva muy especial de nuestra cultura. Creo que ser hispana a jugado un papel importante y positivo en mi carrera tanto como médico al igual que como psiquiatra. He participado en muchos comités de grupos étnicos minoritarios, en comités que promueven la igualad y tienden a mejorar el acceso de servicios de Salud en Estados Unidos. También me ha ayudado a mirar a otros grupos étnicos con un lente similar al nuestro y así ayudarme a entender y apreciar que todos tenemos similitudes y diferencias y a valorar cada opinión.

¿Qué futuro le augura a la psiquiatría hispana? Yo creo que la psiquiatría hispana tiene un buen futuro, si podemos continuar creciendo en nuestro campo, y somos capaces de trabajar juntos para así enriquecer cada uno con nuestras diferencias y de esta manera poder mover nuestro campo hacia el futuro.

¿Cuál ha sido el mayor obstáculo de su carrera y cómo consiguió superarlo? El obstáculo más difícil fue obtener mi primera financiación para investigar. Tuve que aplicar 7 veces. La verdad hay que aprender a desarrollar una "piel gruesa" para aprender de nuestros errores y de las críticas. Hay que persistir, sin rendirse, es la única manera de sobrepasar cualquier obstáculo. Rodearse de gente positiva y conseguir un buen mentor, en el que se pueda confiar, sin olvidarse de escuchar otras opiniones valiosas de personas ayudan a aceptar los retos que la carrera nos pone adelante.

¿Cuál es en su opinión el mayor reto de la psiquiatría? Mejorar nuestro entendimiento de los cambios biológicos que se presentan en las diferentes enfermedades psiquiátricas, entonces podemos desarrollar tratamientos más efectivos que puedan alterar el curso de las enfermedades mentales.

¿Cuáles son los cambios más necesarios en la psiquiatría? Mejorar el acceso a los servicios de salud mental para todos. Algunos pacientes no pueden acceder a servicios de psiquiatría o psicoterapia porque no tienen seguro, o su seguro no lo cubre. Aumentar la investigación para prevenir suicidio en todas las edades y las razas. Reconocer los cambios neurológicos tempranos en el cerebro, que aparecen hasta 10 años antes de los síntomas psiquiátricos, de esta manera podemos hacer un impacto en el curso de la enfermedad. Desarrollar marcadores biológicos en todas las enfermedades psiquiátricas.

QUIJOTES DE LA PSIQUIATRIA

FRANCISCO FERNANDEZ

El Dr. Francisco "Frank" Fernandez es profesor de Psiquiatría en la Universidad de Texas, Valle del Rio Grande (UTRGV) en Estados Unidos. Se graduó en la escuela de medicina de la Universidad de Tufts, Somerville, Massachusetts.

Fue presidente del Departamento de Psiquiatría y Neurociencias en la Facultad de Medicina de la Universidad del Sur de Florida (USF) en Tampa. También fue profesor en el Departamento de Salud comunitaria y Familiar de la USF.

El Dr. Fernández se convirtió en decano en mayo de 2014, y fue posteriormente fue nombrado profesor de psiquiatría en el Departamento de Psiquiatría, Neurología y Neurociencias de UTRGV al año siguiente donde ejerce hasta la fecha.

Ha centrado su investigación en la psiquiatría de enlace y especialmente en el estudio de las complicaciones psiquiátricas de las enfermedades médicas, la psicofarmacología y los trastornos cognitivos.

En 2007, el Dr. Fernandez recibió el premio Simon Bolívar, otorgado por la Asociación de Psiquiatría Americana por su trabajo en Depresión en Hombres latinos y en pacientes sufriendo de infección por VIH.

Dr. Fernandez ha sido muy activo en la educación de estudiantes de Medicina y residentes. Ha servido en la comisión de PRIDE una organización que se encarga de la evaluación de los residentes y estudiantes de psiquiatría.

En 2010 recibió el premio Bowis por su servicio y dedicación al Colegio Americano de Psiquiatras (ACP).

En el 2015 recibió el premio del Médico del año, por la Asociación Nacional de Médicos Hispanos (NHMA). Recientemente se ha dedicado al estudio de las desigualdades en la prestación de los servicios de salud, especialmente en poblaciones latinas/hispanas, y en el diseño de servicios de salud integral, a poblaciones y a la evaluación de la atención en salud, principalmente en la relación costo/beneficio.

Por su dedicación y entrega a la promoción y tutoría de jóvenes médicos y residentes, el Dr. Fernández, fue elegido en la Junta Directiva de la Asociación Nacional de Médicos Hispanos (NHMA).

DAVID FRAGUAS

Soy natural de Madrid, ciudad en la que ahora vivo. Pasé una temporada de mi vida en La Mancha. Estudié medicina y me especialicé en psiquiatría. Desde la adolescencia me han interesado las humanidades, sobre todo la literatura, la filosofía y la historia.

He escrito algunos poemas y he ganado algunos premios literarios, entre los que destaca el Premio de Poesía Miguel Hernández 2008, por el libro La importancia de las horas. He dedicado un par de décadas al estudio del Quijote, como obra literaria y como campo o muestra del pensamiento renacentista en España. Sobre este último tema realicé mi tesis doctoral, titulada La psicoterapia en el Quijote, defendida en 2014 en la Universidad Complutense de Madrid (calificación sobresaliente cum laude) y publicada en forma adaptada con el título Cervantes y la psicoterapia (premio internacional «Academia del Hispanismo» de Investigación Científica y Crítica sobre Literatura Española 2015). Actualmente soy jefe de sección de psiquiatría en el Centro de Salud Mental "Centro" (perteneciente al Hospital Clínico San Carlos, Madrid), investigador del CIBERSAM (red nacional española de investigación en psiquiatría y salud mental) y profesor asociado en la Facultad de Medicina de la Universidad Complutense de Madrid.

QUIJOTES DE LA PSIQUIATRIA

¿Cómo decidió hacerse psiquiatra? Desde la adolescencia me han interesado mucho las ciencias naturales y las humanidades. La psiquiatría se ubica en la encrucijada entre ambas. En esta situación híbrida y fronteriza reside su grandeza y su condena. Algo que entronca con la condición humana, la tragedia del hombre, el enigma de la mente y de sus extravíos. Supongo que todo ello influyó en mi decisión de hacerme psiquiatra.

¿Cuáles han sido sus principales fuentes de inspiración? Las primeras fuentes de inspiración han sido mis padres, su trabajo, su constancia, su confianza en mí y su apoyo en mis decisiones. Hay muchas otras fuentes de inspiración, pero debo mencionar especialmente a Cervantes. Cervantes ha sido un autor decisivo en mi vida, como escritor del Quijote y como narrador de los primeros y mejores ejemplos de la medicina mental renacentista. El Quijote es una historia de viajes y aventuras, de amor y amistad, de triunfos y derrotas. Una historia de personas que sueñan con vidas mejores, que anhelan conquistar un paraíso perdido, ocupar un lugar en el mundo que enaltezca su nombre. Una historia de personas que cuidan de personas, que utilizan la palabra como bálsamo y consuelo del malestar. El Quijote es, por tanto, la historia de un sueño universal, presente y atávico. Una historia con un profundo y vivo espíritu psicoterapéutico, que contiene destacados ejemplos de medicina mental y de curación por la palabra. Casos de curación por la acción mágica de la palabra, como el ensalmo necesario para la elaboración del bálsamo de Fierabrás; numerosos ejemplos en los que la palabra ejerce su función curativa por su acción psicológica; muestras de la función psicoterapéutica de los relatos que conforman la urdimbre del Quijote; ejemplos del uso del teatro como remedio psicoterapéutico, como ocurre en el escrutinio de la biblioteca de Don Quijote, en el teatro del cura, el barbero y la princesa Micomicona, o en las comedias del Caballero del Bosque y de la Blanca Luna; y también hermosos y decisivos ejemplos del uso psicoterapéutico de la ironía —apertura poética hacia nuevas formas de entender o vivir la realidad—, como el diálogo entre Don Quijote y Sancho a propósito de la entrega de carta a Dulcinea o la aventura del encantamiento de Dulcinea. La psiquiatría, sobre todo desde finales del siglo XIX y principios del XX, tiene una deuda impagable con la obra cervantina.

¿De qué se siente más orgulloso? Estoy orgulloso de mi compromiso con una psiquiatría que acepta la diferencia y la disidencia de pensamiento, una psiquiatría que reivindica como cuerpo de conocimiento imprescindible tanto a las neurociencias como a las humanidades. Desde este punto de vista, la psiquiatría no puede, y creo que nunca podrá, escapar de las tensiones de las diferentes escuelas, más o menos ideológicas y más o menos politizadas, que la informan, la atraviesan y la condicionan. Lo importante, y esto lo enseña Cervantes, es aceptar la diferencia, y promover la convivencia y el diálogo entre los que no piensan igual, sin pretender alcanzar un consenso ni anular la voz del otro. Ello no debe suponer un impedimento para la expresión de cada opinión de una forma fundamentada; ni debe forzar la aceptación, como medida de compromiso, de las posiciones contrarias o discrepantes. Al contrario, la psiquiatría que defiendo se asienta sobre tres pilares: el rigor de la investigación científica, el respeto por el estudio de los textos clásicos y la escucha y el cuidado de la persona con padecimiento mental.

¿Qué significa ser hispano o latino para usted? Soy español y he vivido y vivo en España. El español es mi lengua materna y la que hablo diario. Ser hispano es algo inherente a mi origen, a mi cultura y a mi vida. Supongo que por ello no puedo responder a esta pregunta sin declarar mi incapacidad para pensarme o imaginarme no hispano.

¿Qué le aconsejaría a un estudiante o residente hispano o latino que acabe de comenzar su carrera? El ejercicio de la psiquiatría, el buen ejercicio de la psiquiatría, como de cualquier otra disciplina basada en el trato con las personas, exige, y aquí parafraseo al psicólogo José María Álvarez, la presencia de tres factores: conocimiento teórico, pericia clínica y compromiso ético. Mi recomendación al residente que comienza es que no olvide esto, que lo tenga siempre presente: que estudie mucho (tanto los clásicos y como las últimas novedades), que dedique muchas horas a la asistencia clínica y que actúe siempre, como basamento y como horizonte de su trabajo, guiado por el bien de la persona a la que trata, el de sus familiares y allegados y el de la sociedad en su conjunto.

¿Díganos algo importante que haya aprendido de trabajar con pacientes hispanos y latinos? He trabajado toda mi vida en España, por lo que no puedo valorar esta cuestión desde una posición que me permita comparar.

¿Qué papel (positivo o negativo) ha jugado en su carrera el hecho de ser hispano o latino? He desarrollado mi carrera profesional en España, por lo que no soy capaz de valorar adecuadamente esta cuestión. Puedo decir que no he sentido que proceder de España haya supuesto un problema en mis actividades profesionales fuera de España (como cursos o ponencias en congresos internacionales).

QUIJOTES DE LA PSIQUIATRIA

¿Qué futuro le augura a la psiquiatría hispana? Mi trayectoria profesional me impide mirar esta cuestión una perspectiva adecuada. En este mundo globalizado la condición étnica o cultural no debería suponer un obstáculo ni una ventaja para el desarrollo profesional. Defiendo el reconocimiento, desde el respecto y la comprensión, de los valores diferenciales personales, sociales y culturales. Por ello, no creo que deba existir una "psiquiatría hispana" sino una psiquiatría que escuche, respete y tenga en cuenta las características étnicas, biográficas y culturales de cada persona y cada grupo.

¿Cuál ha sido el mayor obstáculo de su carrera y cómo consiguió superarlo? El mayor obstáculo de mi carrera ha sido, es y, si no lo remediamos (y no parece que lo estemos logrando), será, la ingente burocracia que anega la actividad profesional.

¿Cuál es en su opinión el mayor reto de la psiquiatría? El mayor reto de la psiquiatría es el mismo que arrastra desde su fundación en el siglo XIX: su propia definición, su identidad. El nacimiento de la psiquiatría en el siglo XIX fue posible gracias al espacio conquistado por la medicina mental en el Renacimiento. Pero su mismo origen estuvo marcado por su mayor amenaza: la pérdida de identidad; ¿cuál es el ámbito de conocimiento de la psiquiatría? ¿cuáles son sus límites? ¿dónde comienza aquello que ya no puede ser considerado psiquiatría? ¿puede la psiquiatría no ser una especialidad médica? ¿qué papel desempeña el psiquiatra en la nueva medicina mental del siglo XXI (medicina mental que en muchos casos reniega de su origen médico)? Defiendo que la psiquiatría debe reafirmar su posición como especialidad médica, como medicina mental, sin renunciar por ello al estudio de disciplinas hermanas y afines (como la psicología, el psicoanálisis, la antropología, la sociología, la filosofía, la mitología, la religión o la historia) que no forman parte de la psiquiatría, pero cuyo conocimiento es necesario para el desarrollo, la comprensión y la aplicación del saber psiquiátrico. .La psiquiatría debe también definir sin complejos su marco de conocimiento, que está formado por las neurociencias clínicas y la psicopatología (podríamos considerar que la psicopatología constituye una declinación clínica de las neurociencias). Esta reivindicación incluye la necesaria defensa de la investigación etiológica de los trastornos mentales, sin que la identificación de la etología específica de un trastorno o síndrome mental suponga la salida de ese trastorno o síndrome del marco de la psiquiatría.

QUIJOTES DE LA PSIQUIATRIA

¿Cuáles son los cambios más necesarios en la psiquiatría? La pregunta anterior sirve de introducción a esta respuesta. Creo que la psiquiatría debe afrontar tres importantes cambios en los próximos años:

1) Mirar hacia el pasado, es decir, no olvidar sus orígenes, recuperar la tradición psicopatológica clásica, leer y estudiar a los autores del siglo XIX y principios y mediados del XX, leer y estudiar obras de las disciplinas afines y hermanas, promover un pensamiento humanista y crítico, dentro de la amplia y rica tradición de las humanidades médicas.

2) Mirar hacia el presente, es decir, situar a la persona con padecimiento mental, a los pacientes y a sus familiares y allegados, como punto de partida y como destino del estudio y de la práctica clínica. Ello exige escuchar sus preocupaciones, las clínicas y las que están más allá de lo meramente psicopatológico, atender a los factores sociales y biográficos, situar a las personas en una trayectoria espacial y temporal. Por supuesto, ello no es ajeno al ejercicio de la medicina, que incluye la escucha, el alivio, el cuidado y el consuelo entre las formas de asistencia médica. Pero conviene tenerlo siempre presente.

3) Mirar hacia el futuro, es decir, apostar por una medicina personalizada y porque la psiquiatría ocupe un lugar preferente entre las neurociencias. Mirar al futuro exige estudiar genética, profundizar en el conocimiento de la neurofisiología y la neuroanatomía, investigat antiguas y nuevas opciones farmacológicas y otros tratamientos biológicos. Pero exige también estudiar con rigor las distintas opciones psicoterapéuticas y defender el uso de las que resulten efectivas y eficientes. Y por supuesto exige estar al día de las nuevas tendencias de pensamiento de las disciplinas afines, de las nuevas vertientes de los humanismos.

QUIJOTES DE LA PSIQUIATRIA

ROXANA GALENO

Nací en San Rafael, al sur de la provincia de Mendoza. Mi niñez se desarrolló en una familia con 4 hermanos y un papá médico con un gran reconocimiento social y rodeado del cariño de sus pacientes. Desde muy chica caminé los pasillos de la clínica fundada por él, entre guardapolvos blancos. La resolución de los desafíos cotidianos del ámbito de la salud fueron las conversaciones de nuestra mesa.

A los 17 años fui a estudiar medicina a la ciudad de Mendoza (a 270 km de distancia) en una época donde no existía internet y las comunicaciones telefónicas eran costosas y por lo tanto escasas. Pasé de un ambiente de mucha protección a tener que solucionar sola mis problemas diarios, siendo una gran posibilidad de crecimiento y aprendizaje.

Durante la carrera comenzó en Argentina el gobierno democrático por lo que pudimos participar en el cambio de paradigmas donde pasamos del autoritarismo a la posibilidad de elegir y hacerse cargo de las consecuencias de las propias elecciones. Participé en la formación y crecimiento de un movimiento estudiantil democrático que me enseñó sobre historia, derechos y a darme cuenta de que cada persona es la protagonista de su propia vida.

A los 24 años me gradué como médica, y a los dos meses estaba comenzando mi especialización en pediatría. Mecasé con mi novio-compañero de estudios y militancia universitaria. Tuvimos nuestra primera hija Melisa (actualmente arquitecta). Desde ese momento hasta la actualidad, el gran desafío siempre fue y es ser buena madre y profesional. Ambas cosas a la vez no resultaron tarea sencilla; estaba convencida que ambos roles los quería desempeñar con el mayor nivel de excelencia posible. Fui jefa de residentes y nació mi segunda hija Ailén (actualmente en los últimos pasos de psicología). El director del hospital y los residentes me eligieron instructora de residentes y durante ese período me dediqué a ser mamá y a la vez estudiar e investigar sobre el cerebro y sus conexiones neuronales vinculados a las conductas y emociones de nuestros pacientes a través de Tomografía por emisión de positrones (PET). Estas fueron las primeras investigaciones de Argentina con PET, en la Escuela de Medicina Nuclear de Mendoza (FUESMEN).

Trabajé como docente de Medicina en la Universidad del Aconcagua y fundé un Instituto llamado Neurociencias donde realizamos múltiples investigaciones psicofarmacológicas y colaboramos en estudios epidemiológicos de psiquiatría. A la vez comenzamos con el primer Estimulador Magnético Transcraneal (TMS) de Argentina y en el año 2012 me integré al equipo de profesionales de Neuromed Argentina liderando la unidad de TMS. Siempre con la curiosidad y el apasionamiento por el conocimiento del cerebro comencé a estudiar el vínculo entre los circuitos neuronales y el sobrepeso y la obesidad. Organizamos un equipo de trabajo para el descenso de peso teniendo en cuenta el conocimiento neurocientífico y actualmente coordino este equipo de profesionales con gran éxito terapéutico. ¡Ser innovadora es un camino de grandes desafíos como profesional y como mujer… también un camino de motivación y autosuperación increíble!

¿Cómo decidió hacerse psiquiatra? Mi primera especialización fue la pediatría y en ese ámbito comencé a observar que las respuestas de los niños frente a la enfermedad dependían en gran medida de los estados emocionales de la madre (incluida la respuesta a los medicamentos). Comenzó una gran curiosidad por el conocimiento de la mente en la relación madre-hijo. Este conocimiento tuvo como consecuencia decidir realizar mi segunda especialidad: psiquiatría, de la cual me enamoré.

¿Cuáles han sido sus principales fuentes de inspiración? Mi principal fuente de inspiración siempre ha sido y son los pacientes: el gran interés por entenderlos y acompañarlos. Luego el advenimiento de las neuroimágenes y los apasionantes descubrimientos sobre el funcionamiento neuronal y su vínculo con las emociones y conductas de las personas me dió la posibilidad de entender desde otra perspectiva lo que les sucede a las personas frente a diferentes situaciones. Finalmente, diferentes profesores de Buenos Aires y de varios lugares del mundo, los encuentros en congresos, los cursos de especialización fueron estimulándome en la constante búsqueda de nuevos conocimientos.

¿De qué se siente más orgulloso? De haber podido llevar con éxito mi desarrollo profesional y mi desarrollo como mamá de dos hermosas hijas; además de ser pionera en el medio en el que me desarrollo de la implementación de tratamientos innovadores.

¿Qué significa ser hispano o latino para usted? Significa un gran desafío frente a la posibilidad de producción científica y a la vez una gran oportunidad de crecimiento y desarrollo con una excelente calidad de vida donde la ciencia, el estudio, el desarrollo profesional, la familia y los amigos confluyen en un armonioso equilibrio

¿Qué le aconsejaría a un estudiante o residente hispano o latino que acabe de comenzar su carrera? Que se apasione por lo que hace, que se comprometa con sus valores y con sus pacientes y que nunca deje de capacitarse y aprender

¿Díganos algo importante que haya aprendido de trabajar con pacientes hispanos y latinos? Escuchando a mis pacientes he aprendido sobre la esencia del ser humano, cada uno de ellos siempre son un gran enigma y un enorme desafío. A la vez, el tiempo y el esfuerzo dedicado ha sido devuelto exponencialmente en reconocimiento, agradecimiento y cariño.

¿Qué papel (positivo o negativo) ha jugado en su carrera el hecho de ser hispano o latino? Me ha dado la posibilidad de ser una de las psiquiatras pioneras en neuroimágenes y también en investigación en psicofarmacología. Fui la primer psiquiatra Argentina en trabajar en Estimulación Magnética Transcraneal y actualmente en especializarme en tratamientos para el sobrepeso y la obesidad desde el enfoque neurocientífico conformando un excelente equipo de trabajo transdisciplinario. La desventaja es que la escasez de recursos ha demandado un gran esfuerzo con bastante inversión de tiempo y dinero. Siempre la recompensa es la gratificación del bienestar de las personas a las que asisto y la magnífica experiencia de trabajar con equipos de profesionales competentes.

¿Qué futuro le augura a la psiquiatría hispana? Un gran futuro de crecimiento y desarrollo. Las nuevas modalidades de comunicación traen como consecuencia que el conocimiento llegue a todos los rincones de nuestra Latinoamérica.

¿Cuál ha sido el mayor obstáculo de su carrera y cómo consiguió superarlo? El mayor obstáculo de mi Carrera ha sido la dura crítica de colegas locales a la innovación en Mendoza y Argentina con una fuerte resistencia a la incorporación de nuevos paradigmas. El modo de superarlo fué no perder de vista nunca mi verdadero objetivo: aprender e innovar para ayudar a nuestros pacientes y poder brindar algo de alivio a su dolor. Siempre he tenido en mente y me he repetido una y mil veces la frase de Don Quijote "Ladran Sancho, señal que cabalgamos". Don Quijote me ha dado fuerzas y empuje en aquellos momentos en los que la angustia y los sentimientos de injusticia me embargaron.

¿Cuál es en su opinión el mayor reto de la psiquiatría? La redefinición de las enfermedades mentales a la luz de los conocimientos neurocientíficos como el genoma humano, el conectoma y los avances neuroquímicos.

¿Cuáles son los cambios más necesarios en la psiquiatría? La apertura y enseñanza de los nuevos paradigmas de la mano del avance de los conocimientos neurocientíficos y la tecnología. Tener la capacidad de incorporar la tecnología al servicio de los pacientes, de la ciencia y del conocimiento.

QUIJOTES DE LA PSIQUIATRIA

JUAN GALLEGO

Dr. Gallego es actualmente Profesor Asistente de Psiquiatría en la Escuela de Medicina Zucker en Hofstra/Northwell y Director del Laboratorio que busca marcadores biológicos de esquizofrenia en etapas tempranas, en el Hospital Zucker Hillside, el principal hospital psiquiátrico para el sistema de Salud Northwell en el área de Nueva York.

El Dr. Gallego recibió su título de médico de la Universidad CES en Medellín, Colombia, completó su formación de residencia en psiquiatría en SUNY Downstate Medical Center en Brooklyn y realizo estudios de investigación en el Hospital Zucker Hillside bajo la dirección de Anil K Malhotra, MD, Delbert Robinson, MD y John M. Kane, MD. Además, completó una maestría en métodos de investigación clínica en el Albert Einstein College of Medicine en Nueva York.

Ha recibió fondos del Instituto Nacional de Salud Mental (K23) y de la Fundación de Investigación del cerebro y el comportamiento. Además, durante los últimos 12 años acumuló una experiencia significativa en la realización de ensayos clínicos controlados aleatorios en pacientes con esquizofrenia durante el primer episodio psicótico, trabajando estrechamente con Delbert Robinson, MD, uno de los investigadores de ensayos clínicos más experimentados en el campo de la esquizofrenia de inicio temprano.

El Dr. Gallego ha publicado manuscritos en revistas de alto impacto y continúa siendo miembro activo en sociedades de investigación como el Colegio Americano de la Sociedad de Neuropsicofarmacología, la Sociedad de Psiquiatría Biológica, la Sociedad Internacional de Investigación de la

QUIJOTES DE LA PSIQUIATRIA

Esquizofrenia y la Sociedad Americana de Psiquiatría Hispana. Es el actual presidente electo de la Sociedad Americana de Psiquiatría Hispana.

¿Cómo decidió hacerse psiquiatra? Vine a los Estados Unidos con el objetivo de convertirme en un psiquiatra multifacético con intereses en la investigación, la enseñanza y la práctica clínica. Estaba particularmente entusiasmado con la práctica en Nueva York dado el entorno multicultural. Me encantaron las rotaciones de psiquiatría en mi escuela de medicina. Eran tan únicos y diferentes en comparación con todas las demás rotaciones en la medicina.

¿Cuáles han sido sus principales fuentes de inspiración? Mis padres. Trabajaron duro y nos dieron la oportunidad de estudiar y tener éxito. ¡A ellos les toco mucho más difícil que a mí!

¿De qué se siente más orgulloso? Estoy muy orgulloso de ser capaz de tener una carrera en investigación, conseguir apoyo para investigar y publicar en revistas científicas. Es un campo muy difícil y requiere muchas habilidades diferentes que no son tradicionalmente enseñadas durante la residencia.

¿Qué significa ser Hispano o Latino para usted? Ser latino es ser resistente, seguir avanzando a pesar de las dificultades y limitaciones, ser fuerte cuando todo se está derrumbando alrededor.

¿Qué le aconsejaría a un estudiante o residente hispano o latino que acabe de comenzar su carrera? Aunque es importante mezclarse y ser amigos con otros latinos en el trabajo, es muy importante fusionarse con los no latinos para que aprendas de ellos y aprecies y entiendas sus puntos de vista sobre los latinos. Es más fácil ayudar a la población latina cuando se integra con otras culturas, ya que hay más recursos y oportunidades.

¿Díganos algo importante que haya aprendido de trabajar con pacientes hispanos y latinos? La familia es la llave que abre todas las puertas. Sería difícil tratar a alguien sin tener a la familia involucrada.

¿Qué papel (positivo o negativo) ha jugado en su carrera el hecho de ser hispano o latino? No he encontrado en mi carrera ninguna dificultad por ser latino, excepto por ponerme al día con los matices del idioma inglés cuando empecé la residencia. Por otro lado, he podido ayudar a aquellos pacientes latinos que no hablaban inglés y pude ayudar a otros profesionales de la salud mental en el tratamiento de sus pacientes latinos. En mi carrera de investigación, tuve la oportunidad de solicitar y obtener recursos que estaban orientados a los investigadores de minorías. Además, dado el pequeño número de investigadores hispanos actuales, la mayoría de las asociaciones científicas e incluso el Instituto Nacional de Salud de los Estados Unidos han estado tratando de aumentar el número de hispanos (entre otros grupos diversos) en propuestas de panel, solicitudes de subvenciones, etc. Por lo tanto, deberíamos aprovechar estas oportunidades en este momento crucial.

¿Cuál ha sido el mayor obstáculo de su carrera y cómo consiguió superarlo? Mi mayor obstáculo siempre ha sido conmigo mismo. Creer que nosotros, como latinos, no podemos ser tan inteligentes o merecer el éxito en comparación con los caucásicos. Hemos sido educados para ser fuertes, pero también para ser humildes y de bajo perfil, y esto puede estar relacionado con nuestro pasado colonial. Los estadounidenses y los europeos hablan más libremente de sus ambiciones y sueños sin ser necesariamente narcisistas. Esto es algo que podemos aprender de ellos

¿Qué futuro le augura a la psiquiatría hispana? ¡Tendremos mucho trabajo! La población hispana se está expandiendo y el número de profesionales de la salud hispanos todavía está lejos de ser adecuado para cuidar de los pacientes hispanos. Por otro lado, ha llegado el momento de impulsar leyes que beneficien la salud mental de nuestra población hispana abordando las brechas y barreras que afectan el acceso al tratamiento psiquiátrico.

Bien predica quien bien vive

Don Quijote de la Mancha

QUIJOTES DE LA PSIQUIATRIA

BYRON GARCÍA

Byron García, MD, es un psiquiatra de niños y adolescentes que se especializa en el tratamiento de adolescentes y adultos jóvenes con trastornos afectivos, ansiedad, trastorno obsesivo-compulsivo, personalidad limítrofe y déficit de atención e impulsividad.

El Dr. García es director médico del "3East Boys Intensive Program" y la residencia de transición 3East Cambridge, el Hospital McLean, y es desde hace 13 años, instructor clínico en la Facultad de Medicina de Harvard. Ha participado en eventos nacionales e internacionales como conferencista experto en el tratamiento de niños con patologías comórbidas

El Dr. García es experto en psicofarmacología, con mas de 23 años de experiencia. Ha participado en investigación clínica, dedicándose a buscar los factores que pudieran predecir el inicio de trastornos afectivos en niños.

Despues de cursar sus estudios de medicina en la Universidad Pontificia Bolivariana, Colombia., el Dr. García culmino su residencia en psiquiatría general, infantil y de adolescentes en el Western Psychiatric Institute and Clinic, Universidad de Pittsburgh, UPMC.

¿Por qué vino usted a los Estados Unidos? Yo nací en la ciudad de Nueva York, mis padres son colombianos. Ellos siempre me animaron a que siguiera mis estudios en Estados Unidos después de graduarme como médico.

QUIJOTES DE LA PSIQUIATRIA

¿Por qué decidió convertirse en psiquiatra? Yo tuve una gran influencia del trabajo de Desmond Morris, un zoólogo británico. El escribió varios libros sobre el comportamiento humano. Yo también disfruté mucho mis rotaciones de psiquiatría cuando era un estudiante de medicina. Yo creo que la psiquiatría es la especialidad más intelectual y tiene un enfoque ecléctico y humanista. Incluye el entendimiento de fuerzas sociales, influencia familiar, genética, biológica, psicológica y de aprendizaje. Esa riqueza y combinación de conocimiento hizo que yo decidiera ser psiquiatra.

¿Cuáles han sido sus mayores fuentes de inspiración? Mis abuelos y mis padres me inspiraron con sus enseñanzas, con su apoyo y con su ejemplo. Yo puedo decir con seguridad que los valores que yo aprendí de mi familia tienen aplicación diaria en mi practica como psiquiatra.

¿De qué es lo que se siente más orgulloso? Yo siento mucho orgullo que pude cumplir mi sueño de completar mi residencia en los Estados Unidos y de ser parte de un grupo extraordinario de expertos en mi profesión en el Hospital McLean, de la escuela de medicina de Harvard. También me siento muy orgulloso de tener una vida familiar amoniosa, disfrutando ver a mis hijos crecer y explorar sus propios intereses.

¿Qué significa para usted ser hispano o latino? A nivel personal, me siento afortunado de ser parte de nuestra Cultura, tan diversa, rica y expresiva. Yo amo nuestra historia y nuestras tradiciones. Tenemos los mejores valores: Familia, Amigos y Fé.

¿Qué consejo le daría a los hispanos o latinos empezando sus carreras en este momento? Que se sientan orgullosos de su herencia y cultura. Pero que también sean permeables para aprender y participar en la cultura de los Estados Unidos.

¿Dígame algo importante que haya aprendido de dar tratamiento a hispanos o latinos? Yo aprecio muchísimo como son de amigables y leales. Me conmueve su actitud amable y los pequeños detalles que a veces quieren obsequiarme. En especial que muchos se despiden diciendo: "Que Dios lo bendiga!" Yo sé que muchos de ellos tienen muchos problemas, sociales o financieros. Hay muy pocos psiquiatras que podemos hablar español y me alegra que yo pueda ayudarles.

¿Qué papel (positivo o negativo) tuvo en su carrera que usted sea un psiquiatra Hispano o Latino? Ha sido un gran papel en mi vida, creo que los administradores y mis colegas aprecian que yo puedo ayudar pacientes que otros no pudieran. También es importante establecer algunos límites. Puede ser negativo si al final los administradores crean que usted solo puede ver pacientes Hispanos o Latinos. Yo tengo muchas otras destrezas, experiencia y conocimiento que es aplicable a cualquier tipo de paciente.

¿Qué futuro visualiza usted para la psiquiatría Latina o Hispana? Yo creo que va a tener oportunidades adicionales porque la población Latina o Hispana seguirá creciendo en los Estados Unidos.

¿Cuál ha sido el mayor obstáculo en su carrera y cómo hizo para vencerlo? El obstáculo más difícil fue llegar a los Estados Unidos y tener que trabajar temporalmente en un campo diferente. Mientras tanto yo estudiaba para pasar los exámenes necesarios para iniciar mi residencia. Tuve que enfocarme al máximo para cumplir con mi horario de trabajo y al mismo tiempo estudiar por muchas horas cada día. ¡Todo mi esfuerzo valió la pena!

¿Cuál es el obstáculo mayor hoy en día para la psiquiatría? La práctica de psiquiatría en unidades con pacientes agudos es muy difícil, muchos hospitales no tienen recursos apropiados, los pacientes tienen muchas condiciones psiquiátricas y medicas a la vez.

Además, los seguros aprueban pocos días y es complicado encontrar el sitio adecuado para referirlos después de darles de alta. Después de la pandemia del COVID-19 se va a recomendar usar telemedicina para tratar a los pacientes. Muchos Latinos o Hispanos no están familiarizados y tienen dificultad para usar medios audiovisuales. Algunos prefieren llamadas telefónicas.

¿Cuáles cambios cree usted son más necesarios en la psiquiatría hoy en día? Yo creo que el cambio más necesario es el "mental health parity" (paridad de salud mental). Los seguros debieran considerar las enfermedades mentales igual a las enfermedades físicas y proporcionar igual cobertura. También existe una profunda desigualdad en los servicios psiquiátricos que los Hispanos o Latinos (minorías en general) reciben en comparación con otros grupos.

QUIJOTES DE LA PSIQUIATRIA

MARÍA PAZ GARCÍA

La Doctora Maria Paz García-Portilla es catedrática Vinculada del Área de Psiquiatría de la Universidad de Oviedo y Coordinadora del Centro de Salud Mental de La Ería (Oviedo). Co-IP del grupo 05 del Centro de Investigación Biomédica en Red de Salud Mental (CIBERSAM) de la Universidad de Oviedo y del Grupo de Investigación en Psiquiatría (PsiOvi) del Instituto de Investigación Sanitaria del Principado de Asturias (ISPA).

Investigadora del Instituto de Investigación Sanitaria del ISPA. Investigadora de referencia de la Sociedad Española de Psiquiatría Biológica. Más de 125 artículos publicados en revistas de impacto, nacionales e internacionales, con revisión por pares, con un H-index de 22. Investigadora principal y co- investigadora en distintos proyectos de investigación sobre esquizofrenia y trastorno bipolar con financiación pública competitiva o financiación privada. Tiene reconocidos 3 tramos de Actividad Investigadora por la CNEAI (Mº de Educación, Cultura y Deporte). En los últimos 5 años ha codirigido 9 Tesis Doctorales, de las cuales 2 han recibido premio Extraordinario de Doctorado de la Universidad de Oviedo (CA 2016-2017 y 2018- 2019), 3 han recibido el premio a la Mejor Tesis Doctoral, sección Otras Especialidades, de la Real Academia de Medicina del Principado de Asturias (años 2016, 2017 y 2019) y 1 el premio a la mejor Tesis Clínica del Instituto de Investigación Sanitaria del Principado de Asturias (2019). Codirigiendo2 tesis Doctorales en la actualidad. Miembro de la Sociedad Española de Psiquiatría y de la European Psychiatric Association.

QUIJOTES DE LA PSIQUIATRIA

¿Cómo decidió hacerse psiquiatra? No fue una decisión fácil. Al finalizar la carrera me inclinaba por igual por radiología, bioquímica y psiquiatría. Sin embargo, un curso de extensión universitaria sobre psiquiatría fue lo que inclinó la balanza. La pasión y el entusiasmo que el profesor desprendía hacia la psiquiatría, hizo que encaminase mi futuro hacia la "sin razón". Creo que fue una de las mejores decisiones que tomé en mi vida.

¿Cuáles han sido sus principales fuentes de inspiración? Sin duda la lectura. Leía y sigo leyendo todo lo que cae en mis manos, desde las llamadas revistas del corazón, hasta las revistas científicas, pasando por libros de los temas más diversos. Siempre digo que mis revistas "de cabecera" son el Hola y el Am J Psychiatry. Dos libros, "Locos egregios" del Prof. Juan Antonio Vallejo-Nágera junior y "Los renglones torcidos de Dios" de Torcuato Luca de Tena, fueron el caldo de cultivo de mi curiosidad por la psiquiatría.

¿De qué se siente más orgulloso? De haber sabido entender el valor y aprovechar las oportunidades que se me dieron. Desde aquí quiero agradecer a cuántos confiaron en mí, y me animaron y ayudaron a subir cada peldaño de mi carrera profesional.

¿Qué significa ser hispano o latino para Ud.? Apertura de mente, búsqueda de lo que no tenemos. Como latina estoy orgullosa de mis raíces y de mi cultura, pero también abierta y ávida por incorporar de otras culturas (centroeuropea, nórdica, anglosajona) los aspectos complementarios que enriquecen mi bagaje.

¿Qué le aconsejaría a un estudiante o residente que acaba de comenzar su carrera? Que se lo piense seriamente. Ser médico implica una dedicación e implicación que puede llegar a ser extenuante. Pacientes difíciles, burocracia administrativa y legal, estudio constante, actividad investigadora, …, en fín, un sin parar para el que todas las horas que se puedan "robar" a la vida personal siempre serán insuficientes. Pero, si tras considerarlo seriamente decide continuar la recompensa es mucho mayor que el sacrificio. Disfrutará mucho del oficio.

¿Qué papel ha jugado en su carrera el hecho de ser hispano o latino? Los aspectos positivos han sido comentados en el punto 5. Respecto a los negativos, la barrera del idioma junto con el aislamiento cuando yo me formé de España respecto a Europa, y, sobre todo, al resto del mundo creo que han podido influir negativamente en mi trayectoria profesional.

QUIJOTES DE LA PSIQUIATRIA

¿Qué futuro le augura a la psiquiatría hispana? Como todo proceso en desarrollo, la psiquiatría hispana tiene un gran potencial. Figuras relevantes de la psiquiatría hispana en el mundo anglosajón como los Profesores. Renato Alarcón, Germán Berriós, Luis Gutiérrez-Rojas, Pedro Ruiz, Manuel Trujillo, entre otros, generosamente han dedicado y dedican su tiempo y sus influencias para ayudar y contribuir al desarrollo de los psiquiatras hispanos. Muchas gracias a todos ellos por no olvidarnos.

¿Cuál ha sido el mayor obstáculo de su carrera y cómo consiguió superarlo? Como mujer considero que no he tenido obstáculos en mi desarrollo profesional, habiendo sido considerada por todos los profesionales con los que he trabajado como una persona más, independientemente de mi sexo.

¿Cuál es en su opinión el mayor reto de la psiquiatría? Son muchos los retos a los que se enfrenta la psiquiatría, pero considero que el principal es el llegar a conocer cómo funciona el cerebro del ser humano y nuestra mente. Sólo con ese conocimiento lograremos avanzar en la prevención, detección precoz e intervención sobre los trastornos mentales y del comportamiento. Esto además, contribuirá a combatir el otro gran reto que creo que tiene la Psiquiatría como especialidad médica, los psiquiatras como médicos y nuestros pacientes, que consiste en erradicar el "estigma" asociado a la enfermedad mental.

¿Cuáles son los cambios más necesarios en la psiquiatría? Ser más ambiciosos y exigentes con los resultados que podemos obtener con las intervenciones disponibles. Implicar a los distintos agentes de salud en el abordaje y manejo de las personas con trastornos mentales.

SILVIA GAVIRIA

Médica egresada de la Universidad CES de Medellín, psiquiatra y Magister en Educación Superior en Salud de la Universidad de Antioquia. Profesora de posgrado y pregrado de Psiquiatría de la Facultad de Medicina de la Universidad CES. Conferencista en el ámbito nacional e internacional. Con experiencia profesional en el área de Psiquiatría de la Mujer. Autora de varios artículos publicados en revistas nacionales e internacionales. Coautora y editora de los libros Afrodita y Esculapio "Una Visión Integral de la Medicina de la Mujer". "Climaterio una Visión Integradora" y "Hombres Cuidadores de Vida: masculinidades género sensibles. Ha contribuido con más de 30 capítulos de textos académicos para la enseñanza de la psiquiatría a nivel de pregrado y posgrado.

Fundadora, y directora del posgrado de psiquiatría de la Universidad CES durante el periodo 2008-2018. Distinguida con los galardones: Miembro Honorario de la Asociación Mundial de Psiquiatría por excelente desempeño. Premio a la Excelencia, otorgado por la Asociación Colombiana de Psiquiatría Biológica, Psiquiatra Destacada, concedido por la Asociación Antioqueña de Psiquiatría y Honor al Mérito Femenino otorgado por la Alcaldía de Medellín. Ex presidenta de la Asociación Antioqueña de Psiquiatría. Miembro de la junta de la Asociación Colombiana de Psiquiatría durante el periodo 2012-2014, integrante de la Sección de salud mental de la mujer de la Asociación Mundial de Psiquiatría, exsecretaria general de la Asociación Internacional de Salud Mental de la Mujer. Representante zonal por los Países Bolivarianos ante la WPA, durante los períodos 2014-2017 y

2018-2020. Directora de la sección de la salud mental de las mujeres de la Asociación Psiquiátrica de América Latina, APAL.

Colaboradora de varias revistas internacionales en la revisión de los temas de género. Miembro del comité editor de la revista Archives of Women´s Mental Health. Asesora en salud mental perinatal del Centro Nacer: salud sexual y reproductiva de la Facultad de Medicina de la Universidad de Antioquia. Cofundadora y miembro del Centro de Excelencia de Investigaciones para la Salud Mental de la Universidad CES, CESCISM. Categoría A1 en Colciencias. Fundadora y directora del Congreso Internacional de Medicina y Salud Mental de la Mujer, el cual se celebra en Medellín cada dos años desde 2006.

¿Cómo decidió hacerse psiquiatra? Cuando cursaba la carrera de medicina, tuve la oportunidad de asistir a prácticas tanto en el Hospital Mental de Antioquia, en Medellín, como también evaluar pacientes en la consulta externa del Centro de Salud de la Universidad CES, bajo la supervisión de mis profesores. Experimenté una sensación empática especial, fue un clic, que quedó operando en mi mente y generando una motivación hacia la psiquiatría que creció y me llevó a definirme en este campo de la medicina. Además, porque percibí que, en la práctica, la psiquiatría ofrecía una forma diferente de aproximación al paciente. Me gusta escuchar y sintonizarme en el discurso del paciente, ir más allá de los aspectos biológicos y trascender lo instrumental para situarme en las preocupaciones y angustias que le afectan.

¿Cuáles han sido sus principales fuentes de inspiración? Indiscutiblemente mis profesores y los pacientes. Recuerdo a los docentes que tuve en el pregrado por su amor hacia la psiquiatría, su calidad humana, su trato con el paciente y con los estudiantes, porque nos enseñaron a pensar y a argumentar. En la residencia conté con maestros maravillosos, que enriquecieron mi mirada para optar por la clase de psiquiatra que he querido ser. Los pacientes me inspiraron siempre, y lo reafirme en mi periodo como médica rural, durante tres años. Estuve trabajando con la Orden de San Juan de Dios, en La Ceja. Allí me encargaba de los pacientes psiquiátricos desde la medicina general. Asistía a las actividades organizadas por el jefe de psiquiatría, participaba en los grupos terapéuticos con los pacientes y el personal de salud.

¿De qué se siente más orgulloso? Haber liderado el proyecto de la Especialización en Psiquiatría de la Universidad CES, la Institución en la cual me formé como médica y en la que he sido docente desde el año 1992. Otro aspecto que me genera gran satisfacción es el trabajo por la salud mental de las mujeres en América Latina. Hemos conseguido incluir dicho tópico en la agenda académica de los congresos, tanto nacionales como internacionales. Gracias a un trabajo conjunto de líderes y profesionales que miran la ciencia más allá de las convenciones históricas, y entienden que las mujeres enferman y sanan de manera diferente y tienen otras necesidades. Las brechas que se perciben cuando se analizan los aspectos psicosociales que atañen a las mujeres, ameritan una reflexión y un pensamiento crítico para comprender cómo estas diferencias afectan su salud mental. Como resultado de este interés, nació el Congreso Internacional de Medicina y Salud Mental de la Mujer, se celebra en Medellín, cada dos años con el apoyo de la Universidad CES, respaldo de la WPA y de la International Association for Women´s Mental Health, desde hace 14 años. Convoca a los profesionales que directa o indirectamente se relacionan con la atención en salud mental de las mujeres. Nuestro trabajo integrador desde la Ginecología y Obstetricia y la Psiquiatría, es bastante interesante e innovador. A nivel del programa de interconsultas en el hospital general, de tercer nivel, y en la consulta prenatal en atención primaria, atendemos mujeres con complicaciones obstétricas y con embarazos que cursan sin problemas, respectivamente. Sin embargo, la mayoría se encuentran bajo serias condiciones de estrés. Tienen problemas psicosociales que impactan sobre su calidad de vida. Sabemos que podemos contribuir en un mayor desarrollo del embarazo como también en el bienestar de la madre y el niño, si se detectan a tiempo los problemas psicológicos y psiquiátricos. Afortunadamente hoy en día se empieza a ganar conciencia sobre estos aspectos. La prevención de la enfermedad mental empieza desde la vida intrauterina, y es allí donde la formación de los profesionales debe dirigirse con mayor énfasis. De otro lado, me alegra enormemente haber terminado recientemente la Maestría en Educación Superior en Salud, en la Universidad de Antioquia. Soy docente de corazón y me apasiona trabajar con mis alumnos y aprender de ellos. Espero que mi trabajo en este campo se oriente a la propuesta de un currículo con perspectiva de género para los médicos y otros profesionales de la salud. En la actualidad me desempeño como representante zonal ante la WPA. Considero que este es un logro importante en mi vida profesional, sobre todo porque estos cargos generalmente han sido ocupados por hombres. Lograr estar ahí, permanecer y repetir período ha sido producto de un trabajo intenso. Representar a las mujeres en cargos que hasta entonces han sido ocupados por los hombres es derribar paradigmas e impulsar a otras mujeres para que avancen aún más en sus carreras dentro de las asociaciones científicas y gremiales.

¿Qué significa ser hispano o latino para usted? Ser latino es ser mestizo. La historia de América Latina está inscrita en nuestra sangre, contiene ancestros multiculturales y da cuenta de las batallas que hemos dado por lograr una identidad. La pluralidad que constituye la identidad latina ofrece una gran riqueza. Tenemos grandes desafíos, vivimos en un continente palpitante y en ebullición. La violencia que encarna nuestra historia indiscutiblemente impacta en el bienestar y salud mental de las poblaciones, pero a su vez se constituye en un desafío permanente, y sí que lo es para la psiquiatría.

¿Qué le aconsejaría a un estudiante o residente hispano o latino que acabe de comenzar su carrera? Que se preocupe por las realidades del contexto latinoamericano. Que sean transformadores desde su quehacer en el día a día, que no se conformen con lo que hay y que construyan con paciencia, porque los cambios no se dan de la noche a la mañana.

¿Díganos algo importante que haya aprendido de trabajar con pacientes hispanos y latinos? Vivo en Colombia y trabajo con población local, pero he tenido la oportunidad de atender a extranjeros. Creo que para los latinos es fundamental la relación médico paciente empática, cercana y que se tenga en cuenta lo que es importante para ellos. Me parece que prefieren una atención más flexible. Otro aspecto por destacar es la relevancia de la familia. Ellos suelen llegar a la consulta acompañados de algún miembro de la familia y piden que se les informe lo que está pasando con su salud mental y el tratamiento, etc. Es bastante común la necesidad sentida de involucrar a la familia.

¿Qué papel (positivo o negativo) ha jugado en su carrera el hecho de ser hispano o latino? Ser latina me ha ayudado a abrir puertas porque hay mucho por hacer. A nivel de nuestro país e internacionalmente. Creo que las limitantes están más en nuestra mente que en la realidad. He encontrado gente maravillosa, personas que me han dado la mano y han creído en nuestros proyectos, personas que inspiran, muestran el camino y comparten sueños. Algunos de origen latino, otros no. También hemos tendido puentes con latinos que se encuentran en el extranjero y que son sensibles a las cosas que pasan en nuestro continente. El intercambio académico, las asesorías y el apoyo para la investigación son oportunidades que deben ser bien aprovechadas y trabajar recíprocamente para mejorarlas.

QUIJOTES DE LA PSIQUIATRIA

¿Qué futuro le augura a la psiquiatría hispana? Pienso que tenemos que enaltecer más lo que hacemos para lograr una fuerte identidad de la Psiquiatría Latinoamericana. Recoger todo lo realizado y capitalizar los aportes provenientes de los latinos en función de nuestros pacientes y comunidades. Necesitamos mejorar la atención primaria acorde con nuestra realidad, no siempre lo importando puede llevarse a cabo al pie de la letra, es necesario contextualizar. Pero hay algo que necesitamos urgente, y es volver a una psiquiatría con mejor formación en las ciencias humanas. Hemos asistido a un paradigma biológico en las últimas décadas, muy importante, por cierto, pero hemos dejado de lado las ciencias humanas. Las discusiones de fondo, el pensamiento crítico y reflexivo son indispensables en la formación del psiquiatra.

¿Cuál ha sido el mayor obstáculo de su carrera y cómo consiguió superarlo? Romper con los estereotipos de género. Una psiquiatra como yo, no suele ser convencional. No me gusta obedecer porque sí, sino responder de acuerdo con mis convicciones. Opinar y manifestar mis ideas no siempre ha sido fácil, sobre todo en este medio en el cual los hombres tradicionalmente han tenido el poder.

¿Cuál es en su opinión el mayor reto de la psiquiatría? Lograr el acceso y atención en salud mental de las personas. Tenemos que trabajar para combatir el estigma contra la psiquiatría. Ampliar las coberturas en salud y, sobre todo, desarrollar programas en prevención y promoción. Los psiquiatras y profesionales de la salud mental debemos asesorar los gobiernos en políticas públicas en salud mental.

¿Cuáles son los cambios más necesarios en la psiquiatría? Desde el punto de vista científico, la investigación debe continuar y avanzar en algunos campos como la psiquiatría geriátrica, estamos viviendo un aumento de la esperanza de vida a nivel global y realmente no estamos preparados adecuadamente para este reto y las enfermedades del adulto mayor. La investigación a nivel de la psicofarmacología y tratamientos no invasivos constituyen otro punto interesante, ya que la historia de los psicofármacos es relativamente reciente y aun no contamos con las suficientes moléculas que resuelvan las necesidades de los pacientes. La epigenética cada vez nos enseña más acerca de la necesidad de intervenir en el ambiente. Modificar los factores que contribuyen con la patogenia de la enfermedad mental desde lo psicosocial es mandatorio. Se trata de un trabajo colectivo y multidisciplinario.

QUIJOTES DE LA PSIQUIATRIA

ARLENNE GINESTA

Arlenne Ginesta, M.D., es profesora asistente de psiquiatría en la Universidad de California, Riverside School of Medicine y psiquiatra de niños y adolescentes en el Departamento de Salud Mental del Condado de Riverside.

La Dra. Ginesta está certificada por la Asociación Americana de Psiquiatría y Neurología en psiquiatría general y psiquiatría infantil. Nació y creció en San Diego, California, donde realizo estudios premédicos en la Universidad Estatal de San Diego. Estudió medicina en la Escuela de Medicina Xochicalco en Tijuana, México, y posteriormente en el New York Medical College en Valhalla, Nueva York.

La doctora Ginesta hizo la residencia de psiquiatría en Metrohealth Medical Center in Cleveland, Ohio. Luego se subespecializó en psiquiatría de niños en Yale Child Study Center in New Haven, Connecticut donde también ocupo cargos de liderazgo entre los residentes.

La doctora Ginesta ha dado múltiples charlas sobre ansiedad, trauma, y salud mental en general. También es una experta en el desarrollo, interacciones entre padres e hijos, apego, y terapia de mentalización.

¿Cómo decidió hacerse psiquiatra? Siempre me han interesado las humanidades y la ciencia. La fusión de estas dos es la psiquiatría.

QUIJOTES DE LA PSIQUIATRIA

¿Cuáles han sido sus principales fuentes de inspiración? Intelectuales del pasado como Lou Andreas-Salome, quien integro varias disciplinas humanísticas en su trabajo, y cuyo trabajo inspiro las obras de otros intelectuales.

¿De qué se siente mas orgulloso? El poder brindar cuidado psiquiátrico de calidad a mis pacientes.

¿Qué significa ser hispano o latino para usted? Para mí el ser hispano es aquel cuya lengua materna es el castellano.

¿Qué le aconsejaría a un estudiante o residente hispano o latino que acaba de comenzar su carrera? Hay que ver a cada paciente como caso único. Cada paciente viste varias capas distintas y multidimensionales. Hay que tomar en cuenta la historia personal, familiar y colectiva del paciente. Esto es de suma importancia para brindar tratamiento de calidad.

¿Díganos algo importante que haya aprendido de trabajar con pacientes hispanos? Por lo general el paciente hispano tiende a ser agradecido y cálido. Es un placer atender a pacientes hispanos.

¿Qué papel (positivo o negativo) ha jugado en su Carrera el hecho de ser hispano o latino? El dominar la lengua castellana ha sido de gran beneficio en mi Carrera, pues gran parte de mis pacientes hispanos son monolingüe. Adicionalmente el compartir la misma lengua materna, y por ende la misma cultura, conlleva a un entendimiento más profundo entre paciente y médico.

¿Qué futuro le augura la psiquiatría hispana? Mientras el estigma de los trastornos mentales siga disminuyendo mundialmente, el futuro de la psiquiatría hispana es Bueno.

¿Cuál ha sido el mayor obstáculo de su Carrera y como consiguió superarlo? El ser testigo de la violencia que vivían los habitantes y pacientes de la ciudad de Tijuana, México durante mis primeros años de Carrera de medicina, se presentó por un tiempo como el mayor obstáculo en mi carrera. Logré superar esto al tomar esa experiencia como un evento de aprendizaje, donde aprendí a siempre estar al tanto y tomar en cuenta la experiencia personal y colectiva de cada paciente, así como de la Sociedad de la que proviene.

QUIJOTES DE LA PSIQUIATRIA

¿Cuál es en su opinión es el mayor reto de la psiquiatría? La economía muchas veces va adelante de la ciencia. Y este es el caso de la psiquiatría. Como psiquiatras tenemos que saber diferenciar entre la mercadotecnia y los tratamientos basados en evidencia científica. Este es el reto mayor que existe en la psiquiatría moderna.

¿Cuáles son los cambios más necesarios en la psiquiatría? En este momento tenemos que formar psiquiatras que integren tratamientos basados en evidencia científica, que tengan un sólido conocimiento y razonamiento de la medicina, y que sean conocedores de diversas ramas de las humanidades. Esto es necesario para solidificar el futuro y credibilidad de la psiquiatría.

QUIJOTES DE LA PSIQUIATRIA

CARLOS GÓMEZ

Médico Psiquiatra y Psiquiatra de Enlace, Psicoanalista. Magister en Epidemiología Clínica Doctor en Salud Pública. Decano de la Facultad de Medicina. Profesor Titular del Departamento de Epidemiología Clínica y Bioestadística. Exdirector del Departamento de Psiquiatría y Salud mental. Ex Director de la Maestría de Epidemiología Clínica. Editor de revistas en ciencias de la salud. Exdirector Revista Colombiana de Psiquiatría. Director Revista Colombiana de Psicoanálisis. Presidente de LatinCLEN (Red latinoamericana de Epidemiología Clínica). Director del RAB - INCLEN (Comité Científico del International Clinical Epidemiology Network-INCLEN). Médico Psiquiatra Hospital Universitario San Ignacio. Editor de libros en Epidemiología Clínica y en Psiquiatría Clínica. Áreas de interés: Trastornos afectivos: depresión, trastorno bipolar y suicidio, Psiquiatría de enlace, Guías de práctica clínica: metodología, difusión e implementación, metodología de investigación (estudios observacionales analíticos, métodos cualitativos, encuestas nacionales) y redes de investigación.

¿Qué le hizo emigrar a los Estados Unidos? En los años 90 migre a Estados Unidos, con fin de estudiar epidemiología clínica y tener profundizaciones en algunas áreas cognitivo comportamental y otras que no existían en el país. Una vez culminados los estudios de maestría regresé a Colombia.

¿Cómo decidió hacerse psiquiatra? Desde niño tuve un gran interés por todo lo que hacía referencia a la psicoterapia y a los diferentes modelos que existían para aumentar el bienestar de las personas respecto a sus aspectos mentales y de relaciones, así mismo tuve el ejemplo de algunos familiares que se dedicaban al área de la salud y los trastornos mentales y con los aprendí a interesarme por este campo.

¿Cuáles han sido sus principales fuentes de inspiración? Como dije anteriormente, algunos familiares y unos excelentes profesores en el área durante el pregrado de medicina.

¿De qué se siente más orgulloso? De haberme mantenido en mi país ayudando al desarrollo de la Psiquiatría y en especial a los componentes de investigación y psicoterapia que se hacen en nuestro medio.

¿Qué significa ser hispano o latino para usted? Es una cultura, una forma de ver la vida, de reflexionar, de pensar y de aportar al mejor desarrollo del mundo y de las personas.

¿Qué le aconsejaría a un estudiante o residente hispano o latino que acabe de comenzar su carrera? Le diría que procure ser integro, que vele por el profesionalismo y que no pierda su camino alrededor de la integralidad en su campo.

¿Díganos algo importante que haya aprendido de trabajar con pacientes hispanos y latinos? Lo hago en Colombia y he aprendido de la manera de ver la vida más familiar, con mejores posibilidades de comunicación, con mayor desarrollo interpersonal y comunitario creo pueden ser ejemplos para trabajar el área de salud mental.

¿Qué papel (positivo o negativo) ha jugado en su carrera el hecho de ser hispano o latino? Dadas mis características como psiquiatra y las ramas en las cuales me he desempeñado, he servido en muchos casos de referente para trabajar en salud global y pienso que el hecho de ser latino y tener esta serie de características me ha ayudado a realizar investigaciones e intervenciones que han redundado en beneficio de la población.

¿Qué futuro le augura a la psiquiatría hispana? Esperaría que realmente influyera la psiquiatría de Norteamérica puesto que lamento que en ocasiones se haya convertido en una psiquiatría meramente biológica descuidando aspectos psicosociales y de psicoterapia que son también, la esencia de nuestra disciplina.

QUIJOTES DE LA PSIQUIATRIA

¿Cuál ha sido el mayor obstáculo de su carrera y cómo consiguió superarlo? Lograr convencer a los colegas de la importancia de investigar y dar a conocer los productos con los que podemos aportarle a nuestra disciplina e invitar a los estudiantes de psiquiatría a esta forma de integrar el servicio con la investigación.

¿Cuál es en su opinión el mayor reto de la psiquiatría? El mayor reto es mantener su identidad y evitar que se convierta en un área meramente biológica y de recetar algunos medicamentos que han dado una respuesta parcial al bienestar de las personas y a su recuperación biopsicosocial.

¿Cuáles son los cambios más necesarios en la psiquiatría? Regresar a lo fundamental y que se privilegie el bienestar de la persona y la integralidad del psiquiatra por encima del predominio de los factores económicos.

QUIJOTES DE LA PSIQUIATRIA

JULIANA GOMEZ-MAKHINSON

Soy una psiquiatra colombiana. Realicé mis estudios de medicina en la Universidad CES y de especialización en Psiquiatría en la Universidad de Antioquia, ambas en Medellín Colombia. También completé una especialización en la Universidad San Buenaventura en Terapia Cognitiva. Desde los inicios de mi carrera me vinculé como docente del programa de psiquiatría de la Universidad de Antioquia donde trabajé por cerca de 10 años.

En el 2012 me trasladé a vivir a la ciudad de Los Ángeles, California. Desde el 2013 vengo trabajando como psiquiatra en Harbor UCLA Medical Center y actualmente continuo vinculada a la academia como profesora asistente de la David Geffen School of Medicine en UCLA (Universidad de California en Los Ángeles), donde tengo la oportunidad de supervisar residentes de psiquiatría, estudiantes de medicina y trabajo social.

Tengo una amplia experiencia clínica en el tratamiento farmacológico y psicoterapeutico de adultos con enfermedad Bipolar, esquizofrenia y depresión mayor y varios trastornos psiquiátricos, pero también he tenido la oportunidad de participar en grandes estudios de investigación colaborativos en genética de enfermedades mentales desde que empecé mi residencia en Colombia en 1998.

Actualmente soy la investigadora principal local en Harbor UCLA Medical center de otro gran estudio Colaborativo (Pumas) que involucra varios países e instituciones, cuyos investigadores principales incluyen el Dr. Nelson Freimer y Loes Oldelohuis de UCLA y el doctor Carlos López Jaramillo de la Universidad de Antioquia en Colombia. El propósito de este estudio es estudiar factores genéticos asociados a trastornos psiquiátricos mayores en poblaciones diversas y sub-representadas de ancestro latino y africano.

Es importante destacar que también he participado en diferentes asociaciones gremiales en Colombia y más recientemente en los Estados Unidos. Actualmente hago parte del comité ejecutivo de la asociación de psiquiatría Hispana que reúne profesionales que trabajan con la salud mental en población latina o hispana dentro y fuera de Estados Unidos.

¿Cómo decidió hacerse psiquiatra? Durante mi último año de secundaria estaba muy interesada en la psicología, pero al mismo tiempo también estaba muy intrigada por la biología y otras ciencias. Mi prima regresó de España una vez que terminó su formación en psiquiatría el mismo año y me fascinaron sus historias sobre su formación. Decidí estudiar medicina para convertirme en psiquiatra.

¿Cuáles han sido sus principales fuentes de inspiración? Todos mis mentores en Colombia y aquí en los Estados Unidos. Mis colegas, los trabajadores sociales de mi trabajo, mis pacientes, los residentes y los estudiantes de medicina.

¿De qué se siente más orgulloso? De mi papel como docente y la oportunidad de poder continuar mi vida académica en la UCLA, aquí en los Estados Unidos.

¿Qué significa ser Hispano o Latino para usted? Es mi identidad, la fuerza que me motiva a ser resiliente y a adaptarme a la adversidad como lo hacen muchos hispanos.

¿Qué le aconsejaría a un estudiante o resident hispano o latino que acabe de comenzar su carrera? Establezca metas, no importa cuán grandes parezcan ser, siempre deben estar en su mente. Prepárate para el fracaso, pero también prepárate para el éxito.

¿Díganos algo importante que haya aprendido de trabajar con pacientes hispanos y latinos? Aprendí la importancia de la lealtad y el respeto, especialmente como parte de los valores familiares. Aprendí que es importante tener una actitud humilde cuando trabajas con esta población para ser más accesible y construir una alianza terapéutica más fuerte.

QUIJOTES DE LA PSIQUIATRIA

¿Qué futuro le augura a la psiquiatría hispana? El futuro es aqui y ahora. Nuestra presencia es relevantere e importante para toda la soiciedad, no solamente en Estados Unidos, sino en el resto de las Americas y el mundo.

¿Cuál ha sido el mayor obstáculo de su carrera y cómo consiguió superarlo? Mi período de transición cuando me mudé a los Estados Unidos y comencé a construir mi carrera aquí. Dudas sobre mi confianza en mí mismo y la barrera del idioma. La forma de superar ese obstáculo siempre fue recordarme quién era en mi país y cuánto puedo ayudar a la gente aquí con las habilidades que ya tengo.

¿Cuál es en su opinion el mayor reto de la psiquiatría? Cómo combatir el estigma de los trastornos de la salud mental de una manera más eficaz. Cómo diseñar tratamientos más eficaces e integradores para los principales trastornos psiquiátricos y especialmente para los trastornos del uso de sustancias

¿Cuáles son los cambios más necesarios a llevar a cabo en la psiquiatría en este momento? Continuar la lucha contra el estigma y mejorar el acceso a los tratamientos en salud mental a las poblaciones menos favorecidas.

El andar tierras y comunicar con diversas gentes hace a los hombres discretos.

Don Quijote de la Mancha

QUIJOTES DE LA PSIQUIATRIA

PEDRO GOMEZ

Nací en el caribe colombiano, en la ciudad de Barranquilla y allí estudié Medicina y ejerzo actualmente como psiquiatra, especialidad que realicé en la Pontificia Universidad Javeriana en Bogotá hace 37 años.

Provengo de una familia numerosa donde éramos diez hermanos y recientemente falleció la menor de todos. Mi padre era abogado y mi madre ama de casa. Yo también tengo una familia extensa: estoy casado y tengo seis hijos.

Cuando volví como especialista a mi ciudad natal encontré un panorama muy desolador en cuanto a la atención en salud mental a nivel público. Esta atención se llevaba a cabo en dos hospitales psiquiátricos con todas las características y defectos de un sistema asilar, con instalaciones vetustas, largas estancias hospitalarias y una muy alta tasa de mortalidad en uno de estos centros. Un hecho político afortunado llevó a la Gobernación del Departamento del Atlántico a Gustavo Bell, un historiador y humanista que nos brindó todo el apoyo para que un grupo de psiquiatras y otros profesionales de la salud mental recién graduados y con el alma "sin medias suelas" emprendiéramos con gran entusiasmo un proyecto transformador y revolucionario: el cierre del Hospital San Rafael un verdadero manicomio.

QUIJOTES DE LA PSIQUIATRIA

La creación de la red de salud mental y rehabilitación que llevó la atención a los 22 municipios del Departamento y las áreas marginales de la ciudad de Barranquilla. El Hospital Mental Departamental se convirtió en un centro de rehabilitación integral donde se crearon talleres para personas con discapacidades mentales y también sujetos con discapacidades físicas logrando integrar muchos de ellos a la sociedad en condiciones dignas y con autonomía.

Otro logro que aún disfruto fue la creación del posgrado de psiquiatría de la Universidad del Norte, mi Alma Máter, donde estoy día a día con los residentes aprendiendo de ellos cuando pretendo enseñarles.

¿Cómo decidió hacerse psiquiatra? Mi decisión de ser psiquiatra surgió tempranamente, puedo decir que ingresé a la facultad de medicina para ser psiquiatra, pero esta vocación que se fue diluyendo cuando se despertó mi interés en otras especialidades. También me había decepcionado de la psiquiatría después de pasar por algunos hospitales como estudiante. Al terminar mi pregrado conversé con mi primo hermano José Luis Méndez quien iniciaba su residencia de psiquiatría en la Universidad Javeriana quien me recordó mi vocación de psiquiatra y me animo diciéndome: "A ti que te gusta la filosofía, la literatura, la historia segura te gustara la psiquiatría, no te veo en otra especialidad" La verdad eso fue empujón para presentarme a concursar por una plaza en la Universidad Javeriana. Pero mi vocación primera para ser psiquiatra se la debo a Simón Brainsky Lerner quien fue mi psicoterapeuta en la adolescencia y quien me direccionó por un mejor camino. Brainsky quien era un psiquiatra y psicoanalista ortodoxo, un hombre culto y los encuentros en sus sesiones me abrieron la mente, fomentando en mí el crecimiento intelectual y sobre todo recuperando la confianza de poder ser alguien útil.

¿Cuáles han sido sus principales fuentes de inspiración? Me inspira principalmente el trabajo de formar nuevos psiquiatras, con los residentes de psiquiatría y estudiantes de pregrado de medicina encaminándolos al ejercicio de una atención humanizada y reivindicatoria de la dignidad del paciente.

¿De qué se siente más orgulloso? Como psiquiatra me siento orgulloso del trabajo en equipo que realizamos a finales de los años noventa cuando transformamos un hospital mental en un centro de rehabilitación digno. También se creó una red de salud mental que descentralizó la atención de salud mental y se llevó a todo el territorio de nuestra región. Esta experiencia se convirtió en un referente en el país. Ahora me enorgullece la coordinación del posgrado de psiquiatría que creamos en la Universidad del Norte, mi Alma Máter.

¿Qué significa ser Hispano o Latino para usted? Ser hispano es sinónimo de lucha con mucho esfuerzo para sobresalir y la verdad que por lo menos en el campo de la psiquiatría se ven cada vez más colegas hispanos haciendo grandes aportes, investigando, publicando y dejando huella.

¿Qué le aconsejaría a un estudiante o residente hispano o latino que acabe de comenzar su carrera? A los jóvenes colegas que sean rigurosos en sus estudios, que eviten caer en los extremismos ideológicos y conceptuales que hay dentro nuestro campo, ojalá entiendan que ser psiquiatra es fundamental ser un buen ser humano, con una visión amplia de la vida, tener una mente abierta y guiarse por los principios éticos más estrictos posibles.

¿Díganos algo importante que haya aprendido de trabajar con pacientes hispanos y Latinos? Como ejerzo en Colombia, mi trabajo fundamentalmente ha sido con latinos. Las grandes diferencias sociales, la falta de oportunidades, la violencia, la falta de educación, la desnutrición y todo lo que conlleva la pobreza en la que esta inmersa un porcentaje alto de nuestra población nos obliga a ejercer una psiquiatría muy compleja.

¿Qué papel (positivo o negativo) ha jugado en su carrera el hecho de ser hispano o latino? El ser latino hispano hablante no ha sido un factor negativo para mi ejercicio como psiquiatra en Colombia.

¿Qué futuro le augura a la psiquiatría hispana? Siento que las distancias entre la psiquiatría de los países anglosajones desarrollados y los países de Hispanoamérica se han acortado y cada vez más, esto por el acceso al conocimiento, los intercambios, la investigación y el apoyo de los gobiernos.

¿Cuál ha sido el mayor obstáculo de su carrera y cómo consiguió superarlo? En la época que me forme el acceso a la información de las investigaciones, ensayos clínicos, revista y textos era difícil. Se demoraban en llegar las actualizaciones, afortunadamente el internet, la globalización nos permite estar al día y hemos podido superar ese tipo de escollos.

¿Cuál es en su opinión el mayor reto de la psiquiatría? El mayor reto de la psiquiatría, por una parte, es poder llegar a muchas más personas que no pueden acceder a los servicios de salud mental, que requieren con urgencia. Retomar un modelo de atención mas integral y no continuar con esa tendencia de una psiquiatría exageradamente medicalizada donde se pregunta por síntomas y se receta un medicamento para cada uno de ellos.

¿Cuáles son los cambios más necesarios a llevar a cabo en la psiquiatría en este momento? Volver a un modelo más holístico para afrontar esta etapa postpandemia y a una sociedad que es mucho más compleja, por la globalización, las migraciones, la violencia, los desplazamientos y el consumismo.

CESAR GONZALEZ

El Dr. Cesar Hernando Gonzalez Caro es un Psiquiatra especialista en medicina del sueño y Profesor (ad honorem) del departamento de psiquiatría Universidad del Valle en Cali, Colombia. Fue Presidente de la Asociación Colombiana de Psiquiatría y se desempeña como Jefe de la unidad de sueño del centro médico Imbanaco.

Mi actividad como Psiquiatra inicia en el año de 1986 cuando obtuve mi título de Especialista en la Universidad del Valle. A partir de allí y hasta la fecha he ejercido mis actividades profesionales y académicas en diversas Instituciones de la Ciudad, como son El Hospital Psiquiátrico San Isidro, El Hospital Universitario del Valle" Evaristo García", La Universidad del Valle y el Centro Médico Imbanaco, Institución donde actualmente laboro. Las actividades que he desarrollado como Psiquiatra han sido tanto asistenciales como académicas en el Hospital Psiquiátrico como en el Hospital Universitario donde ejercí como Jefe de Salas de Hospitalización, Psiquiatra Asistencial y Jefe de la Unidad de Salud Mental respectivamente. Mi vinculación con el Hospital Universitario del Valle me permitió iniciar y desarrollar el primer Servicio de Psiquiatría de Enlace en el Suroccidente del país, al incluir actividades de Interconsulta en un Hospital General, concomitante con actividades docentes dentro del Departamento de Psiquiatría de la Universidad. Dentro del desempeño académico realice mi carrera docente por espacio de 22 años alcanzando el título de Profesor Asociado.

En el año 1999 me vinculé como Psiquiatra en el Centro Médico Imbanaco donde hago mi practica privada, a la vez que inicie la participación de la especialidad en Grupos Multidisciplinarios, y comencé a gestar el desarrollo de un Servicio Integral de Atención para pacientes de alta complejidad Médica y Psiquiátrica, que estuviera dentro del contexto de la misma clínica y que hiciese parte del manejo integral del paciente con objetivos muy claramente definidos: disminuir la estancia hospitalaria, garantizar la seguridad del paciente, intervenir tempranamente las comorbilidades, garantizando a los pacientes un cuidado de alta calidad. Hoy funciona y se denomina "Servicio de Cuidados Integrados," y es un modelo y punto de referenciación a nivel nacional, dado que es el primer servicio de esta naturaleza creado en el país con estas características.

Desde hace muchos años he tenido interés además de los aspectos clínicos de la Psiquiatra de Enlace, en la Medicina del Sueño y recibí mi acreditación como Especialista de Sueño de la Asociación Colombiana de Medicina del Sueño. Actuablemente soy el Medico Jefe de la Unidad de Sueño del Centro Médico Imbanaco.

En el año 2002 al 2003 ejercí la Presidencia de la Asociación Colombiana de Psiquiatra y a mi retiro formal de la Universidad del Valle, fui nombrado Profesor Ad Honorem, cargo que ejerzo actualmente.

En el año de 2019, fui honrado con el Premio "Vida y Obra al Servicio de La Psiquiatría" que otorga anualmente la Asociación Colombiana de Psiquiatra y concomitante la Universidad del Valle me otorgo el reconocimiento como "Egresado Ilustre" de dicha Institución.

¿Cómo decidió hacerse psiquiatra? Decidí hacerme Psiquiatra, cuando estudiaba Medicina y me interesaba sobre manera conocer la esencia del comportamiento humano, poder encontrar la explicación de la enfermedad mental sin dejar de ejercer mi formación médica.

¿Cuáles han sido sus principales fuentes de inspiración? Podría decir que el haber trabajado siempre en Instituciones no Psiquiátricas y poder atender de manera integral a los pacientes con comorbilidades médicas/psiquiátricas, me ha llevado a que la mayor parte de mi ejercicio profesional lo he realizado en este campo. De los logros obtenidos a nivel profesional. Iniciar el desarrollo de la Psiquiatría

¿De qué se siente más orgulloso? Podría decir que el haber trabajado siempre en Instituciones no Psiquiátricas y poder atender de manera integral a los pacientes con comorbilidades médicas/psiquiátricas, me ha llevado a que la mayor parte de mi ejercicio profesional lo he realizado en este campo.

¿Qué significa ser Hispano o Latino para usted? Es un honor para mí tener origen latino, poder ayudar en nuestro idioma a una gran cantidad de personas que requieren atención en salud mental y poder comprender muy bien su idiosincrasia

¿Qué le aconsejaría a un estudiante o residente hispano o latino que acabe de comenzar su carrera? Que no pierda su interés académico, que trate de estar al día en los conocimientos, pero sobre todo que mantenga su calidad como ser humano para poder entender a sus congéneres.

¿Díganos algo importante que haya aprendido de trabajar con pacientes hispanos y latinos? Nutrirme de experiencias al poder tratar un grupo étnico tan diverso, pues como latinos tenemos poblaciones de origen europeo, africano e indígena.

¿Qué papel (positivo o negativo) ha jugado en su carrera el hecho de ser hispano o latino? Creo que no ha tenido mayor relevancia, pues nunca he ejercido mi profesión fuera de mi país y fuera de mi región.

¿Qué futuro le augura a la psiquiatría hispana? Promisoria. hay un grupo de investigadores jóvenes que aportan conocimientos que podría ser de interés para la comunidad científica internacional Como ejemplo el Proyecto "PAISA" que actualmente desarrolla la Universidad de Antioquia en Colombia.

¿Cuál ha sido el mayor obstáculo de su carrera y cómo consiguió superarlo? Ha habido varios inconvenientes, Como países en Desarrollo tenemos muchas falencias. Falta de personal capacitado, falta de oportunidades para obtener esta capacitación, altas prevalencias de enfermedad mental, pocas oportunidades de atención para los pacientes, carencia de recursos físicos y aun de recursos farmacológicos para un segmento de la población y una gran estigmatización de la enfermedad mental y hacia los profesionales que la atienden.

QUIJOTES DE LA PSIQUIATRIA

¿Cuál es en su opinión el mayor reto de la psiquiatría? Ponerse a la altura de las demás disciplinas médicas y acá tiene mucho que ver el estigma, hecho notorio hasta en los servicios que proveen atención en este campo.

¿Cuáles son los cambios más necesarios en la psiquiatría? Poder incorporar los desarrollos actuales y futuros en el entendimiento de la enfermedad, y contar con las herramientas y los recursos necesarios para poder que lleguen a la mayor parte de la población que los requiera. Hacer valer la salud mental como una necesidad primaria del ser humano.

QUIJOTES DE LA PSIQUIATRIA

HOWARD HERNÁNDEZ

El Dr. Howard R. Hernández nació en Manila, Filipinas en 1977. Tras finalizar sus estudios de medicina en la Universidad de Filipinas, se marchó a los Estados Unidos para especializarse en psiquiatría de adultos en MetroHealth Medical Center en la Universidad de Case Western en Cleveland, Ohio y posteriormente en psiquiatría de niños y adolescentes en Tufts Medical Center en Boston, Massachussetts. Se siente orgulloso de pertenecer a la masonería, de ser un payaso profesional para Shriners Hospital en Springfield, Massachussetts y de ser miembro del ejército de los Estados Unidos con el rango de Mayor.

¿Qué le hizo emigrar a los Estados Unidos? Vine a Estados Unidos en búsqueda de una formación óptima. Quería vivir en un país fundado en los ideales de la democracia, los derechos, la libertad, las oportunidades y la igualdad.

¿Cómo decidió hacerse psiquiatra? Nunca habrá un momento aburrido en psiquiatría. Me encanta como me ayuda a darme cuenta de mi propia humanidad.

¿Cuáles han sido sus principales fuentes de inspiración? El Dr. José Rizal, nuestro héroe nacional en Filipinas que era un oftalmólogo, escritor y miembro clave del movimiento Filipino de Propaganda. Él abogó por el conocimiento y las reformas políticas.

¿De qué se siente más orgulloso? Me siento especialmente orgulloso de servir a la gente como médico, payaso profesional, y psiquiatra en el ejército de los Estados Unidos.

¿Qué significa ser hispano o latino para usted? Es la unión que siento cuando me encuentro a otras personas relacionadas con el idioma español, la cultura y España en general. Para mí es como una familia.

¿Qué le aconsejaría a un estudiante o residente hispano o latino que acabe de comenzar su carrera? Hazlo lo mejor que puedas y disfruta de tu viaje.

¿Díganos algo importante que haya aprendido de trabajar con pacientes hispanos y latinos? Además de practicar medicina basada en la evidencia, el arte de curar es igualmente e incluso a veces más importante.

¿Qué futuro le augura a la psiquiatría hispana? Nuestra calidez y gran compasión con los pacientes se acrecienta cuando uno es hispano.

¿Cuál ha sido el mayor obstáculo de su carrera y cómo consiguió superarlo? Ser gay y pertenecer a la comunidad LGBT en un país predominantemente católico fue un gran reto. Vine a Estados Unidos para terminar mis estudios, me casé con mi marido y ayudar a los niños LGBT en mi práctica clínica.

¿Cuál es en su opinión el mayor reto de la psiquiatría? Hay una gran carencia de profesionales de la salud mental.

¿Cuáles son los cambios más necesarios en la psiquiatría? Necesitamos más psiquiatras y necesitamos mejorar el acceso a la salud mental para los pacientes.

QUIJOTES DE LA PSIQUIATRIA

IRIA GRANDE

Iria Grande es profesora asociada de la Universidad de Barcelona, médico especialista en psiquiatría en el Hospital Clínic e investigadora de l'Institut d'Investigacions Biomèdiques August Pi i Sunyer (IDIBAPS) y del Centro de Investigación Biomédica en Red de Salud Mental (CIBERSAM) en la Unidad de Trastornos Bipolares y Depresivos del Hospital Clínica de Barcelona.

Se encuentra participando en diversos proyectos de investigación sobre suicidio (PI19/00954) y el eje microbiota-intestino-cerebral como Investigadora Principal (PI16/00187), el funcionamiento de los pacientes con trastorno bipolar y las diferentes estrategias farmacológicas de que disponemos para este trastorno. Al mismo tiempo, investiga sobre posibles biomarcadores periféricos en el trastorno bipolar y en la conceptualización de esta enfermedad en un modelo de estadificación.

La Dra. Grande ha sido ponente, moderadora y ha presentado diversos resúmenes y comunicaciones orales en congresos nacionales e internacionales. Con un factor H de 22 y más de 1500 citas, ha publicado más de 45 artículos en revistas internacionales, un libro sobre depresión bipolar, 7 capítulos de libro y es revisora en revistas internacionales como Molecular Psychiatry. En el año 2011 recibió el premio internacional Lilly Young Investigator Fellowship in Bipolar Disorder concedido por la Sociedad

Internacional del Trastorno Bipolar (ISBD) y en 2019 el Premio Investigador Referente concedido por la Sociedad Española de Psiquiatría Biológica. Desde 2019 es secretaria de la Sociedad Española de Psiquiatría.

¿Cómo decidió hacerse psiquiatra? La verdad es que me encontraba en mi último año del grado de medicina en el Clínica de Barcelona y después de haber cursado neurología y neurocirugía empezada a desfallecer en mi ilusión de cursar una especialidad relacionada con la Neurociencias. Al empezar las prácticas de psiquiatría vi que esa era la especialidad por la que había soñado y no había sabido ponerle nombre.

¿Cuáles han sido sus principales fuentes de inspiración? Mis principales fuentes de inspiración, a parte de los clásicos internacionales (Kraepelin, Schneider) y españoles (Castilla del Pino, Colodrón), han sido los maestros del Hospital Clínic alrededor de los cuales he tenido la suerte de crecer como psiquiatra, como Cristóbal Gastó, Eduard Vieta y Miguel Bernardo, así como Celso Arango desde Madrid.

¿De qué se siente más orgulloso? De no perder las ganas de continuar aprendiendo y seguir motivada por el trabajo, por ejemplo, poniendo en marcha ensayos clínicos de fármacos que esperemos tengan una utilidad práctica en un futuro cercano en la salud mental de nuestros pacientes, llevar a cabo estudios de investigación sobre las bases de los trastornos afectivos y el suicido.

¿Qué significa ser hispano o latino para usted? Es un modo de ver la vida y vivirla en compañía y comunidad.

¿Qué le aconsejaría a un estudiante o residente hispano o latino que acabe de comenzar su carrera? Nunca desistir en la ardua carrera que puede parecer la formación. Los beneficios a medio y largo plazo son irrefutables.

¿Díganos algo importante que haya aprendido de trabajar con pacientes hispanos y latinos? La importancia de la red social para el bienestar humano.

¿Qué papel (positivo o negativo) ha jugado en su carrera el hecho de ser hispano o latino? Gracias a la oportunidad de serlo, he conocido una comunidad a nivel internacional de incalculable valor científico y humano.

¿Qué futuro le augura a la psiquiatría hispana? Estamos en un momento de gran auge de la psiquiatría hispana que tenemos que ser capaces de aprovechar y saber mantener.

¿Cuál ha sido el mayor obstáculo de su carrera y cómo consiguió superarlo? El hecho de ser mujer y madre no es fácil compaginarlo con la vida clínica, investigadora y docente de una psiquiatra. El apoyo de mi pareja y mi familia ha sido indispensable para poder combatir obstáculos en mi carrera.

¿Cuál es en su opinión el mayor reto de la psiquiatría? Descubrir la etiopatogenía de las diferentes entidades que clasificamos como enfermedades mentales en la actualidad

¿Cuáles son los cambios más necesarios en la psiquiatría? Apoyar más aun a las nuevas generaciones para qué el futuro de la psiquiatría pueda continuar siendo esplendoroso.

QUIJOTES DE LA PSIQUIATRIA

ARTURO GRAU

Al egresar en 1974 de la Escuela de Medicina de la Universidad de Chile, en un período trágico en la historia de mi país, nos trasladamos con mi naciente familia al archipiélago de Chiloé, un territorio con precarias condiciones de salud.

Como Jefe del Servicio de Pediatría del Hospital de Castro, viví allí las experiencias más sensibilizadoras de mi vida como médico, recorriendo en un Barco-Hospital los desasistidos Consultorios isleños. Retorné a Santiago becado en la especialidad de Psiquiatría de la Infancia en la Universidad de Chile, recibiendo una valorable formación con mis entrañables maestros Hernán Montenegro, Javier Cox, Francisco Mena y Patricio López de Lérida.

Trabajando en el sistema público, asumí a través de los años como Profesor de Psiquiatría en la Universidad de Chile y Jefe de Psiquiatría del Hospital Calvo Mackenna, recogiendo el legado humanista de su fundador, el Profesor Guillermo Altamirano, al cual la dictadura militar había expulsado indignamente del Servicio. Abordamos así la misión de recuperar el nivel de excelencia que este centro había alcanzado como uno de los primeros Hospitales públicos de Psiquiatría de la infancia en Latinoamérica, siendo nuestro primer logro la creación junto a las Doctoras Germain y Maida de la Fundación PREVIF, pionera en prevención del abuso y maltrato infantil. En

QUIJOTES DE LA PSIQUIATRIA

1997, sucediendo a mi querido maestro Uruguayo Luis Prego Silva, asumí la Presidencia de la Federación latinoamericana de Psiquiatría de la infancia (FLAPIA), organizando junto a IACAPAP el XI Congreso Regional, que con una convocatoria de 2000 asistentes reunió a 250 expositores de Estados Unidos y Latinoamérica. Este hito integrador de Psiquiatras hispanoamericanos dio paso a la publicación en Editorial Panamericana, del histórico "Tratado de Psiquiatría de la Infancia y Adolescencia Meneghello-Grau", inspirado en la tradición académica del insigne Profesor Julio Meneghello, que en su "Tratado de Pediatría", Texto guía de la OPS, había integrado visionariamente la Salud mental a la Pediatría.

En la Fundación que perpetúa su memoria, junto a los Pediatras Gustavo Monckeberg, Ignacio Sánchez, Pedro Barreda y Enrique Paris, hemos continuado con la reedición de su Tratado y los Cursos de educación continua en Pediatría. Como meta final de estos 42 años compartiendo labores junto al altruista grupo de Psiquiatría del Hospital Calvo Mackenna , desarrollamos con la Universidad Diego Portales, un Programa de formación en Psiquiatría de la Infancia y adolescencia, fundamentado en una ideología que pretende impregnar a los residentes de una sensibilidad social que dignifique la atención en salud mental del sistema público ,privilegiando la práctica clínica e investigación aplicada, por sobre el cientificismo inerte .Ello ha derivado en una destacada presencia de nuestros alumnos a nivel internacional ,con publicaciones y presentaciones en los Congresos de APA y ASHP, obteniendo el año 2019 con el Proyecto educativo CEPA, el premio Don Quijote otorgado por la ASHP. Esta biografía resume la contribución humilde de un Psiquiatra Chileno, cuyos sueños e ideales se han concretado en un compromiso permanente por mejorar las condiciones de salud mental y el destino vital desolador de los niños pobres de Latinoamérica, víctimas sempiternas de la injusticia y desigualdad de oportunidades.

¿Cómo decidió hacerse psiquiatra? Creo que mi vocación por la Psiquiatría surgió al iniciarme en la lectura. Ante esa presencia mágica de realidades no tangibles que surgían libremente de los libros, mi sensibilidad fué delineando los valores que creo me caracterizan hoy como Psiquiatra: el fervor y dedicación inquebrantable por defender el estatus prioritario de los niños en nuestra sociedad, el respeto por sus derechos y la responsabilidad de educarlos, protegerlos y cuidarlos.

¿Cuáles han sido sus principales fuentes de inspiración? Edmundo D"Amici, Charles Dickens, Alain Fournier, J.D. Salinger y James Joyce, me enseñaron a conmoverme y rebelarme ante el sufrimiento infantil y me representaron con sutileza y muchas veces fatalidad, la fragilidad e inconsistencia afectiva del alma adolescente. Mi convicción se selló al iniciar los cursos de Psiquiatría. Los componentes sensibles y la riqueza humanista que esta disciplina aportaba a la Medicina al adentrarse con profundidad y delicadeza en la psiquis y los afectos del ser humano, la cercanía emocional con el paciente y la impregnación biográfica profunda con sus sentimientos, me permitieron discernir el sentido bifronte de la dualidad cuerpo y alma. Fueron determinantes las clases de Fenomenología de mis queridos maestros Parada y Doerr que acercaron a mi incultura los conceptos de Jaspers y Husserl, que catalogados hoy como "residuo histórico" marcaron nuestra generación con una visión intelectual respetuosa, profunda y humanizada del paciente y de la Psiquiatría. En 1978, ante el hallazgo de una desconocida "Psiquiatría de la Infancia y adolescencia "y gracias a la "intuición eidética "de mi mujer, decidimos en conjunto actualizar mi vocación psiquiátrica asociándola a la experiencia de cuatro años como Pediatra y regresar a la Universidad de Chile a formarme en esa disciplina. Las desdichas y melancolía de los niños que me consultaban, las inmanejables conductas y problemas de los escolares y la negligencia y maltrato que sufrían en sus familias se amalgamaron con mi devoción literaria y sentí que las penurias y tristezas de Oliver Twist y David Copperfield, el oposicionismo desafiante de Holden Caulfield y los paraísos perdidos de Esteban Dedalus , habían ya prefigurado mi destino en la psiquiatría infantil, imbricándola con aquellos valores y principios humanistas que ahora conformaban una unidad existencial que la vida ponía ante mí.

Mi principal inspiración en la vida fueron mis padres. Con su afecto, bondad comprensión y apoyo me permitieron siempre optar libremente por lo que creía justo. En su parentalidad no existía la descalificación ni la crítica. Su optimismo sin ambages hacía creer que, a su lado, nada malo podía suceder. Sin embargo, nada de lo que he realizado habría sido posible sin el estímulo, afecto y aliento constante de mi esposa MariCarmen, que, con su calidez y compromiso, comprensión y apoyo guió permanentemente mis decisiones y me apoyó en los momentos más duros. Su muerte prematura sin duda significó para nuestra familia un golpe incomprensible de la vida. Mi inspiración educativa la generaron mis profesores Marianistas. Cultos, modestos, estimulantes y protectores. Sus actitudes y enseñanzas formaron mis convicciones y sensibilidad social. Darío Céspedes, un intelectual noble, altruista y entrañable amigo, junto a sus cultísimos y generosos padres

inspiraron y guiaron mis búsquedas en la filosofía y la música. En Pediatría la influencia afectuosa de Julio Meneghello y Enrique Fanta fué una marca indeleble como lo fué en Psiquiatría infantil la presencia de Hernán Montenegro, Patricio López de Lérida y Domingo Asún. Ellos forjaron mi vocación, sin halagos innecesarios, pero con su valoración y estímulo permanente. La inspiración en mi trabajo Hospitalario la debo a Javier Cox y Francisco Mena que me llevaron al Hospital Calvo Mackenna, y a los Pediatras Federico Puga, Antonio Banfi y Osvaldo Artaza. Una fuente de inspiración académica gratificante ha sido la amistad por más de 15 años con la Dra. Ruby Castilla. Su generosidad y solidaridad ha posibilitado nuestra participación conjunta en investigaciones, publicaciones y exposiciones en Congresos científicos mundiales y nuestra presencia en los grandes templos académicos de Estados Unidos y Europa. Como Presidente de ASHP ha apoyado al igual que nuestros queridos y talentosos Tohen, Ng y Espi, a nuestros Residentes como investigadores y expositores en Simposios de la APA, ASHP y WPA. Ella sin duda merece ser considerada lamás
influyente, entusiasta, productiva y laboriosa "Líder Latinoamericana de la salud mental ".

¿De qué se siente más orgulloso? Mi felicidad surge de haber compartido con Profesores ,colegas y alumnos extremadamente generosos , inteligentes , solidarios y abnegados ,quienes me permitieron concretar tantos sueños y proyectos .A ellos debo el notable desarrollo docente - asistencial de nuestra Unidad de Psiquiatría ,las publicaciones de Textos de Psiquiatría y Pediatría ,los 25 años del Curso internacional de Psiquiatría de la Infancia , la creación de la Fundación de prevención del maltrato infantil, la puesta en marcha de nuestro Programa de formación de especialistas en Psiquiatría infantil que ha marcado un estilo académico práctico e innovador . Finalmente, la palabra "orgulloso" va dedicada a mis residentes Javier Rojas, Begoña Martínez y Francisca Vargas. Su inteligencia, sensibilidad social y creatividad ha involucrado poner en marcha el Proyecto educativo de prevención de. la deserción y la delincuencia (CEPA).

¿Qué significa ser hispano o latino para usted? Ser hispano y latino significa un orgullo. Un hecho inesperado marcó nuestra valoración en el mundo de la cultura y abrió un camino de respeto y admiración por nuestra etnia. En los años 60 el "boom de la literatura Latinoamericana" estalló con las publicaciones y traducciones de Cortázar, Vargas Llosa, García Márquez, Benedetti y Carlos Fuentes, más los patriarcas Borges, Onetti y Carpentier.

QUIJOTES DE LA PSIQUIATRIA

El mundo cultural norteamericano y europeo quedó estupefacto. "Cien años de soledad "irrumpía en su ordenado hábitat como la biblia delirante de un universo mágico que no conocían y tampoco imaginaban posible. Estupefactos quedamos también los latinos ante tamaña reacción. Nunca existió como entonces una seducción tan abrumadora por nuestra cultura, arte e idiosincrasia. Tampoco se exportaron jamás tantos Profesores visitantes a las Universidades Americanas y Europeas, ni tantos estudiantes de Estados Unidos pugnaron por incorporarse a nuestras Universidades y llevarnos a conocer las suyas. Proliferaron becas de estudio y programas de intercambio.

Éramos para el "mundo civilizado" la sorpresa de una etnia que de "pintoresca" - tango, tequila y bananas mediante - había evolucionado a la categoría sublime de ser culturalmente imprescindible.Ese acontecimiento inusitado nos legó una certidumbre irrenunciable: los latinoamericanos podíamos entregar al mundo un enorme y valorable aporte intelectual que nos permitía mostrar sin tapujos nuestros talentos, creatividad y genialidad, así como la fuerza de nuestros anhelos y el poder de nuestra ilusión. No existía ya la necesidad de ocultar con vergüenza nuestros orígenes ni nuestros sistemas opresivos, nuestra injusticia social ni nuestra pobreza. Ahora podíamos representar con convicción en lugar de fatalidad, nuestra vehemencia por trascenderlos.

¿Qué le aconsejaría a un estudiante o residentee hispano o latino que acabe de comenzar su carrera? A un estudiante hispano que comienza su carrera le recomendaría que luche por hacer prevalecer su dignidad, sensibilidad y talento por sobre cualquier otra opción y dedique su trabajo y esfuerzo a las poblaciones carenciadas que no tiene hoy día acceso a la salud mental. Que su acción profesional se enmarque en un modelo ético humanista que privilegie el respeto por la persona, su autonomía y sus derechos. Hispano significa el orgullo de pertenecer a un mundo vivo, donde todo está por hacer y eso da libre paso a la creatividad para proponer soluciones en beneficio de los que más las necesitan.

¿Díganos algo importante que haya aprendido de trabajar con pacientes hispanos y latinos? El trabajar con pacientes latinos me ha enseñado el valor del contacto respetuoso y humilde y a sentir la valoración de mi acción psiquiátrica en pro de esos niños que esperan por soluciones eficaces y un trato digno. No he conocido otros pacientes más agradecidos y comprometidos con las explicaciones e indicaciones de su médico. Nunca he recibido de ellos actitudes airadas, escépticas y cuestionadoras, aunque el dolor y la preocupación los descompensen. Se muestran ante nuestras propuestas colaboradores y gentiles y con sus hijos comprensivos y bondadosos.

¿Qué papel (positivo o negativo) ha jugado en su carrera el hecho de ser hispano o latino? Las consecuencias valorativas derivadas del citado "boom de la literatura latinoamericana " ejemplifican nuestro sentimiento de orgullo y dignidad latina ,al sentirnos parte de un vigoroso mundo en desarrollo, emancipado y libre para buscar su destino intelectual y vital y una meta y estímulo para el ejercicio de nuestra profesión psiquiátrica , en la búsqueda de soluciones educativas innovadoras que emanen de la salud mental y que permitan otro cambio cultural y un salto cualitativo para que nuestra población infantil trascienda los estigmas de la pobreza .

¿Qué futuro le augura a la psiquiatría hispana? Auguro un futuro optimista para la Psiquiatría Hispana si logramos continuar trabajando unidos para intercambiar y generar Proyectos académicos y de investigación que signifiquen adoptar y desarrollar en conjunto acciones fundamentalmente preventivas de salud mental en los problemas más relevantes y prevalentes que afectan a nuestra población infantil y adolescente, sobre todo en el ámbito de educación, drogadicción y suicidio adolescente.

¿Cuál ha sido el mayor obstáculo de su carrera y cómo consiguió superarlo? El mayor obstáculo ha sido luchar contra las estructuras burocráticas y anquilosadas de salud y educación, apegadas a Programas y técnicas obsoletas que se resisten y atemorizan ante cualquier iniciativa de cambio.

¿Cuál es en su opinión el mayor reto de la psiquiatría? El mayor reto de la Psiquiatría hoy es unirnos en una ideología común para modificar nuestra forma de mirar los problemas de salud mental, cambiando el foco habitual de nuestro pensamiento que insiste en investigar las causas que nos llevaron a un determinado estado de cosas, en lugar de buscar soluciones para que estas no sigan sucediendo en el futuro.

¿Cuáles son los cambios más necesarios en la psiquiatría? El cambio fundamental en la Psiquiatría de la infancia implica aumentar considerablemente el número de Psiquiatras con un marcado sello humanista y de sensibilidad social a fin de compensar la carencia de especialistas en esta área y enfocarse principalmente en los problemas de salud mental del segmento poblacional infantil más vulnerable.

QUIJOTES DE LA PSIQUIATRIA

MATÍAS IRARRÁZAVAL

El Dr. Matías Irarrázaval se graduo de Medico y Cirujano de la Universidad de Los Andes e hizo su especialización medica en la Universidad de Chile. Dr. Irarrázaval es el Jefe de Salud Mental del Ministerio de Salud de Chile. Es psiquiatra de niños y adolescentes y profesor asociado de la Universidad de Chile. Trabaja actualmente para el Ministerio de Salud de Chile, como Jefe de Salud Mental. Matías obtuvo una Maestría en Salud Pública y una beca de investigación en la Universidad de Harvard.

Ha trabajado en la Organización Panamericana de la Salud y Organización Mundial de la Salud como especialista en evidencia e investigación en salud mental y como consultor para UNICEF y UNESCO. Actualmente trabaja en varios proyectos de investigación que tienen como objetivo implementar programas de prevención y establecer una escala sostenible de los sistemas de salud pública para mejorar el acceso al tratamiento de salud mental en Chile y la región de las Américas.

Dr. Irarrázaval ha dirigido el Plan de Acción COVID para Salud Mental y la iniciativa presidencial SaludableMente, que busca disminuir los efectos en la salud mental durante la emergencia actual. Su gestión ha permitido el incremento significativo de las acciones y presupuesto en salud mental para el país.

En 2020 la Sociedad Americana de Psiquiatras Hispanos le otorgo el premio de excelencia en psiquiatria por su vida y trayectoria ayudando a niños, madres y familias en Chile.

QUIJOTES DE LA PSIQUIATRIA

FRUCTUOSO IRIGOYEN

Dr. Fructuoso Irigoyen Rascón. Nació en Chihuahua, Chih. México. Cursó su educación elemental, secundaria y preparatoria en el Instituto Regional de Chihuahua, el colegio de los jesuitas. Ingresó entonces a la Escuela de Medicina de la Universidad Autónoma de Chihuahua, graduándose en 1972 con mención honorífica en la tesis.

Es autor de "Cerocahui una Comunidad en la Tarahumara'" relato sobre su año de servicio social, que fue su tesis profesional y que ha disfrutado de múltiples ediciones. Habiendo trabajado como médico general entre los tarahumares, con Erasmo Palma, premio nacional de las artes, escribió "Chá Okó (Me duele mucho)" un manual de medicina clínica en lengua tarahumara y con Jesús Manuel Palma, hijo del anterior, "Rarajípari, la Carrera de Bola Tarahumara". El libro del Dr. Irigoyen "Medicina Tarahumara, Etnobotánica y Técnicas Curativas en la Tierra de los Rarámuri", ha sido publicado por la editorial de la Universidad de Oklahoma en 2015. Este libro revela los misterios de las prácticas curativas de los tarahumares y ofrece al lector una aproximación a la extraordinaria esencia de este grupo étnico. Fue director del Centro de Estudios Regionales de la Universidad Autónoma de Chihuahua.

En 1983 se trasladó a los Estados Unidos a la ciudad de Albuquerque, Nuevo México, donde completó la residencia en Psiquiatría en la Escuela de Medicina de la Universidad de Nuevo México. En ese programa fue jefe clínico de residentes y obtuvo el Senescu Memorial Scholarship Award. En 1987 terminó su residencia, y abrió su práctica privada especializada en psiquiatría de adultos en McAllen, Texas en el Valle del Rio Grande, donde hasta el día de hoy continua al cuidado de la salud mental de sus habitantes.

Su inquietud por la problemática de las conductas del ser humano ha sido su principal motivación para seguir escribiendo y publicando sobre diversos tópicos como el "Accidente de Alton, Texas" donde perdieron la vida 23 estudiantes que viajaban en un autobús escolar. En su clínica llamada "Centro Comprensivo de Salud Mental" además de psiquiatría se ofrecen servicios profesionales de Psicología y Consejería, a cargo de la doctora Jo Ann Mitchell, Theodore Cation y la doctora Josefina Irigoyen (su hija). Desde 2012 es el "Physician Advisor" en el Behavioral Hospital at Renaissance en Edimburgo, Texas. EL doctor Irigoyen está certificado por el Board Americano de Psiquiatría y Neurología, es fellow vitalicio de la Asociación Psiquiátrica Americana y miembro de la Junta Directiva de la Sociedad Americana de Psiquiatras Hispanos (ASHP). Su trayectoria en representación de los Médicos Internacionales en la APA ha sido reconocida con el Premio George Tarjan MD Memorial para 2018, que le fue entregado en la convención anual en Nueva York. Por su labor en Texas la Sociedad Texana de Médicos Psiquiátricos le otorgó el Reconocimiento al Servicio Distinguido en 2019. El Dr. Irigoyen es también autor del libro "La Enfermedad de Alzheimer" disponible tanto en inglés como en español. Finalmente, "Nace Chihuahua, Gabriel Tepórame y Diego Guajardo Fajardo, sus Forjadores" está en prensa por la Universidad Autónoma de Ciudad Juárez.

¿Qué le hizo emigrar a los Estados Unidos? Vine a los Estados Unidos para hacer la residencia en psiquiatría. Al terminar, pensando volver a Chihuahua, me encontré con oportunidades que en ese momento me parecieron muy atractivas y me quedé a vivir en McAllen, Texas.

¿Cómo decidió hacerse psiquiatra? Mi trabajo con los tarahumares me enseñó mucho sobre el poder de la mente para causar y curar enfermedades. Después en Chihuahua el trabajo con ancianos me dejó saber que la medicina no es solo recetar fármacos sino establecer una relación terapéutica con el paciente.

¿Cuáles han sido sus principales fuentes de inspiración? Por vida, Jesús de Nazareth. Literariamente, Dostoyevski y Cervantes. Teóricamente Sigmund Freud, Carl Jung, Eric Fromm y Abraham Maslow. Prácticamente, Robert Kellner MD.

QUIJOTES DE LA PSIQUIATRIA

¿De qué se siente más orgulloso? De mis nietos: Esmina y Zeki. De mi familia, Josefina mi esposa, Josefina mi hija y Tocho y Saúl mis hijos.

¿Qué significa ser hispano o latino para usted? Ser Hispano significa poder absorber la herencia humanística y literaria de España (lo cual no debe soslayar nuestra herencia indígena americana).

¿Qué le aconsejaría a un estudiante o residente hispano o latino que acabe de comenzar su carrera? Que estudie con pasión sus bases teóricas, que espere a que los pacientes le enseñen lo que debe saber. Que no se distancie de su comunidad de origen.

¿Díganos algo importante que haya aprendido de trabajar con pacientes hispanos y latinos? La importancia de identificarse con ellos y elaborar con sus modos de ver el universo particularmente apelar a sus conceptos de salud y enfermedad para construir con ellos una alianza terapéutica.

¿Qué papel (positivo o negativo) ha jugado en su carrera el hecho de ser hispano o latino? Ha facilitado la identificación de mis pacientes con su doctor.

¿Qué futuro le augura a la psiquiatría hispana? Un futuro brillante que apenas comienza.

¿Cuál ha sido el mayor obstáculo de su carrera y cómo consiguió superarlo? "Las cadenas están en la mente".

¿Cuál es en su opinión el mayor reto de la psiquiatría? La psiquiatría corre el riesgo de mecanizarse como lo está haciendo la práctica médica familiar y de limitarse a recetar fármacos no a pacientes sino a resultados de laboratorio. También corre el riesgo de minimizase pasando las responsabilidades actuales del psiquiatra a "asistentes médicos" y "enfermeras". El reto más álgido es el de dejar de valorar la relación médico-paciente como el elemento principal de nuestra profesión.

¿Cuáles son los cambios más necesarios en la psiquiatría? El crear estructuras que defiendan al psiquiatra de las restricciones económicas y sociales que cada día se hacen más severas por parte del gobierno, las compañías aseguradoras, las organizaciones "certificadoras" y nuestra propia inacción.

QUIJOTES DE LA PSIQUIATRIA

JUAN JARAMILLO

El Doctor Juan Jaramillo estudio medicina en la Universidad Pontificia Bolivariana, en Medellín (Colombia). Posteriormente, realizo su internado en Psiquiatría en la Universidad de Texas (Galveston) en 1992.Su residencia en psiquiatría la culmino en 1996 egresando de la escuela de medicina del Albert Einstein. Estudio Psico-oncología en el centro de cáncer del Memorial Sloan-Kettering durante 1996- 1997 especializándose en Psiquiatría Infantil.

Durante más de 10 años (1998- 2009), trabajó en el Centro Comunitario de Salud Mental ejerciendo en práctica privada en Memphis, Tennessee y posteriormente se desempeñó como profesor de psiquiatría de enlace en Vanderbilt (2010). Fue miembro de la facultad de medicina UTHSC (Memphis), 2011- 2016 Actualmente trabaja en Indianápolis en un centro comunitario de salud mental (Aspire) en Indianápolis.

¿Qué le hizo emigrar a los Estados Unidos? Quería tener un mejor entrenamiento en Psiquiatría del que yo sentía que había en Colombia. Pablo Perez Upegui, uno de mis profesores de Psiquiatría en Colombia me sugirió ir a Estados Unidos, y más que sugerirlo me impulso mucho. Tuve, además, el apoyo de mi familia para dedicarme un año, de tiempo completo, a preparar los examines de USMLE (llamados entonces FMGEMS).

¿Cómo decidió hacerse psiquiatra? La psiquiatría era la única especialidad que no contemplaba como una posible especialización al entrar a medicina. Medicina en Colombia son 5 años, más un internado general. En mi tercer ano tuve mi primera rotación en un Hospital Psiquiátrico. Fui asignado al área de consulta externa, con el Doctor Pedro Luis Sanchez. Verlo al tratar a los pacientes mentales y, sobre todo, ver como contestaba mis preguntas brindándome artículos de fuentes tales como el British Journal of Psychiatry, me hizo ver a la psiquiatría como una especialización valiosa y real. Pero lo mejor (¡o peor!), fue que me encontré disfrutando muchísimo de esa rotación. Me demore años, sin embargo, en aceptar que esa fuera mi especialización, debido al estigma general que se le ha conferido.

¿Cuáles han sido sus principales fuentes de inspiración? La primera fue mi padre, que, aunque Publicista, recuerdo haberlo visto, de niño, aconsejar a una persona en su oficina. Esta persona entro llorando y salió sonriendo y como con esperanza. Los doctores colombianos arriba mencionados (Perez y Sanchez), fueron fundamentales. En Estados Unidos, el Dr Everett Dulit, Psiquiatra Infantil que creyó en mí y cuyas supervisiones ambas parecíamos disfrutar enormemente. Un hombre brillante, con un talento especial para conectar con adolescentes. Otra persona fue Pat McKgney, mi primer profesor de Psiquiatría de enlace en el Bronx. Estricto pero apasionado por el tema, y que me hizo entender que era realmente el delirio.

¿De qué se siente más orgulloso? De haber tenido el valor de venir a Estados Unidos. De haber estado en Einstein (en el Bronx) y en Sloan-Kettering, para mi especialización en psiquiatría de enlace. Pero, más que nada, de haber tratado de ver cada paciente lo mejor posible, tratando de conectar, de entender y de acompañar.

¿Qué significa ser hispano o latino para usted? Es mi identidad. Pienso en español. Me expreso mejor en español. Estuve en Escocia y en México este ano. Escocia me encanto, pero en México, fuera de encantarme, me sentí como en casa. La comida, el idioma, el humor, la cultura…Visitar el cada taller de Frida Kahlo tiene que ser una experiencia completamente distinta para un hispano como yo que para los alemanes o japoneses que se aparecen por allá.

¿Qué le aconsejaría a un estudiante o residente hispano o latino que acabe de comenzar su carrera? Que se cerciore de poner lo que aprenda al servicio de la comunidad hispana, en el grado que pueda. Y, de todo Corazón, que vuelva a su país de origen, luego de entrenarse aquí.

¿Díganos algo importante que haya aprendido de trabajar con pacientes hispanos y latinos? Que tienen necesidades muy específicas, en salud mental, que el Sistema de salud norteamericano, per se, es limitado para cubrir. Y que tienen que ver con lenguaje, cultura, concepto de la familia, enfoque de la salud mental, etc.

¿Qué papel (positivo o negativo) ha jugado en su carrera el hecho de ser hispano o latino? Un papel positivo, habiendo sido entrenado en Texas y Nueva York, fue que los programas de entrenamiento estaban deseosos de tener residentes hispanoparlantes, para suplir esa necesidad de cuidar a los pacientes latinos. O sea que eso nos daba algo de ventaja al competir por una plaza de residente. Lo negativo es que siempre me he sentido mirado con otros ojos (con frecuencia no positivos), por el hecho de ser Hispano, y, más aun, colombiano. La gran excepción a esto fue Nueva York, donde sentí que lo que yo traía de diversidad era muy apreciado, sobre todo en Einstein.

¿Qué futuro le augura a la psiquiatría hispana? Yo creo que cada día debe tener una mayor identidad propia y un mayor desarrollo, sobre todo a medida que la población hispana aumenta en Estados Unidos, y dadas las características propias de la cultura Hispana. El racismo actual en Estados Unidos, y que amenaza con exacerbarse, liderado desde la Casa Blanca, tendrá algo que ver.

¿Cuál ha sido el mejor obstáculo de su carrera y cómo consiguió superarlo? Mi mayor obstáculo para mi carrera fue un mal matrimonio, cuando empezaba mi residencia en Psiquiatría. Por eso decía algún sabio de mi tierra que "a quien la cabeza no le sirve para casarse bien, no le sirvió para nada". Después de eso, la visa J-1, que me obligo a obtener un "waiver" en zona rural. Sin ese requisito, que me costó 5 años, mi historia habría podido ser muy diferente.

¿Cuál es en su opinión el mayor reto de la psiquiatría? Esta es la pregunta más difícil de todas, para mí. Creo que el gran reto, en estos momentos, es continuar siendo relevante. El Psiquiatra se acerca cada vez más a ser simplemente "el que prescribe" medicamentos, papel que puede ser desempeñado, de manera más o menos igual, por una Enfermera ("nurse practitioner").

¿Cuáles son los cambios más necesarios para llevar a cabo en la psiquiatría en este momento? Los "cambios" que uno desea, cuando uno se acerca a los 60 años, suele ser un "retornar" a lo fundamental. A ser más estrictos en la formación de los nuevos psiquiatras, a enfatizar más las humanidades, a enfatizar más la importancia de la psicoterapia.

QUIJOTES DE LA PSIQUIATRIA

EDUARDO KALINA

El Dr. Eduardo Kalina es un psiquiatra argentino. Está casado con la Dra. Silvia Susana Cammisa y tiene 3 hijos. Marcela (Médica), Martin (Director de Cine publicitario), Maia (Licenciada en Artes). Dos nietos Manuel y Martin.

Se graduó de la Facultad de Medicina de la Universidad de Buenos Aires, el 25 de enero de 1961. Ocupo cargos directivos en el Hospital Pirovano en Buenos Aires 1970-1974. Especialista en Psiquiatría, desde el 10 de septiembre de 1975. Pertenece a la Asociación de psiquiatras americanos desde 1992 y es miembro Titular de la Asociación de Psiquiatras Argentinos, Ex-Presidente y Actual Presidente de Honor del Capítulo de Psiquiatría Biológica de dicha Asociación. Miembro Fundador y Ex- Vicepresidente de la Asociación de Psiquiatría y Psicología de la Infancia y Adolescencia (A.S.S.A.P.I.A). Miembro fundador del Colegio Argentino de Neuropsicofarmacología y del Colegio Latinoamericano de Neuropsicofarmacología. Socio Honorario de la Sociedad de Neurología, Psiquiatría y Neurocirugía de Chile. Socio Fundador de: "Mc Lean Hospital International Psychiatric Society". Boston. Estados Unidos. Past-Vice-President de la International Society for Adolescent Psychiatry. Recibió el "William Schoenfeld Service Award" de la American Society for Adolescent Psychiatry. Profesor visitante de los Colegios Oficiales Médicos de España. Profesor visitante del High Point Hospital, Port Chester, New York, Estados

Unidos. Profesor visitante del New York Hospital - Cornell University Medical College.

El Dr. Kalina realizo una maestría Internacional en Adicciones, Título otorgado por la Universidad de Deusto, España y Universidad del Salvador Argentina. Fue presidente del 6° Congreso del Colegio Latinoamericano de Neuropsicofarmacología en Buenos Aires, Septiembre de 2008.

Ha publicado más de 100 trabajos científicos y 20 libros tanto en Argentina como en otras Revistas del exterior y con traducciones al portugués e inglés. Fue distinguido como "Pionero en la Psiquiatría de las Adicciones" en el III Congreso Iberoamericano de Trastornos Adictivos. B. As. 12 al 14 de abril de 2007. Recibió el "Premio Giovanni Falcone" por su Destacada Actuación en la Prevención de la Drogadicción y Lucha contra el Narcotráfico. 20 de diciembre de 1994, otorgado por el Gobierno de la Provincia de Buenos Aires. Fue designado Profesor Emérito. Buenos Aires 6 de abril de 2011. Fue reconocido por "APAMAD" como "Maestro de la medicina, psicología y psiquiatría de Adicciones de América Latina". Asunción, Paraguay, 19 de agosto de 2011.

¿Cómo decidió hacerse psiquiatra? ¿Cuáles han sido sus principales fuentes de inspiración? Como ya lo he relatado en otras ocasiones yo ya era médico antes de nacer. Mi madre desde pequeña deseaba ser médica, pero por diferentes razones familiares no pudo y me indujo a la medicina sin conflictos familiares pues mi padre apoyó este deseo y yo lo habité sin conflictos de ningún tipo y cursé medicina. Mi ideal era ser cirujano, pero mientras cursaba "Fisiología" en segundo año de la Facultad de Medicina de la UBA, fuimos invitados a escuchar la "Conferencia Magistral" sobre "Stress", a cargo de quien fue su "descubridor" el Prof. Dr. Hans Selye, que en esa "Conferencia" lo definió como: "La velocidad de desgaste vital". El Prof. Selye me deslumbró y además mientras explicaba escribía en el pizarrón con las dos manos simultáneamente, y contestaba todas las preguntas que le hacían en diferentes idiomas porque hablaba 6 idiomas por lo menos. A partir del "stress" pasé a concurrir a los cursos sobre "Psicosomática" que dictaban los Dres. Rascovsky y Garma en la Facultad de Medicina de la UBA y así llegué al psicoanálisis que ocupó mis primeros años de médico desde 1961, en forma total, hasta que en 1968 me hice cargo del Dto. de Adolescentes del Centro de Salud Mental N°1 y así entré en el campo de la psiquiatría. En 1969 fui Cofundador de la Asociación de la Infancia y Adolescencia y fui elegido

Vicepresidente y en enero de 1971 presidí junto con el Dr. Sherman Feinstein de Chicago, Estados Unidos la Primer Reunión Panamericana de Psiquiatría de la Adolescencia y ya redefiní mi orientación profesional por la "Psiquiatría" muy relacionado con los que lideraban la American Society For Adolescents Psychiatry y la American Psychiatric Association. De ellos lo que más me inspiraron fueron: James Masterson y Silvano Arieti, con quienes además fuimos amigos. Mi otro gran maestro y amigo fue Peter Bloss, considerado "el padre de la Psiquiatría de la Adolescencia".

¿De qué se siente más orgulloso? De haber logrado que los psiquiatras más famosos de Estados Unidos y Europa me consideren un par, lean mis trabajos y me los comenten de igual a igual.

¿Qué significa ser hispano o latino para usted? Sentirme libre del "peso de la historia" que cargan los europeos y de cierta forma también los norteamericanos. Quiero decir que se sienten obligados a seguir ciertos modelos preestablecidos por los "patrones", en cambio nosotros carecíamos de modelos, lo cual nos trajo complicaciones, pero poco a poco comprendimos, que era un privilegio tener la libertad que teníamos para desarrollar nuestra especialidad.

¿Qué le aconsejaría a un estudiante o residente hispano o latino que acaba de comenzar su carrera? Que seleccione un buen programa de "Postgrado en Psiquiatría." Que lo complete como primer paso, además de tratar de conseguir entrar en algún buen "Servicio de Psiquiatría", para adaptarse al medio psiquiátrico, especialmente perder los miedos y prejuicios que por lo general tienen los principiantes y fundamentalmente aprender inglés, o perfeccionarlo si no lo domina adecuadamente. En todos los congresos internacionales solo se habla inglés y nuestra gente suele tener deficiencias en su formación, que es urgente corregirlas, pues después de un buen postgrado aconsejo tratar de pasar algún tiempo de trabajo en el "Primer Mundo".

¿Díganos algo importante que haya aprendido de trabajar con pacientes hispanos y latinos? Que somos indisciplinados y no nos gustan los límites a diferencia de los pacientes del primer mundo. Esto es muy importante tenerlo bien claro, pues sino se sufren muchas frustraciones en los primeros años de ejercicio de la profesión.

¿Qué papel (positivo o negativo) ha jugado en su carrera el hecho de ser hispano o latino? Esta pregunta debo responderla agregando que además comencé muy joven mi vida profesional y tanto en el medio psicoanalítico como en el psiquiátrico, siempre recibí elogios por ser un profesional joven y argentino, que hablaba inglés, entre profesionales destacados del primer mundo. Vale comentar que ya en 1958, siendo aún estudiante de medicina, participé como "asistente", en Rio de Janeiro, Brasil, en el 2º Congreso Ibero-Luso Americano de Medicina Psicosomática, por indicación del Dr. Arnaldo Rascovsky, y viajé con su grupo y ya conocí distinguidos psicoanalistas y psiquiatras de nuestros países, con los cales en una serie de congresos a los que fui asistiendo en los años siguientes, continué la relación y con algunos una linda amistad, que me abrió muchas puertas en los Estados Unidos y España, principalmente. Varios me confiaron que para ellos conocer Sudamérica representaba un objetivo a cumplir en sus vidas, y al conocerme se animaron a venir, como ocurrió con los americanos Bryce Boyer, Peter Giovachini, James Masterson y Silvano Arietti, este último autor de los libros "The American Handbook of Psychiatry" que son textos clásicos de la "Psiquiatría", por los que hemos estudiado numerosas generaciones de psiquiatras.

¿Qué futuro le augura a la psiquiatría hispana? Esta es una pregunta que no tengo conocimientos para vaticinar, solo me animo a plantear que hay puertas abiertas en el mundo actual y sería muy positivo que jóvenes psiquiatras se animen a seguir integrándose al mundo psiquiátrico.

¿Cuál ha sido el mayor obstáculo de su carrera y cómo consiguió superarlo? Por suerte puedo decir que no he tenido obstáculos en mi carrera profesional y solo puedo comentar que al recibirme de médico hubiera querido pasar 2 a 3 años en los Estados Unidos como entrenamiento, pero opté por hacer los 3 años de la especialidad "psicoanálisis" porque ya había cumplido los requisitos que se exigían en esa época, y tenía las puertas abiertas para hacerlo y postergué para años después esa otra posibilidad, que la fui cumpliendo, pero por etapas.

¿Cuál es en su opinión el mayor reto de la psiquiatría? Lograr integrarse con el resto de la medicina dado que ahora tenemos un lenguaje en común a través de la neuroquímica moderna que acaba la disociación que significó la "medicina psicosomática". Vamos hacia la "medicina integral".

¿Cuáles son los cambios más necesarios en la psiquiatría? Reitero lo dicho anteriormente formar parte de "una concepción integral de la medicina", ya no tiene más sentido la disociación cuerpo-mente, de la medicina tradicional.

PILAR LACHHWANI

La Dra. Pilar Lachhwani nació en Cali, Colombia y estudio Medicina en la Universidad del Valle. Emigró a los Estados Unidos "por un deseo de superación personal" especializándose en psiquiatría en la Clínica Mayo. Actualmente la Dra. Lachhwani es Profesora Asistente de Psiquiatría en la Clínica de Cleveland.

¿Qué le hizo emigrar a los Estados Unidos? Vine a los Estados Unidos por un deseo personal de especializarme en un hospital bien conocido como Mayo Clinic después de graduarme de la escuela de medicina en mi ciudad natal, Cali Colombia.

¿Cómo decidió hacerse psiquiatra? La Psiquiatría me fascino desde que realicé mi primera rotación clínica como estudiante en el Hospital Psiquiátrico "San Isidro", y me propuse entender mejor la complejidad de la mente humana y la interrelación biológica, psicológica y social. La psiquiatría me fascinó desde mis primeras rotaciones como estudiante de medicina en el hospital estatal de mi ciudad y decidí estudiar más a fondo la complejidad de las interacciones con la mente, el cuerpo y el medio ambiente.

QUIJOTES DE LA PSIQUIATRIA

¿Cuáles han sido sus principales fuentes de inspiración? Mi principales Fuentes de inspiración fueron inicialmente mis profesores de Psiquiatría en la Universidad del Valle, los doctores Carlos Leon, Guillermo Escobar, Eduardo Castrillón y otros. Mi primer paciente psiquiátrico un joven de 18 años con su primera crisis psicótica y mi hermano quien desarrollo esquizofrenia años más tarde, afirmo mi vocación por la psiquiatría.

¿De qué se siente más orgulloso? Me siento muy orgullosa de amar mi trabajo como psiquiatra y de enseñar a las nuevas generaciones de médicos rotando por mi servicio de psiquiatría de enlace.

¿Qué significa ser hispano o latino para usted? Me siento super orgullosa de mi herencia hispana y Latina, de mis ancestros, de mi lengua y costumbres.

¿Qué le aconsejaría a un estudiante o residente hispano o latino que acabe de comenzar su carrera? Mi primer consejo es aprender inglés muy bien, de ser autentico y no olvidar de dónde venimos.

¿Díganos algo importante que haya aprendido de trabajar con pacientes hispanos y latinos? El paciente hispano es muy agradecido, involucra a su familia en las visitas y el doctor se siente parte integral de la comunidad para mejorar los resultados del tratamiento.

¿Qué papel (positivo o negativo) ha jugado en su carrera el hecho de ser hispano o latino? El ser hispano parlante me ha dado una ventaja importante en mi trabajo y en las posiciones que he asumido durante mi Carrera en los Estados Unidos y en otras partes del mundo.

¿Qué futuro le augura a la psiquiatría hispana? La Psiquiatría Hispana tiene un gran futuro y oportunidades para que nos involucremos como líderes sociales en nuestra comunidad.

¿Cuál ha sido el mayor obstáculo de su carrera y cómo consiguió superarlo? El obstáculo inicial de mi Carrera fue no dominar el Ingles bien, lo supere tomando cursos intensivos de conversación y reducción del acento.

¿Cuál es en su opinión el mayor reto de la psiquiatría? El mayor reto de la Psiquiatría y de la salud mental en general para los hispanos es la cobertura y el acceso a los servicios sin discriminación.

QUIJOTES DE LA PSIQUIATRIA

¿Cuáles son los cambios más necesarios en la psiquiatría? En la actualidad, tenemos que expandir la educación digital para promover mayor cobertura de servicios de salud mental con las visitas virtuales para pacientes hispanos que no tienen transporte y/o que no pueden faltar al trabajo.

QUIJOTES DE LA PSIQUIATRIA

VERONICA LARACH

La Dra. Verónica Larach es psiquiatra de la Universidad de Chile, profesora titular de la Universidad Andrés Bello, "Profesor Honorario" 2021, y jefa del Departamento de Psiquiatría y del Programa de Especialización en Psiquiatría del Adulto de la Facultad de Medicina. Otorgado por la Sociedad de Neurología, Psiquiatría y Neurocirugía (SONEPSYN) ella recibió el premio Maestra de la Psiquiatría Chilena en 2022.

¿Cómo decidió hacerse psiquiatra? Siempre quise ser médico y me pareció, desde muy temprano, que la especialidad más influyente en el devenir, calidad de vida, salud y bienestar de las personas era la Psiquiatría. Por supuesto, era también el área en que se podían dar los mayores sufrimientos y efectos deletéreos, tanto individuales como para un grupo familiar y social. Junto a esto, también estaba la fascinación que ejercían sobre mí el cerebro, los avances de la neurobiología y las neurociencias, la conciencia y sus metaniveles, las emociones y conductas, y todos estos elementos en íntima relación con la sociedad y cultura.

¿Cuál es en su opinión el mayor reto de la psiquiatría Hispana? Uno de los principales desafíos es la cobertura de la atención en salud mental en todos los niveles de la población y, especialmente, en adolescencia y juventud temprana, que es cuando comienzan a manifestarse las afecciones mentales más graves. Las intervenciones tempranas son muy importantes para aminorar el impacto de estas dolencias.

¿Cuáles son los cambios más necesarios a llevar a cabo en la psiquiatría en este momento? Estamos especialmente carentes en programas de larga data para reinserción psicosocial que cuenten con una confluencia interministerial para las soluciones integrales de las personas afectadas por problemas de salud mental. Estas personas son parte de nuestra sociedad y que requieren de apoyo social y de protección en cuanto a educación, capacitación y vivienda para los afectados y que no pueden ser provistos solamente por el sector salud.

¿Qué futuro le augura a la psiquiatría hispana? La educación e investigación representan un factor primordial en el avance de las políticas de salud y de la disciplina en sí. Todas las personas que estén afectadas en su salud física y/o mental reaccionarán de diferente manera frente a lo que los aqueja, por su perfil emocional y conductual sumados a su nivel educacional, su entorno familiar y social, y cultural que los rodea. Eso hace que las intervenciones siempre son personalizadas y cuando no lo son, causan daño. Es muy importante el concepto de entender que la psiquiatría es una especialidad médica más y siempre tomar en cuenta la salud general del paciente y la manera cómo este paciente aborda y vive su dolencia

---

*El andar tierras y comunicar con diversas gentes
hace a los hombres discretos.*

Don Quijote de la Mancha

QUIJOTES DE LA PSIQUIATRIA

ELENA LEVIN

Mi nombre es Elena Levin, nací en Argentina y estudié medicina en la Universidad de Buenos Aires. Realicé mi formación psiquiátrica mediante becas en la Universidad de Viena, (Austria) y en la Universidad de Bonn (Alemania). Ejercí en Israel y desde 1972 me encuentro en Buenos Aires donde durante diez años me dediqué a la investigación clínica de psicofármacos.
Recibida en el Posgrado de Capacitación en Historia Política y Social del I. Torcuato Di Tella, autora del libro "Historia de una Emigración (1933-1939) alemanes judíos en la Argentina" que va por su cuarta edición.

"Recién las jóvenes generaciones pueden acercarse a este tema, con la frescura y la inocencia. Sin embargo, estos descendientes cargan con una pesada herencia transmitida por el pecho nutricio, pecho mental difícil de metabolizar. A estos jóvenes los acunó el miedo, la desconfianza, el recelo y, muchas veces, la incomprensión". (Extracto de mi prólogo)

He sido fundadora y miembro de la 1ª Comisión Directiva de la Asociación de Psiquiatras Argentinos (residentes en el país y en el extranjero), APSA. Fundadora y 1ª presidenta del Capítulo de Salud Mental de la Mujer de APSA (Asociación de Psiquiatras Argentinos), profesora de UBA y de UB (Universidad de Belgrano). Dirigí el posgrado de Ginecopsiquiatría (Saluda Mental de la Mujer) de la Universidad Favaloro.

Desde 2004 hasta la fecha que dicto las conferencias sobre la aproximación histórica y un análisis psicológico de los personajes de las óperas que se representan en la temporada del teatro Colón. Dice Daniel

QUIJOTES DE LA PSIQUIATRIA

Barenboim... "Hay más de 20 nacionalidades hoy entre nosotros. Tal vez no todos entiendan la lengua del otro, pero tenemos un idioma que entendemos todos: el de la música". Es un vínculo de paz y entendimiento entre los pueblos. Es por esto que en este momento de entrecruzamiento de migración y cultura tratamos de entender algo acerca de la historia y de la cosmovisión de la mujer a través de la música y, en especial, de la ópera. En la actualidad continúo con la práctica privada como psiquiatra y psicoterapeuta.

¿Cómo decidió hacerse psiquiatra? Durante mis 8 a 9 años, permanecí en casa varios meses debido a una seguidilla de enfermedades infectocontagiosas (sarampión, varicela, tos convulsa). Durante ese período no asistí al colegio, ni tuve contacto con otros niños con quien jugar. Mi deseo de entretenerme me condujo a jugar a la farmacia. Años después entrada en la pubertad decidí que iba a estudiar medicina. Aunque la carrera me apasionaba desde el comienzo descarté especializarme tanto en enfermedades infecciosas como en el área de las quirúrgicas. Si bien mi convicción me impulsaba a paliar el dolor del sufriente y ayudarlo a emerger de problemas interiores al ser humano, pensé dirigir mi desarrollo profesional hacia la psiquiatría.
Esa razón me condujo a comenzar mi propio tratamiento psicoanalítico a los 19 años. Ese entrenamiento personal me lleva hasta el presente a sostener que uno es médico para no sentirse solamente paciente. Desde entonces y hasta el presente considero que la psiquiatría es una especialidad dura y difícil pero sumamente necesaria.

¿Cuáles han sido sus principales fuentes de inspiración? Mis principales fuentes de inspiración hasta mi graduación en 1965 fueron los grandes profesores de medicina, en su gran mayoría hombres.
En Argentina el profesor Dr. Florencio Escardó, el Dr. Moisés Polak, Dr. Natalio Cvik y la Dra. Aurora Pérez. En Austria, Viena, el Dr. Walter Spiel, Profesor Dr. Peter Berner y la Dra. Ruth Naske. En Alemania, concretamente en Bonn el Profesor Dr. Weitbrecht y la Dra. Boyan von Plotho.

¿De qué se siente más orgulloso? Me siento muy orgullosa de haber fundado, junto a mis colegas varones la Asociación de Psiquiatras Argentinos (Residentes en el país y en el extranjero) APSA. Un hecho que pudo concretarse después del fin de la Dictadura Militar.

¿Qué significa ser Hispano o Latino para usted? En realidad, soy hija de alemanes emigrados a Argentina. Pero me siento latina por mi nacimiento en Argentina. El alemán se hablaba en mi casa y mi educación siempre fue bilingüe debido a que asistí a un colegio donde se enseñaba alemán- español.

Esta última lengua se vio reforzada por contactos y amistades en la escuela primaria, secundaria y en la universidad. Ser Hispano es compartir además de un idioma, que está muy difundido en el mundo, una serie de costumbres cotidianas y culturales que nos caracterizan. Somos muy sociables, hablamos mucho y voz alta, en general nos gusta manejarnos en grupo, no somos retraídos sino extrovertidos y la gran virtud que nos caracteriza es la solidaridad.

¿Qué le aconsejaría a un estudiante o residente hispano o latino que acabe de comenzar su carrera? A un estudiante o residente hispano o latino que acaba de comenzar su carrera le recomendaría que estudie intensamente las materias médicas e idiomas que cubran y profundicen su saber pero que también se preocupen por perfeccionar su cultura general más allá de lo técnico- profesional. La música, la literatura, el arte y amplios conocimientos del pasado y el presente debieran coexistir con la formación estrictamente profesional.

¿Díganos algo importante que haya aprendido de trabajar con pacientes hispanos y latinos?
Algo importante que he aprendido de trabajar con pacientes hispanos y latinos es que en general sobresale su calidez y los estrechos vínculos que mantiene con sus respectivas familias y la rapidez en conectarse con su grupo de pares.

¿Qué futuro le augura a la psiquiatría hispana? A la psiquiatría hispana le auguro un futuro promisorio ya que se han formado muy buenos profesionales, actualizados y estudiosos de los cambios en la disciplina.

¿Cuál ha sido el mayor obstáculo de su carrera y cómo consiguió superarlo? En mi carrera los obstáculos que tuve fueron los que eran típicos de la época, por ejemplo, había muy pocas mujeres en lugares de decisión de política médica y en las guardias médicas.

¿Cuál es en su opinión el mayor reto de la psiquiatría? En mi opinión el mayor reto de la psiquiatría es la de seguir siendo una especialidad humanista.

¿Cuáles son los cambios más necesarios a llevar a cabo en la psiquiatría en este momento? Opino que en este momento el cambio más necesario y útil para llevar a la psiquiatría es profundizar el estudio de filosofía, psicología, cultura general e historia. Y también todos los aspectos referentes a las neurociencias.

QUIJOTES DE LA PSIQUIATRIA

ROBERTO LEWIS-FERNANDEZ

El Dr. Roberto Lewis-Fernández es profesor de psiquiatría clínica en la Universidad de Columbia, director del Centro de Excelencia del Estado de Nueva York para la Competencia Cultural y del Programa Hispano de Tratamiento, y codirector de la Clínica de Trastornos de Ansiedad en el Instituto Psiquiátrico del Estado de Nueva York. También es conferenciante sobre salud global y medicina social en la Universidad de Harvard.

El programa de investigación del Dr. Lewis-Fernández desarrolla intervenciones clínicas y métodos innovadores de prestación de servicios para eliminar las disparidades en el cuido de grupos culturales diversos. Su trabajo intenta mejorar el compromiso terapéutico y la retención en servicios de salud mental y de salud física.

También investiga la forma como la cultura afecta la experiencia de los trastornos mentales y de las expectativas sobre el tratamiento, incluyendo como evaluar esta variación cultural durante la entrevista psiquiátrica. Dirigió el desarrollo de la Entrevista de Formulación Cultural en el DSM-5, un método estandarizado de evaluación cultural que puede usarse en la práctica de salud mental. El Dr. Lewis- Fernández ha recibido apoyo económico de agencias federales y estatales estadounidenses y de fundaciones privadas.

QUIJOTES DE LA PSIQUIATRIA

Ha publicado más de 230 artículos, editoriales, comentarios, informes, libros, y capítulos sobre el tema de salud mental cultural. Es presidente de la Asociación Mundial de Psiquiatría Cultural, jefe del Comité Cultural del Grupo para el Avance de la Psiquiatría, expresidente inmediato de la Sociedad para el Estudio de la Psiquiatría y la Cultura, expresidente de la Sociedad Americana de Psiquiatría Hispánica y miembro de la Junta de Servicios Comunitarios y del Consejo Asesor de Salud e Higiene Mental del Departamento de Salud e Higiene Mental de la Ciudad de Nueva York.

El Dr. Lewis-Fernández también es jefe del Comité Revisor del DSM de Trastornos Internalizantes (Depresivos, Ansiosos, Traumáticos, Obsesivo-Compulsivos, Disociativos, y Somáticos), jefe del Comité Revisor de Asuntos Culturales de la Revisión de Texto del DSM-5, y codirector del Grupo de Trabajo sobre Temas Relacionados a la Cultura del ICD-11. Fue miembro de la Junta Asesora del Instituto Nacional de Salud Mental (NIMH), miembro del Grupo de Trabajo de Trastornos de Ansiedad del DSM-5, y jefe del Subgrupo de Asuntos Transculturales del Grupo de Estudio sobre Género y Cultura de la Junta Directiva del DSM-5.

Ha recibido varios premios, tales como el Premio al Psiquiatra Ejemplar de la Alianza Nacional para la Enfermedad Mental (NAMI), el Premio Conmemorativo Rafael Tavárez, MD de la Asociación de Profesionales Hispanos de Salud Mental, el Premio Herbert Spiegel, MD del Departamento de Psiquiatría de la Universidad de Columbia, la Cátedra Visitante Luke y Grace Kim del Departamento de Psiquiatría de la Universidad de California en Davis, el Premio Simón Bolívar de la Asociación Americana de Psiquiatría, el Premio de Erudición Creativa de la Sociedad para el Estudio de la Psiquiatría y la Cultura, el Premio de Excelencia Multicultural de NAMI- Estado de Nueva York, y el Premio "Senior Scholar" en Investigación sobre Servicios de Salud de la Asociación Americana de Psiquiatría.

El Dr. Lewis-Fernández estudió en Harvard College, la Escuela de Divinidad de Harvard, y la Escuela de Medicina de Yale. Se entrenó en psiquiatría en el Hospital de Cambridge (1986-90) y completó las becas postdoctorales Dupont-Warren en psiquiatría (1990-91) y T32 del NIMH sobre antropología médica clínicamente aplicada (1991-93) en la Escuela de Medicina de Harvard. De 1993 a 1995, el Dr. Lewis-Fernández trabajó en el Departamento de Salud de Puerto Rico implementando un programa innovador de atención clínica integrada de servicios de salud física y mental basada en clínicas rurales de atención primaria.

¿Cómo decidió hacerse psiquiatra? Vine a los Estados Unidos inicialmente para estudiar en la universidad y me quedé para completar la escuela graduada, escuela de medicina, y el resto de mi entrenamiento profesional, un total de 18 años. Regresé a Puerto Rico por 5 años y luego volví a los Estados Unidos como director del Programa Hispano de Tratamiento en Columbia. Principalmente fue cuestión de aceptar una gran oportunidad para tratar de avanzar la investigación en nuestra comunidad y trabajar con inmigrantes latinos en la ciudad más grande de Estados Unidos.

¿Cuáles han sido sus principales fuentes de inspiración? Entré a la psiquiatría por mi interés en las religiones comparadas luego de obtener una maestría en esa área, como una manera de aplicar a la salud mi interés por el impacto de las tradiciones y la cultura. La psiquiatría me permitió no únicamente desarrollar mis intereses intelectuales sobre la cultura y el proceso de encontrar significado en la vida – lo que me llevó al estudio de la religión – sino a la vez aplicar este conocimiento para intentar reducir el sufrimiento mental y emocional.

¿Cuáles han sido sus principales fuentes de inspiración? Mis mentores, especialmente el Prof. Arthur Kleinman, quien fundó la "nueva psiquiatría transcultural." Las personas que se dedican, con espíritu generoso, a eliminar la desigualdad.

¿De qué se siente más orgulloso? De un compromiso sostenido a tratar de realizar investigación que sea relevante a las condiciones actuales de la gente.

¿Qué significa ser hispano o latino para usted? Pertenecer a una comunidad cultural en particular, con una historia de grupo caracterizada por la resistencia a la violencia y la opresión.

¿Qué le aconsejaría a un estudiante o residente hispano o latino que acabe de comenzar su carrera? Encontrar lo que le apasiona y que a la vez valga la pena hacer en un mundo lleno de injusticia.

¿Qué le aconsejaría a un estudiante o residente hispano o latino que acabe de comenzar su carrera? Encontrar lo que le apasiona y que a la vez valga la pena hacer en un mundo lleno de injusticia.

QUIJOTES DE LA PSIQUIATRIA

¿Díganos algo importante que haya aprendido de trabajar con pacientes hispanos y latinos? Cuánto nuestras culturas latinas promueven la generosidad y la solidaridad entre la gente, pero también cuan a menudo este ímpetu se ve coartado por nuestras circunstancias y luchas internas.

¿Qué papel (positivo o negativo) ha jugado en su carrera el hecho de ser hispano o latino? Para mí, es la fuente principal de mi identidad. Por eso dirijo un Programa Hispano de Tratamiento y un Centro de Competencia Cultural y porque mis investigaciones se enfocan en mejorar la disponibilidad y la calidad de servicios de salud mental para pacientes latinos.

¿Qué futuro le augura a la psiquiatría hispana? Veo que hoy en día hay muchos más estudiantes de medicina latinos entrando a la psiquiatría que hace 35 años, cuando yo empecé. Es una señal muy esperanzadora para la psiquiatría latina en Estados Unidos.

¿Cuál ha sido el mayor obstáculo de su carrera y cómo consiguió superarlo? El obstáculo principal de mi carrera fue la dificultad que tuve para establecerme como investigador de salud mental en Puerto Rico luego de casi dos décadas de estudio en los Estados Unidos. Los obstáculos institucionales fueron especialmente difíciles, incluyendo el pequeño número de plazas académicas. Al cabo de varios años, acepté una posición en la facultad de Columbia, así que el problema se "resolvió" al irme de la Isla.

¿Cuál es en su opinión el mayor reto de la psiquiatría? Aceptar el papel medular de la cultura en los factores de riesgo, la formación y el curso de la psicopatología y la centralidad de los puntos de vista y las prácticas de las personas y sus familias en formar estos aspectos de la enfermedad y el tratamiento.

¿Cuáles son los cambios más necesarios en la psiquiatría? La inclusión sistemática en el cuido de salud mental de las perspectivas del paciente y su familia, junto a la información biomédica sobre los mecanismos de riesgo y de enfermedad.

QUIJOTES DE LA PSIQUIATRIA

CARLOS LOPEZ JARAMILLO

Estudio medicina en Instituto de Ciencias de la Salud (CES) y psiquiatria en la Universidad Pontificia Bolivariana de Medellin, Colombia. Se desempena como jefe Departamento de Psiquiatría Universidad de Antioquia y Coordinador Grupo de Investigación en Psiquiatría. Director Programa de Trastornos del Animo del Hospital San Vicente de Paul en Medellin. Tiene un Magister en Terapia de la Conducta de la Universidad Nacional de Educación a Distancia, Madrid, España.

Doctor en Bioética (Summa Cum Laude) de la Universidad El Bosque, Bogotá, Colombia. Actualmente es Profesor Titular y jefe del Departamento de Psiquiatría de la Facultad de Medicina de la Universidad de Antioquia, Medellín, Colombia. Adicionalmente, es el Coordinador del Grupo de Investigación en Psiquiatría GIPSI de la misma Universidad.

Fundador de la Asociación Colombiana de Trastornos del Ánimo, capítulo oficial de la International Society of Bipolar Disorders en Colombia y, es el director del Programa de Trastornos del Ánimo del Hospital Universitario de San Vicente Fundación, Medellín, Colombia.

Es miembro activo de la American Psychiatry Association, Society of Biological Psychiatry, International Society of Psychiatric Genetics, International Society Bipolar Disorders, International Consortium on

Lithium Genetics, International College of Neuropsychopharmacology, entre otros.

Ha sido un investigador activo en trastornos del ánimo, (especialmente en Trastorno Bipolar), esquizofrenia, psiquiatría genética, psiquiatría biológica y neuroimagenología, recibiendo fondos del Instituto Nacional de Salud Mental de los Estados Unidos (NIMH).

Su bibliografía incluye más de 60 publicaciones científicas en revistas nacionales e internacionales de gran impacto tales como JAMA, The Lancet, PNAS, BRAIN, entre otros. Gracias a su trayectoria en investigación se ha permitido establecer alianzas y trabajos colaborativos con importantes instituciones como University of California Los Angeles –UCLA-, Samuel Institute; -Robert Wood Johnson University Hospital -RWJUH-, Rutgers University; Center for Molecular Psychiatry, The University of Texas, Enhancing Neuro Imaging Genetics Through Meta-Analysis -ENIGMA-, entre otros. El Dr Carlos López-Jaramillo ha recibido varios honores, entre ellos la "Medalla Francisco José de Caldas a la Excelencia Universitaria, Categoría Oro, durante la Celebración del Día Clásico de la Universidad" otorgado por la Universidad de Antioquia y el "VII Premio Andreu Arrufat a la excelencia en la investigación y tratamiento de los trastornos bipolares" otorgado por la Sociedad Española de Psiquiatría, Sociedad Catalana de Psiquiatría, Sociedad Española de Psiquiatría Biológica y el Hospital Clinic de Barcelona. Es miembro de diferentes Comités de Ética tanto a nivel local como nacional, participando en tópicos de ética médica, ética hospitalaria y ética en la investigación.

El andar tierras y comunicar con diversas gentes hace a los hombres discretos.

Don Quijote de la Mancha

QUIJOTES DE LA PSIQUIATRIA

MARÍA I. LÓPEZ-IBOR

La Doctora Maria Ines Lopez-Ibor nació en Madrid. Realizo sus estudios en medicina y cirugía en la Universidad Complutense de Madrid UCM, recibiendo el Premio Extraordinario a la mejor tesis doctoral (1994). Es también Médico especialista en Psiquiatría (2001) y actualmente, Profesora Titular de Psiquiatría y Psicología Médica, en la Facultad de Medicina, de la UCM (2001). Se ha destacado como miembro correspondiente de prestigiosas instituciones como la Real Academia Nacional de Medicina, la Real Academia de Doctores de España y es Presidenta del Patronato de la Fundación Juan José López-Ibor, Vicepresidenta del Patronato de la Fundación Ortega Marañón y Miembro del Patronato de la Fundación Salto para la integración laboral de personas con enfermedad mental. La Doctora Lopez-Ibor pertenece al comité directivo de la Revista Actas Españolas de Psiquiatría y de la Sociedad de Psiquiatría de la Comunidad de Madrid, de la Sociedad Española de Psiquiatría y de la Sociedad de Patología Dual. Es a su vez miembro de Honor de la Asociación Mundial de Psiquiatría, de la asociación Mundial de psiquiatría Social y Miembro ejecutivo de la asociación Mundial de Psiquiatría. Ha sido Vicedecana de relaciones institucionales y asuntos económicos de la Facultad de Medicina de la UCM; Viceconsejera de Ordenación Sanitaria, Salud Pública y Consumo Comunidad de Madrid (2003-2005). Entre otras actividades, se desempeña como Coordinadora científica del Programa Salud Mental y Desastres de la

Organización Mundial de Psiquiatría y es Vocal del Comité de educación de la Asociación Mundial de Psiquiatría. Ha publicado 93 artículos científicos en revistas nacionales e internacionales; 8 libros y 24 capítulos de libros y ha participado en la dirección de 10 tesis doctorales y más de 90 presentaciones de trabajos científicos en congresos nacionales e internacionales. Se ha destacado como Investigadora principal o coinvestigadora en 15 proyectos nacionales e internacionales.

¿Cómo decidió hacerse psiquiatra? No siempre tuve claro que quería ser médico, lo que me interesaba era investigación, y la genética, pensé en hacerme bióloga, pero como sacaba buenas notas mi padre me dijo haz medicina porque si luego cambias de opinión tendrás muchas más posibilidades, podrás dedicarte a la investigación, pero también a la clínica o la docencia. Cuando empecé mis estudios tuve claro que quería ser médico, pero no tan claro que especialidad quería, quizá endocrinología, quizá neurología, pero al llegar a 5 curso y cursar la asignatura de psiquiatría comprendí que era lo que más me gustaba. Soy hija, nieta y sobrina de psiquiatras y de médicos y saber si era una vocación real o si era algo influenciado por el ambiente, era todo un reto.

¿Cuáles han sido sus principales fuentes de inspiración? Estudié en el Hospital Clínico San Carlos de Madrid, dónde tuve grandes profesores como el Prof. Alonso Fernández, el Prof. Ayuso y el Prof. Carbonell. La Dra. Rosa Yañez. Posteriormente hice parte de la especialidad en el Maudsley Hospital en Londres, allí aprendí mucho del Dr. Robin Murray, la Dra. Janet Treasure, el Dr. Simón Wesley. Pero sin duda alguna mi gran maestro, fuente de inspiración y ejemplo a lo largo de toda mi formación y ejercicio profesional fue mi padre el Prof. Juan Jose López-Ibor, fue mi profesor, codirector de mi tesis doctoral sobre los mecanismos serotoninérgicos en el trastorno obsesivo- compulsivo, fue quien me enseñó casi todo lo que sé. Gracias a él tuve la oportunidad de vincularme a la Asociación Mundial de Psiquiatría y allí conocí a grandes psiquiatras latinos como el Prof Pedro Ruiz, El Dr Juan Mezzich, Edgard Belford, la Dra Silvia Gaviria, y muchos otros de los que he aprendido, compartido mucho.

¿De qué se siente más orgullosa? Me siento satisfecha con haber conseguido mantener a la psiquiatría como una vocación personal y un estilo de vida. Tener la oportunidad de enseñar a los alumnos de Medicina la psicopatología, o participar en postgrado vinculados a la neurociencia es motivo de orgullo, pero sobre todo la confianza que depositan los pacientes y comprobar que pueden recuperar su vida, su familia, su trabajo, es siempre una alegría.

¿Qué significa ser hispano o latino para usted? Ser española/hispano es un orgullo. Nací en Madrid dónde he vivido casi toda mi vida, pero por tradición familiar he estado muy vinculada a la Psiquiatría latinoamericana de la he aprendido mucho ya que compartimos valores, tradiciones y cultura.

¿Qué le aconsejaría a un estudiante o residente hispano o latino que acabe de comenzar su carrera? A los estudiantes de psiquiatría les diría que han acertado, que se sientan muy orgullosos de su elección, que es una especialidad que les ayudará a entender a las personas, a comprender al ser humano no sólo en situación de enfermedad, sino también en la salud. Aprenderán mucho y ayudarán más. Pero para ello deberán formarse y hacerlo bien, no sólo en ámbitos de la Medicina, en general, Psiquiatría en particular, en Neurociencia, pero también en humanidades, antropología, psicología, sociología.

¿Díganos algo importante que haya aprendido de trabajar con pacientes hispanos o latinos? Los pacientes hispanos son pacientes especiales porque suelen tener valorares tradicionales, les importa mucho la familia, su bienestar y por eso se angustian mucho cuando alguien pierde su salud. Por otra parte, eso hace que en ocasiones o ellos mismos o sus familiares pueden sentirse estigmatizados por padecer o porque alguien cercano padezca una enfermedad mental. Eso en alguna ocasión hace que tengamos que dedicarles más tiempo a explicarles la enfermedad, sus causas y su tratamiento. Para mi ser española o latina nunca ha supuesto una desventaja sino todo lo contrario: hablar y poder leer un idioma que hablan tantas personas es una riqueza cultural importantísima. Poder compartir con otros profesionales latinos conocimientos, cultura, educación y formación con idioma común es una gran ventaja.

¿Qué futuro le augura a la psiquiatría hispana? La psiquiatría hispana tiene mucho futuro. Durante años los aspectos más biológicos han sido los más valorados. Tradicionalmente la psicopatología ha sido muy importante en la Psiquiatría hispana y eso es desde mi punto de vista el futuro de la psiquiatría. Volver a nuestras raíces para valorar los síntomas que presentan los pacientes, para poder tratarlos adecuadamente tanto desde el punto de vista psicológico como psicofarmacológico.

QUIJOTES DE LA PSIQUIATRIA

¿Cuál ha sido su mayor obstáculo en su carrera y cómo consiguió superarlo? Afortunadamente sólo he tenido obstáculos que podríamos considerarlos como menores. He sido una privilegiada porque siempre he contado con mucho apoyo, tanto de colegas como de las familias, los pacientes y los alumnos que me han permitido aprender cada día y mejorar mi formación. Lo que si he hecho es estudiar a diario. Desde hace años dirijo la Revista Actas Españolas de Psiquiatría y eso además me permite revisar muchos artículos.

¿Cuál es en su opinión el mayor reto de la psiquiatría? El mayor reto de la Psiquiatría es conseguir unificarla como especialidad. Existen demasiadas vertientes de la psiquiatría como psiquiatría biológica, psiquiatría comunitaria, psiquiatría social. Todas ellas importantes y fundamentales, pero al final el paciente necesita de la integración de todos esos aspectos para recuperar su salud. Por otra parte, deberíamos trabajar más, no sólo en el diagnóstico precoz de episodios agudos, sino también en la recuperación y rehabilitación de los pacientes. Sabemos que si se trabaja con esos pacientes más crónicos pueden también mejorar mucho.

¿Cuáles son los cambios más necesarios en la psiquiatría? Los cambios más necesarios son insistir en diagnóstico precoz y e convertirá la psiquiatría y a los psiquiatras en agentes que promueven la salud mental, tengamos formación para que aquellas personas que sufren estrés, acontecimientos vitales estresantes, puedan desarrollar herramientas para ni siquiera llegar a desarrollar una enfermedad. Otro reto importante es continuar combatiendo el estigma de la enfermedad mental. Estigma que afecta no sólo a los pacientes, sino a los familiares y a nosotros. Como profesionales acabamos de comenzar el año 2020 y seguimos hablando de trastorno mental y no tenemos una definición clara de lo que es una enfermedad mental. Los manuales diagnósticos como DSM-V, CIE.11 o quizá los criterios del Resarch Domain Criteria resultan insuficientes. Somos una especialidad médica en la que ya se conocen muchos aspectos genéticos, psicopatológicos, psicofarmacológicos y otros aspectos etiopatologicos, pero queda mucho por entender lo que la convierte en una de las especialidades médicas de más futuro. Vivimos en un mundo muy globalizado y en nuestra actividad clínica vemos pacientes de diferentes culturas, tradiciones, religiones, que han tenido que dejar a veces sus países de origen en circunstancias muy adversas, lo que sin duda les pone en una situación de vulnerabilidad a padecer una enfermedad mental, por eso la psiquiatría transcultural será fundamental Este para mí es un reto en que los psiquiatras latinos podríamos y deberíamos liderar y quisiera terminar con una frase de Don Quijote:"Don Quijote soy y mi profesión la de andante de caballería. Son mis leyes el deshacer entuertos, prodigar el bien y evitar el mal. Huyo de la vida regalada, de la ambición y la hipocresía y busco mi propia gloria, la senda   más angosta y difícil."

SANDRA LOPEZ

Mi nombre es Iris Sandra Lopez, nací, en la ciudad de San Rafael, Mendoza, Argentina. En mi adolescencia estudié en escuela Técnica Agraria con título en Enología. Estudié Piano. Comenzando mis estudios Universitarios en la Facultad de Medicina de la Universidad Nacional de Cuyo (ciclo básico) y el ciclo clínico lo continué en la Provincia de Córdoba, en la prestigiosa Universidad Nacional de Córdoba donde me gradué. Brindé examen seleccionada a Residencia Interdisciplinaria en Salud Mental, en el Hospital Emilio Vidal Abal. Oliva (Provincia de Córdoba). Allí coordiné durante mi formación: Taller de pintura en el área de rehabilitación bajo los lineamientos de desinstitucionalización y "desmanicomialización," con dos muestras de pintura en Córdoba capital. A los tres años de Residencia solicité traslado a la Ciudad de Córdoba para completar mi formación en un Hospital General siendo incorporada al equipo interdisciplinario en el Área de Salud Mental del Hospital San Roque. Completando capacitación en Psicofarmacología en el Hospital Neuropsiquiátrico Provincial de Córdoba y concurriendo a grupos de estudios psicoanalíticos.

Al finalizar la Residencia trabajé en el Hospital Neuropsiquiátrico Provincial de Córdoba donde me sumé al trabajo de equipo, asumiendo en corto plazo la Jefatura de Día. Fui coordinadora del Taller de Teatro, siendo parte del equipo de Rehabilitación del Hospital, donde apliqué investigación de mi autoría "Técnicas de Teatro en el mejoramiento de la calidad de vida" como directora y docente reconocida por el Ministerio de Salud de la Provincia de Córdoba. Tomé clases de teatro independiente durante 4 años en la ciudad de Córdoba. En el año 2003 me trasladé a San Rafael, Mendoza, donde resido en la actualidad. Realice Posgrado de Psiquiatría en la Universidad Nacional de Cuyo y en Buenos Aires completé posgrado en Psicogeriatría en la Universidad Favaloro. Fui titular de la Cátedra de Promoción de la Salud en la Universidad Católica, en la carrera de Trabajo Social en la ciudad de San Rafael. Fui convocada a integrar el equipo de Crónicos en Obra Social de Empleados Públicos, referente importante de la provincia de Mendoza, donde continué aplicando las Técnicas de Teatro para mejorar la calidad de vida en pacientes que dejan de fumar. Cumplí funciones dentro de la Obra Social donde además realicé seguimientos en Geriátricos; control de ausentismo, promoción y prevención de salud mental en Salud Laboral, con convenio con Dirección General de Escuelas.

En la actualidad trabajo área de Salud Mental de la Obra Social donde realizo tratamientos psicofarmacológicos e interconsultas .Estoy finalizando Tesis de Magister en Salud Mental, analizando la calidad de vida de las docentes habiendo aprobado intervención para prevenir depresión y deterioro psicofísico en población docentes en situación de jubilación que padecen estrés con aplicación de las Técnicas de Teatro. Dirijo un espacio de salud, desarrollando un circuito que contempla admisión y plan de tratamiento psicofarmacológico adecuado enfocado al tratamiento de Trastornos de Ansiedad, Estrés Agudos y Crónicos, Duelos y Depresiones, Estrés Postraumático con diversas técnicas alternativas como yoga y masajes descontracturantes.

¿Cómo decidió hacerse Psiquiatra? Realicé psicoanálisis con Dr. Raúl Teyssedú (Psicoanalista) durante 20 años consecutivos. En ese espacio logré trabajar y descubrir, en mis últimos años de carrera de Medicina, mis herramientas, mis sueños y qué deseaba hacer en la vida, que era lo que me motivaba hacer con mi profesión y como resultado descubrí que apreciaba conversar y saber de la historia de los seres humanos, me apasionaban sus vivencias como sus pesares, donde encontraba lugar para ayudar y aliviar.

¿Cuáles han sido sus principales fuentes de inspiración? Encontré las fuentes de inspiración en el estudio de la obra de Sigmund Freud y su teoría sobre el inconsciente en los comienzos de mi formación como Residente y en los grandes maestros de la psiquiatría como Henry Ey, Paul Bernard, López Ibor. En el manejo de los psicofármacos con Dr. Julio Moizeszowicz, Dra. Ruby Castilla – Puentes, etc. El arte (música, pintura, teatro, baile) también representa mi fuente de inspiración. El impulso permanente que recibí de maestros como Dr. Raúl Teyssedou, Lic. Fernando Demiryi, que incentivaron las ideas que llevaron al abordaje donde conviviera la mirada psicoanalítica y los tratamientos psicofarmacológicos como tratamientos posibles y no excluyentes. Las fuentes creo podría resumir en la fuerte formación que recibí de mi padre con su ejemplo en la defensa de los derechos humanos, y respeto por el otro, sumada a la gran sabiduría ancestral de mi madre. Creo que las fuentes estuvieron signadas por las injusticias que recayeron en América Latina, durante las últimas dictaduras militares y en la lucha inclaudicable ejemplo en el mundo de Abuelas y Madres de Plaza de Mayo por la Memoria Verdad y Justicia, en sus sobrevivientes, en la fuerza por continuar con los sueños de un mundo mejor.

¿De qué se siente más orgullosa? De acompañar a las personas a encontrar alivio al sufrimiento. De haber dado con la formación académica de excelencia que me permitiera desarrollarme como profesional. De la perseverancia en continuar con los sueños. De tratar a los seres humanos como sujetos de su propio destino y no como meros objetos de estudio.

¿Qué significa ser Hispana o Latina para usted? Ser Latina significa ser portadora de una cultura distinta, tenaz, emergente y viva, me permite ampliar el espectro de aprendizaje. Donde nada se da por terminado, concluido, sino muy por el contrario, que siempre está por hacerse, en revisión. Es esa construcción permanente de nuestra identidad que nos lleva a una búsqueda de cosas nuevas, abiertos a saberes tanto actuales como ancestrales. Somos una sociedad relativamente joven en la búsqueda de saber, de igualdad y de justicia.

¿Qué le aconsejaría a un estudiante o residente hispano o latino que acaba de comenzar su carrera? Que estudie su historia, de donde viene, sus raíces, encontrará la sabiduría para ayudar. Que busque una formación donde pase mucho tiempo juntos a otros (pares) y que busque aprender a trabajar en equipo, donde logre deconstruir el saber hegemónico médico. Que se respalde en el saber colectivo, y se nutra tanto de las artes como de la tecnología, y que se involucre en la defensa por los derechos humanos. Que pase tiempo en lugares retirados de las grandes urbes. Que viaje junto a sus pares por el mundo si tiene la posibilidad, o que conozca la ciudad contigua y observe los comportamientos, los deseos de sus habitantes, las formas de diversión, con que juegan y cómo viven los niños y adolescentes. Que aprenda a divertirse y conservar los lugares donde pasar tiempo con sus amigos.

¿Díganos algo importante que haya aprendido de trabajar con pacientes hispanos y latinos? Aprendí a contextualizar para discernir la dimensión del sufrimiento que lo lleva a la consulta y a elegir la herramienta (psifocarmacológica y psicoterapeútica) adecuada con la cuál es efectivo el tratamiento integral para cada persona. Aprendí a realizar peritajes y ayudar a reparar los daños de aquellos pacientes que por diferentes motivos fueron víctimas y ayudar a rearmar su vida de relación, su trabajo, su calidad de vida.

¿Qué papel (positivo o negativo) ha jugado en su carrera el hecho de ser hispano o latino? El papel negativo en América Latina es la falta de presupuesto que se destina a la Salud Mental que termina impactando en la salud tanto de los pacientes como de los profesionales abocados a la ardua tarea de acompañar en situaciones de extrema gravedad, muchas veces con costos de salud psicoemocional gravísimo que restan años de vida. Sumado a la falta o suspensión de políticas públicas que permitan crear e implementar diferentes accesos a la salud mental de la población general, quedando el 60 % de la población, sin atención, situación que se está visualizando producto de la pandemia por Covid-19. Como papel positivo rescato haber participado en forma constante de encuentros propiciados por distintos establecimientos donde me desempeñé y que apostaron con su estímulo haciendo posible nuestro crecimiento e intercambio con otros profesionales de distintas latitudes, que hoy enriquecen con su amistad el saber cotidiano. De positivo rescato que ante esta situación que afecta a la humanidad como es una pandemia el Gobierno Nacional ha convocado a profesionales de la salud mental para la diagramación de estrategias afines por el impacto que genera el Aislamiento Social Preventivo y Obligatorio por la Pandemia por Covid-19, como único recurso para enfrentarla. Y traigo a la actualidad la meta que la OMS que propuso al 2020 para terminar con los manicomios en el mundo. Veo como positivo la oportunidad para repensar nuestras prácticas.

¿Qué futuro le augura a la psiquiatría hispana? La psiquiatría hispana corre con la ventaja de ver con ojos nuevos lo evidente, las marcas, las falencias, los descuidos, el desinterés, y contar con la fuerza para cambiar la mirada hacia lo diverso. Comprendiendo que hay que construir algo nuevo y que se necesita de todas las voces pensando en el bien común y ya no en sostener que con el encierro las personas logran la cura, sino en la posibilidad de ser los impulsores de los cambios en la atención, retomando el juramento hipocrático.¿Cuál ha sido el mayor obstáculo de su carrera y cómo consiguió superarlo? Expandir y dar a conocer mi forma de trabajar para ser expuesto como herramienta a aplicar en la prevención y protección de la salud mental ha sido el obstáculo. El argumento reiterativo sigue siendo que no es de interés para la psiquiatría el tipo de técnicas para el abordaje del paciente suponiendo que desestiman el tratamiento psicofarmacológico, desalentando la aplicación de este método como de cualquier otro, como así también la posibilidad de dar a conocer en su amplitud para despejar este prejuicio, ya que de ninguna manera es excluyente. Si no, una nueva forma de estar cerca del paciente conociendo su estilo de vida trabajando en forma conjunta los tratamientos psicofarmacológicos favoreciendo la adherencia, evitando recaídas por abandono de este. El retaceo técnico y malas condiciones de trabajo han sido obstáculos permanentes en la obra social. El ser mujer y percibir el 26% menos de salario, de no tener las mismas oportunidades. Conseguí sortear o superar este obstáculo con la búsqueda incesante de formación (aplicando para distintos formatos: posgrados, maestrías) elaborando la metodología, dando un marco teórico y logrando el interés en los distintos ámbitos de aplicación para la aprobación del método de Técnicas de Teatro.

¿Cuál es en su opinión el mayor reto de la Psiquiatría? En la psiquiatría urge una transformación que la convierta en disciplina que abrace y luche por la desestigmatización de la vida cotidiana de los sujetos que consultan. Que amplíe la mirada y las prácticas siendo parte del conjunto de profesionales dentro de un espectro amplio de abordaje donde participe activamente en la protección de los Derechos Humanos de nuestros pacientes y por ende de la salud psíquica de nuestra población. Ejemplo: formando equipos junto a quienes desempeñan funciones en el Estado desde las áreas de vivienda, comunicación, educación, salud, ambiente, ya que la calidad de vida mejora cuando damos nuestro punto de vista y despertamos el interés en quienes deben dirigir la vida de las personas.

¿Cuáles son los cambios más necesarios por llevar a cabo en la Psiquiatría en éste momento? La Psiquiatría debe ampliar y actualizar los programas de formación de la carrera incluyendo los factores psicosociales como causantes determinantes de la mayoría de los padecimientos que irrumpen en la vida de relación, en el trabajo, en la complejidad de la vida de los seres humanos, como ha provocado la PANDEMIA por Covid-19. Debe estimular el trabajo en terreno junto al equipo interdisciplinario y multiprofesional para la pesquisa de factores de riesgo de la población consensuando alternativas de trabajo con actores in situ. Sensibilizar sobre nuestras prácticas, brindando apoyo y contención en ámbitos que fortalezcan la mirada integral sobre Igualdad de identidad de género, diversidad, violencia institucional y violencia de género.

ROCÍO MARTÍN-SANTOS

Rocío Martín-Santos Laffon, natural de San Sebastian, País Vasco, España, se formó como psiquiatra en el Hospital de la Santa Creu i Sant Pau, Barcelona, Cataluña (Universidad Autónoma de Barcelona, UAB) y ha realizado su carrera asistencial, docente e investigadora en hospitales universitarios públicos en el Hospital el Mar (1993-2008) y el Hospital Clínic (2008-act) de dicha ciudad. Obtuvo el grado de doctor con la calificación de cum laude en la UAB. Es profesora asociada de psiquiatría del Departamento de Medicina de la Universidad de Barcelona (UB) e investigadora adscrita del Instituto IDIBAPS y del CIBER en Salud mental.

Está acreditada como catedrática de Universidad por las agencias estatales de evaluación y como profesora titular. Es investigadora de referencia del programa de Excelencia Investigadora de la Sociedad Española de Psiquiatría Biológica (SEPB).

Profesora en cursos de doctorado y posgrado nacionales (UAB, UB, URV) e internacionales (UTD, USP). Ha sido profesora visitante en el Departamento de Neurociencias, Riberao Preto, Universidad de Sao Paulo (USP, Brasil), durante el año 2016 y Honorary researcher en el Instituto de Psiquiatría, King´s College de Londres (UK) en el periodo 2002-2006. Ha dirigido 23 tesis doctorales, tesinas de máster y grado en diferentes universidades (UAB, UB, USP).

Coordinadora del grupo de investigación en psiquiatría, dedicado al estudio de las bases neurobiológicas, factores de riesgo y respuesta terapéutica de los trastornos depresivos y ansiosos, primarios e inducidos por fármacos y sustancias de abuso. Ha sido investigadora principal de 12 proyectos e investigadora colaboradora de 19 financiados por Agencias externas nacionales y tres internacionales. El resultado ha dado lugar a más de 200 publicaciones, 181 en revistas indexadas con un elevado factor de impacto Es miembro de la junta internacional del Instituto de Medicina Translacional de Brasil, e investigadora colaboradora del Laboratorio de Nutrición/Neurobiología Integrativa de la Universidad de Burdeos, Francia, y de la Universidad Monash de Melbourne, Australia (20. Es miembro del Consorcio Internacional ENIGMA para el estudio de neuroimagen y genética del uso de substancias. Los resultados de sus investigaciones han sido premiados en diferentes sociedades científicas nacionales e internacionales. Premio de Excelencia Investigadora para investigadores de referencia de la SEPB.

Tiene experiencia de gestión, a nivel clínico, ha sido coordinadora de la Unidad de Ansiedad, de Urgencias Psiquiátricas, y Jefe de sección de Hospitalización (Agudos, Hospital de día y Urgencias). A nivel docente, ha coordinado cursos de posgrado (UAB, UOC), y de grado (asignatura optativa) (UB). Ha sido coordinadora de docencia de la Red de Genotipación y Psiquiatría Genética (RGPG). Ha coordinado grupo de investigación en Psiquiatría, Psiquiatría genética y el Nodo-Hospital del Mar (RGPG). Ha participado en diferentes comités, juntas de sociedad científicas y como revisora de las principales revistas indexadas de su especialidad y de Agencias estales nacionales e internacionales de evaluación.

¿Cómo decidió hacerse psiquiatra? Cuando terminé la carrera de medicina, coincidiendo con el alto consumo de alcohol y la epidemia de heroína en nuestro país, me interesé por las adicciones y me di cuenta de que tenía que empezar por formarme en la disciplina de psiquiatría.

¿Cuáles han sido sus principales fuentes de inspiración? Mis maestros durante la residencia en el Hospital de la Santa Creu i Sant Pau (UAB), en Barcelona, el profesor Delfi Abella, y los doctores Albert Velat, Enric Álvarez, y Claudi Udina, en un momento histórico de traslado del psiquiátrico al hospital general, desarrollo de la psicofarmacología e inicio atención a la adicción. Allí coincidí con otros médicos residentes con quienes he continuado colaborando toda mi carrera como las doctoras Marta Torrens y Roser Guillamat. También destacaría el impacto de la primera estancia fuera a principios de los 90 junto con la doctora Marta Torrens en Nueva York.

QUIJOTES DE LA PSIQUIATRIA

En mi caso en la unidad de Psiquiatría Biológica del Instituto de Psiquiatría (University of Columbia) con los doctores Donald Klein, Jack Gorman, y Jeremy Coplan, en el suyo en el Hospital de Bellevue, Unidad de Patología dual. Nos dio mucha confianza comprobar que la psiquiatría que practicábamos era semejante. A pesar de las diferencias de medios, organización y cultura esas semanas fueron decisivas para nuestro futuro profesional. Después he tenido grandes colegas que han sido o son referentes en diferentes momentos y aspectos como los doctores Philip McGuire y Zerrin Atakan (neuroimagen, King´s College, London), Jose Crippa y Antonio Zuardi (sistema cannabinoide y psicopatología, Universidad de Sao Paulo), Magí Farré y Jordi Camí (psicofarmacología y sustancias de abuso, IMIM, Barcelona), Lucile Capurón (neurobiología trastornos afectivos, Universidad de Burdeos).

¿De qué se siente más orgulloso? Que el país haya conseguido integrar la atención a la salud mental y las adicciones de la población, con carácter universal, dentro del Sistema Nacional de Salud. Haber podido participar como facultativo en el desarrollo de la atención pública al paciente psiquiátrico de forma parecida al resto de especialidades. Formar nuevos profesionales. Coordinar un grupo de investigación clínica y colaborar con otros grupos nacionales e internacionales.

¿Qué significa ser hispano o latino para usted? Compartir la lengua materna y parte de la cultura con otros países. Tener presente la visión transcultural.

¿Qué le aconsejaría a un estudiante o residente hispano o latino que acabe de comenzar su carrera? Que escuche a los pacientes, estudie, aprenda el oficio y trabaje en equipo. Adquiera una formación multidisciplinar basada en la evidencia y una aproximación holística del paciente. Esté atento tanto a las nuevas tecnologías y su aplicación en las neurociencias como al contexto psicosocial y la salud mental global. Se cuide en este periodo de formación manteniendo hábitos saludables (alimentación, sueño, ejercicio, ocio). Tenga una actitud ética, abierta y crítica a lo largo de toda su carrera.

¿Díganos algo importante que haya aprendido de trabajar con pacientes hispanos y latinos? De los pacientes he aprendido a escuchar y observar. Me han confrontado con la diversidad del ser humano y la complejidad de los trastornos mentales. Me han enseñado a entender que la medicina no es una ciencia exacta, y que ejercer la psiquiatría, hoy por hoy, implica trabajar con un margen de incertidumbre, y con un abordaje interdisciplinario y traslacional.

¿Qué papel (positivo o negativo) ha jugado en su carrera el hecho de ser hispano o latino? No creo que haya influido en mi carrera asistencial como psiquiatra. A nivel académico las dificultades han ido disminuyendo a medida que el país y las comunicaciones han progresado. Sin embargo, la escasa inversión pública de nuestro país en educación e investigación constituye una rémora crónica para elevar el nivel científico español, incrementar la competitividad, y el intercambio y la colaboración internacional.

¿Qué futuro le augura a la psiquiatría hispana? La psiquiatría y la investigación en neurociencias hispana han mejorado de forma importante en la última década. En un mundo interconectado como el actual deberíamos incrementar las colaboraciones y el trabajo en red entre países.

¿Cuál ha sido el mayor obstáculo de su carrera y cómo consiguió superarlo? Aunque el país ha evolucionado en las últimas décadas, todavía persisten actitudes del pasado, cierto nivel de endogamia, se premia el inmovilismo, la meritocracia tiene un moderado valor, y siguen existiendo dificultades de acceso, a igualdad de formación y experiencia, para las mujeres a puestos de responsabilidad clínicos y/o académicos.

¿Cuál es en su opinión el mayor reto de la psiquiatría? Ser capaces de cambiar de paradigma para avanzar. Acoger el modelo médico bio-psico-social fue un adelanto años atrás. La atención a nuestros pacientes ha mejorado al igual que su calidad de vida, ha disminuido el estigma de la enfermedad mental en la sociedad, la asistencia es principalmente en la comunidad, nuestros tratamientos tienen menos efectos secundarios y controlamos mejor la enfermedad. Sin embargo, la etiología de los trastornos mentales continúa siendo un enigma.

¿Cuáles son los cambios más necesarios en la psiquiatría? Políticas sanitarias que favorezcan el acceso al diagnóstico y tratamiento de los trastornos mentales de grupos con menores ingresos o posibilidades socioeconómicas. Políticas que ayuden a disminuir el estigma de la enfermedad mental en la sociedad. Incrementar los recursos socio-sanitarios para los pacientes crónicos resistentes al tratamiento (hospitalizados/comunidad) para que lleven una vida digna. Trabajar más a nivel de prevención (factores de riesgo y vulnerabilidad) e intervención temprana con subgrupos de riesgo, embarazadas, niños, adolescentes, y ancianos. Estudiar síntomas transdiagnóstico. Investigación multidisciplinaria. Integrar la clínica con marcadores biológicos (neuroimagen, neurocognición, genómica, proteómica, y otros ómicas). Creación y análisis de grandes bases de datos mediante análisis computarizado y algoritmos de diagnóstico, prevención y tratamiento y seguimiento personalizado.

INÉS MARTÍN

La Doctora Inés Martín Durán nació en Cáceres, España. Recibió su entrenamiento en Medicina y Cirugía en la Universidad de Salamanca (1972). Realizo sus estudios de Psiquiatría en el Hospital Universitario de San Carlos, de la Universidad Complutense de Madrid (1977). Es Profesora Titular de Psiquiatría de la Escuela de Enfermería del Hospital Universitario de Salamanca (1980). Realizo entrenamiento en estudios Freudianos (525 horas) en la Universidad Pontificia de Salamanca y en Psicoterapia Psicoanalítica (350 horas) en la Universidad Pontificia de Salamanca. En el 2002 se especializo en Psicoterapia Psicoanalítica en la Universidad Pontificia de Salamanca. Es Profesora de la Maestría en Psicoterapia Psicoanalítica en el Centro Psicoanalítico "Oscar Pfister" de Madrid. Universidad Pontificia Salamanca, campus Madrid (2006). Ha desempeñado posiciones de liderazgo como Neuro- psiquiatra de Zona en Ambulatorio SS Plasencia (Cáceres) (1978); adjunta de Psiquiatría en Hospital Universitario Salamanca (1979); en Hospital Universitario "Virgen del Rocío" Sevilla (1987).Después de más de 40 años ininterrumpidos trabajando en la Sanidad Pública, se encuentra disfrutando de su Jubilación.

¿Cómo decidió hacerse psiquiatra? Vaya por delante que vengo de familia de médicos. En la década de los 60 estudiaba Bachillerato de Letras (por entonces en España se podía optar a la carrera de Medicina siendo de

Letras o de Ciencias). Con 16 años cursaba Preuniversitario en Salamanca e iba encaminada a estudios de Filosofía, Arte o Escritura. El azar, o el inconsciente como diría Freud, me condujo a visitar el Hospital Universitario de entonces: grandes salas de techos altos con hileras de camas, médicos solemnes de largas batas blancas... era como si la sabiduría de siglos flotara en el ambiente. Y como Don Quijote, que gracias a la literatura emprendió su épica andadura, yo sentí en el hospital la necesidad de profundizar en el conocimiento del ser humano. Y para mis adentros me dije que primero debía empezar por "escudriñar" el funcionamiento del cuerpo para después poder adentrarme en el conocimiento del "alma". Entré "filósofa" y salí "científica". Lo recuerdo como si fuera hoy, era la primavera de 1966 cuando ya en la calle tenía la certeza de que en Octubre de ese año empezaría mis estudios de Medicina en el Edificio "Anfiteatro Anatómico" que tenía enfrente. En el tímpano del Anfiteatro se puede leer todavía hoy: "Ad Caedes Hominum Prisca Amphiteatra Patebant Nostra Ut Longum Vivere Discant" ("Los antiguos Anfiteatros abrían sus puertas para la matanza de hombres; los nuestros, para que aprendan a vivir más tiempo").

¿Cuáles han sido sus principales fuentes de inspiración? Distingo muy bien dos etapas: La primera haciendo la Especialidad en el Hospital Universitario de San Carlos de Madrid, década de los 70, donde tuve la oportunidad de aprender con las figuras más prestigiosas de la Psiquiatría española (López Ibor padre, Alonso-Fernandez, Ayuso...). Fueron mis profesores y tutores. A la Cátedra de la Universidad Complutense acudían también especialistas invitados de otros hospitales y universidades de España y del extranjero a compartir experiencias y saber. Las sesiones clínicas de los miércoles eran continuas fuentes de inspiración. Deliciosas. Pero la segunda fué la que me marcó más profundamente a nivel personal y moduló definitivamente mi enfoque teórico, clínico y técnico con el paciente. Le debo mucho a mi maestro, ya fallecido, Pedro Fernandez- Villamarzo, catedrático de Psicología Profunda de la Universidad Pontificia de Salamanca. Mi psicoanalista (durante 8 años en individual y otros 5 en grupal) en la década de los 80. Y el mejor profesor que tuve durante mi formación psicoanalítica teórica posterior, los 5 años siguientes, en el Instituto Universitario de Estudios Freudianos de Madrid. A Pedro lo llevo en mi pensamiento y en mis emociones, y lo que aprendí con él me acompañará siempre.

¿De qué se siente más orgulloso? Creo que de la capacidad de "empatizar" con el paciente. Los pacientes se benefician muchísimo por la sola experiencia de ser vistos y comprendidos en su totalidad. Acuden con el "disfraz" de los síntomas aquejados de soledad y melancolía. Saber acompañarlos y comprenderles en la "larga travesía del desierto" que supone cualquier tratamiento de una patología grave me llena de satisfacción y orgullo. "...no se muera vuesa merced, señor mío, sino tome mi consejo y viva muchos más; porque la mayor locura que puede hacer un hombre en esta vida es dejarse morir, sin más ni más, sin que nadie lo mate ni otras manos le acaben que las de la melancolía". (Sancho se dirige así a su señor Don Quijote en un pasaje de este libro universal, compendio de sabiduría).

¿Qué significa ser hispano o latino para usted? Miguel de Unamuno, el que fuera, en 1900, Rector de la Universidad de Salamanca por primera vez a los 37 años (cargo que llegó a ostentar tres veces) decía: "Soy español, español de nacimiento, de educación, de cuerpo, de espíritu, de lengua y hasta de profesión y oficio..." "Ser hispano, español significa para mí sentir correr por mis venas la '...sangre de Hispania fecunda', según el verso de Rubén Darío. Ser crisol donde se funden las culturas griega y romana, nacer en un país reconquistado a los árabes que lo ocuparon durante ocho siglos; ser de España, 'la de los tristes destinos', aventurera, exploradora, navegante, descubridora, guerrera, mística, judía, musulmana, cuna de escritores, pintores y músicos universales, de santos y demonios. Esto no se puede explicar. Hay que sentirlo y ... callar" .Sentiría sonrojo si añadiese algo.

¿Qué aconsejaría a un estudiante o residente hispano o latino que acabe de comenzar la carrera? Breve y conciso: - Que estudie mucho y con profundidad, es necesario estudiar a los clásicos (Jaspers, Kraepelin, Weitbrecht, Conrad, Kurt Schneider, Kalinowsky...). Tratados de Psiquiatría hay muchos y muy buenos. Y los Manuales al uso los aprenderán sin problema en tres guardias hospitalarias. - Que se pegue "cual lapa" a cuantos profesionales, tutores o profesores considere los más "sabios" y los más "hábiles". -Que lea de todo, y que se conciencie de cuanto sucede a su alrededor en cualquier ámbito. - Que pregunte cuanto no sepa sin avergonzarse. - Que no se aisle y se relacione socialmente. - Y fundamentalmente, que sea siempre honesto consigo mismo y no se engañe.

Díganos algo importante que haya aprendido al trabajar con pacientes hispanos o latinos. Si hay un rasgo que caracteriza al hispano es la importancia de la familia (para bien o para mal según sea el caso) y lo que esta representa en la evolución de algunos tratamientos. Como terapeuta aprendí a tener la familia como "aliada" aunque eso requiera hacer "equilibrismo" en especial con los pacientes psicóticos.

QUIJOTES DE LA PSIQUIATRIA

"La terapia se potencia si el terapeuta ingresa con precisión en el mundo del paciente" dice Yalom. La extroversión del paciente lo facilita, y el latino y el hispano del Sur en general de eso andan sobrados.

¿Qué papel (positivo o negativo) ha jugado en su carrera el hecho de ser hispano o latino? Creo que la cercanía y espontaneidad, idiosincrasia de nuestra cultura, beneficia la "transferencia". En términos generales abre caminos para comunicarse mejor y por ende se allana el aprendizaje. He pensado esta pregunta y no he podido encontrar algo negativo que haya marcado mi carrera. El hecho de haber nacido y vivido en España, después de haber conocido medio mundo, me hace sentir enormemente afortunada.

¿Qué futuro le augura a la psiquiatría hispana? Creo que vendrán generaciones de jóvenes preparados y entusiastas. Pero también creo que la sociedad está convulsa y confundida y no olvidemos que los hispanos somos unos más en este mundo globalizado. Jung decía que un tercio de los pacientes iban a la consulta por preocupaciones acerca del sentido de la vida. Los humanos somos criaturas buscadoras de sentido y este mundo está cada vez más desprovisto de un significado intrínseco. Sí, creo que al psiquiatra no le va a faltar trabajo.

¿Cuál ha sido el mayor obstáculo de su carrera y cómo consiguió superarlo? Ejercí mi profesión en la Sanidad Pública. Compaginé docencia y asistencia, aunque la mayoría del tiempo lo dediqué a la atención asistencial hospitalaria y externa. El número de pacientes que acuden a las Áreas Sanitarias de Salud Mental en España es elevadísimo, y el "ratio" de profesionales que se dedican a la asistencia muy bajo. Enorme hándicap. Pero la burocratización, que paulatinamente se ha ido adueñando y entorpeciendo el ejercicio de la profesión, ha sido sin lugar a duda el mayor obstáculo. Quizás porque la Especialidad de Psiquiatría fué la última en incorporarse a un Sistema Público de Salud muy politizado. Hay muchos profesionales dedicados a esa burocracia. Como decimos entre nosotros " muchos generales y pocos soldados". ¿Superarlo?... Triste es, pero forma parte ya del Sistema.

¿Cuál es en su opinión el mayor reto de la psiquiatría? Una formación más completa del psiquiatra. La división entre psicofarmacólogos y psicoterapeutas debería desaparecer. El arsenal terapéutico disponible hoy día nos permite hacer maravillas en el tratamiento de los pacientes psiquiátricos si conocemos el funcionamiento del cerebro, de sus sinapsis, neurotransmisores y neurohormonas. Pero cualquier individuo, más allá de los síntomas, está sometido a la influencia del entorno interpersonal que a lo largo de su vida moldea la estructura de su carácter y personalidad. Siempre hay una historia de influencia iatrogénica en la formación de entidades clínicas. Y un reto ambicioso: Conseguir voz en la sociedad para transmitir nuestros conocimientos de forma entendible ayudaría a discernir las necesidades profundas de lo superfluo. Y nunca mejor traído que ahora con la pandemia Covid-19, la mayor crisis existencial de la humanidad en esta Era.

¿Cuáles son los cambios más necesarios en la psiquiatría? El primero en la Universidad. La Psiquiatría debería ser una asignatura principal a estudiar como una Médica o una Patología General. Al acabar la carrera el médico sabe de todo un poco, menos de Psiquiatría. Pasaba en los 70 y pasa ahora. Y este desconocimiento es muy llamativo en el medio hospitalario. A los otros especialistas les asusta el enfermo psiquiátrico, el manejo y los síntomas. A nivel social está en nuestra mano una divulgación más asequible y entendible. Cuando la divulgación se hace "engolada" y para alimentar nuestro narcisismo no beneficia a nadie y nos desprestigiamos nosotros mismos.

QUIJOTES DE LA PSIQUIATRIA

PATRICIA MARTÍNEZ

Soy Patricia Martínez, nací en Bogotá, Colombia. El colegio lo cursé en la ciudad de Bucaramanga, en donde también estudié medicina, en la UIS-Universidad Industrial de Santander, graduándome en el año 1983. Realicé mi rural en el Hospital Psiquiátrico San Camilo, en la misma ciudad y luego trabajé allí por tres años, posteriormente me trasladé a Bogotá para estudiar psiquiatría en el Instituto Colombiano del sistema Nervioso - Universidad El Bosque. Tengo 29 años de experiencia en el ejercicio de mi especialidad. Inicialmente trabajé en instituciones como la Clínica Montserrat, en donde estudié, Cajanal y Caprecom. Desde 1994 me dediqué al consultorio privado prestando mis servicios a diferentes entidades y la consulta particular, hasta la fecha de hoy. A lo largo de estos años he tenido el gusto y la experiencia de acompañar a más de 5.000 pacientes, la mayoría de ellos con depresión y ansiedad. Pertenezco a la Sociedad Colombiana de Psiquiatría y al Colegio Colombiano de Neuropsicofarmacología del que además tengo el honor de haber sido miembro fundador. Durante todos estos años he tenido la oportunidad de asistir a más de 60 congresos, seminarios, simposios, talleres entre ellos APA-Congreso Americano de Psiquiatría-, Congreso Mundial de Psiquiatría, Congreso Europeo de psicofarmacología y otros como: Congreso Latinoamericano de Psiquiatría-APAL-, Congreso Colombiano de Psiquiatría y muchos otros con temas específicos como: Salud Mental Perinatal, Psicofarmacología, Neurobiología, Trastorno Bipolar, Ansiedad, Depresión. Debo decir que continuaré en mi profesión hasta el final.

QUIJOTES DE LA PSIQUIATRIA

¿Cómo decidió hacerse psiquiatra? Tengo familiares psiquiatras y también vi la enfermedad mental muy de cerca en mi familia. Desde la adolescencia, el ser humano, con su inmensa complejidad, su historia y su evolución me cautivaron, de hecho, desde mi niñez y por muchos años pensé en ser Arqueóloga. Volviendo al tema, la impronta personal que hace de cada persona un ser irrepetible y completamente diferente en medio de las similitudes me hacía preguntarme la razón de esto; la respuesta: el cerebro, la mente, el alma, quizá hasta la herencia. Ya en la carrera de medicina, mi inclinación iba por la Neurología y la Psiquiatría, ganando esta última; me parecía algo nuevo, sin descubrir y para investigar, con la posibilidad enorme de ayudar a otras personas, que de por sí es intrínseca en los médicos. Luego el semestre de mi pregrado en donde estudié psiquiatría lo confirmó y más adelante mi año Rural (que es el servicio social en Colombia), lo selló. Aquí pude ver a los pacientes integralmente con sus historias, vivencias, entorno y dolor, que culminó en mi especialización en psiquiatría, hace 30 años ya.

¿Cuáles han sido sus principales fuentes de inspiración? Sin duda Sigmund Freud, Carl Gustav Jung, y muchos escritores que tocan el alma humana como Laurence Durrell, Jorge Amado, Herman Hesse, Marcel Proust, Albert Camus y muchos otros que alumbraron mi época de adolescente y estudiante universitaria, además de muchos libros de Historia en los cuales se ve el comportamiento humano y la vida de los grandes hombres que forjaron la historia. Pero el más cercano en el tiempo y a mi forma de ver el mundo es el Dr Irvin D. Yalom, Psiquiatra, gran Psicoterapeuta, humanista, escritor, pedagogo, capaz de transmitir y enseñar su saber de manera amena, clara, con un profundo conocimiento del ser humano, y todo esto unido a la filosofía. Pará mí ¡el Psiquiatra integral!

¿De qué se siente más orgullosa? De mi capacidad terapéutica, de haber visto y acompañado más de 5.000 pacientes y tener como resultado, alivio, mejoría y autoconocimiento en la mayoría de ellos.

¿Qué significa ser Hispano o Latino para usted? Significa lo nuevo, la mezcla de muchas razas y culturas, que nos han hecho tolerantes e incluyentes, también fuertes, capaces de traspasar fronteras y sobreponerse a las limitaciones. Esto lo pueden decir los que emigraron, para iniciar una vida en otro país.

¿Qué le aconsejaría a un estudiante o residente hispano o latino que acabe de comenzar su carrera? Primero le preguntaría si está dispuesto a una vida de servicio, de estudio permanente y de varias frustraciones, debido a la patología crónica y a veces deteriorante, propia de nuestra especialidad.Le diría que nunca deje de lado su vida personal y familiar, que reserve tiempo para él, para lo creativo y lo lúdico pues esto le permite el equilibrio y crecer, ya no, como médico, sino como persona, pues tiene un compromiso consigo mismo: sentir al final de la vida que lo hizo bien.

¿Díganos algo importante que haya aprendido de trabajar con pacientes hispanos y latinos? Los pacientes colombianos, país donde yo trabajo, son cálidos y cada vez más concientes de que la patología mental constituye una enfermedad que requiere tratamiento, dejando de lado la creencia atávica de que los psiquiatras "son para los locos". Además, en un buen número de ellos tienen buena adhesión al tratamiento.

¿Qué papel (positivo o negativo) ha jugado en su carrera el hecho de ser hispano o latino? Negativo ninguno, pues solo he trabajado en Colombia y por lo tanto es más fácil la comunicación, comprensión y empatía, pues el entorno y la cultura son las mismas y permite una mejor alianza terapéutica. Lo positivo y es una consideración general, es que cada vez qué hay un encuentro internacional y hay intercambio sobre el trabajo en cada país, siento la satisfacción de saber que se hace bien, bajo los mismos estándares, con los mismos protocolos y con igual calidad y conocimiento.

¿Qué futuro le augura a la psiquiatría hispana? Yo diría que el mismo futuro que al resto del mundo, ya que el conocimiento en este momento es globalizado y se van a necesitar más psiquiatras, pues el porcentaje de población con enfermedad mental desafortunadamente es cada vez mayor y más en Colombia donde confluyen muchos factores que la incrementan, como la pobreza, la violencia, las limitaciones en las posibilidades de estudio, entre otros. Aquí, por ejemplo, solo recibe cobertura el 10% de la población con enfermedad mental.

¿Cuál ha sido el mayor obstáculo de su carrera y cómo consiguió superarlo? Uno de los obstáculos estuvo en la consecución de la especialidad de psiquiatría, pues los cupos en Colombia son pocos y es costoso especializarse. Por fortuna cuando yo estudié no había que pagar las altas sumas que se pagan hoy para estudiar cualquier especialidad de medicina. Sin embargo, en la carrera hay obstáculos como el desconocimiento de lo que es psiquiatría como especialidad, y el temor enorme de los pacientes a la medicación psiquiátrica, pues tiene la idea de que los volverá "dependientes", limitará su capacidad cognitiva o les impedirá trabajar. Creo que esto se logra superar con educación.

QUIJOTES DE LA PSIQUIATRIA

¿Cuál es en su opinión el mayor reto de la psiquiatría? La investigación de nuevas moléculas farmacológicas, que ofrezcan esperanza al tratamiento de los pacientes. Y

¿por qué no?, más estudios de neurobiología que nos dieran luces, buscando una posible forma de curación. Cuando yo era estudiante los epilépticos y pacientes con Enfermedad de Parkinson estaban condenados. ¡Hoy los operan!

¿Cuáles son los cambios más necesarios en la psiquiatría? Dinero para investigación farmacológica, psicosocial y neurobiología para no quedarnos estancados. Estudios psicosociales, trabajos de prevención, por ejemplo, la educación dirigida a la comunidad, más cobertura en la atención a la población. Es importante qué como gremio, entremos en las instituciones gubernamentales, para dar lineamientos claros y hacer ver la importancia de la salud mental en absolutamente todas las áreas de nuestra vida. Se necesita una visión holística del hombre y su entorno, aunque en esto último se han dado grandes pasos.

QUIJOTES DE LA PSIQUIATRIA

ROSARIO MARTÍNEZ

La Doctora Rosario Isabel Martínez Saravia nació en Oruro, Bolivia. Actualmente se desempeña como Médica Psiquiatra del Centro Integral de Rehabilitación Infantil en la Caja Nacional De Salud en La Paz, Bolivia y es docente de pre y post grado en la Universidad Mayor de San Andrés (UMSA). .La Doctora Martinez recibió su grado como Médica y cirujana de La Universidad Mayor, Real y Pontificia de San Francisco Xavier de Chuquisaca y de Especialista en Psiquiatría de la UMSA, Hospital de Clínicas La Paz.

Realizo un Magister en Psicopedagogía y Educación Superior en Salud en la UMSA y es especialista en Psicopedagogía y Educación Superior en Salud UMSA. Así mismo, la Doctora Martinez se entrenó en Psicoterapia Positiva en la Universidad NUR; en Auditoria Medica en la Organización Iberoamericana de Salud y en Psiquiatría Forense de la Universidad Real de Potosí.Experiencia Profesional: Psiquiatra, Hospital Materno Infantil, Hospital Psiquiátrico, C.I.R.I. Juana Azurduy De Padilla La Paz Bolivia. desde el 2000-2018. Docente De Pregrado En Medicina, Tecnología Médica Y Nutrición desde el 2001-2018.Docente de Paido psiquiatría de Pediatría, Psiquiatría CNS.

Fue Docente de Paido psiquiatría de Pediatría Hospital Ovidio Aliaga. Se desempeño como secretaria ejecutiva del Comité de Adolescencia, Sociedad de Pediatría de La Paz y docente en Investigación del Hospital de Psiquiatría. Fue Representante de la Liga Latinoamericana de lucha contra la hiepractividad y déficit de atención en Bolivia y Miembro de la Asociación Mundial de Salud Mental de la Mujer. La Doctora Martinez ha recibido múltiples reconocimientos internacionales con su trabajo de Depresión en Adolescentes Embarazadas en Bolivia donde documenta el impacto de la depresión en esta población. Actualmente es asesora de la Red de profesionales que trabajan por mejorar la salud mental de las mujeres en America Latina, WARMI.

Ha publicado en múltiples revistas nacionales e internacionalse y se ha destacado como conferencista etranjera de temas como la Detección de depresión en gestantes y madres de lactantes 2018; Hiperactividad en niñas y niños aymaras de 6 a 11 años mediante la aplicación del cuestionario de Conners versión profesores. La paz 2016 (congreso mundial de psiquiatría); Depresión en mujeres en periodo perinatal según cuestionario de Edimburgo la paz 2015 (lima congreso mundial de la mujer); Depresión en adolescentes bolivianas según escala ces-d 2014 (Medellín 2014)

La Dra. Martinez ha sido organizadora-expositora de congresos nacionales, internacionales en temas de salud mental de la mujer, el niño el adolescente. (autismo, depresión materna en neurodesarrollo, Trastorno de Hiperactividad y Déficit de Atención.

¿Cómo decidió hacerse psiquiatra? Al terminar mis estudios en la escuela de medicina, psiquiatría era la opción más viable en mi país.

¿Cuáles han sido sus principales fuentes de inspiración? Me inspiran las mujeres de mi país y en general la situación carente de salud mental en mi país.

¿De qué se siente más orgulloso? De haber aportado a mejorar el entendimiento de la etiología de las patologías mentales a los pacientes y familias.

¿Qué significa ser Hispano o Latino para usted? El orgullo de pertenecer a un grupo expresivo y humanitario.

¿Qué le aconsejaría a un estudiante o residente hispano o latino que acabe de comenzar su carrera? Que, a pesar de todas las cosas, jamás niegue sus raíces.

QUIJOTES DE LA PSIQUIATRIA

¿Díganos algo importante que haya aprendido de trabajar con pacientes hispanos y latinos? Desde mi perspectiva, sus creencias y cultura aportan al tratamiento.

¿Qué papel (positivo o negativo) ha jugado en su carrera el hecho de ser hispano o latino? Entiendo su cultura porque soy parte ella.

¿Qué futuro le augura a la psiquiatría hispana? Que siga creciendo y solidificándose, haciéndose cada vez más científica sin dejar de ser humana.

¿Cuál ha sido el mayor obstáculo de su carrera y cómo consiguió superarlo? barrera cultural del idioma, requiero mejorarla.

¿Cuál es en su opinión el mayor reto de la psiquiatría? Lograr cambios de conducta en grupos humanos.

¿Cuáles son los cambios más necesarios en la psiquiatría? Creo que el resto de las especialidades deben trabajar en equipos con los psiquiatras.

QUIJOTES DE LA PSIQUIATRIA

MARIO MENDOZA

Nací en la pequeña ciudad de Tegucigalpa, capital de Honduras. Crecí con mis padres y con mis hermanos, no obstante, fui muy cercano a mi abuela paterna quien era ama de casa, pero poseía muchos libros que atesoraba y conocía casi de memoria. Cuando nací mi madre era ama de casa y mi padre era estudiante de Medicina. Cuando yo tenía unos 9 años mi padre se marchó a Lima, Perú, en donde hizo la especialidad de Psiquiatría, regresando a Honduras con muchas expectativas y desempeñándose exitosamente como uno de los primeros psiquiatras en el país. Desafortunadamente él, con el mismo nombre, Mario Mendoza, murió trágicamente en un accidente automovilístico a la edad de 43 años y en la mejor etapa de su carrera. Al morir dejó iniciada la construcción de un hospital psiquiátrico público que, al ser inaugurado en 1973, fue bautizado con su nombre y que como tal permanece.

Cuando mi padre falleció yo tenía 19 años y cursaba ya el segundo de 8 años en la escuela de Medicina. Siempre, desde pequeño, supe que iba a ser médico. En 1966 me enamoré de los Estados Unidos de América, cuando mi padre, ya especialista, regresó de una permanencia de tres meses en la Escuela de Medicina de la Universidad de Washington en St Louis, Missouri, en donde estuvo bajo el tutelaje (según entiendo) de Eli Robins, uno de los pioneros de los DSM y en donde también nacieron los Criterios de Feighner para Investigación en Psiquiatría.

QUIJOTES DE LA PSIQUIATRIA

Para entonces, por ello, la Psiquiatría y los Estados Unidos se presentaban como el esbozo de un sueño profesional. Después de graduarme como Doctor en Medicina y Cirugía otra inclinación, la docencia, surgió y fui maestro por un año en el Departamento de Ciencias Fisiológicas de la Escuela de Medicina de la Universidad Nacional Autónoma de Honduras, la única en el país para entonces. Pero antes, durante la escuela de Medicina, ya había caído bajo el embrujo del conocimiento al tener como maestros a Samuel Dickerman, Fisiólogo Neuroendocrinólogo, entre otras muchas cosas, y más tarde candidato al premio de la Academia de Ciencias de Nueva York por sus estudios sobre los efectos neuroendocrinológicos del haloperidol, y Rafael Zelaya, quien regresó a Honduras con la especialidad de Medicina Interna en el Mass General Hospital. Eran impresionantes en mis ojos. Después de un año en la enseñanza, aproveché la oportunidad para hacer investigación, y con ganas de una carrera en investigación médica, trabajé en la investigación clínica y experimental de plantas con potencial actividad terapéutica durante 6 años en una agencia estatal corporativa. Desafortunadamente, me quedé en bancarrota, dejándome con un poco de ahorro y hambre de ir más lejos, más alto y más allá. En 1988 aprobé el examen VQE, envié más de cien solicitudes y me concedieron una entrevista en el Departamento de Psiquiatría del Baylor College of Medicine (ahora Departamento de Psiquiatría Menninger) en Houston, Texas. Hice mi residencia allí desde 1986 hasta 1990 y al final, con una esposa y tres hijos que estuvieron conmigo durante todo el proceso, tuve que regresar a Honduras porque estaba completamente en bancarrota y estaba muy endeudado. Por esa razón, tuve que rechazar una oferta de Francisco Fernández para quedarme en el Hospital Episcopal de San Lucas de Houston haciendo una beca de un año en CL Psychiatry. De 1990 a 2019 trabajé en la clínica ambulatoria del Hospital Nacional de Psiquiatría Mario Mendoza y fui director de la institución durante tres períodos. En calidad de presidente de la Asociación de Psiquiatría de Honduras, y no sin la poca (aunque inflexible) ayuda de algunos colegas, fundé el primer, y hasta ahora único, programa de residencia de posgrado en psiquiatría en Honduras, el único país del continente americano. sin un programa de residencia en psiquiatría en ese momento. Enseñé en el programa durante 25 años. Hasta ahora hemos graduado más de cien nuevos psiquiatras. Desde 1990 también he tenido una práctica privada haciendo psiquiatría general, CL Psiquiatría y Psicoterapia Psicoanalítica. Fui Presidente de la Asociación Psiquiátrica de Honduras por dos períodos y Presidente del Comité de Ética de la Asociación Médica Nacional de Honduras. Soy miembro vitalicio de la Asociación Americana de

QUIJOTES DE LA PSIQUIATRIA

Psiquiatría (miembro general desde 1986) y recientemente me uní a la Academia Americana de Consulta de Psiquiatría de Enlace. He presentado conferencias en muchos países de América y en dos reuniones de la WPA. He asistido a muchos (no recuerdo cuántos) cursos de CME impartidos por los departamentos conjuntos de psiquiatría de Harvard Medical School-Mass General Hospital en Boston. Mi hija menor, Laura, se ha convertido recientemente en psiquiatra. Ahora retirado del servicio público y practicando solo en privado, planeo intentar escribir, algo que faltaba en mis planes de vida desde que era joven.

¿Cuáles han sido sus principales fuentes de inspiración? Mi padre y mis libros, autores, maestros y mentores en posesión de la sabiduría percibida. Samuel Dickerman, Rafael Zelaya, James Lomax, Francisco Fernández, David Freeman (QEPD), Pedro Ruiz, Oliver Sacks (QEPD), Eric Kandel, Antonio Damasio (Neurocientífico), Ayn Rand (filósofo y autor), entre muchos otros. El denominador común entre ellos es lo que considero sabiduría.

¿De qué se siente más orgulloso? Habiendo triunfado modestamente en la adversidad. Habiendo logrado una buena educación en una excelente escuela de medicina estadounidense. Habiendo fundado un programa de residencia en psiquiatría desde cero donde no había ni una necesidad percibida de atención de salud mental para los pobres. Enseñanza por 25 años. Ser un aprendiz de por vida. Habiendo sido un buen ejemplo profesional para mi hija Laura. Tener el amor de mi esposa, mis tres hijos y mis dos nietos.

¿Qué significa ser hispano o latino para usted? Personalmente, no me siento diferente de nadie, psiquiatra o no, en el mundo, pero ser hispano viviendo en América Latina significa, desafortunadamente, vivir en la desigualdad por razones sociales, económicas y políticas.

¿Qué le aconsejaría a un estudiante o residente hispano o latino que acabe de comenzar su carrera? Sé fuerte, sé mejor todos los días que el día anterior, trabaja duro, haz un esfuerzo adicional, toma las dificultades como distintivos de honor, nunca dejes de aprender, siéntete orgulloso de lo que elegiste hacer. Perseguir conocimiento, competencia, curiosidad clínica y compasión.

¿Díganos algo importante que haya aprendido de trabajar con pacientes hispanos y latinos? Ellos son diferentes. Muchos se sienten en desventaja y con miedo, están muy orientados a la familia, responden a dosis más bajas de medicamentos en comparación con personas de diferentes orígenes étnicos.

¿Qué papel (positivo o negativo) ha jugado en su carrera el hecho de ser hispano o latino? En el contexto internacional, uno tiene que trabajar más duro para ser considerado bueno como profesional.

¿Qué futuro le augura a la psiquiatría hispana? Con algunas excepciones, la psiquiatría latinoamericana está anclada al mantener demasiada dependencia del apoyo de la industria y demasiado centrada en las luchas por el control nacional y regional del poder profesional. Eso, y la falta de apoyo de los países a la ciencia mantendrá a la psiquiatría rezagada en el futuro previsible.

¿Cuál ha sido el mayor obstáculo de su carrera y cómo consiguió superarlo? No tener disponible una buena fuente de excelencia en educación profesional en mi país. Yo, como muchos otros, tuve que sacrificar muchas otras cosas para lograrlo. Supongo que más de lo que muchos pueden relacionarse con eso.

¿Cuál es en su opinión el mayor reto de la psiquiatría? El mayor desafío global para la psiquiatría en la mayor parte del mundo es cabildear para crear conciencia en los gobiernos de que los problemas sociales son un factor importante para el desarrollo y la expresión de las enfermedades mentales. De ahí su olvido.

QUIJOTES DE LA PSIQUIATRIA

JUAN E. MEZZICH

Juan E. Mezzich, M.D., Ph.D. nacio en Lima, Perú y fue presidente de la Asociación Mundial de psiquiatría (WPA) durante el periodo de 2005 a 2008. Actualmente trabaja como Profesor de Psiquiatría y Director en la División de Epidemiología Psiquiátrica y Centro Internacional de la Salud mental en la Facultad de Medicina de Monte Sinaí, Universidad de Nueva York. Educación de pregrado en la Universidad Peruana Cayetano Heredia: Presidente de la Asociación de Estudiantes (1967) y titulado Médico y Cirujano (1971) con una tesis premiada sobre Perfil y Tipología de la Depresión.

Post-grado en Ohio State University (Estados Unidos): Graduado del Residentado en Psiquiatría (1974), Maestría en Psiquiatría Académica (1974), y Master (1973) y Ph.D.(1975) en Psicología Matemática. Diplomado por el American Board of Psychiatry and Neurology (1978). Nombramientos de docente en psiquiatría en las Universidades de Stanford (1974-78), Pittsburgh (1978-95) y Mount Sinaí, New York (1995-) en Estados Unidos. Catedrático Hipólito Unanue de Medicina Centrada en la Persona, Universidad Nacional Mayor de San Marcos (2017-) Doctor Honoris Causa de la Universidad Peruana Cayetano Heredia (2009), Universidad Nacional Mayor de San Marcos (Perú) (2015), y de las Universidades de Atenas (Grecia, 2002), Córdoba (Argentina, 2003), y Cluj (2006), Timisoara (2009) y Oradea (2010, Rumania).

Premio Simón Bolívar Award (American Psychiatric Association, 1997), Medalla Linnaeus de la Universidad de Uppsala, Suecia (2007); Medalla al Mérito Extraordinario del Colegio Médico del Perú (2002); Medalla Honorio Delgado del Instituto Nacional de Salud Mental Honorio Delgado-Hideyo Noguchi del Perú (2016); y Profesor Honorario de la Universidad de Belgrado (Serbia) (2005). Secretario, Presidente y Presidente Honorario de la Sección de Clasificación y Diagnostico de la Asociación Mundial de Psiquiatría. Miembro de los Comités para la CIE-10 (OMS), CIE-11 (OMS), DSM-IV (APA), Guía Latinoamericana de Diagnóstico Psiquiátrico (APAL), y Diagnóstico Integral Centrado en la Persona (ICPCM).

Secretario General (1996-2002), Presidente Electo (2002-2005) y Presidente (2005- 2008) de la Asociación Mundial de Psiquiatría. Miembro vitalicio de su Consejo de Presidentes.

Autor y co-autor de más de 400 artículos y capítulos y 32 libros principalmente sobre diagnóstico, epidemiología, y medicina centrada en la persona desde perspectivas clínicas, filosóficas, estadísticas y culturales. Realiza investigaciones sobre los siguientes temas:

1) Desarrollo de una psiquiatría, medicina, salud, y universidad centradas en la persona: Organización de Conferencias de Ginebra sobre Medicina Centrada en la Persona anualmente desde 2008, presidente fundador del International College of Person Centered Medicine, y editor en jefe del International Journal of Person Centered Medicine,

2) Desarrollo de nuevos sistemas diagnósticos internacionales, especialmente el modelo de Diagnóstico Integral Centrado en la Persona y la Guía Latinoamericana de Diagnóstico Psiquiátrico, y 3) Desarrollo de conceptos y procedimientos clínicos culturalmente informados, incluyendo la Formulación Cultural, la Escala de Salud Personal, la Escala Multiétnica Bicultural, el Índice Multicultural de Calidad de Vida y, recientemente, el Índice de Atención Clínica Centrada en la persona.

QUIJOTES DE LA PSIQUIATRIA

RICARDO MILLÁN GONZÁLEZ

Soy un costarricense con sangre venezolana y corazón colombiano. Así de latino, mitad centroamericano, mitad suramericano. Mis primeras entrevistas psiquiátricas empezaron desde la infancia, en las zonas rurales de Alajuela, provincia de Costa Rica. Ahí mi abuelo materno, durante la interacción con amigos, familiares y vecinos, me enseñó de escucha activa, de respeto por el adulto mayor, de los vínculos sanos, y del amor por la conexión emocional. Durante mis años entre Caracas e Isla Margarita aprendí a no tomar las cosas a título personal, a recurrir al sentido del humor como mecanismo de defensa, y a desarrollar una particular afición por el mar, a la que hoy le doy rienda suelta a través de la práctica de las competencias de aguas abiertas.

El contacto con la psicología siempre estuvo presente en mi vida, ya fuera a través de las láminas del Rorschach de mi madre, o de las tempranas atenciones que recibí luego de ese primer episodio depresivo. Y bueno, sin saberlo en ese momento, estar del otro lado del mostrador me dio el empujón necesario para conocer de empatía, y, sobre todo, fomentó mi capacidad para la conexión emocional con cualquier dolencia humana.

Muchos años después, en otra isla, pero esta vez en el golfo de Nicoya en la provincia tica de Puntarenas, aprendí intuitivamente el valor que el componente afectivo y el estrés temprano en la vida tienen en el desarrollo de la patología física del ser humano. Ahí confirmé que sería psiquiatra, y años después, siguiendo esta misma línea, terminé especializándome en

Psiquiatría de Interconsulta y Enlace. Además, realicé una maestría académica en Ciencias Neurológicas, y, "comórbidamente," un técnico en fotografía digital. Tema aparte, para otro día, son los "recovecos" emocionales que se descubren, a ambos lados del lente, cuando se mira a través de una cámara fotográfica.

En el presente me dedico a la consulta privada en Psiquiatría, siempre con un tinte y enfoque desde la Medicina Psicosomática, a la investigación, y a la docencia en la carrera de Medicina en la Universidad de Costa Rica. Mi pasión en esta última área tiene que ver con la sensibilización de todo aquel estudiante que tiene claro que no será psiquiatra, para que, consecuentemente, tome consciencia de la importancia de la salud mental en el desarrollo de la patología física, y en general, de todas las dimensiones del ser humano. De ahí nace el enfoque que decidí darle al Manual de Exploración y Semiología Psiquiátrica, herramienta didáctica que desarrollamos durante cinco años desde esa casa de docencia, y que pretende enseñar a explorar los aspectos psiquiátricos de cualquier paciente, sobre todo en ambientes fuera del contexto de la atención especializada en salud mental.

Hoy en día, luego de este recorrido, he aprendido a valorar las cosas sencillas de la vida, las palabras sabias de los maestros, el saludo y sonrisa del desconocido, las bendiciones de los pacientes, las lágrimas genuinas de quienes depositaron su confianza en mí, los ojos brillantes de los estudiantes cuando sus sistemas de recompensa los gratifican por los hallazgos alcanzados durante las dinámicas en las clases, y, sobre todo, el afecto de las personas que quiero y amo. Hoy, creo firmemente, el camino ha sido a veces tórpido e indomable, en ocasiones tramposo e injusto, pero a final de cuentas, emocionante y satisfactorio.

¿Cómo decidió hacerse psiquiatra? Soy psiquiatra porque luego de mi primer año de ejercicio de la medicina, como médico general durante mi año de servicio social, me di cuenta de que, para lograr ejercer una influencia real sobre las diversas esferas de la vida de los pacientes, era indispensable abordar los aspectos mentales y emocionales. En ese entonces, a modo intuitivo, "me inventé una regla de tres", en donde me percataba que quejas en tres o más sistemas físicos distintos, irremediablemente, se acompañaban de síntomas depresivos o ansiosos en esas personas. Años después, ya como médico psiquiatra especialista en Psiquiatría de Interconsulta y Enlace, fue una estadística que pude confirmar, y así asegurar la importancia de la dimensión emocional sobre las manifestaciones físicas de los seres humanos.

¿Cuáles han sido sus principales fuentes de inspiración? Todos aquellos seres humanos que, con su sufrimiento físico, me han dejado conocer su interior emocional. Cuando una persona se encuentra médicamente enferma, se vuelve más vulnerable. Esa condición brinda una oportunidad única para interiorizar en ese individuo, conocer su forma de ver el mundo, y de esa interacción, espero, ambos saldremos gananciosos. Siempre recuerdo un paciente ateo que sabía que moriría dentro de los siguientes tres días por una neoplasia. Su tranquilidad y paz resultó inquietante para mí, y durante la sesión que tuvimos, abordamos el tema. Él me explicó que sabía que después de la muerte no había más para él, que ahí terminaba su existencia, y que, según sus creencias, no tendría "una vida más allá". Pero también me contó del sentido de trascendencia del que él tenía franca convicción de haber generado en sus hijos, personas de bien y productivos para la sociedad; él sabía que a través de sus acciones su vida perduraría en el tiempo, en el día a día, en las interacciones, en las cosas simples, y que esto impactaría a muchos otros individuos que llegaran a toparse con su descendencia. Este es un ejemplo de la fuente de inspiración que me ha dado uno de los muchos pacientes que he atendido en estos años. En ese caso en particular, aprendí el valor y la oportunidad del legado en la vida de cada ser viviente.

¿De qué se siente más orgulloso? De la bendición de los pacientes, del agradecimiento de los estudiantes, y del aprecio de los colegas y compañeros de trabajo. También de salir adelante a pesar de las críticas y de los malos momentos que se han presentado.

¿Qué significa ser hispano o latino para usted? Somos un grupo de personas en una condición particular. Las revueltas sociales de la actualidad, productos de años de injusticias y opresión, han moldeado y esbozado nuestra propia identidad. Como conjunto, como continente, a nivel profesional, y específicamente en el campo de la Psiquiatría, tenemos un potencial enorme, siempre y cuando encontremos la forma de unificarnos, trabajar de forma planificada e inteligente, y ser sistemáticos y disciplinados.

¿Qué le aconsejaría a un estudiante o residente hispano o latino que acabe de comenzar su carrera? Que valore bien su circunstancia vital, que defina claramente sus sueños, y que intente conciliar sus aspiraciones con sus características y capacidades personales. No es cierto que "si lo queremos, lo podemos". Pero sí es real que si reconocemos nuestras fortalezas y las áreas que debemos mejorar, tendremos la oportunidad de hacer el mejor "match" con un proyecto de vida, y así, las opciones de éxito serán mejores.

¿Díganos algo importante que haya aprendido de trabajar con pacientes hispanos y latinos? Los latinos somos afectivos. También valoramos cuando se establece contacto a través de los códigos de comunicación autóctonos. Si se valoran estos dos aspectos, y se realiza una entrevista psiquiátrica considerándolos y validándolos, usualmente se logra establecer un buen vínculo terapéutico que permite impactar positivamente al individuo, incluso en personas sin una educación emocional previa.

¿Qué papel (positivo o negativo) ha jugado en su carrera el hecho de ser hispano o latino? Nuestra cultura tiene ciertas particularidades. Como aspecto positivo, creo que el paciente, en general, tiende a tener más confianza en el cuerpo médico, eso le permite abrirse más, y usualmente no es beligerante, desconfiado u hostil. Pero también es cierto que existe una cultura de choteo, de no apoyo a quien sobresale, y de desacreditación.

¿Qué futuro le augura a la psiquiatría hispana? En el área de la Psiquiatría de Interconsulta y Enlace, se ha gestado una agrupación de no menos de 40 psiquiatras en América Latina y la Península Ibérica. En la actualidad estamos trabajando de forma activa y colaborativa en diversos proyectos de investigación, docencia, educación médica continua y desempeño clínico. Creemos que esta unión nos fortalece, y que progresivamente irá mejorando nuestra práctica profesional en esta área específica.

¿Cuál ha sido el mayor obstáculo de su carrera y cómo consiguió superarlo? La parte más difícil de la carrera fue definir una identidad profesional. Cuando recién se obtiene el título de médico general, quizás el panorama no es muy claro. La escuela de Medicina brinda una cierta estructura que luego desaparece con la graduación. Toca entonces salir a la calle y definir un área de especialidad, pero, una vez dado ese paso, y más difícil aún, es consolidar una metodología de trabajo y un estilo personal, es decir, algo que lo distinga a uno, que lo diferencie, y que permita consolidar un modelo propio en la práctica profesional. Se requieren entonces muchísimas horas de entrevistar pacientes, un trabajo académico persistente, una labor investigadora continua, una supervisión genuina, e idealmente, una psicoterapia personal continua, para llegar a estar seguro, y sobre todo consciente, de qué quiere uno a nivel laboral, de cómo se vincula con los pacientes, y con qué estrategias terapéuticas se siente uno más cómodo.

¿Cuál es en su opinión el mayor reto de la psiquiatría? Es usual que muchos estudios y modelos de trabajo no ofrezcan una aplicación real para un porcentaje mayoritario de los individuos, y su accesibilidad se vea muy limitada. El mayor reto actual de la Psiquiatría, y de la Medicina en general, es cómo conciliar los avances de la investigación, traducidos en nuevos y mejores métodos diagnósticos y de tratamiento, con las necesidades sociales de la población, en cualquier área del mundo.

¿Cuáles son los cambios más necesarios en la psiquiatría? Se requiere aún de una mayor sensibilización de la población hacia las emociones, la no masificación de la labor clínica, y la práctica continua de la empatía. Muchos modelos de atención pretenden dar consultas de Psiquiatría en 15 minutos; estas son limitaciones graves para una práctica clínica de calidad, y una amenaza grave a la estabilidad del trabajador en salud mental.

QUIJOTES DE LA PSIQUIATRIA

PAMELA MONTAÑO

Pamela Montaño Arteaga, MD es profesora auxiliar clínica de psiquiatría en la Facultad de Medicina de la Universidad de Nueva York. Es directora de la Clínica Bicultural Latina en los hospitales de Salud de Gouverneur/NYC y presidenta del Comité de competencia Cultural en el mismo departamento. Dr. Montaño recibio su Completó su residencia en psiquiatría general de adultos en la Escuela de Medicina en Northwell Hofstra School of Medicine at Zucker Hillside Hospital.

Dra. Montaño es graduada de la escuela de medicina de la Universidad del Valle en Cali, Colombia. En su posición como representante de las minorías en la Asociación Psiquiátrica Americana (2014-2016), participo en el desarrollo de unas guías de tratamiento de inmigrantes indocumentados. En 2018 recibió un premio otorgado a los psiquiatras jóvenes por la Asociación de Médicos Hispanos. Dra. Montaño trabaja prestando servicios médicos y psiquiátricos a las víctimas de tráfico humano y trauma sexual. Ha servido como consultora de las Naciones Unidas y es miembro directivo de la Asociación Americana de Psiquiatras hispanos (ASHP).

¿Qué le hizo emigrar a los Estados Unidos? Mi decisión de emigrar a los Estados Unidos para continuar mi residencia en psiquiatría se basó en la creencia en ese momento de que habría más oportunidades para explorar diferentes áreas de la psiquiatría con mayor profundidad, especialmente la psiquiatría cultural. Ya me había enamorado de los diversos barrios de la ciudad de Nueva York. Experimentar durante unos días un área de Queens donde podía sentir viajar desde Little India a Latinoamérica y luego a Elmhurst Chinatown, solo caminando unas pocas cuadras ya había capturado mi corazón cuando tenía 17 años. Como viajera del mundo, podía sentir que mi futura base de operaciones ya tenía partes del mundo dentro y sentía que podía tener más libertad para visitar diferentes países. Mientras estudiaba psiquiatría y seguía conociéndome mejor, descubrí otras razones que desempeñaron un papel fundamental para mi deseo desde que era una niña para vivir en otro lugar y sola dejar mi país, pero no estaba completamente consciente de ellas cuando decidí salir de Colombia.

¿Cómo decidió hacerse psiquiatra? Una vida dedicada a determinar la profundidad de la mente parecía una existencia maravillosa, desconcertante y emocionante. No hay una experiencia única que me haya inspirado a ser psiquiatra. En cambio, hubo numerosos eventos que capturaron particularmente mi interés hacia el campo. Cuando decidí seguir la medicina, fue con el objetivo de convertirme en investigadora en el área de Genética o Inmunología. Siempre me gustaron los campos llenos de misterio lo cual explican mi interés anterior en la astrofísica y cómo siempre me sentí intrigada por el comportamiento humano. Considero que mi año de intercambio en un pequeño pueblo de Luisiana, Estados Unidos, influyó significativamente mi camino por diferentes razones. Tuve la experiencia de vivir con cuatro familias diferentes y cada una me enseñó muchas cosas sobre las relaciones humanas. También pude viajar a diferentes ciudades de los Estados Unidos y Canadá, y estaba realmente emocionado de estar expuesta a una variedad de culturas. Cuando llegó el momento de regresar a Colombia, había desarrollado una visión más amplia de mí misma y de los demás, lo que hizo surgir mi pasión por la diversidad cultural. Al final de mi primera rotación de psiquiatría no tenía dudas de que la Psiquiatría era el campo de la medicina que podía mantener viva mi curiosidad intelectual por la ciencia y las humanidades y proporcionar la recompensa para ayudar a otros a través de una conexión humana más profunda. No había manera de que pudiéramos encontrar dos historias de vida idénticas a pesar de que los pacientes compartían un diagnóstico similar o provenían de entorno socioculturales similares.

QUIJOTES DE LA PSIQUIATRIA

¿Cuáles han sido sus principales fuentes de inspiración? Mis raíces, mi familia, las disparidades socioeconómicas de mi ciudad natal que también tenían diferentes elementos culturales en comparación con las áreas de mi país o incluso de mi estado. Todas las diferentes experiencias enfrentadas, incluidas las de los primeros años de mi vida. Todos los mentores y profesores que conocí durante mi viaje, especialmente una beca de la minoría de la APA y que asistieron al Consejo de la APA sobre Salud Mental de las Minorías y Disparidades de Salud, donde estuve expuesto a personas que eran conscientes de los problemas socioculturales que afectan la salud mental y eran apasionados para hacer una diferencia en el mundo. También creía que podía contribuir a mejorar el mundo.

¿De qué se siente más orgulloso? Mi propio viaje... viniendo de Buenaventura, un pueblo en la costa pacífica de Colombia con altos niveles de pobreza, instituciones educativas deficientes en comparación con ciudades más grandes en Colombia o pueblos más pequeños en otras regiones, donde las oportunidades y recursos educativos incluso en las mejores instituciones para las mujeres no podían compararse con las de las grandes ciudades ... siendo minoría en mi propio país como afrocolombiana, pude cumplir mi sueño de ser psiquiatra en Nueva York y todas las personas interesantes con las que conviví. Que realmente puedo hacer una diferencia en la vida de las personas, que tengo la capacidad de adquirir conocimientos fácilmente, pero también que tengo talento y puedo establecer una alianza terapéutica fácilmente. También siento que mis antecedentes y experiencias me han hecho más compasiva y sensible sobre las injusticias del mundo y han alimentado mi deseo de hacer una diferencia.

¿Qué significa ser hispano o Latino para usted? Todavía estoy en el proceso de entender lo que es ser latino y enfrentar la complejidad de mis raíces. Aunque los términos hispano y latino tienen diferentes significados, para mí "latino" es una hermosa palabra que se usa para describir un grupo diverso y pan-étnico que son razas, etnias diferentes, divergentes y convergentes historias y herencias complejas; sin embargo, tenemos similitudes debido a nuestra historia que ayudan al término a describirnos y también nuestras diferencias. "Hispano" está muy relacionado con el idioma y la colonización española.

¿Qué le aconsejaría a un estudiante o residente hispano o latino que acabe de comenzar su carrera? La importancia de la tutoría en cada paso del camino. Cada mentor puede guiarnos de diferentes maneras según sus perspectivas y el tiempo de la carrera.

¿Díganos algo importante que haya aprendido de trabajar con pacientes hispanos y latinos? Es un trabajo muy complejo. Cuanto más sé, mayor es mi conciencia de cuánto necesitamos aprender y las diferentes capas y procesos paralelos que cada individuo lleva dentro. Es cada vez más evidente que los determinantes sociales deben tenerse en cuenta para tener un mayor impacto en el presente y el futuro de la salud mental de los latinos. Deben usarse en la evaluación, pero también en el tratamiento.

¿Qué papel (positivo o negativo) ha jugado en su carrera el hecho de ser hispano o latino? Positivo: Conocer mentores y sentir su apoyo; poder contribuir durante los momentos clave para el bienestar de la población latina atendida desde mis sitios de trabajo; perteneciente a diferentes grupos, y el español como mi lengua materna / inglés como segundo idioma (aprendido más tarde en la vida) – el idioma como consuelo, pero también el acento podría marcar la diferencia en la forma en que se presenta a los demás. Negativo: IMG / inglés no es mi lengua materna, lo que lleva a posibles estereotipos y confusión; los estereotipos negativos sobre los latinos, y la división entre los latinos.

¿Qué futuro le augura a la psiquiatría hispana? Lo visualizo como personas que reconocen la importancia de trabajar juntos y cómo unidos podemos lograr grandes cosas en el campo y ayudar a la comunidad. Además, ser conscientes de nuestras diferencias para proporcionar intervenciones más personalizadas a la comunidad latina y no solo copiar lo que la evidencia médica ha encontrado que ha funcionado para la "población de investigación convencional." No solo es importante aprender del trabajo que se está haciendo y obtener más herramientas para la evaluación y el tratamiento, sino también cómo se debe tener en cuenta esto en la diversa población latina. La promoción debe ser una parte importante de la psiquiatría hispana / latina y las necesidades son diferentes dependiendo de las tendencias socio-geográficas y políticas que afectan la forma en que las personas ven la psiquiatría e impactan a las poblaciones aún más vulnerables.

¿Cuál ha sido el mayor obstáculo de su carrera y cómo consiguió superarlo? Mi crisis existencial, estar lejos de mi familia y amigos en Colombia, sentirme sola, mis problemas familiares, mi salud; estado migratorio, falta de libertad, agotamiento. Además, si desea cambiar el mundo y no está particularmente satisfecha con lo que se puede ofrecer al público, la frustración puede ser abrumadora. Todavía estoy tratando de superarlo y creer más en mí misma, luchar contra el síndrome del impostor y equilibrar el trabajo y la vida personal.

¿Cuál es en su opinión el mayor reto de la psiquiatría? La integración del campo (diferentes psiquiatras, profesionales de la salud mental y otras disciplinas que pueden contribuir al avance del campo). Diversifíquelo y no intente juzgar a toda una población con la experiencia de algunos. Colaborar entre nosotros y otras profesiones de salud mental (humanidades, también) y comunicar el conocimiento para realmente crear intervención o avanzar conocimiento que sea útil para la población.

¿Cuáles son los cambios más necesarios en la psiquiatría? Avance hacia la parte social, pero cree enfoques basados en evidencia que sirvan como guía o documenten lo que se hace para no repetir el trabajo de otros. Unir información de Latinoamérica y otros países; El flujo de información nos hace grandiosos. Además, existe una necesidad de investigación en psiquiatría cultural para comprender mejor el problema y cómo se pueden implementar mejores servicios.

QUIJOTES DE LA PSIQUIATRIA

IVÁN MONTOYA

El Dr. Iván Montoya Bravo nació en Medellín (Colombia) y estudió Medicina en la Universidad de Antioquia. Es especialista en Psiquiatría y Máster en Salud Pública en John Hopkins Estados Unidos.

Dr. Montoya, es el director de la sección de desarrollo de terapias farmacológicas Consecuencias Médicas de la Adicción del National Institute on Drug Abuse (NIDA) de Estados Unidos. NIDA es un Instituto del NIH.

National Institute of Health, (Instituto Nacional de Salud) del Gobierno de Estados Unidos. El Instituto NIDA, dedicado exclusivamente a la investigación y divulgación en esta materia, financia el 85 por ciento de la investigación relacionada con los tratamientos de adicciones en el mundo.

Ha sido profesor de la Universidad de Antioquia, trabajado para la Organización Mundial de la Salud (OMS) y la Asociación de Psiquiatría Americana (APA). Conferencista de reconocido prestigio internacional participa en congresos internacionales más relevantes como APA, ISAM (International Society of Addiction Medicine), Sociedad Americana de Psiquiatria Hispana (ASHP) y CPDD College on Problems of Drug Dependence.

El Dr. Montoya se especializa en el desarrollo de medicamentos sobre marihuana y aspectos relacionados con control de la seguridad de los ensayos clínicos; y también la supervisión médica de proyectos de investigación que solicitan financiación a NIDA.

Es miembro del consejo editorial de distintas publicaciones científicas de primer nivel de Adicciones, Psiquiatría y Psicofarmacología con un largo listado de publicaciones. Recientemente ha editado un libro sobre Tratamientos Biológicos para los Trastornos por Uso de Sustancias. Vacunas, anticuerpos monoclonales y enzimas.

El Dr. Ivan Montoya es una de las voces más autorizadas en materia de tratamientos de adicciones a nivel internacional. Por su servicio a las comunidades fue nombrado miembro de la junta directiva del ASHP donde participa activamente en el área de investigación, educación y desarrollo de programas de prevención a los Hispanos/Latinos en Estados Unidos y España América Latina

QUIJOTES DE LA PSIQUIATRIA

JORGE NAZAR

El Doctor Jorge Nazar es un psiquiatra nacido en Mendoza (Argentina). Egreso de la Universidad Nacional de Córdoba (UNC) en 1963 y recibió su título de Médico psiquiatra de la Academia Nacional de Medicina de Argentina. Ha sido Profesor titular de Psiquiatría de la UNC desde 1987.

El Dr. Nazar ha sido Director del Departamento de Psiquiatría de la facultad de Ciencias Médicas de la UNC, Director del Instituto de Neurociencias y Humanidades Medicas de la misma facultad, Director del Hospital Psiquiátrico "El Sauce" de Mendoza – Argentina y Profesor Emérito de Psiquiatría de la misma Facultad.

Es miembro electo del Comité de Educación de la Asociación Mundial de Psiquiatría (WPA), Miembro Electo del Comité de Evaluación de carreras de post-grado de la CONEAU (Comisión Nacional de Educación Universitaria), Miembro electo y asesor científico del Instituto Internacional de Neurociencias de la Fundación Lundbeck.

Ha organizado, implementado y presidido siete Congresos Mundiales de Estados depresivos realizados en Mendoza, Argentina desde 1990 al 2010. Dr. Nazar ha dirigido numerosos cursos de especialización y perfeccionamiento en la especialidad y participado como conferencista nacional e internacional en numerosas conferencias, cursos y simposios. Ha sido autor y coautor de numerosas publicaciones y ha participado en investigaciones clínicas con más de 60 moléculas.

Ha recibido distinciones de múltiples sociedades científicas como la Sociedad Mundial de Psiquiatría Biológica, la Asociación Americana de Psiquiatría (APA), la Academia de Ciencias de New York y de la Asociación Mundial de Psiquiatría (WPA).

Dr. Nazar ha sido Miembro del comité de Educación de la WPA, y Vicepresidente y Presidente electo del Colegio Argentino de Neuropsicofarmacología (CANP). Así mismo, es Miembro del Comité de Honor y Científico de numerosas Instituciones y Revistas Científicas nacionales e internacionales y Director de la Revista de Psiquiatría de la Facultad de Ciencias Médicas de UNC.

¿Cómo decidió hacerse psiquiatra? Como estudiante de la carrera de medicina y cursando psicología médica y psiquiatría en tercer y cuarto año, respectivamente, sentí un enorme interés por los aspectos psíquicos-espirituales del hombre. Fue así como ingresé como practicante en un hospital psiquiátrico monovalente y también en un hospital general en el servicio de psiquiatría.

¿Cuáles han sido sus principales fuentes de inspiración? Fueron los maestros directos que tuve durante mi formación, entre ellos: el Prof Dr Julio Jose Herrera, Prof Dr Ricardo Horacio Echegoyen, Prof Dr Armando Roa y otros maestros indirectos tales como K Jaspers, K Schneider, J.J Lopez Ibor, H. Delgado, entre muchos otros.

¿De qué se siente más orgulloso? De haber podido incursionar profundamente en la docencia, asistencia e investigaciones clínicas en psicofarmacología, como también haber podido realizar en Mendoza, Argentina siete Congresos Mundiales de Estados Depresivos, auspiciados por organizaciones nacionales e internacionales como: la OMS, WPA entre otras, con la participación de las figuras más importantes de la psiquiatría mundial.

¿Qué significa ser hispano o latino para usted? Orgullo de serlo y de haber aprovechado al máximo la posibilidad de establecer intercambios con el resto del mundo, lo que permitió el enriquecimiento personal y la posibilidad a través de la docencia de transmitirlo en el campo de la psiquiatría latinoamericana.

QUIJOTES DE LA PSIQUIATRIA

¿Qué le aconsejaría a un estudiante o residente hispano o latino que acabe de comenzar su carrera? Que sepa interpretar la psiquiatría como una especialidad médica, con características especiales en el abordaje antropológico y desarrollando los conceptos antropoterapéuticos, es decir la integración en forma oportuna tanto de la psicofarmacología y la psicoterapia.

¿Qué futuro le augura a la psiquiatría hispana? La psiquiatría hispana, siempre ha tenido una gran proyección e integración armónica con las distintas escuelas, aportando al mundo, las características sobresalientes de la cultura hispana. Manteniendo estos enfoques el futuro resultará promisorio.

¿Cuál ha sido el mayor obstáculo de su carrera y cómo consiguió superarlo? El mayor obstáculo de mi carrera, han sido las dificultades para poder desarrollar en determinados períodos históricos de mi país, mi tarea docente y administrativa (como director de hospital), ya que existían presiones dogmáticas que complicaban la enseñanza adecuada de las neurociencias. Se superó manteniendo los principios básicos científicos de la psiquiatría, en la verdadera integración antropoterapéutica.

¿Cuál es en su opinión el mayor reto de la psiquiatría? El desafío mayor de la psiquiatría es el seguir manteniéndose dentro de las ciencias médicas, como una especialidad más, cuya meta es la integración de los aspectos físicos, psíquicos y esenciales del ser humano.

¿Cuáles son los cambios más necesarios en la psiquiatría? Mantener los aspectos referidos en la pregunta número 11 y que los progresos de la psicología y las neurociencias sirvan para sostener vigentes las pautas fundamentales de la relación médico-paciente.

QUIJOTES DE LA PSIQUIATRIA

BERNARDO NG

El doctor Bernardo Ng, nació y creció en la ciudad de Mexicali, en la región fronteriza entre Estados Unidos y México. Es el segundo de cuatro hermanos y tiene tres hijos, dos hombres y una mujer. El doctor Ng se graduó de la Facultad de Medicina de la Universidad Autónoma de Nuevo León, México en 1988 y después de dar clases en la escuela de Psicología de la Universidad Autónoma de Baja California, también en México, se mudó a la ciudad de El Paso Texas en los Estados Unidos. En esta ciudad emprendió su entrenamiento en la especialidad de Psiquiatría en 1989. Tres años más tarde, se trasladó a la ciudad de San Diego California, donde se graduó en la subespecialidad de Psiquiatría de Enlace (Medicina Psicosomática).

Dr. Ng es afiliado a la Universidad de California en San Diego. En 1994, se estableció en el Condado de Imperial, California, una comunidad con servicios médicos insuficientes, donde inició su práctica privada. Fundo el primer componente de los centros Sun Valley en 1998 (una clínica de consulta externa llamada Sun Valley Behavioral Medical Center), y en el 2009 junto con dos socios emprendió operaciones el Sun Valley Research Center. Estos dos centros prestan servicio a una población predominantemente Latina.

En 2001 creo el primer programa de Hospital-día en Calexico California, bajo el nombre Alegría Day Healthcare Center; y en 2005 fundó el primer Centro Geriátrico de Mexicali, México nombrado Nuevo Atardecer de donde surgió una organización sin fines de lucro, que se dedica a educar a la comunidad en la enfermedad de Alzheimer y otros trastornos cognitivos. Dr. Ng ha sido miembro de diferentes sociedades médicas, incluyendo la Asociación Médica Americana, la Asociación Neuropsiquiátrica Americana, y la Asociación Psiquiátrica Americana, de esta última es fellow distinguido y fue presidente del Consejo Internacional de Psiquiatría (2016- 2020). También ha sido miembro y presidente de la Sociedad Americana de Psiquiatría Hispana (2018-2020) y la Asociación Psiquiátrica Mexicana de la cual es presidente desde el inicio del 2020.

Sus intereses de investigación incluyen trastornos cognitivos y geriátricos en Latinos, migrantes, y pacientes con depresión resistente a tratamiento. Desde que inició la residencia en Psiquiatría, en 1989, ha producido de dos a tres publicaciones anualmente, incluyendo artículos originales, artículos de revisión, libros y capítulos de libros. Ng disfruta las actividades al aire libre incluyendo atletismo, ciclismo, buceo, natación y la charrería. Es un aficionado del cine y ama la música latina. Es pareja de la psiquiatra colombiana Nancy Colimon desde el 2014.

¿Qué le hizo emigrar a los Estados Unidos? Durante mi época de estudiante de Medicina, me llamó la atención el ejercicio de la Psiquiatría en Estados Unidos, y me pareció que representaba el futuro de la especialidad.Percibí que tanto en el campo clínico como en el de investigación, había una visión más amplia e integral, y quería se parte de ese movimiento.

¿Cómo decidió hacerse psiquiatra? Esto inició desde el segundo año en la Facultad de Medicina, cuando me enteré de que las alteraciones del pensamiento y las emociones tenían un sustrato bioquímico y de alteración de vías neurológicas. Así como entender, que funciones superiores como el juicio y la sociabilidad podían afectarse por infartos y lesiones traumáticas del cerebro. Eso me hizo decidir que la Psiquiatría, era, en definitiva, "la última frontera."

¿Cuáles han sido sus principales fuentes de inspiración? Sin duda alguna, los pacientes psiquiátricos, que sufren por años antes de recibir el tratamiento adecuado; por múltiples razones como el estigma, insuficiencia de servicios, y falta de personal calificado. Por otro lado, la lista interminable de mentores, dentro y fuera del ambiente académico, que he tenido la fortuna de conocer.

QUIJOTES DE LA PSIQUIATRIA

¿De qué se siente más orgulloso? Mi mayor orgullo como Psiquiatra Latino, es tener la posibilidad de acompañar a Pacientes Latinos, en el difícil camino de la enfermedad mental, hasta la recuperación de su salud y la reinserción a sus comunidades.

¿Qué significa ser Hispano o Latino para usted? Es extremadamente satisfactorio, ser parte de la reducida lista de Psiquiatras latinos en este país. Necesitamos hacer más larga esta lista.

¿Qué le aconsejaría a un estudiante o residente Hispano o Latino que acabe de comenzar su carrera? En primer lugar, no rendirse y mantener la determinación de alcanzar sus logros. Tener presente la importancia de la salud mental, en cualquier campo de la Medicina que escojan, y finalmente, que considerar seriamente la especialización en Psiquiatría.

¿Díganos algo importante que haya aprendido de trabajar con pacientes Hispanos o Latinos? En primer lugar, nuestros pacientes necesitan de Psiquiatras culturalmente competentes, ya que esto rompe con el estigma. Una vez logrado esto, los pacientes tienden a ser muy cumplidos, responden favorablemente y obtienen mejores resultados del tratamiento.

¿Qué papel (positivo o negativo) ha jugado en su carrera el hecho de ser Hispano o Latino? Creo que ha sido binario. Por un lado, siendo Latino y graduado fuera de los Estados Unidos, significó un obstáculo para encontrar un lugar donde hacer la residencia. Una vez dentro de un programa de residencia, fue difícil reconciliarme con el hecho de que los pacientes Latinos fueran vistos por clínicos no-Latinos, como pacientes incumplidos y con pobre adherencia al tratamiento, solo por tener bajos niveles de educación. Por otro lado, he tenido la fortuna de trabajar en ambientes, donde ser Latino es muy valorado, generando un alto nivel de satisfacción.

¿Qué futuro le augura a la Psiquiatría Hispana? Muy prometedor, ya que en estos tiempos es imposible subestimar la presencia de Latinos en este país, como podría haber sido hace tres décadas. Aunque continúa siendo una experiencia binaria, se han obtenido muchos logros a favor de nuestros pacientes. Han aumentado, en cantidad y calidad los programas culturalmente competentes, se ha aumentado la inclusión de Latinos en ensayos clínicos, hay más materiales educativos en español; y lo más importante, la aceptación más amplia de que la sociedad en su totalidad se beneficia cuando los Latinos gozan de una mejor salud mental. Este futuro prometedor se puede lograr con más Psiquiatras Latinos.

¿Cuál ha sido el mayor obstáculo de su carrera y cómo consiguió superarlo? Hacia el final de mi residencia, tuve que tomar una decisión de grandes magnitudes. Tenía la oportunidad de seguir una carrera académica, dar clases, solicitar fondos para hacer investigación y publicar. En su lugar, decidí trabajar en el área clínica en contacto directo con pacientes, en una comunidad latina con insuficiencia de servicios, con lo que mi carrera académica se estancó. Afortunadamente, después de casi tres décadas, disfruto de haber tomado la decisión correcta, en la que la academia es una parte pequeña pero muy importante de mi vida profesional, pudiendo vivir de alguna forma en los dos "mundos."

¿Cuál es en su opinión el mayor reto de la psiquiatría? La tardanza con la que la Medicina de Precisión, métricas diagnósticas objetivas estandarizadas y medidas de resultados confiables, se hacen presentes en la psiquiatría, comparado con otras especialidades.

¿Cuáles son los cambios más necesarios en la psiquiatría? Yo estoy convencido que la Psiquiatría, debe abrirse y acercarse a las otras especialidades, en especial a los encargados del primer nivel de atención. Debe compartir conocimiento y aumentar las capacidades de los médicos de todas las disciplinas para poder así, atender al creciente número de pacientes que necesitan tratamientos psiquiátricos.

QUIJOTES DE LA PSIQUIATRIA

JOAQUÍN NIETO

El Doctor Joaquin Nieto Munuera nació en Cartagena, España. Es Médico con especialización en Psiquiatría y profesor del Departamento de Psiquiatría y Psicología Social en la Facultad de Medicina de la Universidad de Murcia, España. Desde 1980 es docente de estudiantes de Medicina, y Cursos de Doctorado y Maestría.

Ha sido Profesor invitado en: la Facultad de Medicina de la Universidad Autónoma Nacional de México, el Instituto Mexicano de Psiquiatría; el Departamento de Psicología Médica en la Facultad de Medicina de la Universidad de la República Oriental del Uruguay; el Departamento de Psicología Médica en la Facultad de Medicina de la Universidad Católica de Córdoba, Argentina; el Instituto Nacional de Psiquiatría Ramón de la Fuente, en el Programa de Cooperación Interuniversitario y el Departamento de Psiquiatría de la Universidad "La Sapienza" en Roma.

Ha dirigido más de 35 proyectos doctorales, de maestría y ha participado en más de 10 proyectos financiados por entidades públicas y privadas.

Es el autor de 10 libros y capítulos de libros. De 81 artículos en revistas científicas y de 86 trabajos presentados en congresos nacionales o internacionales.

QUIJOTES DE LA PSIQUIATRIA

El doctor Nieto se desempeñó como Médico asistente voluntario en la Sección de Psiquiatría del Hospital Universitario "Arrixaca" en Murcia (1980 -1983). Como Médico becario Hospital Psiquiátrico de la Consejería de Sanidad en la Comunidad Autónoma Murcia (1983 - 984). Médico de Salud Mental, Consejería de Sanidad en la Comunidad Autónoma Murcia (1985). Médico Adjunto y Docente del Servicio de Psiquiatría del Hospital General Universitario en Murcia (1985 - 2005). Médico Psiquiatra. Clínica Psiquiátrica Dr. Muñoz. S.L. (2006- hasta la actualidad). Fue Director del Departamento de Psiquiatría y Psicología Social. Facultad de Medicina. Universidad de Murcia. (1998-2012). Miembro de la Comisión de Docencia de la Facultad de Medicina de Murcia, (1985-1990). Vicedecano de la Facultad de Medicina de Murcia desde Enero de 1993 hasta Junio de 1995.

Miembro de la Comisión Mixta Universidad- Sanidad (1990-1995). Coordinador de Salud Mental de la Región de Murcia. Consejería de Sanidad. Comunidad Autónoma de Murcia. (1991-1992). Miembro del Comité de expertos en la elaboración el Plan de Salud de la Región de Murcia. 1992. Miembro del Comité de expertos en la elaboración del Plan de Salud Mental de la Región de Murcia. 1994. Vicepresidente de la Sociedad Murciana de Psiquiatría. Miembro de la Sociedad Española de Psiquiatría

¿Cómo decidió hacerse psiquiatra? Siempre me interesó la Psicología Médica durante mis estudios de Medicina. En el 5º año durante las prácticas de Psiquiatría me interesó aún más la psicopatología y las alteraciones mentales de los pacientes que pude entrevistar. Igualmente, el componente humanista determinó finalmente el que eligiera esta especialidad.

¿Cuáles han sido sus principales fuentes de inspiración? Creo tener una visión holística de la enfermedad y del trastorno mental en particular, por tanto, todos los planteamientos teóricos deben ser considerados (conductismo, psicoanálisis, cognitivismo, fenomenología, análisis existencial…) En cada aproximación teórica, encontramos explicaciones que nos ayudan a entender mejor a nuestros pacientes, y además encontramos puntos de unión a la hora del abordaje terapéutico.

¿De qué se siente más orgulloso? En los 40 años que he dedicado a la clínica, sin duda el haber intentado mantener una buena relación médico-paciente, con aquellas personas con las que he tratado. He intentado ser honrado y he tratado a los pacientes con respeto y cariño. He intentado ponerme en su lugar para comprender sus modos de pensar y actuar y en la medida de lo posible poder propiciar cambios en sus hábitos y poder también aliviar sus sufrimientos. No sé si lo he conseguido, pero al menos lo he intentado y lo sigo intentando todos los días.

¿Qué significa ser hispano o latino para usted? Es una forma de entender la vida. Es una forma de vida. Naturalmente con luces y sombras. Ingenio, inspiración, improvisación, entusiasmo y decepción. Capaz de lo mejor y lo peor al mismo tiempo.

¿Qué le aconsejaría a un estudiante o residentee hispano o latino que acabe de comenzar su carrera? Le aconsejaría paciencia, mucha paciencia. Es quizás la virtud que los médicos debemos cultivar con más denuedo.

¿Díganos algo importante que haya aprendido de trabajar con pacientes hispanos y latinos? He aprendido que la vida es una caja de sorpresas mayor de lo que jamás hubiera imaginado. Constituye una lección diaria, que nos sitúa en la realidad y nos hace ver en espejo nuestras propias contradicciones.

¿Qué papel (positivo o negativo) ha jugado en su carrera el hecho de ser hispano o latino? En mi trabajo en España no he podido contrastar este hecho.

¿Qué futuro le augura a la psiquiatría hispana? Entiendo que un gran reto y a la vez un gran porvenir.

¿Cuál ha sido el mayor obstáculo de su carrera y cómo consiguió superarlo? Cuando llevas 20 años de ejercicio profesional tienes la sensación de no estar haciendo las cosas lo suficientemente bien. También se agolpan los problemas familiares, las relaciones con los compañeros de trabajo, etc. ¿A esto se le llama Síndrome de "Burnout" (o Agotamiento)? ¿Quién no lo ha pasado en mayor o menor medida?

¿Cuál es en su opinión el mayor reto de la psiquiatría? El reto actual de la Psiquiatría podemos enmarcarlo en una doble perspectiva. De un lado el abordaje teórico e investigador, al igual que ocurre con otras disciplinas afines, es sin duda su integración en la llamada neurociencia. La dificultad estriba en los distintos abordajes metodológicos empleados. Hoy día nos enfrentamos con una gran paradoja, hemos conseguido descifrar el código genético, sin embargo, la imbricación de lo psicofísico sigue siendo en gran medida un misterio. De otro lado la aplicación práctica encuentra sus dificultades a la hora de establecer elementos de control, siguiendo estrategias metodológicas fiables, que midan los cambios que experimentan los pacientes, tras las oportunas intervenciones terapéuticas.

¿Cuáles son los cambios más necesarios en la psiquiatría? En el marco actual de la aplicación de la Psiquiatría en la clínica, y dado el carácter globalizador de la asistencia médica, entiendo que nuestra especialidad se está tecnificando en exceso y se está descuidando la parte humanista que debe caracterizarla. El núcleo de la relación médico-paciente, la empatía, junto a la "paideia y la techné," deberían ir siempre de la mano, y por tanto no olvidar el papel que juega la palabra como la gran y poderosa arma terapéutica, a la cual no debemos nunca renunciar.

En la lengua consisten los mayores daños de la vida humana.

Don Quijote de la Mancha

QUIJOTES DE LA PSIQUIATRIA

MARÍA OQUENDO

Profesora de Psiquiatría "Ruth Meltzer," y Jefe del departamento de psiquiatría, Escuela de Medicina Perelman, Universidad de Pensilvania. De ascendencia puertorriqueña y española, Dra. Maria Oquendo cursó su educación primaria y secundaria en Puerto Rico, donde aún viven sus padres en la ciudad de Guaynabo. Cursó estudios universitarios en Estados Unidos y España. Graduada de Tufts University, recibió su doctorado en Medicina de Columbia University en 1984. En el 2010, recibió su doctorado en psiquiatría de la Universidad Autónoma de Madrid.

El Marzo 2016 la doctora María Oquendo se convirtió en la primera mujer hispana en presidir la Asociación Americana de Psiquiatría (APA, por sus siglas en ingles). Fue también presidenta de la Academia Internacional de Investigación sobre el Suicidio y vicepresidenta de la Junta de la Fundación Americana para la Prevención del Suicidio. Además, editora del 'American Journal of Psychiatry'.

¿Cómo describe su camino profesional hasta llegar a la presidencia de la APA? Para llegar a ser presidente de una asociación de 36 mil psiquiatras, lo más importante ha sido el voluntariado, trabajar bastante tiempo en beneficio de la organización, participando en comités y grupos de trabajo. Hace cuatro años fui electa secretaria de la Asociación y después de los dos años de secretariado, fui candidata y resulté electa como Presidenta.

QUIJOTES DE LA PSIQUIATRIA

¿Qué enfoque trae su presidencia desde la perspectiva de ser una mujer hispana? La Asociación ha tenido dos presidentes hispanos y aproximadamente 10 presidentes mujeres de un total de sobre 150 presidentes. Seguimos siendo minoría, pero se va acelerando el paso de elegir mujeres como presidentes de la asociación. Dentro de la Asociación hemos podido estrechar los lazos de forma más eficaz entre los psiquiatras que son de origen hispano o afroamericano o asiático, hay más facilidad cuando el presidente tiene un trasfondo étnico diferente a la mayoría. Para mí ha sido de suma importancia empezar a trabajar para que la Asociación tenga una visión un poco más internacional. Hemos establecido un programa piloto para ofrecer entrenamiento de investigación y talleres en la reunión anual invitando a personas de otros países como Colombia, Brasil, y México.

¿Qué papel (positivo o negativo) ha jugado en su carrera el hecho de ser hispano o latino? Una de las cosas con las que contribuimos es que sabemos lo que es vivir entre dos culturas. El poder comprender mejor la situación de nuestros pacientes que también provienen de otros países y tienen que adaptarse a una cultura nueva, un idioma nuevo y lidiar no solo con la carga de tener algún trastorno psiquiátrico, sino que también tienen que buscar ayuda en un sistema que a lo mejor no les es familiar.

¿Qué futuro le augura a la psiquiatría? La psiquiatría hoy por hoy es uno de los campos más interesantes dentro de la medicina. Estamos aprendiendo muchísimo sobre el cerebro y sus patologías, que forman la base de los problemas psiquiátricos. Al tener esta revolución en la investigación sobre el cerebro, estos conocimientos nuevos que están disponibles van a hacer que los trastornos psiquiátricos puedan atenderse de una forma más detallada y desarrollando tratamientos aún más eficaces.

QUIJOTES DE LA PSIQUIATRIA

JORGE OSPINA

Médico de la Universidad Pontificia Bolivariana, Especialista en Psiquiatría y Psicología Médica de la Universidad Complutense de Madrid. Profesor e investigador, jefe del Departamento de Psiquiatría del 2002 al 2010, fundador y miembro hace 20 años del Grupo de Investigación en Psiquiatría (GIPSI), con líneas en Genética Molecular, Biomarcadores, Endofenotipos Neuropsicológicos, Aspectos Clínicos y Terapéuticos relacionados con Trastorno Bipolar, Esquizofrenia, Depresión y Suicidio en una amplia muestra de un aislado genético en población colombiana; en colaboración con las universidades de Barcelona, University College of London, New Jersey y California (UCSF, UCLA), entre otras. Además de estudios y producción de un Manual de Atención en la línea de Consecuencias Psicopatológicas y Psicosociales de Víctimas de Violencia y de las Víctimas de Minas Antipersona en nuestro país; en colaboración con la Fundación Mi Sangre, Rotary Internacional y el Gobierno Alemán.

Durante su jefatura en el Departamento se consolidó el grupo de investigación en Colciencias y en el ámbito internacional y se crearon dos Cátedras Internacionales en Psicopatología y en Salud Global, con universidades de primer nivel y profesores de varios países, para la investigación y el intercambio de alumnos y profesores, además de proyectos y grants comunes que se mantienen hasta hoy. Pertenece al Task Force on Genetics y al Task Force on Men´s Mental Health of the WFSBP; al Comite de Education de CINP y a la Junta Directiva de ASHP. Ha sido miembro de comités editoriales de publicaciones internacionales como World Journal of Biological Psychiatry, Revista Española de Psiquiatría Biológica y Revista Brasileña de Psiquiatría Clínica. Autor de más de 80 publicaciones internacionales en Nature, JAMA, Proceedings of the National Academy of Sciences (PNAS), Journal of Clinical Psychiatry, Bipolar Disorders, Schizophrenia Research, World Journal of Biological Psychiatry; entre otras.

También ha escrito libros y capítulos en publicaciones nacionales e internacionales en estos ámbitos de conocimiento e investigación. El Grupo de Investigación en Psiquiatría (GIPSI) es hoy referente internacional en la creación y difusión del conocimiento en el ámbito de los Trastornos Mentales Severos y su tratamiento, especialmente en el Trastorno Bipolar; condiciones de alta morbimortalidad, causantes de grave sufrimiento en los pacientes y familias afectadas en Colombia y en el Mundo, considerados dentro de las condiciones médicas de más alto costo según la Organización Mundial de la Salud.

Ha recibido junto con su grupo varios reconocimientos como el Premio Vida y Obra de la Asociación Colombiana de Psiquiatría, Premio de Investigación de la Universidad de Antioquia, Mención de Honor de la Fundación Alejandro Ángel, reconocimientos de la APAL, la ASHP, la Sociedad Internacional de Trastorno Bipolar, el Colegio Internacional de Neuropsicofarmacología, la Federación Mundial de Psiquiatría Biológica y la Asociación Mundial de Psiquiatría. Han recibido fondos de Colciencias, Fundación Mi Sangre, Wellcome Trust de Londres y del NIH entre otros.

¿Qué le hizo emigrar a los Estados Unidos? No emigré, regresé. Cuando conocí los fundamentos filosóficos, antropológicos, psicológicos y neurobiológicos de la psiquiatría europea mientras me estaba formando en España en los años 80, entendí lo importante que era para la salud en Colombia y Latinoamérica llevar allí algo más de dicha semilla humanista y científica, pues lo vivido antes como médico general me había mostrado una mezcla bastante etérea de una psiquiatría anclada en elucubraciones teóricas poco consistentes, alejadas de la epistemología de la ciencia y de la medicina, que utilizaba contradictoriamente una praxis asilar y deshumanizada. Por ello y por ellos decidí volver a Colombia y no buscar otros rumbos.

¿Cómo decidió hacerse psiquiatra? "La vida es lo que sucede mientras uno la está planeando". Frase atribuida a John Lennon. Luego de esta advertencia y jugando a ser psiquiatra, mi decisión se fue formando desde la adolescencia al descubrir la importancia de las emociones y los sentimientos en los seres humanos y en mí mismo, en un mundo rodeado por demasiada razón y pragmatismo. Esa búsqueda de la naturaleza de las emociones, del misterio mismo de la mente y su vida de relación con otras mentes se volvió el núcleo de mi pasión por el conocimiento. En consecuencia, dentro de la pobre baraja de profesiones "adecuadas" que un latinoamericano de los 70 podía escoger, buscando algo que relacionara el hombre, la vida y la ciencia, escogí la Medicina, luego dentro de ella me sedujeron la medicina interna y la neurología, y terminé sin el más mínimo arrepentimiento a pesar de su pobre prestigio, detrás de la búsqueda del enigma de la mente humana, cuando sufría o cuando lograba su bienestar, que ofrecía la Psiquiatría. La más interna, la más humana y en ese entonces la menos médica de las medicinas.

¿Cuáles han sido sus principales fuentes de inspiración? Los pacientes, mis maestros, los maestros de nuestra disciplina y los alumnos: Los pacientes humildes y necesitados de nuestros desiguales países, los de las goteras de mi ciudad que no pertenecían a ningún sistema de seguridad social y los de la Colombia profunda cuando conviví con las comunidades olvidadas de nuestra Amazonía durante mi servicio social. Nunca por fortuna me acostumbraré al regocijo de ayudarles con mi acto médico y a la emoción ante su agradecimiento desinteresado y honesto. Mis maestros, apasionados por la ciencia médica y su propósito humano, desde los profesores de bioquímica, medicina interna y psiquiatría del pregrado. Luego el principal maestro de mi formación, mi querido amigo y profesor de la Universidad Complutense de Madrid, José Luis Ayuso Gutiérrez, que me llevo con entusiasmo y sabiduría hacia una psiquiatría científica, médica y humana. Y a mi regreso, a mi tutor al inicio de mi práctica en Colombia, Ricardo José Toro, que ya no está entre nosotros, quien forjo en mí el respeto sagrado y la prudencia en el cuidado del paciente. Los maestros de la filosofía y de la medicina que se anticiparon a nuestra disciplina, desde Hipócrates y Areteo de Capadocia hasta los filósofos que se han aproximado al enigma de la mente. Los maestros de la fenomenología alemana Karl Jaspers y Kurt Schneider y sus sucesores del resto de Europa y del mundo, que plantearon la senda de la exploración empática de la vivencia o experiencia de una mente cuando se altera en sus propiedades y se rige por códigos ajenos a la experiencia natural. Mis alumnos de hoy y de siempre, quienes son la fuente constante de aprendizaje y motivación académica y humanística. Y los herederos y perpetuadores de las semillas que creemos valiosas para el desarrollo de nuestra disciplina y para el servicio de nuestros pacientes

¿De qué se siente más orgulloso? Haber contribuido junto a muchos queridos colegas latinoamericanos, a hacer de la psiquiatría en una disciplina más científica y humana en estos años. A lograr que los otros colegas, los pacientes y la sociedad, entendiera que la psiquiatría es una disciplina médica, con la particularidad de tratar el órgano más evolucionado de la creación, el cerebro; y la manera como este permite de manera compleja en su desarrollo e interacción con el ambiente interpersonal y sociocultural, que emerja la mente, la esencia del ser. Haber fundado hace 20 años y continuar haciendo parte de un grupo de investigación latinoamericano en genética, neurobiología y clínica de los Trastornos Psiquiátricos Mayores, el cual contribuye desde entonces al desarrollo de conocimiento de primer nivel en el mundo. Disfrutar como hace más de treinta años, sentarme al frente de mis pacientes con mis alumnos, abierto a la exploración de una mente al frente de la mía, cuya vivencia pueda aprehender y acercarme empáticamente, para buscar con la ética que me da el conocimiento y la experiencia, bien sea aliviar y dar esperanza a su sufrimiento y el de su gente.

¿Qué significa ser hispano o latino para usted? Ser como todos los seres humanos una mezcla de diferentes etnias, pueblos y culturas, y por la particular y relativamente reciente historia, llevar fresco el crisol de dicho mestizaje, en el cual sobresale la emocionalidad, expresividad, entusiasmo con que tomamos la vida, tanto de nuestro trabajo académico como en nuestra vida de relación.

¿Qué le aconsejaría a un estudiante o residente hispano o latino que acabe de comenzar su carrera? Que no olvide la naturaleza cercana y personal de la relación médico- paciente de nuestros pueblos, que realice la formación básica dentro de la realidad latinoamericana y luego busque sin complejos experiencia en culturas diferentes, y luego establezca su nicho profesional en cualquier lugar propio o ajeno, sin olvidar ni sus raíces ni la experiencia global.

¿Díganos algo importante que haya aprendido de trabajar con pacientes hispanos y latinos? Nos obligan a recordar que la práctica médica en general y de la psiquiatría en particular, es un ejercicio de humanidad y solidaridad, ante todo.

¿Qué papel (positivo o negativo) ha jugado en su carrera el hecho de ser hispano o latino? Creo que, por la joven y conflictiva historia de nuestra región y nuestros pueblos, su naturaleza luchadora, resiliente y entusiasta, nos ha dado una mirada optimista y esperanzadora que ha marcado la manera de vivir nuestra profesión.

¿Qué futuro le augura a la psiquiatría hispana? La psiquiatría latinoamericana se ha ido integrando al desarrollo y producción del conocimiento global. Muchos académicos e investigadores y grupos de investigación están en el más alto nivel dentro del concierto mundial, hacemos parte de consorcios y redes internacionales que producen el conocimiento de la psiquiatría actual. Ya somos parte del futuro de la psiquiatría, falta es luchar por aplicarlo por completo en las políticas de salud de nuestros países y del resto del mundo.

¿Cuál ha sido el mayor obstáculo de su carrera y cómo consiguió superarlo? Uno local y global: el mito de la psiquiatría dentro de la medicina y de la sociedad, considerándola una disciplina alejada de la medicina e impregnada por el tabú y el miedo la locura. Y uno global: el prejuicio de que los latinoamericanos e hispanoparlantes somos poco serios y confiables en el mundo de la academia y de la investigación. Ambos obstáculos se convirtieron en inspiración para el trabajo mío y de mis colegas y dichos prejuicios se han ido superando en las nuevas generaciones.

¿Cuál es en su opinión el mayor reto de la psiquiatría? Acercarnos cada vez más a la filosofía de la mente, el objeto y sujeto primario de nuestra disciplina, que busca la explicación y comprensión de la esencia y funcionamiento de las propiedades mentales. Gran reto porque en esta búsqueda la mente humana es al mismo tiempo objeto e instrumento de su propio conocimiento. Pero no podemos seguir desarrollando una teoría científica que ofrezca una evidencia para la explicación y el manejo de las vicisitudes de la mente cuando sufre, si no nos acercamos a las diferentes teorías de la mente, desde las materialistas, las computacionales (IA), las cuánticas, las de la complejidad bio-ecológica-cultural, e incluso las que plantean interaccionistas meta- subjetivas. Luchar porque la relación médico-paciente se mantenga en el ámbito de la comunicación humana y personal, sin ella la psiquiatría y mucha parte de las "medicinas internas" desaparecerían. Para conservar el valor de la empatía en la exploración psicopatológica y en el proceso de alivio de nuestros pacientes. El reto descomunal de una investigación que logre métodos que descifren interacciones profundas entre genética, el nicho ontogénico, el ambiente y la cultura, en el desarrollo de la mente y sus alteraciones. La lucha mediática y cultural para contrastar con evidencia de impacto social, las " neo-ciencias" y los "neo-credos" esotéricos que inundan nuestra sociedad aprovechándose del sufrimiento humano.

¿Cuáles son los cambios más necesarios en la psiquiatría? Desarrollar estrategias en la formación que conserven la esencia multidimensional entre las ciencias biológicas, humanas y sociales. Diseñar métodos de investigación que se acerquen de manera mas certera al problema de la mente y las interacciones entre naturaleza, crianza, ambiente y cultura. Adentrarnos como disciplina de una forma mas contundente en la realidad del mundo de la informática globalizada, las redes sociales y la inteligencia artificial, y su impacto en el desarrollo del sujeto, las dinámicas de relación y la irrupción de otras formas de inteligencias diferentes a la humana. Con todos los nuevos escenarios psicopatológicos, científicos, éticos y culturales.

Siempre deja la ventura una puerta abierta en las desdichas, para dar remedio a ellas

Don Quijote de la Mancha

ANDREA OTERO

Mi nombre es Andrea Otero. Soy psiquiatra desde el 2006. Soy especialista en Psicología Clínica. Trabajo como psiquiatra en un hospital general llamado Centro Médico Imbanaco y soy docente de psiquiatría de enlace en el postgrado de psiquiatría de la Universidad Libre en Cali Colombia. Si quisiera definirme en forma corta diría que soy apasionada y me gusta ayudar. Me gusta leer y también escribir, para lo cual suelo tener bastante imaginación.

Tenía dos hijos de 5 y 8 años cuando ingresé a estudiar psiquiatría en el 2003. Estando bastante abrumada entre la residencia, mis hijos y mi hogar tuve una experiencia que me marcó. Tuve una paciente que se suicidó. Ese hecho cambio por completo la perspectiva de mi profesión. Fui muy crítica conmigo, pero también con la forma en la que muchas veces se ejerce la psiquiatría y quise desde ese momento trabajar por la prevención del suicidio. Esta preocupación, ha orientado mi práctica profesional.

Al graduarme, hice un postgrado en Psicología Clínica, y escribí mi tesis sobre el suicidio. Este postgrado me dio la conciencia de la importancia del trabajo interdisciplinario. En el 2011, creamos un grupo interdisciplinario para ofrecer alternativas de tratamiento a pacientes con patologías refractarias al tratamiento, muchos de ellos con un alto riesgo suicida. A la fecha se han intervenido más de 50 pacientes con agresividad, depresión y/o trastorno obsesivo compulsivo por gammaknife o estimulación cerebral profunda.

En el 2014 creamos un programa que hemos denominado Programa de Cuidados Integrados. Es un modelo de atención innovador para prevenir el suicidio intrahospitalario. Provee cuidado de alta calidad y seguridad. Diseñamos una herramienta de tamizaje para depresión, ansiedad, delirium y riesgo suicida. Adaptamos un área con la infraestructura acorde a las recomendaciones de seguridad. Conformamos un equipo interdisciplinario. Y establecimos indicadores para evaluar y asegurar el mejoramiento continuo. Actualmente nos estamos preparando para acreditarnos como centro de excelencia por la Joint Commission International. En ambos programas estamos trabajando con los residentes de psiquiatría en investigación.

Desde el 2018 hemos realizados simposios orientados a la educación en nuestra región en el manejo adecuado de la depresión y la prevención del suicidio. En el 2019, desde la Junta Directiva de la Asociación Colombiana de Psiquiatría realizamos la campaña de prevención de suicidio #PrevenirEsPreguntar. El objetivo fue generar conciencia y empezar a derribar el tabú que genera la palabra suicidio en nuestra sociedad.

Al final puedo decir que me siento feliz al poder trabajar en una institución en la cual nuestras ideas y pasión han sido reconocidas y apoyadas a pesar del estigma que tiene la enfermedad mental en nuestro país. Créanme que sin el apoyo de las directivas no hubiéramos podido avanzar. Hemos creado un enfoque integral, digno y cálido para nuestros pacientes y, lo más valioso, hemos salvado vidas.

¿Cómo decidió hacerse psiquiatra? Pienso que tiene mucho que ver con el hecho de que mi padre es psicoanalista. Desde muy pequeña tuve inclinación por cultivar el pensamiento psicológico y me interesé por obras literarias que retrataran los aspectos psicológicos de los personajes. Fue así como cuando llegué a la rotación de psiquiatría en mi cuarto año de medicina sentí una gran pasión por cada uno de los casos que evalué. Cuando iba a escoger mi residencia, fue mi madre quien me hizo caer en cuenta que normalmente al llegar a casa nunca hablaba de mis pacientes, pero que cuando estaba rotando en psiquiatría no paraba de contarles acerca de los casos que había visto. De manera que quedó muy claro para mí. Sin embargo, decidí ingresar a trabajar como médico general en el hospital psiquiátrico para estar segura. ¡Pues bien!

QUIJOTES DE LA PSIQUIATRIA

¡Desde mi primer día de trabajo supe que eso era lo mío!

¿Cuáles han sido sus principales fuentes de inspiración? En primer lugar, mi padre. El fundó dos facultades de psicología. Ha sido un lector incansable y desde hace muchos años se dedica todas las mañanas a estudiar, leer y a escribir sobre una teoría que es de su autoría: "La Clínica de lo Social." Admiro a Steve Jobs. Fue innovador, auténtico y creativo. "Pensando diferente" fue capaz de cambiar el mundo al creer que nada era imposible.

¿De qué se siente más orgulloso? La prevención del suicidio siempre ha sido mi mayor preocupación. El suicidio en los últimos 10 años en Colombia nos ha entregado casi el mismo número de muertos que nos dejaron 4.000 masacres en 60 años de guerra, estas masacres cobraron la vida de 24.4471 personas y el suicidio en Colombia en tan solo 10 años (del 2008 al 2018) nos dejó 22.6732 personas fallecidas, una cifra muy alarmante y trágica. Fue así como desde la Junta Directiva de la Asociación Colombiana de Psiquiatría (ACP) con la ayuda de Luis Miguel Ortiz (consultor en publicidad y voluntario de la ACP) y su grupo de voluntarios nació la iniciativa de hacer una gran campaña para generar conciencia en las personas y poder empezar a derribar el tabú que genera la palabra suicidio en la sociedad. Elegimos una pregunta que podemos hacer a nuestros amigos, a nuestros hijos, a nuestros compañeros, ¿Estás pensando en Suicidarte? Una simple pregunta puede salvar vidas, tú puedes hacerlas bajo el siguiente slogan que se convirtió en el hashtag #PrevenirEsPreguntar y fue así como logramos que todo un país se hiciera la misma pregunta más de 60 millones de veces en todas las redes sociales; logramos que los principales medios del país trasmitieran y amplificaran nuestros mensajes (free press), logramos que uno de los artistas más grandes del mundo como lo es JBalvin publicara nuestro video en su Instagram y además el ministerio de Salud y Protección Social avaló y firmo la campaña para el día mundial de prevención del suicidio.

¿Qué significa ser Hispano o Latino para usted? Ser latino lo asocio a tres valores fundamentales que nos caracterizan: solidaridad, unión familiar y alegría. Son valores que podrían bastar para lograr la paz. En lo negativo tenemos gobiernos corruptos que frenan nuestro desarrollo y perpetúan la violencia. Como médico y psiquiatra siento dolor por el subdesarrollo de mi país, porque en términos médicos significa una mayor mortalidad de mis pacientes y menores posibilidades de acceder a tratamientos adecuados. Es por esto por lo que desde mi institución hemos trabajado para que nuestra ciudad cuente con las mejores opciones de tratamiento con los más altos estándares de calidad.

¿Qué le aconsejaría a un estudiante o residente hispano o latino que acabe de comenzar su carrera? Le diría que la visión global es supremamente importante. Que es importante llevar las enfermedades mentales al nivel de desórdenes cerebrales, como única vía para romper el estigma de las enfermedades que tratamos. Mientras sigamos llamando a nuestras enfermedades "mentales" seguiremos pensando que están en el orden de la voluntad. Que se adentren en las neurociencias y apliquen la tecnología para que logremos avanzar. Pero que nunca olviden el lado humano de nuestra especialidad y mucho menos la comprensión de los aspectos culturales.

¿Díganos algo importante que haya aprendido de trabajar con pacientes hispanos y latinos? Los latinos somos cálidos y abiertos. Permitimos que otros entren en nuestras vidas, de manera que siempre será grato atender como psiquiatra a un latino. Las mujeres somos dramáticas y eso muchas veces dificulta a los hombres tratarlas. Lo que he aprendido es que somos una cultura muy valiosa en términos de la familia, la capacidad de entrega hacia otros y la alegría. Estas características, junto con la fe creo que nos hacen resilientes.

¿Qué papel (positivo o negativo) ha jugado en su carrera el hecho de ser hispano o latino? Me casé siendo estudiante de medicina. Tuve mis hijos a temprana edad. Por estos motivos no me fue posible salir del país para estudiar en el exterior, que era mi sueño. Sin embargo, he viajado y conocido muchos lugares y muchos de mis familiares y amigos viven en el exterior. En un nivel personal, sí pienso que aporta mucho el poder convivir con otras culturas y me hubiera encantado hacerlo. A nivel laboral, hoy en día, gracias a la globalización, mi institución está en contacto y tiene acceso al más alto nivel. No siento que me afecte negativamente ser latina y haberme quedado siempre en mi país.

¿Qué futuro le augura a la psiquiatría hispana? Siento que los psiquiatras hispanos somos una fuerza importante en la medida que por nuestra cultura se nos facilita la integración y el trabajo en equipo. A nivel global, la atención de pacientes hispanos requiere de atención y conocimiento de nuestra cultura. Lo que me preocupa de la práctica de la psiquiatría en los países latinos, es que la tecnología es cada vez más importante en nuestra especialidad. En esa medida, empieza a abrirse una brecha cada vez mayor con los países más desarrollados que el nuestro. Ya empezamos a no tener acceso a muchos de los recursos que se están desarrollando en los últimos años. El otro problema grave que tenemos en nuestros países es la falta de trabajo en prevención de nuestros sistemas de salud pública y la alta proporción de poblaciones vulnerables que no alcanzamos a atender. Ahora con el COVID nos esperan tiempos aún más difíciles. De manera que son muchos los retos que tenemos.

¿Cuál ha sido el mayor obstáculo de su carrera y cómo consiguió superarlo? El mayor obstáculo de mi carrera ha sido el estigma que tiene la enfermedad mental. Trabajo en un hospital general y para crear programas y estar integrados en la institución nos ha tocado trabajar no solo con el estigma en la población sino con un estigma peor, el de los médicos, las directivas y los representantes de las aseguradoras.

Lo que hemos hecho es educar a toda la institución en temas de salud mental. Entendimos que gran parte del estigma, se debía al desconocimiento. Hemos logrado crear una cultura de cuidado y respeto a nuestros pacientes, quienes ahora son vistos como una población vulnerable que requiere cuidados especiales. A las directivas y aseguradoras, lo que les hemos mostrado son indicadores y evidencias del impacto del mejoramiento continuo en cuanto a costos, días estancia, calidad y seguridad en la atención. De esta manera hemos logrado tener todo su apoyo.

¿Cuál es en su opinión el mayor reto de la psiquiatría? El crecimiento de las cifras de suicidio en el mundo.

¿Cuáles son los cambios más necesarios en la psiquiatría? Estamos dando grandes pasos en las neurociencias y la aplicación de la tecnología. Esos avances van a revolucionar nuestra práctica y afortunadamente van a mejorar la efectividad de nuestros tratamientos. Sin embargo, hay una brecha inmensa con los países en desarrollo que no cuentan con ni siquiera con una atención básica. Creo que a nivel global debemos trabajar para reducir esta gran brecha. Para esto es muy importante impulsar el trabajo de la psiquiatría comunitaria.

QUIJOTES DE LA PSIQUIATRIA

MERCEDES PÉREZ-RODRÍGUEZ

Nacida en España, la Dra. M. Mercedes Pérez-Rodríguez, MD, PhD se mudó a los Estados Unidos en 2008 para seguir una carrera académica en investigación psiquiátrica. La trayectoria profesional de la Dra. Pérez ha sido notable. Después de recibir sus títulos de medicina y doctorado en el programa más competitivo de España (Facultad de Medicina de la Universidad Autónoma de Madrid), la Dra. Pérez se unió al Departamento de Psiquiatría de la Facultad de Medicina Icahn en Monte Sinaí (ISMMS) en julio de 2008. Fue uno de los dos miembros inaugurales del Programa de Investigación de la Residencia de Psiquiatría para Médicos-Científicos en ISMMS. Más tarde, fue nombrada la primera Jefe de Residentes de Investigación. La Dra. Pérez ha personificado los logros de investigación de un médico-investigador ejemplar, y ahora se establece como miembro de la facultad y está en proceso de solicitar la promoción a Profesor Asociado. También es la Directora Médica del Programa de Investigación de Psicosis Conexiones Críticas. También es co-directora de la Sección de Cognición Social en el Centro de Neurociencia Afectiva.

El trabajo de la Dra. Pérez, financiado por el Instituto Nacional de Salud (NIH), el Centro de Control de Enfermedades (CDC), la Fundación de Investigación en el Cerebro y la Conducta (NARSAD), y los Centros de excelencia en Enfermedad Mental, Investigación Educación Clínica (VA MIRECC), y colaboraciones con la industria, tiene como objetivo dilucidar los fundamentos neurobiológicos del riesgo y la resiliencia a los trastornos psicóticos y relacionados con el trauma, con un enfoque en cognición y cognición social. El objetivo del laboratorio de la Dra. Pérez es desarrollar y probar nuevos tratamientos para los trastornos psicóticos informados por la neurobiología de las anomalías cognitivas y de cognición social comúnmente presentes en estos trastornos.

La Dra. Pérez es autora o coautora de más de 100 publicaciones, incluidos más de 70 artículos en revistas científicas y 15 capítulos de libros, y ha presentado su trabajo en más de 80 presentaciones orales y posters en prestigiosas conferencias científicas nacionales e internacionales. Ha participado en secciones de estudio y grupos de trabajo del NIH, así como en grupos focales de la Administración de Alimentos y Medicamentos de los Estados Unidos (FDA) y Consejos de Asesores de la industria farmacéutica. También ha recibido muchos premios de prestigio por su investigación, entre otros los premios de nuevo investigador del Colegio Americano de Neuropsicofarmacología (ACNP), de la Sociedad Internacional de Investigación en Esquizofrenia (SIRS), de la Sociedad Internacional de Metodología de Ensayos Clínicos en Sistema Nervioso Central (ISCTM), de la Sociedad Norteamericana para el Estudio de Trastornos de la Personalidad (NASSPD), y la Asociación Americana de Farmacología Clínica (ASC).

En sus cargos de Subdirectora de los programas de investigación para residentes en psiquiatría en ISMMS, y Co-Directora de Educación Médica en Psiquiatría, la Dra. Pérez desempeña un papel clave en la educación y tutoría de estudiantes de medicina y residentes en Monte Sinaí. La Dra. Pérez codirige el Programa Combinado de Residencia y Doctorado en Psiquiatría financiado por una beca R25 del Instituto Nacional de Salud Mental (NIMH), el Programa de Investigación de la Residencia de Psiquiatría para Médicos-Científicos en Monte Sinaí, y el Programa de becas postdoctorales para la capacitación de la nueva generación de neurocientíficos clínicos, financiado por una beca T32 del NIMH. También es una mentora y modelo a seguir para estudiantes minoritarios y mujeres y es miembro del Centro de Asuntos Multiculturales y Comunitarios de Monte Sinaí (CMCA), cuya misión es fomentar la diversidad en la fuerza laboral clínica y de investigación.

La labor de la Dra. Pérez en la formación de la nueva generación de médicos-científicos ha sido reconocida con su nombramiento al Comité de la Asociación de Colegios Médicos Estadounidenses (AAMC) para la

Creación de un Hogar de Capacitación y Desarrollo de la Carrera Médico-Científica.

La Dra. Pérez es miembro de la Asociación Americana de Psiquiatría (APA), donde forma parte del Caucus Hispano. También es miembro del Colegio Estadounidense de Psiquiatras (ACP) y del Colegio Estadounidense de Neuropsicofarmacología (ACNP), donde copreside el Grupo de Trabajo de Membresía. También ha servido como miembro electo de la junta directiva de la Sociedad Estadounidense de Psiquiatría Hispana (ASHP).

¿Qué le hizo emigrar a los Estados Unidos? Durante mi doctorado, tuve la oportunidad de venir a los Estados Unidos. Para una beca de investigación en la Universidad de Columbia en Nueva York, bajo la tutoría de los Dres. Enrique Baca-Garcia y Maria A. Oquendo. Me impresionó de inmediato la calidad y la estructura de los programas de formación en psiquiatría, y las oportunidades y recursos de investigación que lamentablemente no estaban disponibles en España.

¿Cómo decidió hacerse psiquiatra? Fui una hija única curiosa y una lectora voraz desde muy pequeña. Creo que esto me hizo desarrollar una fascinación temprana con la experiencia humana. Desde que tengo memoria, siempre quise entender lo que sucedía en las mentes de las personas y entré en la Facultad de Medicina con el objetivo de aprender sobre el cerebro y la mente como bases de las emociones y el comportamiento. Descubrir en la escuela de medicina que todavía había grandes lagunas en nuestro conocimiento me hizo comprometerme a una carrera en investigación.

¿Cuáles han sido sus principales fuentes de inspiración? Mi familia, mis mentores, mis alumnos y mis pacientes, cuyas experiencias continúan informando mi investigación y dando sentido a mi carrera.

¿De qué se siente más orgulloso? Estoy muy orgullosa de haber realizado mi sueño de convertirme en investigadora y miembro del profesorado en un centro médico académico. Me siento increíblemente afortunada de que me paguen por descubrir y probar nuevas hipótesis y trabajar con algunas de las personas más inteligentes y motivadas de todo el mundo. Es un verdadero honor desempeñar un papel en la formación y supervisión de la nueva generación de médicos científicos.

¿Qué significa ser hispano o latino para usted? Ser hispana significa muchas cosas, como compartir un hermoso idioma con una magnífica tradición literaria en distintos países, y valorar las conexiones familiares y sociales. La cultura hispana es diversa y comprende muchos países, religiones y razas diferentes. Me siento muy orgullosa de ser parte de este patrimonio tan rico y diverso.

¿Qué le aconsejaría a un estudiante o residente hispano o latino que acabe de comenzar su carrera? Les diría que este es un momento realmente emocionante para convertirse en psiquiatra. Ha habido una "revolución" de la neurociencia en las últimas décadas, y nuestra comprensión de la neurobiología de los trastornos psiquiátricos está creciendo exponencialmente. Creo que estamos preparados para desarrollar nuevas intervenciones preventivas y curativas, que tendrán un tremendo impacto en la vida de nuestros pacientes.

¿Díganos algo importante que haya aprendido de trabajar con pacientes hispanos y latinos? He aprendido lo importante que es tener una fuerza laboral sanitaria que realmente represente la creciente diversidad de la población de los Estados Unidos. Cuando tienes problemas de salud, es realmente necesario poder hablar con personal sanitario que entienda tu idioma y tu cultura.

¿Qué papel (positivo o negativo) ha jugado en su carrera el hecho de ser hispano o latino? Ser hispana me ha ayudado a conectarme con la comunidad de psiquiatras hispanos en los Estados Unidos., incluida la Sociedad Americana de Psiquiatría Hispana (ASHP), el Caucus Hispano de la Asociación Estadounidense de Psiquiatría (APA) y la conferencia "Cuestiones críticas de investigación en salud mental latina". He conocido maravillosos mentores, colegas y colaboradores a través de estas redes hispanas. Desafortunadamente, en algunas ocasiones ser hispano o tener un apellido que suena hispano ha resultado en experiencias menos agradables de sentirse un "extraño" o ser discriminado.

¿Qué futuro le augura a la psiquiatría hispana? Los hispanos son actualmente el grupo minoritario étnico o racial más grande en los Estados Unidos. La psiquiatría hispana desempeñará un papel clave ya que habrá que proporcionar atención mental culturalmente sensible para una población cada vez más diversa.

¿Cuál ha sido el mayor obstáculo de su carrera y cómo consiguió superarlo? El mayor desafío ha sido abandonar mi país y mi familia y emigrar a otro país con un idioma y una cultura diferentes para perseguir mis sueños profesionales. Logré superar este desafío con la ayuda de mi familia y amigos y la comunidad de apoyo que encontré en la ciudad de Nueva York y en Monte Sinaí después de mudarme a los Estados Unidos en 2008.

¿Cuál es en su opinión el mayor reto de la psiquiatría? El mayor reto es la necesidad de traducir los resultados de la investigación a la atención clínica para mejorar la salud de los pacientes. También hay grandes disparidades en los servicios sanitarios y, a pesar de los esfuerzos recientes, todavía existe una falta de paridad con la atención médica no psiquiátrica. Finalmente, los pacientes psiquiátricos aún sufren estigmatización por parte de la sociedad.

¿Cuáles son los cambios más necesarios en la psiquiatría? Dado que los trastornos neuropsiquiátricos son la principal causa de discapacidad en todo el mundo, la importancia de la psiquiatría como especialidad médica debe reconocerse con fondos y recursos para poder ofrecer una atención óptima a nuestros pacientes. En lugar de centrarse únicamente en mejorar los síntomas, los tratamientos deben aspirar a lograr la recuperación y ayudar a nuestros pacientes a volver a funcionar a un nivel óptimo en todos los aspectos de sus vidas.

JOSÉ POSADA

El Doctor Jose A. Posada nació en Manizales, Caldas, Colombia. Recibió su título de médico cirujano de la Universidad de Caldas, de Especialista en Psiquiatría de la Pontificia Universidad Javeriana y de Especialista den Gerencia Social de la Universidad Minuto de Dios.

El Doctor Posada es docente e investigador, en la Facultad de Ciencias Sociales de la Universidad Colegio Mayor de Cundinamarca. Es miembro de múltiples prestigiosas sociedades como el Consorcio Internacional de Epidemiología Psiquiátrica de la OMS, Universidad de Harvard y Universidad de Michigan (World Mental Health Surveys); la Asociación Colombiana de Psiquiatría; la Comisión de Salud Mental de la Academia Nacional de Medicina; la Academia Colombiana de Salud Pública y Seguridad Social; el Instituto Colombiano del Sistema Nervioso – Clínica Montserrat.

El doctor Posada fue Asesor Salud Mental de la Secretaría de Salud Departamental del Tolima; Coordinador académico de la Maestría en Salud Mental Comunitaria de la Universidad El Bosque; Asesor en Farmacodependencia del Ministerio de Salud y Protección Social de Colombia. Asesor en Salud Mental de la Secretaría de Salud de Medellín. Asesor en Salud Mental del Ministerio de Salud. Gerente de Gestión del

QUIJOTES DE LA PSIQUIATRIA

Conocimiento de la Fundación Saldarriaga Concha; Jefe de Psiquiatría y Salud mental de la Fundación Cardio Infantil, Instituto de Cardiología; Director de la Especialización en Psiquiatría de la Fundación Universitaria San Martín; Jefe de Salud Mental del Ministerio de Salud de Colombia.Es autor de múltiples publicaciones nacionales e internacionales y sus de interés científico son: Psiquiatría Social, Epidemiología Psiquiátrica y Salud Mental Comunitaria.

¿Cómo decidió hacerse psiquiatra? Siempre creí que ser médico general era lo mejor. Pero un buen médico general. Es decir, además de las calidades humanas necesarias, con excelentes conocimientos de todas las áreas de la medicina. Y por supuesto, en el querían que alguien los escuchara y todo lo que tenía que hacer era conversar con ellos. Después me di cuenta de que las relaciones de amistad a menudo se convirtieron en algo parecido a la psicoterapia, ya que mis amigos abrían sus mentes simplemente al escucharlos. Para entonces había quedado claro que quería seguir una especialización que me permitiera pensar, sentir y relacionarme con los demás y con el mundo de una manera personal y significativa. En mi país (Colombia)), hay aproximadamente 1250 psiquiatras para 50 millones de personas. Eso significa que hay mucho espacio de trabajo para el psiquiatra. Después de unas vacaciones, entre segundo y tercer semestre del pregrado, un amigo me prestó un libro de las obras completas de Freud y disfruté tanto su lectura que en ese tiempo decidí que quería ser psiquiatra, Podría decirse que estudié medicina, pensado en la especialización en psiquiatría. Durante el sexto año en la facultad de medicina, solicité una rotación especial, que no existía en ese momento en el plan académico, en el servicio de psiquiatría del hospital universitario en el que estudiaba. Al interactuar con los pacientes durante esta rotación, fui identificado por los psiquiatras del servicio, como un posible colega de especialidad y se encargaron de darme ánimo. Además, en el paso por las diferentes especialidades médicas durante el año de internado, pude observar la necesidad de incluir en estas los aspectos mentales.

¿Cuáles han sido sus principales fuentes de inspiración? Recuerdo específicamente a un paciente: un hombre adulto con síntomas compatibles con un cuadro esquizofrénico que estaba hospitalizado con ese diagnóstico. En una revista con mi mejor profesor de medicina interna, el doctor Jaime Márquez, este Maestro le examinó la piel del brazo y a continuación llamó a la enfermera del servicio y le preguntó si el paciente tenía diarrea. A continuación, nos explicó que existía una avitaminosis llamada pelagra, por bajo consumo de niacina, y que ante los síntomas cardinales de Dermatitis, Diarrea y Demencia (las famosas tres D), se le suministrara ácido nicotínico. La sintomatología desapareció rápidamente. Posteriormente tuve la oportunidad de conocer los trabajos de salud pública desde la estrategia de atención primaria en salud que realizaba el doctor Héctor Abad Gómez en Antioquia, las experiencias de psiquiatría comunitaria del doctor Carlos Climent en la Universidad del Valle, la mirada inspiradora de los doctores Norman Sartorius, Itzac Levav y Benedetto Saraceno desde la OMS en Ginebra. En las últimas décadas los doctores Ronald Kessler de la Universidad de Harvard y Sergio Aguilar-Gaxiola de la Universidad de California. Por supuesto fueron fuentes de inspiración profesores de la Pontificia Universidad Javeriana como los doctores Horacio Taborda, Hernán Santacruz y Cecilia de Santacruz entre otros.

¿De qué se siente más orgulloso? Me siento orgulloso de haber aportado al reconocimiento de la importancia de la Salud Mental en Colombia a través de la realización de estudios epidemiológicos a nivel nacional desde el Ministerio de Salud y con la participación en el Consorcio Internacional de Epidemiología Psiquiátrica de la Organización Mundial de la Salud (OMS), la Universidad de Harvard y la Universidad de Michigan, la creación de programas de especialización y maestría en el campo de la salud mental, la formación de estudiantes tanto de pregrado como de posgrado en varias universidades y la labor educativa sobre salud mental realizada a través de diferentes medios de comunicación a nivel nacional e internacional. Tambien he recibido el reconocimiento de Publons (Web of Science Group) de Highly Cited Researcher in the field of Psychiatry and Psychology entre 2014 y 2019.

¿Qué significa ser hispano o latino para usted? Soy colombiano, por lo tanto latinoamericano. Esto de la identidad geográfica es desconcertante para mí. Cuando me trasladé a estudiar y vivir, de una ciudad de provincia a la capital del país, no conseguí mi bienestar personal y profesional hasta que me identifiqué con la comunidad heterogénea de una metrópolis como Bogotá, D.C., con personas de todo el país. A esto aportó de manera sustancial mi esposa Claudia, pues su familia tiene orígenes indígenas y de otras regiones del país. Mis padres nacieron en el campo colombiano y decidieron que querían construir una vida mejor para los hijos y se fueron a vivir a una ciudad intermedia. Desde que nací, mi hogar fue Manizales, una linda ciudad en el Eje Cafetero, donde estaba rodeado de una comunidad de origen fundamentalmente antioqueño. Entonces, habiendo nacido en

Colombia de unos padres colombianos (de raíces campesinas) y viviendo en una ciudad cosmopolita, me identifico como colombiano y latinoamericano. Vivo y trabajo en una ciudad y una universidad latinoamericana, y estoy interesado en sus problemas porque también son mis problemas. No sufro de crisis de identidad. Me siento parte del grupo siempre cambiante, fluido, rico, mixto, loco y nada homogéneo de colombianos y latinoamericanos. Esto me inspiró a hacer la diferencia. Comencé a trabajar en iniciativas de salud pública mental y a encontrar a otros que me entendieran y las dificultades que enfrentaba para este tipo de trabajo. Estoy en una universidad pública y en una facultad de ciencias sociales porque es un lugar que permite el cambio, y espero aprovechar mi experiencia y conocimientos para generar más oportunidades de enfoques novedosos en salud mental que integren y complementen la psiquiatría tradicional.

¿Qué le aconsejaría a un estudiante o residente hispano o latino que acabe de comenzar su carrera? En primer lugar, mantener su identidad latinoamericana. Realmente he podido reconocer la importancia de no olvidar quiénes somos, de dónde venimos y por qué eso es importante. Como colombianos y latinoamericanos, podemos aportar una perspectiva rica y diferente en los trabajos que se tiene la oportunidad de realizar, tanto a nivel político, como administrativo, académico o técnico científico. Llevar nuestra cosmovisión y experiencias a la discusión en todos los escenarios de la vida nacional, de tal manera que permita que se escuchen diferentes tipos de población. Como futuros psiquiatras, los desafío a que adopten su identidad latina y entiendan cómo eso los hace únicos en su lugar de trabajo, cómo su perspectiva es enriquecedora y cómo puede usar su identidad para hacer una diferencia en el mundo. Hay que hacer un acto de fe. Una universidad importante es un lugar increíble para los futuros psiquiatras, pero se requiere más de estos candidatos de alto potencial para verse a sí mismos. Hacerlo es la única forma de saberlo, así que no se niegue esa oportunidad. Hay que darse cuenta de cuánto se pierde al no rodearse de otros con los que se pueden compartir metas e ideales. Conocer y compartir con colegas notables que también están impulsando conversaciones y acciones sobre la integralidad en la especialización y en otros campos y haciendo cambios en nuestros países hacia un entorno más inclusivo. La participación ayuda a desarrollar habilidades de liderazgo y a aceptar la importancia de nuestra identidad latinoamericana para marcar la diferencia.

¿Díganos algo importante que haya aprendido de trabajar con pacientes hispanos y latinos? Además de la corrupción a todos los niveles y la prolongada crisis económica, el conflicto armado interno de las últimas décadas en Colombia ha causado un gran temor y devastación. En medio de esto, los colombianos hemos sentido la pérdida de valores tradicionales y metas comunes y se ha vuelto necesario construir una nueva conciencia. Comprometidos con la psiquiatría y la atención en salud mental en estas circunstancias, tenemos que analizar los desafíos que enfrentamos y hacer apuestas sobre las estrategias apropiadas que se pueden aplicar para resolver los problemas sociales más relevantes y sobre los que como psiquiatras podemos hacer ingentes aportes.

¿Qué papel (positivo o negativo) ha jugado en su carrera el hecho de ser hispano o latino? Me concentré en trabajar en salud mental comunitaria en barrios con poblaciones vulnerables y después pasé a ser Jefe de salud mental del Ministerio de Salud de Colombia durante seis años. Desde allí impulsé los estudios epidemiológicos a nivel nacional, la estrategia de atención primaria en salud mental y la investigación y desarrollo de Habilidades para la vida, propuestas por la OMS. En una época en la que poco se hablaba de la salud mental a nivel público, concentré la acción en la sensibilización sobre la problemática de salud mental a través de los medios de comunicación masiva aprovechando la información epidemiológica disponible. Mientras estaba ocupado difundiendo información epidemiológica, intentado transformar los tradicionales métodos de atención, la psiquiatría estaba experimentando grandes cambios. El sistema de creencias psiquiátricas bajo una profunda influencia del DSM. El sistema de información del sistema de salud requería que los médicos diagnosticaran a cualquiera que buscara ayuda. Durante años había esperado que la psiquiatría se liberara por lo menos un poco de este modelo, y cuando mi deseo finalmente se hizo realidad, al participar por Colombia en la Conferencia convocada por la OMS/OPS sobre reestructuración de la atención psiquiátrica en América Latina y el Caribe, de la cual salió la llamada Declaración de Caracas, consideré que era el momento. Hacer énfasis desde lo público en el cierre de Hospitales psiquiátricos de tipo manicomial y propiciar la estrategia de Atención primaria en salud y la psiquiatría comunitaria. Mi objetivo principal, actualmente, es convencer a los profesionales y al público que la mayoría de los problemas mentales se pueden manejar de manera efectiva con equipos interdisciplinarios de salud mental en el primer nivel de atención y con un enfoque comunitario. Es una estrategia que muchos profesionales de la salud pueden aprender y que se basa en la idea de que muchos de los problemas mentales en Colombia no necesitan considerarse trastornos psiquiátricos sino la falta de algunas habilidades sociales que aún no hemos aprendido.

¿Qué futuro le augura a la psiquiatría hispana? Además de los problemas globales de vulneración de los Derechos humanos y de tipo políticos, económicos y sociales, quiero mencionar cinco puntos en particular: el aumento de la depresión y el número desbordante de usuarios de servicios de salud mental que llenas los servicios de urgencias. El número persistentemente alto de conductas suicidas. La escasez absoluta de psiquiatras por fuera de las grandes ciudades. El poco progreso en la transición de la atención psiquiátrica centrada en la hospitalización a la ofrecida en la comunidad y la escasa oferta de camas para pacientes psiquiátricos en clínicas y hospitales generales.

¿Cuál ha sido el mayor obstáculo de su carrera y cómo consiguió superarlo? Cuando comencé a especializarme en psiquiatría en Bogotá, a finales de los años 80, la escena psiquiátrica se veía bastante diferente a la actual. La retórica dominante en la universidad era el psicoanálisis. De alguna manera era un disidente. Me interesé más en la psiquiatría social. Fue una lucha frustrante. No creo haber logrado muchos cambios. Muchas veces solo logré enojar a mis colegas de mentalidad biomédica. Creo que incluso me convertí en una persona non grata durante varios años dentro de mi especialidad. Pero ya había puesto mi pie en un camino diferente. Estaba encantado con la salud mental comunitaria y en esos días solo algunas personas en el campo de la salud mental compartían mi entusiasmo con estos métodos.

¿Cuál es en su opinión el mayor reto de la psiquiatría? Los retos más importantes de la psiquiatría son la falta de educación sobre salud mental y la estigmatización, tanto de la especialidad, como de los usuarios de servicios con problemas y trastornos mentales.

¿Cuáles son los cambios más necesarios en la psiquiatría? En mi opinión, el primer problema es el prejuicio profundamente arraigado y la discriminación contra los trastornos psiquiátricos que continúan presentes en nuestros países. El segundo problema es la falta de educación sobre salud mental a todos los niveles. Las otras dificultades, derivadas de los dos primeros son la política gubernamental de bajo presupuesto y el sistema de exclusión de la salud mental (relación desequilibrada entre el talento humano disponible en salud mental y las necesidades de personas, familias y comunidades). Los equipos transdisciplinarios, tal como se practican en otros países desarrollados, aún no se aplican adecuadamente en el país. La política de transición de la atención psiquiátrica centrada en la hospitalización a la atención centrada en la comunidad, que fue propuesta hace mucho tiempo por la OMS y la OPS, no está avanzando en la realidad y es hora de unir esfuerzos y encontrar formas de superar este problema Es significativo que los problemas y trastornos mentales se hayan incluido como una Ley de salud mental y una Política pública de salud mental en el Sistema de salud, con énfasis en la estrategia de Atención Primaria en Salud, y ahora tenemos la mejor oportunidad para mejorar la atención en salud mental centrada en la comunidad. Por otra parte, quiero animar a los colegas involucrados en la educación e investigación en el campo de la salud mental, a actuar a la luz de las reales necesidades del país.

CAROLINA REMEDI

Nacida en la ciudad de Río Cuarto, Córdoba -Argentina. Realicé mis estudios de Medicina en la ciudad de Córdoba, en la Universidad Católica de Córdoba. Allí cursé la formación de Postgrado de Psiquiatría y Postgrado de Psiquiatría Infanto Juvenil en la Universidad Nacional de Córdoba. Asimismo, desarrollé mi formación en Psicofarmacología en el Departamento de Psicofarmacología a cargo del Dr Carlos Soria y de los Profesores Meirovich, de la Cátedra de Farmacología de la Universidad Nacional de Córdoba. En 1998 viajé a Estados Unidos, Pittsburgh, en donde fui recibida en el Departamento de Psiquiatría por el Dr Boris Birmaher. Soy Miembro Titular de la Asociación Argentina de Psiquiatría Infanto Juvenil, Miembro Honorario de la Asociación de Psicoterapia Integrativa desde la PNIE avalada por la Asociación Latinoamericana de Psicoterapias Integrativas -ALAPSI- y por la Federación Latinoamericana de PNIE -FLAPINE-, y Miembro del Colegio Latinoamericano de Neuropsicofarmacología. He realizado mi Doctorado en Medicina estudiando el Espectro Autista Ampliado en Familiares de Primer Grado. Me desempeño como Profesora en la Carrera de Especialidad de Psiquiatría Infanto Juvenil en la facultad de Medicina de la UCC, de Psicofarmacologia Pediátirca y Psiconeurobiologia y en la Carrera de Especialidad de Neurología Pediátrica de la misma universidad. Codirijo la Fundación Henri Laborit junto a mi esposo el Dr Carlos Soria, con quien además tenemos dos hijas de 21 y 16 años respectivamente, y formo parte del Staff del Departamento de

QUIJOTES DE LA PSIQUIATRIA

Psiquiatría Infantil del CETES -Centro de Estudios y Tratamiento de Epilepsia y Sueño- en la ciudad de Córdoba.

En 2020 la Sociedad Americana de Psiquiatras Hispanos le otorgo el premio de excelencia en psiquiatria por su vida y trayectoria ayudando a niños, madres y familias en Argentina.

¿Cómo decidió hacerse psiquiatra? Dos tiernos recuerdos de la infancia han cuajado desde mi fantasía lo que creo que se ha configurado como el sustrato sobre el que luego erigí una decisión adulta: el deseo de ser investigadora -detective, en idioma de un niño- y el amor por el arte. Crecí en un entorno abonado por el quehacer médico, mi madre gineco obstetra y mi padre pediatra, en el que era cotidiano el contacto con su trabajo, el acompañarlos por las noches a hacer los domicilios y asistir a sus pacientes, a las guardias, el compartir sus ámbitos de trabajo en sus consultorios, que para mí fueron una prolongación de mi hogar. He sido una espectadora a la vez que testigo de las vidas y los periplos del sufrimiento de incontables personas. También he admirado la entrega y el compromiso de ambos, a punto de sentir un cierto recelo y curiosidad -como muchos hijos de médicos sé que lo padecen-. Creo que todo ello forjó en mí una idea muy consistente: ayudar a las personas y el amor a los niños. De esta argamasa, que impregnó mi existencia, creo que hice realidad mis sueños de niña, explorar en el interior del ser humano para reparar y recrear escenarios de vida más sanos y resilientes.

¿Cuáles han sido sus principales fuentes de inspiración? Está demás referir que mis padres me enseñaron el amor por la vida, y en particular el amor por los niños...Tres palabras escuchaba de ellos en relación con la crianza en sus conferencias: Amor, seguridad, verdad. Luego durante mi formación conocí al Dr Roberto Yunes, querido psiquiatra infantil y director del Hospital Carolina Tobar García de la ciudad de Buenos Aires, que hizo mucho por la especialidad en nuestro país. El Profesor Zenón Sfaello, neuropediatra de gran trayectoria en nuestro país con una mente inquieta y entusiasta, con quien tengo el honor de trabajar. Mi esposo Carlos Soria, de quien siempre he admirado su capacidad de anticiparse a la novedad, de ir al encuentro del cerebro como sustrato de creatividad, plasticidad y posibilidad. Mi querida amiga y respetada mujer y psiquiatra, la Dra Ruby Castilla Puentes. El Dr Boris Birmaher, quien, con su generosidad, como Latino que reside en Estados Unidos, me abrió la puerta no sólo a su servicio, sino a sus riquísimas reuniones de equipo, multidisciplinares en las que aprendí el valor que suma la diversidad de miradas rspecto del paciente y sus circunstancias. Y una persona a quien tuve el honor de conocer hace poco tiempo, pero de quien he aprendido y reflexionado en mi práctica clínica y en mi modo de pensar la infancia y las ventanas de oportunidad del desarrollo, el Prof Boris Cyrulnik de la Universidad de Toulon, Francia, de quien he leído y me he nutrido de tantos de sus pensamientos como aquel que reza que todo hombre herido se ve forzado a la metamorfosis, siendo el concepto de la resiliencia el que guía mi práctica dentro del neurodesarrollo.

¿De qué se siente más orgulloso? Creo con férrea convicción, que tenemos una misión y un propósito en esta vida. Uno de mis propósitos es cuidar de los niños y del más saludable desarrollo que les podamos proveer. Cuidar de su desarrollo integral y de sus familias es mi manera de aportar al futuro...Es la forma en la que he logrado plasmar mi amor por el arte, transformando los secretos familiares, los prejuicios sobre la enfermedad mental y el sufrimiento, en historias de superación.

¿Qué significa ser hispano o latino para usted? Es una identidad cargada de historia y de connotaciones políticas, como dice Vargas Llosa, pero también es cierto que como comunidad o cultura el ser hispano se erige como una utopía, no en el sentido de la idealidad, sino desde el valor que este término nos ofrece para reflexionar sobre nuestra organización social, y sobre los procesos de metamorfosis en lo que estamos inmersos como una forma de búsqueda de un mejor sistema posible.

¿Qué le aconsejaría a un estudiante o residente hispano o latino que acabe de comenzar su carrera? Nuestra identidad hispana es muy variopinta y demanda versatilidad y adaptabilidad a las perennes y cambiantes circunstancias que nuestras realidades sociales y políticas transitan. Guste o no, nuestras identidades médicas requieren del mejor desempeño clínico posible -como muchas veces lo hemos conversado con la Dra Ruby Castilla Puentes-, el mejor uso de los recursos disponibles -entre ellos el facilitado acceso del que disponemos para abordar y aprender "en la cercanía del contacto y con nuestros pacientes", hecho que no abunda en otras regiones del mundo-, y una insoslayable cuota de creatividad que nos permita salir del atascamiento cognitivo y melancólico que nos impone la idea de estar lejos del mundo civilizado y que pone en cuestión la validez de nuestro desempeño y de nuestra formación.

¿Díganos algo importante que haya aprendido de trabajar con pacientes hispanos y latinos? Proponen el desafío de la adaptación al cambio, de la inventiva, la innovación, de la seriedad en el cumplimiento de nuestro compromiso hipocrático haciendo el mejor uso de los recursos disponibles. Por otra parte, aportan un marco de relación interpersonal estrecha en la que la figura del médico como portador de salud, preserva un valor social.

¿Qué papel (positivo o negativo) ha jugado en su carrera el hecho de ser hispano o latino? Librar esta batalla conlleva dos aspectos, el ser portadores de ciertos prejuicios en relación a la capacitación que habilita a la homologación de títulos en países extranjeros y que supone atravesar situaciones de escrutinio y exámenes de convalidación muy rigurosos, por otra parte, creo que esto mismo sumado a nuestro recorrido por situaciones de tanto cambio y por qué no de adversidad social, nos fortalece en el desafío de completar un recorrido que nos lleva a ser muy probos y a dar crédito de una inapelable aptitud y actitud.

¿Qué futuro le augura a la psiquiatría hispana? Depende en mucho de las decisiones de políticas de salud y del criterio y saber de quienes las cristalicen. Se debe "volver" a medicalizar la psiquiatría. Debemos entender que el cerebro es, como concepto, el punto donde deben confluir disciplinas como la neurología y la psiquiatría, así como las nuevas herramientas desarrolladas desde las neurociencias y la biotecnología, y no se debe continuar en un camino de formación que atomice el saber. La función de la psiquiatría dentro de la medicina debe atender a una perspectiva centrada en la prevención atendiendo al neurodesarrollo integral temprano, como vector de salud considerando que la mitad de los trastornos mentales se expresan antes de los 14 años de vida, pero que no se detectan ni se tratan en el momento adecuado, teniendo efectos sociodemográficos longitudinales de desenlace en la morbimortalidad poblacional. Los cinco países con mayores tasas de homicidios del mundo entre adolescentes se encuentran en América Latina y el Caribe. El impacto acumulativo de la adversidad temprana deja un riesgo superior al 90% de retrasos en el desarrollo cognitivo, lingüístico y emocional.

QUIJOTES DE LA PSIQUIATRIA

RICARDO RESTREPO

El Dr. Restrepo terminó sus estudios en la facultad de medicina en la Universidad CES, Medellín, Colombia. Luego hizo su formación de residencia en Psiquiatría en Boston University Medical Center, donde completó una beca en Psiquiatría Adicción. Recibió un Máster en Salud Pública (MPH) en Salud Pública Global de NYU en 2008, mientras trabajaba en el Hospital San Lucas/Roosevelt, donde fue Director de la Clínica de Psicofarmacología de Adicciones en el Instituto de Adicciones de Nueva York.

Desde 2012 trabaja en el Hospital Long Beach VA, donde es Director Médico de la Clínica SATP/Buprenorfina. Ricardo tiene una posición académica como Profesor Clínico Asociado de Psiquiatría en la Facultad de Medicina de la Universidad de California (Irvine y Riverside) y más recientemente en la Universidad Charles Drew, Los Ángeles. Enseña y supervisa a estudiantes, psiquiatría, medicina familiar y residentes en medicina interna. Es miembro del comité de la Academia Americana de Medicina de Adicciones (AAAP) y de la Sociedad Americana de Medina de Adicciones donde pertenece al comité de planeación de las conferencias.

Los intereses académicos del Dr. Restrepo incluyen la psicoterapia y psicofarmacología de la adicción y la enseñanza de Psiquiatría y Medicina de las Adicciones. Participa activamente en temas relacionados con la psiquiatría transcultural y las adicciones. Ha trabajado con poblaciones inmigrantes en los Estados Unidos durante más de 20 años. Como voluntario de Médicos por los Derechos Humanos (PHR), ha participado en proyectos en Estados

Unidos, América Latina y Oriente Medio. Ha sido miembro asesor de las Naciones Unidas desde 2005.

El Dr. Restrepo ha escrito capítulos sobre adicción y libros de texto sobre derechos humanos. Es coautor de libros de texto sobre buprenorfina, salud de la mujer y adicción, y cooperó con la traducción de DSM-5 al español. Está certificado en Psiquiatría y Psiquiatría de Adicciones y es músico profesional.

¿Cómo decidió hacerse psiquiatra? Crecer en Medellín , Colombia y tener la experiencia de haber trabajado en mi país, ha sido la razón fundamental que me llevo a preguntarme en como lograr que una sociedad pudiese concebir salud mental y estabilidad para salir adelante. En mis vivencias y durante mis estudios de pregrado en Colombia, tuve la fortuna de trabajar junto a psiquiatras comprometidos con la educación, a partir de allí como médico general y ante la diversidad étnica de mi país, me llevaron a intentar entender el comportamiento de las personas y por que algunas expresaban la enfermedad mental y otros personas no. Así se inicio mi la curiosidad de encontrar un área en el campo medico que me acercara a las raíces antropológicas y donde el diálogo con el paciente fuese fundamental para entender al individuo. En mi país pude ser testigo de la capacidad de recuperación de una sociedad y el significado de la resiliencia. Concepto fundamental para tener esperanza, lograr el bienestar y recuperación de la persona, elementos claves dentro de la psiquiatría. Cuando llegue a Estados Unidos, la misma vida me impulso en la búsqueda de lograr mejorar mi educación y que mejor lugar para lograrlo, que en esta sociedad diversa que abre las puertas a un mundo en el cual todavía continuamos buscando integrar balance y equilibrio en cada ser.

¿Cuáles han sido sus principales fuentes de inspiración? El arte es la máxima expresión de lo que puede lograr el ser humano y como tal se asemeja a ese arte medico llamado psiquiatra. Mi mayor fuente de inspiración Latinoamérica, un pueblo dividido por fronteras pero que al fin y al cabo es uno solo, con sus mismas preguntas y con similares inquietudes. Donde es imposible ignorar las diferencias sociales y el gran poder humano con el que contamos.

¿De qué se siente más orgulloso? Ser un inmigrante que nunca se ha olvidado de su origen, ya que en una sociedad que cuestiona el color y el origen, hacer parte de una comunidad como la nuestra aportando al bienestar de una sociedad que en ocasiones ignora la diversidad es un orgullo. Con esto estamos derrumbando paradigmas.

¿Qué significa ser Hispano o Latino para usted? Significa ante todo tener sentido de pertenencia, respeto por los demás, sentido de comunidad y orgulloso de donde somos.

¿Qué le aconsejaría a un estudiante o resident hispano o latino que acabe de comenzar su carrera? Que continúe y crea en sus sueños. Que no se deje doblegar ante las adversidades, que ame sus orígenes y nunca los esconda. Que se rodea de personas que logran guiar y aconsejar de un manera constructiva y sabia.

¿Díganos algo importante que haya aprendido de trabajar con pacientes hispanos y latinos? El agradecimiento del paciente no solo es individual, sino que por la propia razón de nuestra estructura social es familiar. La persona de origen latino valora el esfuerzo médico y así mismo son recíprocos, agradecidos y con el deseo de salir adelante facilitando así un equipo de trabajo donde se evidencian los logros y progreso del paciente, la familia y sus allegados.

¿Qué papel (positivo o negativo) ha jugado en su carrera el hecho de ser hispano o latino? El estar comprometido con la educación a nivel universitario con estudiantes y residentes lleva de por si una sorpresa al saber que un latino esta comprometido con su aprendizaje y enseñanza. El hecho de ser un psiquiatra de origen latino conlleva de por si un compromiso en donde se desea llevar la practica médica con la responsabilidad y amor que se debe tener con la profesión. En mi concepto, cada uno de nosotros es un embajador y esa posición de privilegio en lo posible hay que saberla llevar. En ocasiones me he visto en situaciones donde otros denigran de la comunidad a la cual pertenezco sin saberlo, en su momento y con un lenguaje constructivo cuando esa persona sabe que soy latino, surge una serie de reacciones de incredulidad y revaluación de esa persona. Llevando esto muchas veces a que la misma persona cuestione sus prejuicios y por consiguiente ahondar en un cambio individual donde la oportunidad siente la necesidad de comenzar con el respeto por los demás, independiente del color y raza de la persona.

¿Qué futuro le augura a la psiquiatría hispana? Muy pronto seremos mayoría en este país, y desde ya hemos visto una gran necesidad de clínicos hispanos, ya que nuestra comunidad en general lo necesita. Veo un futuro con esperanza si nos mantenemos unidos. A nivel científico y clínico debemos continuar nuestra participación y generar espacios para otras personas, siendo cada uno de nosotros inspiración para todo aquel que desee continuar una carrera como la nuestra.

¿Cuál ha sido el major obstáculo de su carrera y cómo consiguió superarlo? Más que obstáculo, uno de las mayores dificultades en mi carrera o en m vida fue el de decidir ser inmigrante y abrirme un horizonte en este país. Como persona en esa transición me toco recurrir a mi origen latino de esperanza y lucha constante en salir adelante, pues se requirió mucha tenacidad y esfuerzo para lograr dar el primer paso en establecerme y ser luego aceptado en un programa de residencia en la ciudad de Boston, MA donde originalmente llegue. Afortunadamente la vida me puso en el camino personas a quienes nunca olvidare en esta transición y llegada a este país, pues me dieron el cariño, apoyo, fuerza, consejo que me llevo a creer en que si podía lograrlo.

¿Cuál es en su opinion el mayor reto de la psiquiatría? El mayor reto en la psiquiatría es no deshumanizarse. Hoy las nuevas tecnologías sumadas a una industria médica que requiere más números y datos pueden llevar a que el arte de la practica médica como tal y más aun el campo de la psiquiatría se reduzca a tan solo un fragmento de lo que somos y queremos ser. Como médicos debemos siempre tener presente que el saber escuchar, valorar y ayudar es la base de nuestra profesión.

¿Cuáles son los cambios más necesarios a llevar a cabo en la psiquiatría en este momento? El cambio mas necesario es la universalidad en el acceso a salud mental. En nuestra sociedad es imperante que toda aquella persona que necesite acceso a salud lo tenga. Más aún me atrevería a decir que sin salud mental será muy difícil tener cambios estructurales necesarios en nuestra sociedad. Ojalá poder concebir una salud mental que vaya mucho más allá del hospital o consultorio y sea una constante en la comunidad.

Por ultimo, debemos estar atentos en como hoy se concibe al psiquiatra en su práctica clínica, ya que no solo es la persona que prescribe medicamentos, sino el medico que pueda ejercer su profesión de una manera integral en donde la multiplicidad de posibilidades de tratamiento pueda ponerse en practica en beneficio del individuo y la comunidad.

PABLO RODRÍGUEZ

Grado en Medicina en la Universidad Nacional de Colombia en Bogotá. Especialista en Psiquiatría de la Universidad Javeriana en Bogotá. Entrenador del Programa de Redes de Tratamiento del Consumo de Sustancias Psicoactivas -Treatnet- de la Oficina de Naciones Unidas Contra la Droga y el Delito UNODC para Colombia.

He sido Coordinador del Programa de Adicciones del Hospital Santa Clara de Bogotá. Director del Servicio de Salud Mental del Hospital Santa Clara de Bogotá. Director Científico y Psiquiatra del Programa de tratamiento y rehabilitación de adicciones de la Corporación Caminos en Cali. Psiquiatra del Hospital Psiquiátrico Universitario San Isidro y del Instituto de Seguros Sociales en Cali. Práctica privada desde hace veinticinco años, primero en Bogotá y luego en Cali.

En el área académica me he desempeñado como Docente de Psiquiatría Clínica de las Universidades Javeriana y El Bosque en Bogotá. Docente de las cátedras de Psicopatología y de Adicciones de la Universidad Javeriana en Cali. Director del Diplomado en Prevención y tratamiento de comportamientos adictivos en Universidad ICESI en Cali. Asesor en Salud Mental del Servicio de Bienestar Universitario de la Universidad ICESI en Cali.

QUIJOTES DE LA PSIQUIATRIA

Autor del libro El consumo de Sustancias Psicoactivas, ¿Cómo prevenirlo? ¿Cómo detectarlo? ¿Cómo tratarlo?, publicado por UNODC, Ministerio de Protección Social de Colombia y Corporación Caminos de Cali. Autor de numerosos artículos científicos, periodísticos y presentaciones sobre los temas de la Salud Mental, Psicopatología, Consumo de Sustancias Psicoactivas y Comportamientos adictivos.

Miembro Honorario de la Asociación Colombiana de Psiquiatría. Ex-Coordinador del Comité de Adicciones de la Asociación Colombiana de Psiquiatría. Miembro Fundador del Colegio Colombiano de Neuropsicofarmacología. Miembro Activo de la Sociedad Vallecaucana de Psiquiatría.

¿Cómo decidió hacerse psiquiatra? Al ser estudiante de Medicina encontré que en la Psiquiatría se combinaban muy bien mis intereses científicos, humanistas y sociopolíticos. Esta era la única área en la que leer Poesía, Filosofía, Bioquímica o simplemente leer el periódico, me daba herramientas útiles para el trabajo con los pacientes, para entender mejor su mundo psíquico. También descubrí, poco a poco, que, en la Psiquiatría, al mismo tiempo que podía ayudar a otros, me ayudaba a mí mismo. Se puede crecer como persona a través de la introspección y el hacer propios los cuestionamientos y conflictos que los pacientes plantean en una consulta.

¿Cuáles han sido sus principales fuentes de inspiración? Las grandes preguntas de los filósofos griegos clásicos acerca del sentido de la existencia humana y búsqueda de explicaciones para las emociones, comportamientos y demás características de las personas, fueron y siguen siendo una inspiración y guía para este trabajo. Luego puedo conocer a S. Freud y algunos desarrollos Psicoanalíticos posteriores que asumen retos gigantes tratando de entender los orígenes más profundos de síntomas y situaciones a través de la autorreflexión y autocuestionamientos, con la premisa de la existencia de un espacio Inconsciente en la vida psíquica del ser humano. Finalmente, la Neurobiología que vuelve a llevar al plano físico y fisiológico, la búsqueda de las explicaciones de los problemas mentales. Tres grandes pilares con el desafío de integrarse sin perderse el uno en el otro.

¿De qué se siente más orgulloso? Orgulloso de haber sido uno de los primeros psiquiatras en Colombia dedicado a la atención de pacientes adictos a sustancia psicoactivas, consolidando su conceptualización como problema de salud. Estos inicios coincidieron con el gran desarrollo del narcotráfico en el país, por lo que ha sido imposible evitar dar también una mirada social, política y económica al tema del consumo de drogas. Este énfasis temático en mi trabajo ha sido motivado por la convicción de que el sufrimiento en las personas con adicciones es una de las causas de que se perpetúe su problema.

¿Qué significa ser hispano o latino para usted? Ser Latinoamericano significa ser producto de una mezcla de razas y culturas que enriquecen la experiencia y la visión del mundo. El ser producto de esta mezcla me ha facilitado apreciar las diferentes perspectivas con que se puede entender la vida humana.

¿Qué le aconsejaría a un estudiante o residente hispano o latino que acabe de comenzar su carrera? Le recomendaría que trabaje con la certeza de que su nivel intelectual y de conocimientos puede estar a la par de las personas provenientes de lo que llamamos el mundo desarrollado o primer mundo. Que se libere del temor o la percepción de sud- desarrollo e inferioridad que con frecuencia nos aqueja a los habitantes de esta parte del mundo. Y, finalmente, que busque soluciones propias y específicas a los problemas de salud mental que tiene la población latina porque no siempre servirán los modelos de otras culturas.

¿Díganos algo importante que haya aprendido de trabajar con pacientes hispanos y latinos? Veo en los latinoamericanos rasgos importantes en su carácter que pueden significar ventajas al enfrentar dificultades psíquicas. Pienso en la creatividad, la alegría y los fuertes lazos de unión familiar, como elementos efectivos para solucionar los problemas de Salud mental. Nuestro trabajo profesional puede potencializar estos recursos. Los Latinoamericanos no nos rendimos fácilmente y nuestra historia de supervivencia y progreso en medio de la pobreza, violencia y desarraigo, nos da esperanzas de transformar estos elementos en potencialidades para la vida y la salud.

¿Qué papel (positivo o negativo) ha jugado en su carrera el hecho de ser hispano o latino? Ser latinoamericano ha significado aprender a trabajar con pocos recursos económicos y técnicos, tener que optimizar estos recursos y adaptar a la realidad del país los avances científicos que se obtienen en países más desarrollo científico y tecnológico. También he aprendido a lidiar, sin despreciar, con fuertes creencias y costumbres culturales ancestrales acerca de los asuntos mentales, por ejemplo, el uso de plantas medicinales nativas; la brujería, el animismo y las fuertes creencias religiosas.

QUIJOTES DE LA PSIQUIATRIA

¿Qué futuro le augura a la psiquiatría hispana? La población latinoamericana sigue creciendo y su impacto en la economía, la política y la cultura en el mundo se hace cada vez mayor. En esa medida la Psiquiatría hispana tendrá grandes oportunidades de progreso, en la medida en que gane identidad y pueda ofrecer soluciones efectivas a las necesidades específicas de esta población. Esto tiene que ver con integrar más a los profesionales que trabajan dentro Latinoamérica con el trabajo de quienes lo hacen por fuera de nuestras fronteras pero que atienden población hispana.

¿Cuál ha sido el mayor obstáculo de su carrera y cómo consiguió superarlo? Mi carrera profesional como Psiquiatra se iniciaba a finales de los años ochenta e inicios de los noventa, cuando en Colombia comenzó a vivirse una época de intensa violencia y crisis social, política y ética. En esos momentos, la guerrilla, el narcotráfico y los ejércitos irregulares denominados "Paramilitares", eran una inmensa amenaza cotidiana para todos. Esto me planteo el dilema acerca de si debiera irme a vivir fuera del país, pensando en mi seguridad y en el futuro para mi familia. Finalmente, en medio de dudas e incertidumbre, decidí permanecer en Colombia motivado por la observación de las grandes necesidades que aquí había en el área de la Salud Mental y el reto que significaba trabajar con las angustias y temores que todos vivíamos en la realidad externa sin permitir que esto arrasara con la búsqueda de bienestar y tranquilidad que siempre anhelamos los seres humanos.

¿Cuál es en su opinión el mayor reto de la psiquiatría? Ofrecer atención integral real a los pacientes, evitando el reduccionismo hacia un único factor a considerar en el momento de las decisiones terapéuticas. Aunque la mayoría de los profesionales acepta la multicausalidad cuando se habla de etiología de los trastornos mentales, al momento de ofrecer un tratamiento, este tiende a quedarse corto en ofrecer intervenciones efectivas que incidan sobre los múltiples factores que tienen que ver con la aparición, mantenimiento y evolución de estas patologías. Actualmente veo una tendencia a escoger la solución de atención más fácil para el profesional o más beneficiosa en términos económicos, descuidando el real beneficio e impacto en la vida del paciente.

¿Cuáles son los cambios más necesarios en la psiquiatría? Integrar la Inteligencia Artificial y otras ayudas tecnológicas como herramientas útiles para el trabajo del Psiquiatra sin permitir que esto reemplace la interacción personal como la herramienta más importante para la evaluación y el tratamiento de las personas que acuden a consulta.

QUIJOTES DE LA PSIQUIATRIA

MARTA RONDÓN

Marta es una psiquiatra peruana, (UPCH, 1993, Lima) con una maestría en Políticas y Servicios de Salud Mental de la Universidade Nova de Lisboa (2014) que trabaja en el hospital de maternidad más grande del Perú (Instituto Nacional Materno Perinatal). Ha laborado en toda la gama de servicios psiquiátricos, desde el hospital público lleno de pacientes con enfermedad mental severa crónica hasta la dirección de un pequeño hospital privado en un vecindario de clase alta. En este rango, se despertó su interés en la salud mental de las mujeres: los riesgos peculiares, la naturaleza interseccional de la vulnerabilidad, la exposición a la violencia y al estrés, la necesidad de trabajar en equipo y la fuerte relación entre la psiquiatría y los derechos humanos. Así pues, ha sido miembro de la Comisión para la evaluación de los derechos humanos de pacientes psiquiátricos hospitalizados del Ministerio de Salud del Perú, Minsa (2002) y del Comité de Alto Nivel de Derechos Sexuales y Reproductivos del Colegio Médico del Perú y actualmente sirve en el Comité de Expertos en Salud Sexual y Reproductiva del Minsa.

La doctora Rondón colabora con la Defensoría del Pueblo del Perú y con varias organizaciones no gubernamentales y ha sido perita en varios casos de derechos humanos en Perú, Canadá y los Estados Unidos. Ha investigado y publicado acerca de la violencia contra las mujeres, los resultados obstétricos de la exposición a la violencia, los derechos humanos de los pacientes y la calidad de los servicios de salud mental en el país. Como docente en la Universidad Peruana Cayetano Heredia, se enorgullece de tener una rotación de residentes cuyo tema principal es la incorporación de la perspectiva de género de la práctica psiquiátrica en el hospital general. También participa en la educación médica continuada en el tema de aumentar el acceso a los derechos sexuales y reproductivos como una manera de mejorar la salud mental de las mujeres. La doctora Rondon es muy activa en grupos profesionales, Ha sido la primera mujer la Asociación Psiquiátrica Peruana (2005-2006), la primera mujer en ser elegida Vice. Decana del Colegio Médico del Perú (2008-2009), Directora de la Sección de Salud Mental de las Mujeres de la Asociación Mundial de Psiquiatría y presidenta de la Asociación Internacional para la Salud Mental de las Mujeres (IAWMH) de 2013 a 2015. En 2005 la Asociación Mundial de Psiquiatría la nombró miembro honorario y en 2015 el Colegio Médico del Perú le otorgó la medalla y diploma al mérito extraordinario. Ese mismo año, la Seguridad Social peruana la reconoció como "Investigadora Distinguida".

Ella encuentra más gratificante haber asistido y presentado conferencias en docenas de congresos y reuniones científicas en todo el mundo. Viajar le ha permitido conocer mucha gente y aprender nuevas maneras de hacer las cosas de siempre, que encuentra muy enriquecedor. Practica natación en mar abierto, y lo ha hecho en aguas grises y frente a playas turquesas y todas las combinaciones intermedias. Tal es la esencia de la vida: ¡la variedad!

¿Cómo decidió hacerse psiquiatra? Fue un tema de afinidad personal por los temas que aborda la psiquiatría y una facilidad muy grande e intuitiva para comunicarme con personas con enfermedades mentales en una relación simétrica y respetuosa. ¡Me encanta lo que hago!

¿Cuáles han sido sus principales fuentes de inspiración? Albert Schweitzer! Su énfasis en el servicio a los otros seres humanos. Donna Stewart en cuanto a salud mental de las mujeres y la psiquiatra peruana Verna Alva por su dedicación a un tema, aunque no sea popular o lucrativo– el de ella es la epidemiología psiquiátrica, a lo que se abocó cuando nadie hablaba de ello aun en el Perú y siguió para adelante! - y a tratar de hacer las cosas siempre bien

¿De qué se siente más orgulloso? De mis pacientes, cuando las encuentro por ahí y se acuerdan algo que dije que les significó un aliciente o un cambio…y me recuerdan con cariño- y parece que todo estuviera bien, aunque ellas y yo sabemos que ha sido una lucha muy difícil mejorar, aprender a disfrutar, terminar el curso, salirse de la pareja/ o del consumo, construir un hogar o mantener un trabajo.

¿Qué significa ser hispano o latino para usted? Una persona que proviene de una región de América Latina – donde compartimos una genealogía y tradiciones culturales que son propias. Me gusta pensar que somos adaptables y trabajadores. Me gustaría que como grupo estemos mejor dispuestos a ser globales, encontrar en otras los puntos de coincidencia y no las peculiaridades.

¿Qué le aconsejaría a un estudiante o residente hispano o latino que acabe de comenzar su carrera? ¡Busque un mentor que lo obligue a ser global y despréndase de sus prejuicios!

¿Díganos algo importante que haya aprendido de trabajar con pacientes hispanos y latinos? De trabajar con pacientes…la dignidad y el coraje que sostienen el día a día de las personas que sufren mucho es lo más valioso. La capacidad de reír y festejar cosas aun en los momentos más duros, que atestigua que siempre hay capacidad de resiliencia.

¿Qué papel (positivo o negativo) ha jugado en su carrera el hecho de ser hispano o latino? Positivo, si se puede decir: a veces me invitan a participar, ¡porque soy la única latina que conocen! Y saco provecho como puedo de la oportunidad. ¡Negativo…hay prejuicios contra la gente marrón!

¿Qué futuro le augura a la psiquiatría hispana? El futuro más promisorio sería establecer lazos de colaboración e intercambio con otros latinos, que fortalezcan y nutran, pero que no nos aparten del resto del mundo.

¿Cuál ha sido el mayor obstáculo de su carrera y cómo consiguió superarlo? Trabajar en un tema que no es aceptado, que se percibe como externo, con un punto de vista exactamente antagónico a la mayoría de mis colegas peruanos: la salud mental de las mujeres. Me he apoyado en mis colegas de otros países y de otras disciplinas, he construido redes de las cuales dependo mucho y en las invierto un montón de tiempo y trabajo, porque me sostienen, y he persistido y persistido. ¡Hace muchos años, uno de los patriarcas referentes de la psiquiatría peruana afirmó que me "había inventado un campo de estudio"! A pesar de esa falta de respeto y reconocimiento, actualmente el tema se incluye en todos los congresos y en la formación de residentes.

QUIJOTES DE LA PSIQUIATRIA

¿Cuál es en su opinión el mayor reto de la psiquiatría? Pasar del trastorno a la entidad nosológica: ahora hacemos diagnósticos convencionales basados en grupos de síntomas: debemos pasar a la elaboración de diagnósticos basados en las alteraciones del funcionamiento cerebral. Otros retos importantes son disminuir el estigma de los que sufren enfermedades mentales y de quienes trabajamos en esto (a ver si volvemos a ser médicos como todos a los ojos de todos nuestros colegas) y lograr que, a través de la integración en otras especialidades y en la medicina de familia, todas las atenciones en salud tengan un componente que se ocupe de los temas emocionales y conductuales de cada paciente.

¿Cuáles son los cambios más necesarios en la psiquiatría? En América Latina estamos pasando de la psiquiatría como el privilegio de unos cuantos, a esquemas de acceso universal, con énfasis en la integración en los cuidados médicos generales. Ese es un gran reto. El otro reto -global- es dejar de ser guardianes del status quo para ser paladines de los derechos humanos, según la convención de los derechos de las personas con discapacidad.

QUIJOTES DE LA PSIQUIATRIA

EUGENIO ROTHE

El Dr. Rothe es miembro fundador y profesor titular de psiquiatría de la Escuela de Medicina Herbert Wertheim y profesor adjunto del Centro de Estudios Centroamericanos y del Caribe y del Instituto de Investigaciones Cubanas de la Universidad Internacional de la Florida (FIU) en Miami. También es Fellow Distinguido Vitalicio de la Asociación Americana de Psiquiatría, Fellow Distinguido de la Academia Americana de Psiquiatría Infanto-Juvenil, Fellow Psicoanalítico de la Academia Americana de Psicoterapia y Psicoanálisis, Fellow Honorifico de la Asociación Mundial de Psiquiatría Social, Miembro Correspondiente de la Academia Dominicana de la Medicina y certificado en psiquiatría forense por el ABPN. El Dr. Rothe ha dedicado toda su carrera a tratar a los pacientes adultos, niños y familias de las poblaciones multiculturales del Sur de la Florida y ha escrito extensamente acerca de la salud mental de los inmigrantes, refugiados, pacientes de orígenes culturales diversos y acerca del trauma psicológico existente en estas poblaciones.. Actualmente es Presidente de la Asociación Americana de Psiquiatría Social y de la filial de la Academia Americana de Psiquiatría Infanto-Juvenil del Sur de la Florida. Anteriormente se ha desempeñado como director del comité científico de la Academia Americana de Psicoterapia y Psicoanálisis, del comité de psiquiatría escolar de la Asociación Americana de Psiquiatría y representante de la asamblea a la junta directiva de la Academia Americana de Psiquiatría Infanto-Juvenil.

QUIJOTES DE LA PSIQUIATRIA

El Dr. Rothe ha recibido los siguientes premios: 1) El Premio Bruno Lima y 2) el Premio Nancy Roeske de la Asociación Americana de Psiquiatría, 3) El Premio Jean Spurlock y 4) Premio al Miembro Distinguido de la Academia Americana de Psiquiatría Infanto-Juvenil, 5) La Mención al Mérito Civil de la Fuerzas Armadas Norteamericanas, 6) El Premio Sarah Esselstyn Howell por Excelencia Académica en Psiquiatría Infanto-Juvenil y 7) El Premio de Maestro Sobresaliente de la Psiquiatría (cuatro veces) de la Universidad de Miami. Actualmente el Dr. Rothe es el director y fundador del curso de Profesionalismo Medico en la Escuela de Medicina Herbert Wertheim de Florida International University, en el cual se le enseña a los estudiantes de medicina de primer y segundo año como practicar "el arte de la medicina". Este curso fue galardonado con el premio 8) Edward B. Harris de la Alpha Omega Alpha Honor Medical Society, como el mejor curso de profesionalismo medico de Estados Unidos en el año 2018. La publicación más reciente del Dr. Rothe es el libro titulado: "Immigration, cultural identity and mental health: Implications for the reshaping of America" de Oxford University Press (2020) con Dr. Andrés Pumariega como co-autor y actualmente labora como uno de los co-autores en la futura publicación del primer Textbook of World Social Psychiatry.

¿Qué le hizo emigrar a los Estados Unidos? Cuando salí de República Dominicana hacia los Estados Unidos pensaba especializarme en psiquiatría y regresar a practicar en mi país, pero se me presentaron oportunidades profesionales y aquí conocí y me case con una mujer maravillosa y forme familia en Estados Unidos. Además, me cautivo la cultura y el clima del Sur de la Florida, la llamada: "Puerta de Latinoamérica" y luego de terminar la fase final de mi entrenamiento en Boston, me quede aquí.

¿Cómo decidió hacerse psiquiatra? Desde muy jovencito tuve una conciencia social muy fuerte y leía ávidamente a los autores "criollistas" y de la generación del Boom Latinoamericano. Fui el miembro más joven del periódico escolar y a los trece años escribí un cuento que gano un concurso y fue publicado en una revista nacional, entonces los curas jesuitas del colegio les dijeron a mis padres que tenía madera de escritor. Yo quería ser periodista como mi abuelo y otros miembros de las generaciones anteriores, pero mi padre se oponía porque temía por mi seguridad. En esa época se publicó en la República Dominicana un libro llamado "Mis Quinientos Locos", la autobiografía del Dr. Antonio Zaglul, un psiquiatra dominicano-libanés a quien siendo muy joven se le encargo dirigir el hospital psiquiátrico. Corría el final de la década del cuarenta y los enfermos psiquiátricos estaban encerrados en celdas con barrotes y eran tratados como si fueran animales salvajes en un zoológico. En el libro, este médico narraba su misión de tres décadas educando al pueblo acerca de las enfermedades mentales y sus esfuerzos para devolverle a aquellos pacientes su dignidad humana. El Dr. Zaglul también escribía por el periódico y hablaba por la radio. Me comencé a informar y aprendí que la psiquiatría intentaba aliviar, no solo el dolor físico, sino los sufrimientos y dolores intangibles y de llegar hasta la esencia más profunda del ser humano. Comprendí que esa profesión le daría a mi vida un propósito y un significado, así que a partir los catorce años decidí que quería ser psiquiatra.

¿Cuáles han sido sus principales fuentes de inspiración? He tenido mucha suerte de haber conocido a muchos médicos a lo largo de mi carrera a quienes he admirado y que se han interesado por ayudarme. Si los menciono por nombre tendría el temor de que se me quedara alguno de ellos fuera de la lista, pero cada vez que veo a alguno de ellos, trato de agradecerles lo que han hecho por mí. La imagen y el recuerdo de cada uno de ellos vive siempre dentro de mí y en las interacciones diarias con mis pacientes y mis alumnos trato de evocar mentalmente las lecciones que aprendí de cada uno de ellos y estas me sirven como guía.

¿De qué se siente más orgulloso? En el año 1994 hubo un éxodo marítimo de Cuba a Estados Unidos conocido como "La crisis de los balseros" en la cual 31,000 hombres, mujeres y niños fueron rescatados en el mar y luego fueron internados en campamentos de refugiados en la Base Naval Norteamericana de Guantánamo. Tuve el privilegio de servir como psiquiatra voluntario, volando a la base a través de una organización médica caritativa por espacio de casi un año mientras duraron los campamentos. Al llegar allí, el médico de la base, el Coronel Jerry Rose, un ser humano ejemplar, me llamo para decirme que habían 2,500 niños menores de 18 años en los campamentos. Muchos entraban en estados depresivos profundos, a veces catatónicos, otros se ponían psicóticos y hacían intentos suicidas. El coronel quería ver que podíamos hacer para sacarlos cuanto antes de allí y proveerles entrada a los Estados Unidos. Comencé a trabajar largas horas en el hospital provisional que consistía en una casa de campaña situada dentro de los campamentos. En solo unos días logré documentar los primeros 72 casos psiquiátricos de niños y adolescentes que se presentaron a la clínica y escribí un documento describiendo cada caso y puntualizando la urgencia de aquella situación. El Coronel Rose envió ese documento a las esferas más altas del gobierno del Presidente Bill Clinton y gracias a eso y a otros esfuerzos, a los pocos días llego la orden de liberar a todos los niños menores de 18 años y a sus familias de aquellos campamentos. Creo que en aquella ocasión el Coronel Rose y yo logramos hacer algo importante de lo cual siempre me sentiré muy orgulloso.

¿Qué significa ser hispano o latino para usted? Ser hispano es pertenecer a una cultura riquísima y extensa, a una forma muy especial de sentir el amor, de sufrir las penas y celebrar las alegrías, una forma muy específica de pensar y de expresar afecto y de vincularse a los demás. De poseer un idioma que permite describir las sutilezas de los sentimientos y de las relaciones humanas, con una enorme narrativa literaria que describe nuestra historia y nuestra cultura. Yo me siento muy dichoso y muy orgulloso de ser hispano.

¿Qué le aconsejaría a un estudiante o residente hispano o latino que acabe de comenzar su carrera? La población hispana en Estados Unidos ha llegado a los cuarenta millones, somos la minoría más numerosa y estamos influenciando el panorama cultural de la nación. Estos son unos tiempos de grandes oportunidades y retos para los psiquiatras jóvenes hispanos, no solo en su función de médicos, sino también como líderes de opinión.

¿Díganos algo importante que haya aprendido de trabajar con pacientes hispanos y latinos? Durante 16 años fui director de la Clínica de Psiquiatría Infanto-Juvenil del Hospital Jackson Memorial y del Programa de Interconsulta Escolar a los programas de educación especial de las escuelas públicas de Miami. Atendíamos a las poblaciones más vulnerables y socioeconómicamente marginadas, las cuales presentaban altos riegos de abuso de sustancias, trastornos mentales y de conducta y esto se debía mayormente a la desintegración familiar. Sin embargo, entre la población hispana, aun cuando a veces existían altos niveles de pobreza y marginalidad social, en la mayoría de las familias hispanas siempre había un padre o un padrastro, que, de una forma u otra, formaba parte importante de la dinámica familiar. Esa variable hacía las veces de factor protector y garantizaba un buen pronóstico en la vida del niño. Afortunadamente, la herencia mediterránea y la influencia de la religión católica y también de las iglesias cristianas nos han ayudado como cultura a valorar la integridad de la unidad familiar y esto es algo que siempre debemos proteger.

QUIJOTES DE LA PSIQUIATRIA

¿Qué papel (positivo o negativo) ha jugado en su carrera el hecho de ser hispano o latino? Me siento muy orgulloso de ser hispano y privilegiado de poder trabajar con la población multicultural del Sur de la Florida.

¿Cuál ha sido el mayor obstáculo de su carrera y cómo consiguió superarlo? En el año 1982, después de terminar mis estudios de medicina en la Pontificia Universidad Católica Madre y Maestra, me disponía a partir hacia Estados Unidos para realizar estudios de especialidad y había sido aceptado en un programa de Internado Medico Rotatorio en la ciudad de Boston. Mi plan consistía en que una vez hecha la transición al sistema americano, solicitaría al año siguiente a programas de psiquiatría en la ciudad de Boston. Sin embargo, ese mismo año varias escuelas de medicina en el Caribe emitieron títulos médicos falsos. Un mes antes de comenzar mi internado en Boston recibí una carta del Estado de Massachusetts informándome que ese año quedaban revocadas todas las plazas ofrecidas a médicos graduados del Caribe porque no se sabía cuáles eran las escuelas fraudulentas. Aquello "me dejó en shock," pero tuve la suerte de asegurar el penúltimo puesto de Internado Rotatorio en un programa acreditado en Estados Unidos en los hospitales de la Escuela de Medicina de la Universidad de Puerto Rico, con la cual mi universidad tenía correspondencia. Como se me daba fácil la cirugía, cuando rote por ese departamento me ofrecieron una plaza para hacerme cirujano, así que me quede otro año más para probar. Sin embargo, a los pocos meses me di cuenta de que mi vocación seguía siendo la psiquiatría. El Jefe de Cirugía se portó muy bien conmigo y al final del internado me dio una carta de recomendación excelente, lo cual me permitió colocarme exactamente en el hospital que quería en Estados Unidos y comencé como residente de segundo año de psiquiatría. A veces lo que parece ser un infortunio en la vida, sorpresivamente resulta ser el mejor camino y guardo siempre una enorme gratitud y un lugar muy especial en mi corazón para el pueblo de Puerto Rico.

¿Cuál es en su opinión el mayor reto de la psiquiatría? y ¿Cuáles son los cambios más necesarios en la psiquiatría? El problema, según yo veo, es que la psiquiatría es una especialidad médica que se sitúa a mitad de camino entre la ciencia y el humanismo. Dentro de la medicina, es la más humana de todas las especialidades. Actualmente dirijo el curso de Profesionalismo Medico con estudiantes de primer y segundo año donde tratamos de enseñarles a los estudiantes como practicar "el arte de la medicina". Sin embargo, las compañías de seguros y los otros grupos de intereses que han llegado a regular y controlar nuestra profesión tratan de medir los servicios psiquiátricos utilizando parámetros matemáticos y empíricos que muchas veces no son necesariamente aplicables para medir lo que los psiquiatras le proporcionamos a nuestros pacientes. Esto continuara siendo un reto y en este sentido cabe citar el idealismo de Don Quijote, el cual es por definición, parte de nuestra identidad profesional y el cual nunca debemos abandonar.

QUIJOTES DE LA PSIQUIATRIA

MARIA ADELAIDA RUEDA

La doctora Maria Adelaida Rueda nació en Medellín, Colombia. Emigro a los Estados Unidos en 1997. Trabajo en la industria farmacéutica por tres años. Luego hizo residencia en Rutgers Robert Wood Johnson Medical School. Luego termino su fellowship en el program del hospital Memorial Sloan Kettering Cancer Center y escuela de Medicina de Weill Cornell en New York. La doctora Rueda-Lara se ha dedicado desde la terminación de su fellowship ha trabajar con pacientes con Cancer. Ella actualmente trabaja para la Universidad de Miami en el Sylvester Cancer Center.

¿Cómo decidió hacerse psiquiatra? Tuve la oportunidad de hacer una rotacion en Psiquiatria de Enlace en el Hospital Robert Wood Johnson. Durante esa rotacion conoci una paciente Latina que tenia sintomas psicoticos causados por un tumor cerebral en la glandula pituitaria. Inicialmente a la paciente las diagnosticaron con una enfermedad psiquiatrica y no se le detecto el tumor. Despues de muchos examines, le detectaron el tumor y tuvo cirugia. Despues de la cirugia, sus sintomas psiquiatricos desaparecieron. Ese caso creo un interes muy grandee en pacientes con enfermedades medicas con sintomas psiquiatricos.

¿Cuáles han sido sus principales fuentes de inspiración? He tenido varios mentores psiquiatras mentoras en mi vida que me marcaron de forma muy positiva: Javier Escobar, Christine Skotxko y Jimmie Holland.

¿De qué se siente más orgulloso? Me siento orgullosa de trabajar con pacientes Latinos y de ser profesora de estudiantes de medicina y psiquiatria para promover el campo de la psiquiatria.

¿Qué significa ser Hispano o Latino para usted? Ser Latina siginifica pertenecer a una cultura rica, diversa, calidad y alegre.

¿Qué le aconsejaría a un estudiante o resident hispano o latino que acabe de comenzar su carrera? Trabajar muy duro, en equipo y ser orgulloso de ser Latino.

¿Díganos algo importante que haya aprendido de trabajar con pacientes hispanos y latinos? Cada paciente Latino representa mucha diversidad. Cada paciente de cada pais es unico y no se puede generalizar.

¿Qué papel (positivo o negativo) ha jugado en su carrera el hecho de ser hispano o latino? El ser Latino no me ha limitado en mi Carrera pero si me cada muy claro que tengo que seguir trabajando muy duro para desenvolverme en otro idioma que no es mi lengua natal. Si he recibido comentarios negativos acerca de mi origen pero no me han afectado a largo plazo.

¿Qué futuro le augura a la psiquiatría hispana? La población sigue creciente y la demanda de proveedores de salud mental seguira aumentando.

¿Cuál ha sido el major obstáculo de su carrera y cómo consiguió superarlo? Aprender a navegar en el mundo politico académico.

¿Cuál es en su opinion el mayor reto de la psiquiatría? El mayor reto de la psiquiatria actual en Estados Unidos es la demanda y la escasez de Psiquiatras. Otro reto es la forma suboptima como los seguros cubren los cuidados de salud mental. Todavia existe mucha disparidad de acceso para los pacientes con problemas de salud mental.

¿Cuáles son los cambios más necesarios a llevar a cabo en la psiquiatría en este momento? Promover el entrenamiento de cuidadores de salud mental para disminuir la disparidad.

QUIJOTES DE LA PSIQUIATRIA

HERNÁN RUGGERI

Dr. Hernán Ruggeri se graduó de médico en la Universidad Nacional de Córdoba con diploma de honor (mejores promedios), luego realizo especialidad en Hospital Neuropsiquiátrico Provincial (por concurso). A su logro el titulo de Magister en Psicofarmacología en la Universidad de Favaloro.

Desde el inicio trabajo en investigación de psicofármacos, logrando ser el Investigador principal mas joven en Latinoamérica. Esa actividad laboral la desarrolla hasta el día de la fecha, logrando varios premios por mejor centro de investigación. Logro el titulo de experto en investigación. Además, trabajo conjuntamente en varias publicaciones en el área de trastorno afectivos e investigación. Trabajo con el Dr. Eduard Vieta en área de trastornos bipolares. Ha dictado curso de actualización en diferentes portales nacionales e internaciones. Es profesor de la Universidad de la Universidad de Favaloro (maestría de farmacología), además de dar clases y presentación en eventos nacionales e internacionales. Trabaja como jefe de guardia del hospital Neuropsiquiátrico. Es miembro de Asociación de Psicofarmacología de Argentina.

¿Cómo decidió hacerse psiquiatra? Desde que empecé a estudiar Medicina, a mis 17 años me di cuenta que me gustaba mucho entender las conductas humanas. Pensaba siempre entre neurología y psiquiatría.

¿Cuáles han sido sus principales fuentes de inspiración? Mi padre fue la principal ya que él es médico, luego el Dr. Vieta fue quien me ayudo a inspirarme mas aún. Los pacientes son otra fuente de inspiración que nunca acaba, y me motivan a seguir investigando.

¿De qué se siente más orgulloso? De poder ayudar a los pacientes y de tratar de hacer que tengan mejor calidad de vida.

¿Qué significa ser Hispano o Latino para usted? Tenemos una cultura diferente, mas pasional, más afectivo, más simple, mas empático.

¿Qué le aconsejaría a un estudiante o resident hispano o latino que acabe de comenzar su carrera? Que es hermosa especialidad, que estudie mucho, que se forme, que viaje a otros países a ver para aprender. Y que la disfrute a la especialidad.

¿Díganos algo importante que haya aprendido de trabajar con pacientes hispanosy latinos? Son muy agradecidos.

¿Qué papel (positivo o negativo) ha jugado en su carrera el hecho de ser hispano o latino? Siempre lo vi como positivo, tener empatia con los pacientes y con los colegas.

¿Qué futuro le augura a la psiquiatría hispana? Que podamos mostrar y ayudar a los pacientes con nuestro afecto. Creo que es algo valioso que en muchos países no se tiene en cuenta.

¿Cuál ha sido el major obstáculo de su carrera y cómo consiguió superarlo? El mayor obstáculo han sido algunos malos colegas, que con envidia trataron de hacerme que no me guste la especialidad. Y lo supere trabajando conmigo mismo, haciendo un mejor trabajo y mirar para adentro.

¿Cuál es en su opinion el mayor reto de la psiquiatría? Entender más la enfermedad, lograr una integración de los pacientes a la sociedad.

¿Cuáles son los cambios más necesarios a llevar a cabo en la psiquiatría en este momento? Una psiquiatria mas complete, mas integrada a la medicina y a la socied

QUIJOTES DE LA PSIQUIATRIA

THELMA SANCHEZ

La Dra. Thelma Sánchez Villanueva se tituló como Médica Cirujana y partera por la Universidad de Guadalajara, en Jalisco, México. Posteriormente se formó como Psiquiatra General en el Antiguo Hospital Civil de Guadalajara "Fray Antonio Alcalde", avalado por la Universidad de Guadalajara. Esta certificada por el Consejo Mexicano de Psiquiatría.

Posterior a la terminación de la especialidad, obtuvo el grado de maestría en Psicoterapia Psicoanalítica y curso un entrenamiento en Psicoanálisis por el Instituto Jalisciense de Psicoanálisis y Psicoterapia Analítica. Es doctorante en Psicoanálisis con enfoque en familias y parejas por la Universidad Intercontinental de la Ciudad de México. Su actividad profesional se desarrolla en la consulta privada como psiquiatra y psicoanalista de adolescentes y adultos. En la última década se ha entrenado en el área de Neuromodulación y actualmente trabaja tambien con Estimulación Magnética Transcraneal y de Estimulación Transcraneal de corriente directa.

Ha sido maestra de residentes de psiquiatría y estudiantes de psicología. Pertenece a varias asociaciones nacionales e internacionales de Psiquiatría, tales como Asociación Psiquiátrica Mexicana, donde ha participado como coordinadora de sección accademica de mjer y psiquiatía, coordinadora estatal y vicepresidenta regional; la American Society of Hispanic Psychistrists, la American Psychiatric Association como fellow internacional y la red WARMI (mujer en lengua quechua). Es fundadora del

Colegio de Psiquiatras de Jalisco, en el ha fungido como como tesorera en varias gestiones.

Es conferencista nacional e internacional y participa en programas de radio y TV hablando de temas de salud mental. Su área de interés es la Depresión Resistente y sus diferentes abordajes, como la Neuromodulación; así como la violencia de género, la defensa de derechos humanos y la eliminación de estigmas en el tratamiento psiquiátrico.

Actualmente se desempeña como secretaria de relaciones internacionales de la Asociación Psiquiátrica Mexicana. Es Representante de la zona 3 de la Asociación Mundial de Psiquiatría (WPA por sus siglas en ingles) que corresponde a México, Centroamérica y el Caribe y forma parte del consejo asesor para respuesta a emergencias (ACRE) de la WPA.

¿Cómo decidió hacerse psiquiatra? En mi adolescencia germino en mi el deseo de ser psicoanalista porque buena parte de mi familia acudía a recibir este tipo de psicoterapia, que era la mas común en esa epoca. Escuchaba de ellos relatos de su autoconocimiento que me sorprendian. Yo queria hacer eso. Ese interes me llevo a pedir de regalo de cumpleaños numero 15, las obras completas de Sigmund Freud (mismas que entendi poquito, pero me hicieron sentir muy importante…). Cuando llego la hora de elegir licenciatura tenia la disyuntiva ante mi de decidir entre formarme como médica o como psicoóloga. Pero realmente no fue una decision dificil porque me parecia indispensable entender el cerebro desde lo biologico, lo químico, lo genético y sin muchas dudas me incline por la medicina para incluir en mi formacion, conocimientos medicos para aprender de la salud y la enfermedad mental.

¿Cuáles han sido sus principales fuentes de inspiración? Podría decir en automatico que Sigmund Freud, pero la realidad es que me inspiraron los escritores mas variados. Las multiples posibilidades de vivir, sufrir, crecer, decidir que encontre en las novelas que lei me estimularon mucho a querer conocer que pasaba en el psiquismo de las personas, Honorato de Balzac, Tomas Mann, Herman Hesse, etc fueron determinantes. Personalmente, mi principal inspiración fue mi madre y tambíen dos de mis tíos, todos ellos maestros universitarios y profesionistas muy comprometidos quienes tambien pertenecieron y se especializaron en el area de salud.

¿De qué se siente más orgulloso? De lo que hago en mi quehacer cotidiano en mi consulta, tener la oportunidad de influir de forma significativa en la vida de los demas y en la medida de lo posible, hacer una diferencia en sufrimiento. De mis capacidades, me enorgullezco de tener habilidades para relacionarme y hablar con otras personas. Estas dos condicones me hacen sentir parte de esta enorme, intrincada y compleja red humana. En lo personal, estoy muy orgullosa de la mi familia que vengo, madre, tios, primas y la familia que he formado con mi esposo Alfonso y mis dos hijos Alfonso y Francisco Han sido mi soporte emocional, fuente de afecto y mi impulso

¿Qué significa ser Hispano o Latino para usted? Es mi identidad, la condición desde donde veo el mundo. Involucra aspectos maravillosos como mi idioma que es calido, ritmico, dulce, rico en palabras que estructuraron mi cerebro. La comida, la musica, la forma de festejar, la forma en que demuestro mi amor por otros, la fuerza y el orgullo de la raza; pero tambien otros aspectos oscuros que duelen, como algunos malos habitos, costumbre y valores, formas incovenientes y a veces inaceptables de hacer las cosas, experiencias comunes que duelen. Pero todo, con sus claroscuros me dan una sensacion de pertenencia, de historia comun, de dramas compartidos y tenacidad.

¿Qué le aconsejaría a un estudiante o resident hispano o latino que acabe de comenzar su carrera? Que aproveche tener una vision sorprendida, curiosa, hasta ingeua de la mente humana, eso es semillero de ideas nuevas. Que lea ciencia, pero que no se le olvide escuchar a la persona que tiene enfrente y la trate con cuidado y respeto.

¿Díganos algo importante que haya aprendido de trabajar con pacientes hispanos y latinos? Creo que los pacientes latinos tienen una gran tolerancia para el sufrimiento y el dolor. Lo que los hace fuertes y vulnerables a la vez. La cultura de sometimiento, la fe y el pensamiento magico han dejado su marca en nosotros como sociedad y se manifiesta en lo individual. Es sorprendente, y no necesariamente saludable, lo que las personas aguantan y aprenden a vivir con ello. A veces es dificil que se vean a si mismos en la cabal extension de su persona, que reconozcan la validez de su dolor, que se perdonen, que se acepten. Creo que frecuentemente no nos han educado para estar orgullosos de quienes somos.

¿Qué papel (positivo o negativo) ha jugado en su carrera el hecho de ser hispano o latino? Me hace sentir cercano a mis compatriotas. Creo que los entiendo, entiendo las finezas de su narrativa, sus valores, entiendo su humor, comparto su malestar por eventos que nos afectan como pais. Es una forma de hermandad.

¿Qué futuro le augura a la psiquiatría hispana? Le auguro un aun mayor crecimiento del que ya ha tenido hasta hoy.

Creo que somos una fuerza poderosa, en lo academico, lo cientifico, lo politico. A pesar de ser una tribu variopinta y heterogenea, podemos actuar al unisono, defendiendo nuestros interese comunes, cuidando, sanando y fortaleciendo nuestras comunidades.

¿Cuál ha sido el major obstáculo de su carrera y cómo consiguió superarlo? Balancear la vida professional y familiar. Tener tiempo para todo y para todos. He sido muy afortunada al contar con un esposo solidario y amoroso, una familia apoyadora, unos hijos que adoro, una carrera estimulante, una clientela leal, oportunidades que no me hubiera imaginado. Realmente es obstaculo ha sido muy salvable, gracias a las bondades que me ha dado la vida.

¿Cuál es en su opinion el mayor reto de la psiquiatría? Ocupar el lugar que le corresponde en el ambito del conocmiento. Hacer ciencia con humanismo. Somos una especialidad muy peculiar. Tenemos un pie en el territorio de las neuronas y otro pie en el territorio de la mente.

¿Cuáles son los cambios más necesarios a llevar a cabo en la psiquiatría en este momento? Combatir el estigma de la enfermedad mental. Proteger los derechos humanos de nuestros pacientes. Hacer uso de todos los innovadores recurso tecnologicos para cambatir el dolor humano.

JULIO SANJUAN

El Dr. Julio Sanjuan Arias nacio en Madrid y en la actualidad es Profesor Titular de Psiquiatría, de la Universidad de Valencia y Miembro de la Real Academia de Medicina de Valencia. Ocupa multiples posiciones de liderazgo como Coordinador de la Unidad de Primeros Episodios Psicóticos del Hospital Clínico Universitario, y Coordinador del grupo de Investigación en Psiquiatría y Enfermedades Neurodegenerativas del INCLIVA (Instituto de Investigación Sanitaria, Hospital Clínico Valencia). Es también Investigador Principal del grupo G23 del CIBERSAM (Mental Health Networking Biomedical Research Centre).

Ha participado en multiples proyectos de Investigación (Nacionales e Internacionales y tiene 193 publicaciones, de las cuales 176 han sido en revistas de alto impacto.

Ha dirigido tesis doctorales e introdujo el modelo Antropológico sobre la Teoría de la Evolución en relación con la psicopatología y participo en publicación de los primeros libros en castellano sobre Teoría de la Evolución tanto en Psicopatología como en Medicina. (Sanjuan J. Evolución Cerebral y Psicopatología. Triacastela 2000, Sanjuan J La Profecía de Darwin. Ars Medica 2005, Sanjuan J. Teoría de la Evolución y Medicina. Panamericana. 2010). Se ha destacado porque ha realizado los primeros estudios en genes sometidos a selección positiva en nuestra especie como genes candidato a la psicosis.

QUIJOTES DE LA PSIQUIATRIA

Ha coordinado el proyecto FIS, dedicado al estudio de la Depresión Post-parto. Este proyecto multicéntrico con participación de 13 instituciones es hasta la fecha el estudio nacional mas importante sobre esta patología, del cual han salido 14 publicaciones en revistas de impacto.

El Dr. Sanjuan es pionero en la investigación y aproximación sistemática a la genética de las alucinaciones auditivas en la psicosis y ha propuesto un modelo integrador de las mismas. Ha participado en la elaboración del Plan de Salud Mental y del Programa de atención de Primeros Episodios de la Conselleria de Sanidad de la Generalitat Valenciana y en el Libro Blanco a nivel nacional sobre la intervención temprana en psicosis.

¿Cómo decidió hacerse psiquiatra? La decisión de hacer la especialidad de Psiquiatría estaba en mi cabeza desde que empecé a estudiar Medicina en la Universidad Autónoma de Madrid. A lo largo de la Carrera tuve una vocación dual que he mantenido hasta la actualidad. Por un lado me empecé a formar en Psicoanálisis y a estudiar Filosofía (termine 3 años de esta Carrera) , por otro lado me forme en neurofisiología y neuropsiquiatría clínica con estancias en el Institute of Psychiatry de Londres.

¿Cuáles han sido sus principales fuentes de inspiración? Los autores que mas han influido en mi pensamiento han sido Charles Darwin, Alexander R. Luria y J. Bolwby. En el plano directo personal Tim Crow, y J.P. Lesch.

¿De qué se siente más orgulloso? De haber sido pionero en introducir el pensamiento antropológico y de la teoría de la Evolución en relación a la Psicopatología en los países de habla hispana. También, en haber contribuido desde sus orígenes a la creación de la Red de Investigación en Salud mental en España CIBERSAM

¿Qué significa ser hispano o latino para usted? Significa compartir una forma de pensamiento, una forma de realizar narrativas y también una cultura.

¿Qué le aconsejaría a un estudiante o residente hispano o latino que acabe de comenzar su carrera? Le aconsejaría que tuviera la mente muy abierta. Que intentara no caer en el dogmatismo. Que leyera libros que sean de disciplinas fuera de la psiquiatría y que viajara para ver el funcionamiento y el trabajo en salud mental en diversos países

¿Díganos algo importante que haya aprendido de trabajar con pacientes hispanos y latinos? Lo más importante ha sido la creación de vínculos de amistad muy fuertes que se han traducido también en charlas por toda Latino América y, en ocasiones, en colaboración en proyectos de investigación.

¿Qué papel (positivo o negativo) ha jugado en su carrera el hecho de ser hispano o latino? Creo que el mundo científico esta dominado por el anglosajón y, el ser latino supone, de entrada, una dificultad añadida, no solo por el idioma sino por los perjuicios.

¿Qué futuro le augura a la psiquiatría hispana? No sabría responder bien a esa pregunta. Hace años se intentaron diversosacuerdo de colaboración entre instituciones oficiales, sociedades científicas etc. Pero , hasta donde yo se, dichos acuerdos rara vez se han traducido en colaboraciones que tengan un verdadero impacto internacional. En este momento los consorcios internacionales, al menos en investigación, incluyen grupos de todas las partes del mundo incluyendo Europa, Asia y América. Creo que si no se consolidan las colaboraciones hispanas de forma concreta, no tendrá mucha repercusión en el plano internacional al menos en el terreno de la investigación. Donde yo si creo que puede haber mucho futuro es en los programas de formación común pre y post- graduada, en los intercambios de estancias y en los libros de texto.

¿Cuál ha sido el mayor obstáculo de su carrera y cómo consiguió superarlo? Mi mayor obstáculo ha sido el empeño, que siempre he tenido, por tratar de hacer una investigación original, que se saliera de lo que estaba en ese momento de moda. Por ejemplo, cuando hace ya mas de 25 años pedimos una ayuda para la investigación genética en las alucinaciones auditivas, nos denegaron la ayuda diciendo que era una investigación interesante pero muy arriesgada por que no se había hecho nunca.

¿Cuál es en su opinión el mayor reto de la psiquiatría? El mayor reto que tiene la Psiquiatría en este momento, es superar la dicotomía entre la corriente Medico- Biológica y la corriente Psico-Social. Puede que algunos piensen que vamos a hacia lo que Engel denominó (hace ya mucho tiempo), la integración en el llamado modelo Bio-Psico-Social, pero mi opinión, es justo la opuesta. Las llamadas doc¬trinas psicosociales están cada vez más radicalizadas y se han vuelto a planteamientos muy semejantes a los que se defendieron en la lla¬mada anti-psiquiatría de los años 70. Desde estas posturas se llega a afirmar que los psicofármacos no son más efectivos que el placebo y que lo que precisan los pacientes, son menos medicación y más inter¬venciones psico-sociales. En el otro extremo, las hipótesis del reduc¬cionismo biológico dominan, con mucho, el panorama de la investigación y la nosología de la enfermedad mental y miran, muy frecuentemente, para otro lado cuando se habla de causas o factores sociales.

Toda esta dificultad se traduce también en el abismo que existe hoy en día entre la investigación y la practica clínica. El porcentaje de trabajos de investigación en salud mental que modifican algo la practica clínica es muy pequeño. En la actualidad los grandes grupos de investigación están cada vez más alejado de la practica, los investigadores ya no tratan pacientes. Por otro lado la asociaciones de familiares y de los propios usuarios se están haciendo notar de forma cada vez mas clara sobre sus propias necesidades que no son muchas veces ni la de los clínicos ni la de los investigadores.

¿Cuáles son los cambios más necesarios en la psiquiatría? En mi libro, Tratar la Mente o tratar el cerebro: hacia una integración entre psicoterapia y psicofármacos, (SanjuanJ. Desclee, Bilbao 2016) señalo los 6 puntos que en mi opinión son esenciales para avanzar en este momento:

• Saber crear una alianza terapéutica: Toda terapia (del tipo que sea) se basa primero en el establecimiento de un vínculo. Sin vínculo no hay, o no debería considerarse terapia. Aunque el psiquiatra renuncie a aplicar cualquier tipo de técnica psicoterapéutica y se limite a dar medicación, siempre debe hacer en un marco de dicha alianza terapéutica.

• Integrar no es solo combinar diferentes tipos de tratamientos. Se debe realizar siempre un plan integrado y personalizado para cada paciente.

• Anti-dogmatismo. Mantener un espíritu crítico y humilde, asumiendo la posibilidad de revisar nuestras propias teorías o hipótesis.

• Atender a la Terapia basada en pruebas. Siempre es mejor aplicar un tratamiento que tenga evidencia de haber sido eficaz que aplicar uno que no la tenga. Esto es muy importante para tener en cuenta no solo con los psicofármacos sino sobre todo con las psicoterapias.

• Tener un marco teórico integrador. No se puede aplicar un tratamiento sin un modelo sin un marco general. Las clasificaciones internacionales CIE11 y DSM5 pueden ser útiles para tener fiabilidad inter-evaluadores, pero no parten de ningún modelo explicativo de la enfermedad mental. El marco teórico que yo y otros hemos propuesto es el de la Antropología y la Teoría de la Evolución.

- Un compromiso ético. No debemos olvidar que el objetivo de la Psiquiatría como el de la Medicina es curar o al menos aliviar el sufrimiento. Hay que potenciar y poner en primer plano la importancia de la opinión del paciente y de los derechos humanos.

PEDRO SÁNCHEZ

Realicé los estudios de Medicina en la Universidad del País Vasco en mi ciudad natal, Bilbao, ciudad situada en el norte de España, bañada por el océano Atlántico y cercana a la frontera con Francia. Tras completar los estudios inicié mi formación como especialista en el Hospital de Basurto en la misma ciudad.

Conseguí mi grado de especialista en psiquiatría en 1998. En aquel entonces el mercado laboral para médicos especialistas en España era complicado así que decidí instalarme temporalmente en la ciudad de Cambridge, Reino Unido, bajo el amparo del profesor Germán Berrios.

Retorné un año después a España trabajando en distintos hospitales, dedicado a la psiquiatría de pacientes agudos como a la neuropsiquiatría del daño cerebral. En el año 2001 comencé a trabajar en la ciudad de Vitoria, España. Allí colaboro en la puesta en marcha de una unidad de psicosis refractaria dedicada al abordaje de pacientes con trastornos del espectro esquizofrénico y afectivo de manejo difícil y que se convierte en unidad de referencia para toda la región. Durante todos estos años, y en esta unidad, me he dedicado a la investigación del deterioro cognitivo en la esquizofrenia, así como a la generación de herramientas de rehabilitación para este deterioro. Igualmente me he dedicado a la docencia de estudiantes de Medicina en la Universidad del País Vasco, a la formación de médicos residentes de psiquiatría y contribuido a la formación continuada de médicos especialistas en psiquiatría.

¿Cómo decidió hacerse psiquiatra? Mi vocación como psiquiatra es tardía y aparece durante los estudios de Medicina. Siendo inicialmente hostil a esta especialidad, el entusiasmo que mis profesores de Psiquiatría y de Psicología Médica me transmitieron consiguieron transformar mi vocación hasta el punto de que, mucho antes de completar mi grado, supe que solo podría ser psiquiatra. Creo que fue el esfuerzo de mis maestros en tratar de poner en relación fenómenos mentales con sus supuestos correlatos neurobiológicos lo que más me fascinó. Ello me facilitó dar sentido a los comportamientos "incomprensibles" que los pacientes con enfermedad mental mostraban en las unidades de hospitalización. Desde entonces siempre he tratado de transmitir el mismo entusiasmo a los estudiantes de Medicina, tal y como aprendí en mis años jóvenes.

¿Cuáles han sido sus principales fuentes de inspiración? Cada época de mi ciclo vital ha tenido distintas fuentes de inspiración. En mis años mozos de estudiante eran los profesores de psiquiatría, verlos como se relacionaban con pacientes que nos parecían "raros", "incomprensibles" me fascinaba. Más adelante la residencia fue una fuente de cierta desorientación: no tenía una idea clara de mi identidad como médico psiquiatra. Modelos psicodinámicos, médicos, neurobiológicos, etc. competían por atraer nuestra atención como médicos en formación, todos ellos aparentemente antagónicos. Cuando mi identidad profesional se fue fraguando tuve la fortuna de trabajar junto con el Profesor Berrios. Allí, gracias a él, descubrí a los "clásicos". La sensación de poder continuar la obra de unos médicos que, en el siglo XVIII entraron en los asilos de alienados y allí trataron de dar un sentido médico a lo que veían e intentaron humanizar las duras condiciones de vida de aquellas personas, fue algo que dio un nuevo sentido a mi profesión. Hoy, ya en mi madurez, son mis propios pacientes mis principales fuentes de inspiración. Contribuir a estados de alienación fruto de su enfermedad mental a un estado de salud en el que recuperan su autonomía y libertad es el elemento más motivador de mi ejercicio profesional en la actualidad.

¿De qué se siente más orgulloso? De aquellos pacientes que acuden a mi consulta años después para decirme que su vida cambió a mejor después de pasar por mis manos. De las caras que mis compañeros muestran cuando consiguen comprender conceptos complejos de nuestra especialidad después de un curso o una conferencia que me encargan dar. De la botella de vino tinto que pacientes, económicamente humildes, compran con gran esfuerzo por su parte para poder mostrarme su agradecimiento en Navidad.

¿Qué significa ser hispano o latino para usted? Los españoles nos sentimos algo despistados con la idea de ser "latino". Siendo un concepto que fue concebido inicialmente en los Estados Unidos. pronto volvió a los países americanos latinos donde cobró nuevas connotaciones. Es hoy en día un concepto unificador, que llena de orgullo a muchos de los que se identifican con él y, de alguna manera, da sentido a sus vidas. En España nunca sabemos si es un elemento identificador exclusivamente americano que nos excluye o, por el contrario, somos parte del mismo. He viajado y vivido extensivamente en Europa, Asia y América. He compartido muchas cosas con gente diversa, desde las junglas de Borneo, al altiplano guatemalteco pasando por pequeñas aldeas francesas. Desde esa perspectiva he tomado conciencia de las escasas diferencias culturales que separan a un boliviano, de un mexicano o un español. Estas diferencias son pequeñas especialmente cuando se comparan las que separan a un polaco de un italiano, y no me refiero solo a las idiomáticas. En ningún continente, con la excepción de América, tres personas de distintas naciones pueden sentarse a compartir un vaso de vino sin tener que hacer esfuerzos continuados para entender empáticamente a su interlocutor. ¿Qué tienen en común un médico argentino, un mecánico mexicano o un traductor portorriqueño afincado en Nueva York? Aparentemente poco, pero pueden sentarse a compartir un café sin realizar ningún esfuerzo. Esto es imposible en Asia, en África y en Europa. Creo que esto es la esencia de ser latino. En mi caso esto me ha servido para darme cuenta de que mi hábitat ya excede a mi "terruño" España y que se extiende por todo el continente americano. En estos momentos de mi vida nada de lo que pasa ni nadie que vive en América me es ajeno ni sus desventuras ni buenaventuras me dejan indiferente.

¿Qué le aconsejaría a un estudiante o residente hispano o latino que acabe de comenzar su carrera? Va a tener que aprender a moverse en una dualidad. Por un lado, su origen latino que no debe olvidar y llenarle de orgullo. Por otro lado, su identificación con la comunidad receptora donde desarrolla su ciclo vital. Creo que siempre debemos recordarnos a nosotros mismos de dónde procedemos para poder devolver a nuestra comunidad de origen lo que gratuitamente nos otorgó y fomentar y allanar el camino a aquellas personas más jóvenes que nos seguirán.

¿Díganos algo importante que haya aprendido de trabajar con pacientes hispanos y latinos? La comunidad hispana o latina comparte muchos valores culturales que nos facilita a los psiquiatras latinos el trabajo con nuestros pacientes latinos. Pero al mismo tiempo engloba personas con particularidades que modifican la presentación clínica de los síntomas, así como la respuesta a tratamiento. No es lo mismo tratar la depresión de un ingeniero nacido en Bogotá que la ansiedad de un taxista procedente de Iquitos. Dedico, por ello, mucho tiempo a hablar con los pacientes y sus familias de sus valores culturales, religiosos y creencias para poder dar sentido a fenómenos que, de otra manera, me resultarían incomprensibles.

¿Qué papel (positivo o negativo) ha jugado en su carrera el hecho de ser hispano o latino? Creo que me ha abierto caminos a conocer personas, compañeros y países generando así lazos afectivos indelebles y que conforman mi "urdimbre", mi matriz afectiva. Mi universo y yo mismo hubiera sido mucho más pobre de otra manera.

¿Qué futuro le augura a la psiquiatría hispana? La comunidad hispana en general, y la psiquiátrica en particular, ha experimentado un auge en los Estados Unidos. Esto es más evidente cuando compara el devenir de otros grupos étnicos o culturales en ese país. Creo, sin embargo, que se enfrenta a dos riesgos. En primer lugar, la integración acrítica en el "mainstream" de la psiquiatría norteamericana lo que hará que nuestra presencia se difumine hasta su completa desaparición en dos generaciones. La otra es el retorno de los conocimientos a los países de origen de los psiquiatras hispanos o de sus familias. Con unas cuantas sobresalientes excepciones, veo con cierta decepción la desaparición de los lazos profesionales y científicos de muchos brillantes compañeros que dejaron sus países buscando un futuro mejor en los Estados Unidos y que tanto pueden aportar a sus países de origen.

¿Cuál ha sido el mayor obstáculo de su carrera y cómo consiguió superarlo? Afortunadamente no recuerdo ningún obstáculo insuperable. Quizás recuerdo con cierta desazón la formación de mi identidad como psiquiatra. La presencia de modelos profesionales diversos y antagónicos no me ayudó mucho en la creación de esta identidad. Creo que cuando cesó la presión ambiental por decantarnos por un modelo u otro fue lo que me permitió "tranquilizarme" y que mi identidad médica se fuera consolidando poco a poco, como un bizcocho lo hace a medida que se enfría con el paso de las horas tras salir del horno.

QUIJOTES DE LA PSIQUIATRIA

¿Cuál es en su opinión el mayor reto de la psiquiatría? Sin duda ser más eficaces para los problemas que nuestros pacientes traen a nuestras consultas. El prestigio y la supervivencia de nuestra especialidad depende de ello. Nos queda mucho aún por hacer en el campo de las psicosis, los trastornos afectivos, los trastornos por uso de sustancias o la psiquiatría de la infancia y adolescencia. El segundo gran reto es conseguir que la innovación en psiquiatría llegue a todo el mundo, especialmente a las clases económicas más modestas e incluso clases medias que en muchos países latinoamericanos, incluidos los Estados Unidos, siguen sin tener acceso a todos estos avances.

¿Cuáles son los cambios más necesarios en la psiquiatría? La difusión del conocimiento médico a las regiones y países del continente americano donde aún no llegan estos conocimientos. La llegada de la innovación psiquiátrica a grandes masas de población privadas, en la actualidad, de estos recursos. La dotación económica de los estados y compañías de seguros en servicios psiquiátricos para sus ciudadanos y asegurados.

La ingratitud es hija de la soberbia.

Don Quijote de la Mancha

QUIJOTES DE LA PSIQUIATRIA

HERNÁN SANTACRUZ

Profesor titular del Departamento de Psiquiatría y Salud Mental de la Pontificia Universidad Javeriana. Coordinador del Grupo GAPPD (Grupo de Atención Psiquiátrica y Psicosocial en Desastres). Bogotá, Colombia.

Nació en Quito, Ecuador, fue criado muy cercano a los abuelos maternos. Dr. Santacruz describe a su abuela, como" la figura más importante de su infancia temprana," promoviendo su pasión por la lectura.

Recuerda especialmente el libro de la selva (en inglés: The Jungle Book), también llamado El libro de las tierras vírgenes. Esa colección de historias escritas por Rudyard Kipling (primer escritor británico en ser galardonado con el Premio Nobel de Literatura en 1907), y que se basa en cuentos de animales de la selva india que, de forma antropomórfica, plantean lecciones morales, marcó su inicio y pasión por la lectura. Era tanta su pasión por la lectura que preocupo a sus padres, quienes veían extrañados como el Dr. Santacruz prefería los libros a las tertulias o juegos con los amigos.

¿Cómo decidió hacerse medico? Su vocación nació cuando entrando en la adolescencia lee "La Historia De San Michele, De Axel Munthe", una obra que narra la autobiografía y memorias de un médico sueco. A pesar de la oposición de su padre, quien prefería que su hijo fuera abogado, siguiendo la tradición familiar. Después de iniciar su carrera de medicina en Quito, y después de que" la universidad fuera clausurada "se traslada a Bogotá, donde en la universidad Javeriana recibe su formación médica. Se graduó con honores, con un puntaje sobresaliente y desde entonces su carrera la ha desarrollado en Colombia.

¿Cómo decidió hacerse psiquiatra? Su vocación como psiquiatra nace de su admiración por el Dr. Horacio Taborda Palacio, director del Departamento de Psiquiatría. Su decisión no fue compartida por su padre, quien prefería la cirugía y creía que los pacientes psiquiátricos "nunca se curaban." Realiza el servicio social obligatorio (llamado también "año rural) en un pueblo llamado Santa Isabel, en el departamento del Tolima, el cual estaba siendo influenciado por la presencia de "bandoleros" de la época. Un episodio que recuerda es la experiencia de su primera autopsia, a un miembro de una banda local con el alias de "angurrias" la cual presenciaron todos los niños de las escuelas.

Durante su entrenamiento como psiquiatra, realizo rotaciones por los hospitales de la beneficencia de Cundinamarca y del Hospital Psiquiátrico de Sibaté. Desde entonces ha estado vinculado al departamento de psiquiatría de la Universidad Javeriana, siendo nombrado profesor en Enero de 1974.

Una de las experiencias que más recuerda en su ejercicio como docente fue el episodio que tuvo que vivir durante la tragedia de Armero (un desastre natural producto de la erupción del volcán Nevado del Ruiz en Noviembre de 1985) donde murieron 92 pacientes psiquiátricos del Hospital Regional de Armero. Ha estado involucrado en el estudio y la atención psiquiátrica y psicosocial en desastres y ha publicado extensamente sobre el efecto psicológico de los desastres naturales en los sobrevivientes.

El Dr. Santacruz ha sido el mentor y profesor de médicos y profesionales en salud mental. Psicoanalista didacta, fundador y presidente, Sociedad Psicoanalítica Freudiana de Colombia (afiliada a la IPA). Expresidente, Asociación Colombiana de Psiquiatría, Bogotá, Colombia.

Dr. Santacruz se define como un "sembrador" quien planta la semilla de la psiquiatría "yo digo que he sido un sembrador, esa es la metáfora que sirve mejor para definir a un profesor tal como yo lo concibo, un sembrador que hecha la semilla., esperando que caiga en tierra buena, y esperando que de allí salgan productos buenos. El destino de la semilla está en la cabeza de cada alumno. Puede que esa semilla fructifique y sea origen de buenas cosas, o puede que también caiga en tierra estéril y que no dé nunca nada. Pero eso no es lo que importa, lo importante, es sembrar."

QUIJOTES DE LA PSIQUIATRIA

RICARDO SECÍN

Nació en la Ciudad de México. Hijo de Chafik Secín Yunes e Yvonne Diep Yunes ambos hijos de inmigrantes libaneses. Siguiendo la escuela de su padre, Chafik (QEPD), médico y el incansable apoyo de su madre Yvonne, destacó desde temprana edad dentro de la comunidad Lasallista por sus altas calificaciones y en el Examen Profesional recibió "Mención Especial"

En 1975 conoce a Josefina, inician una relación que años más tarde culminaría en matrimonio. Cursan juntos la Especialidad de Psiquiatría y la Maestría en Psicoterapia. Procrearon un hijo: Rashid. El destino dio un giro inesperado a su vida; siendo las 7:19 de la mañana del 19 de septiembre de 1985 quedaron los tres sepultados en escombros por el terremoto de la Ciudad de México. Josefina y Rashid partieron para no volver. Fue rescatado horas después por su hermano Germán y su suegro Ramón Ulacia.

Fueron tiempos muy dolorosos y difíciles, tuvo que lidiar con su ausencia y atender los problemas de salud que dejó el terremoto. Gracias al cariño y apoyo de su familia:

Yvonne, German, Karla, Lorena, Lorena Sa, Felipe Guaida, Carlos Salome; sus amigos: Eusebio Rubio, Carlos León, Mary Rubio; sus suegros: Ramón y Fina; así como de sus pacientes logró volver a "vivir". Meses más tarde vuelve a su trabajo en el Instituto Nacional de Cardiología y a su consultorio, le esperaban sus compañeros y sus pacientes lo que fue gran motivación. Carolina su actual esposa le da inyección de ánimo, procrean a Arturo y Sofía que son motores centrales de su vida.

En el terreno profesional el Dr. Secín ha sido un apasionado de la medicina, consideró que la especialidad necesitaba médicos que estuvieran dispuestos a investigar, a lidiar con el tabú que existe en torno a ese campo de la medicina, a re-humanizar el ejercicio de la práctica médica cotidiana. Ve que muchos colegas psiquiatras estaban alejados de la medicina. Al encontrarse con la Psiquiatría de Enlace descubre la forma de ejercer la psiquiatría "a partir" y "dentro" de la medicina. Desde 1986 a la fecha ha tenido como meta el acercar a la psiquiatría a la medicina, mediante la práctica de la psiquiatría en hospitales generales. En 1996 en conjunto con Javier Sepúlveda Amor echan a andar el primer Curso de Posgrado para Especialistas " Alta Especialidad Psiquiatría de Hospital General" dentro del Hospital Ángeles Pedregal, avalado por la Universidad La Salle. Se han graduado más de 60 psiquiatras que ejercen en Instituciones Públicas tales como el Instituto Nacional de Ciencias Médicas y Nutrición, Instituto Nacional de Pediatría, Instituto Nacional de Cancerología. El trabajo en éste campo de la medicina, ha convertido al Dr. Secín en líder en el campo. Ha dictado conferencias magistrales en Buenos Aires, Argentina; Quito, Ecuador; Bogotá, Colombia. Ha participado en congreso Internacionales en Norte América, Japón y República Checa. Tiene más de una docena de publicaciones tanto en libros como revistas nacionales e internacionales.

Ha sido tutor de numerosas tesis de investigación en el campo de la Psiquiatría de Hospital General. Pertenece a distinguidas asociaciones médicas nacionales e internacionales como la Asociación Psiquiátrica Americana (APA), Asociación Psiquiátrica Mexicana, Sociedad Médica del Hospital Ángeles Pedregal. Ha ocupado diversos cargos en la Asociación Psiquiátrica Mexicana, participado en comités científicos en varias ocasiones. Fue jefe del servicio de Psiquiatría del Instituto Nacional de Enfermedades Respiratorias y del Instituto Nacional de cardiología de la Ciudad de México; actualmente es Jefe de Posgrado de la Facultad Mexicana de Medicina de la Universidad La Salle y es el Presidente Fundador de la Academia Mexicana de Psiquiatría de Enlace y Medicina Psicosomática.

¿Cómo decidió hacerse psiquiatra? Al descubrir a la psiquiatría durante la carrera de medicina en la clase con Mariano Barragán, recién llegado de los Estados Unidos de Norteamérica, entrenado por Jay Haley y Salvador Minuchin, me pareció apasionante poder entender la conducta humana y poder ayudar a pacientes con una perspectiva muy moderna y dinámica.

¿Cuáles han sido sus principales fuentes de inspiración? Mis maestros Mariano Barragán, Alfredo Castillo, Javier Sepúlveda, mis pacientes, mis alumnos y mi familia.

¿De qué se siente más orgulloso? De haber creado la escuela de Psiquiatría de Enlace en la República Mexicana y ver como los alumnos se han colocado en las principales instituciones de salud en los servicios de psiquiatría.

¿Qué significa ser hispano o latino para usted? Ser sensible, apasionado, soñador.

¿Qué le aconsejaría a un estudiante o residente hispano o latino que acabe de comenzar su carrera? Que nunca deje sonar, para que ello sea le motor de proyectos novedosos. El estudio permanente y que cuide de su vida personal para que ello le permita florecer profesionalmente.

¿Díganos algo importante que haya aprendido de trabajar con pacientes hispanos y latinos? Son personas especialmente sensibles, donde la familia sigue siendo central en sus vidas.

¿Qué papel (positivo o negativo) ha jugado en su carrera el hecho de ser hispano o latino? No frenarme ante obstáculos se vuelven un reto.

¿Qué futuro le augura a la psiquiatría hispana? Pienso serán los líderes en la psiquiatría

¿Cuál ha sido el mayor obstáculo de su carrera y cómo consiguió superarlo? Lidiar con la mediocridad de muchos psiquiatras, maestros o administrativos, que solo frenan por incompetencia o envidia los procesos creativos.

¿Cuál es en su opinión el mayor reto de la psiquiatría? Ser aceptada por los médicos como esencial en su práctica cotidiana, dejar de verla como ajena, con temor y recelo.

¿Cuáles son los cambios más necesarios en la psiquiatría? Investigación de alta calidad, Tener más psiquiatras con PhD que enriquezcan el conocimiento mediante investigación de alto nivel. Retomar la práctica de la psicoterapia que ha sido desacredita por la psiquiatría general y es una herramienta fundamental de trabajo cotidiano del psiquiatra. Trabajar en eliminar el estigma de la psiquiatría que priva en la sociedad, mediante educación y un ejercicio del psiquiatra impecable.

QUIJOTES DE LA PSIQUIATRIA

EDÍTH MIRTA SERFATY

Nació en Buenos Aires, Argentina, hija de padres argentinos, hogar de clase media, trabajo desde los 16 años. Estudio Medicina en la Universidad Nacional de Buenos Aires, (UBA), obteniendo el título de Medica a los 23 años. Luego fue pasante en el Hospital Italiano, y fue médica del Hospital Braulio Moyano de Buenos Aires durante 10 años, efectuó la carrera de Postgrado en Psiquiatría y el Doctorado en Ciencias Médicas, (UBA). Revalido el título de Medica en Madrid, España 1979 Nivel avanzado en Idiomas inglés y francés. Durante ese tiempo, contrajo matrimonio con el Dr Carlos Pereyra y tuvo dos hijos Este matrimonio se prolongó por 35 años, hasta el fallecimiento prematuro de el a 61 años.

Adscripta al Instituto de Investigaciones Epidemiológicas, Academia Nacional de Medicina desde 1990 a 2020 Coordino investigaciones en: Epidemiología en Salud Mental, Depresión, factores de riesgo y protección en población general (8000 varones Argentina) en Adolescencia en población del Instituto del Menor, Adolescente y Familia, en el tema de conducta suicida y en consumo de tabaco, alcohol y drogas en jóvenes, Patología dual en adicciones, Ideas y conducta suicida: factores de protección y de riesgo. Violencia y su asociación con el consumo de alcohol y drogas. Prevalencia de Desordenes de salud mental en Guardia de Hospital General Polivalente, Análisis de la Mortalidad por causas violentas prevenibles Argentina 1991-2000 y 2001-2010 (datos Ministerio de Salud).

QUIJOTES DE LA PSIQUIATRIA

Realizo cursos de perfeccionamiento en Michigan, Bristol, Madrid y Estados Unidos Tuvo actividad docente permanente en Universidad de Buenos Aires y en Universidades del interior y exterior, así como en la Academia de Medicina. Profesora Titular de Metodología de la Investigación desde 2013 en carrera de formación de Psiquiatras (APSA) Participo en la elaboración, en el Ministerio de Salud, en Planes de Prevención del Suicidio y Creación de Servicios de Atención de Adolescentes en las ciudades más pobladas de Argentina. Fué Secretaria de la Sociedad Argentina de Medicina del Adolescente, Asociación Medica Argentina 1991-2010, realizando cursos de formación de post grado. Participación en la Investigación sobre Prevalencia de Desordenes en Salud Mental en Argentina 2017, de UBA conjuntamente con Universidad de Harvard y Instituto de México Realizo capítulos en varios libros de Psiquiatría y de Pediatría de Argentina, Perú y Chile y publico un libro sobre Adolescencia Participa en sociedades Nacionales e internacionales ,Miembro World Federation of Biological Societies, del Colegio Internacional de Neuropsicofarmacología, de la Federación Internacional de Epidemiología Psiquiátrica y de la Asociación de Profesionales Hispano Parlantes de la Asociación Americana de Psiquiatría. Recibió 8 premios Nacionales, y una mención de Mujer destacada en Psiquiatría en Argentina, por sus estudios en Epidemiología en Salud Mental y en Adolescencia. Investigadora Principal en Investigación Clínica desde 2008 a la actualidad. Participo en Congresos Nacionales y Extranjeros Publico más de 100 artículos en revistas nacionales y extranjeras. Sus objetivos en la vida estuvieron sostenidos por dos pilares: Uno familiar estable y armonioso y otro profesional, un esfuerzo constante de superación y perfeccionamiento en el campo de la Psiquiatría.

¿Cómo decidió hacerse psiquiatra? Desde la adolescencia temprana sintió una vocación por la Medicina, y en especial hacia la Salud Mental, con curiosidad sobre porque se producían las enfermedades mentales, que conocía a través de relatos del padre de una compañera, que era entonces Director del Hospital Borda de Buenos Aires. Cursando el 4 ano de Medicina conoció a Carlos Pereyra, hijo del Prof Carlos Pereyra, autor de libros de estudio en Argentina: Semiología y Psicopatología de los procesos de la esfera intelectual, Esquizofrenia (que le valió en Premio Nacional de Medicina), Parafrenias, y Demencias: diagnostico diferencial. Algunos de ellos se siguen utilizando en la carrera de Medicina y en la especialidad de Psiquiatría, así como en la carrera de Psicología. Este encuentro acentuó mi interés por la Psiquiatra y nuestro noviazgo y posterior casamiento aún más. Se efectuaban reuniones frecuentes de profesionales de la Psiquiatra en la casa, sobre actualizaciones y discusiones sobre las novedades en la especialidad.

¿Cuáles han sido sus principales fuentes de inspiración? Las principales fuentes de Inspiración fueron los trabajos, libros y clases dictadas por los Prof Carlos Pereyra, y las conversaciones y reuniones profesionales cotidianas sobre la psicopatología en mi hogar. Los trabajos y clases del Prof. Jose Luis Ayuso, así como su participación en la formación de profesionales en Psiquiatría en todos los países de Latinoamérica, fueron una motivación de superación permanente. El apoyo y enseñanzas sobre la Psicofarmacologíaía del Prof Brian Leonard, fueron también fuente de inspiración, las clases y conversaciones en el Hospital Santa Anne con el Prof Pier Pichot, las enseñanzas y visitas a nuestro país del incansable Prof Norman Sartorius, las clases de los Profesores Ronald Kessler Eric Kandel, D. Meltzer, Benamin Spock, Nora Volkow, M Oquendo, Duncan Pedersen, entre otros distinguidos profesores e investigadores.

¿De qué se siente más orgulloso? Fueron su orgullo los trabajos epidemiológicos, pioneros en su momento en Argentina, sobre Depresión, Trastorno Bipolar, Conducta Suicida, Trastornos de salud mental, Validación de instrumentos de medición, Consumo de Tabaco, Alcohol y Drogas, estudios sobre patología dual. en el Instituto de Investigaciones Epidemiológicas de la Academia Nacional de Medicina de Buenos Aire, y otras Instituciones Nacionales. Ocho de estas investigaciones merecieron Premios Nacionales. Mi orgullo es haber contribuido a la psiquiatría y abrir el camino de la investigación epidemiológica en grandes poblaciones.

¿Qué significa ser hhispano o latino para usted? Ser hispano o latino significa que la lengua madre es el español, desciendo de la comunidad española. Significa pertenecer a un grupo social que tiene de común el idioma y la historia española. La afectividad y solidaridad son valores de primer orden, donde la familia y la integración social son prioritarios.

¿Qué le aconsejaría a un estudiante o residentee hispano o latino que acabe de comenzar su carrera? le aconsejaría profundizar en la observación y semiología, evitar los prejuicios culturales sobre la enfermedad mental, a evitar el estigma, realizar muchos trabajos prácticos e integrar grupos de estudio, de ser interdisciplinarios aún mejor. Que tenga un contacto con la clínica médica, la neurología, y otras especialidades. Le aconsejaría que intercambie conocimientos con otras profesiones antropología, filosofía, psicología, sociología, Le diría que se sienta orgulloso de nuestra procedencia e idioma y que estreche contactos con otros hispanos, que siempre nos van a enriquecer, tales las comunidades Colombiana, Ecuatoriana, Mexicana, Peruana, Boliviana, Uruguaya chilena y Argentina, así como de Nuestro vecino país Brasil, aunque no es hispanoparlante.

¿Díganos algo importante que haya aprendido de trabajar con pacientes hispanos y latinos? De mi experiencia de trabajar con pacientes latinos aprendí que es muy importante saber escucharlos, tener en cuenta la historia familiar de salud y de enfermedad, así como analizar el contexto familiar en el cual se presenta el desorden mental. La familia resulto de vital importancia para poder ayudar estos pacientes, haciendo que, hacer participen activamente en el proceso de diagnóstico y tratamiento.

¿Qué papel (positivo o negativo) ha jugado en su carrera el hecho de ser hispano o latino? El ser latino ha jugado un papel positivo, al ser invitado a participar, en ese carácter, en congresos, cursos, etc. de diversos países del mundo, tanto de América del Norte, América Central y del Sur La opinión de los profesionales que atienden pacientes latinos, son de interés en la comunidad internacional, y que los latinos forman parte de esas sociedades. Siempre sentí que la comunidad científica internacional estaba interesada en el pensamiento de los profesionales hispanos, así como en aspectos de la presentación de los desórdenes mentales en nuestra comunidad. Dentro de Latinoamérica colaboro en la fundación del Colegio Latinoamericano de Psicofarmacogíaía, así como el de Psiquiatría Biológica. Siempre promovió la formación de nuevos especialistas en Salud Mental. Intervino en la fundación de las Asociaciones de Psiquiatras Argentinos. En Latinoamérica, fomento el intercambio de conocimientos y realización de cursos.En los comienzos del desempeño profesional internacional fue un factor negativo, que sirvió de impulso para mejorarlo, el dominio del idioma inglés, ya que todos los congresos y reuniones se realizaban en ese idioma, entonces fue una rutina la practica permanente del mismo.

¿Qué futuro le augura a la psiquiatría hispana? A la Psiquiatría Hispana le auguro un futuro promisorio y de logros. También con permanentes esfuerzos para actualizar los conocimientos, sostener y afianzar el lugar que ha conseguido a nivel internacional, fomentando la formación de jóvenes profesionales en esta área.

¿Cuál ha sido el mayor obstáculo de su carrera y cómo consiguió superarlo? El mayor obstáculo de la carrera fue el factor económico, que lo obligo a trabajar en forma paralela y permanentemente para lograr obtener el título de médico, pudiendo lograrlo en 6 años.

¿Cuál es en su opinión el mayor reto de la psiquiatría? El mayor reto de la psiquiatría es la actualización e investigación en temas como marcadores biológicos, neuroendocrinos, inmunitarios, y tratamientos cada vez más efectivos para desordenes psicopatológicos.

¿Cuáles son los cambios más necesarios en la psiquiatría? Cambios necesarios en la Psiquiatría actual: integrarse a otras especialidades médicas y que las mismas tengan más presente a la psiquiatría como una especialidad necesaria, no estigmatizante y que ayude a resolver temas de otros desordenes clínicos. Tender a lograr un trabajo conjunto y paralelo en la atención de los pacientes, en todas las patologías médicas. Promover aún más en Psiquiatría la investigación clínica y farmacológica a fin de obtener óptimos resultados en los tratamientos actuales. Sensibilizar a las autoridades de Salud Pública a fin de lograr incrementar la cantidad y calidad de centros de atención en la especialidad, urbanos y periféricos.

QUIJOTES DE LA PSIQUIATRIA

PILAR SIERRA

Nací en Zaragoza. Pese a no contar con antecedentes de familiares médicos, podría decirse que desde siempre tuve claro que quería ejercer la medicina. En el año 1996 me licencié en Medicina y Cirugía en la Universidad de Zaragoza. Algo similar me sucedió con la especialidad, tras cursar las asignaturas de psicología y psiquiatría en la facultad, tampoco dudé en que en el futuro sería psiquiatra. Ante la ausencia de plazas en mi ciudad natal, me trasladé a Valencia para realizar la especialidad, que llevé a cabo en el Hospital Universitario y Politécnico la Fe durante los años 1997-2001. Diversas circunstancias de la vida hicieron que desde entonces siga residiendo en Valencia, la más importante sin duda, el matrimonio también con un médico y los dos hijos, que nacieron posteriormente.

Añoro enormemente la ciudad donde crecí y sobre todo a mi familia de origen, pero los viajes frecuentes contribuyen a minimizar dicha añoranza. Desde el punto de vista clínico, tras finalizar la residencia me interesé especialmente por las enfermedades afectivas. Un momento decisivo en mi futura subespecialidad fue un rotatorio en el Hospital Clínico de Barcelona, que por aquel entonces empezaba a perfilarse como un centro de referencia a nivel nacional y posteriormente internacional en Trastorno Bipolar. Al mismo tiempo, empecé a realizar mi Tesis Doctoral sobre la influencia de los acontecimientos vitales estresantes en la depresión. Con este tema obtuve el Título de Doctor en Medicina por la Universidad de Valencia en el año 2007.

QUIJOTES DE LA PSIQUIATRIA

A nivel clínico, tras dos años ejerciendo psiquiatría general, tuve la oportunidad de volver al Hospital Universitario La Fe a un proyecto muy ilusionante, una Unidad de Referencia para el Tratamiento del Trastorno Bipolar. Ese fue uno de los momentos más importantes y felices de mi vida profesional, puesto que pude dedicarme de forma especializada a la patología que me había interesado desde los primeros años de residencia. Actualmente soy Coordinadora de dicha Unidad. Nuestro programa integra la asistencia al paciente con trastorno bipolar, con la psicoeducación y la investigación.

Otro momento importante a nivel profesional tuvo lugar en el año 2010, cuando obtuve una plaza como Profesor Asociado de la Universidad de Valencia. Sin duda, alternar la asistencia clínica con la docencia, formando parte de la Universidad y colaborando en la enseñanza de la enfermedad mental a futuros médicos, ha sido un estímulo y un motor durante estos años.

Mi interés investigador se ha centrado en el terreno de los trastornos afectivos. He publicado artículos sobre diferentes aspectos del trastorno bipolar (funcionalidad y calidad de vida, nuevas tecnologías o neurocognición entre otros) en revistas científicas nacionales e internacionales. He participado en varios proyectos de investigación, entre ellos la construcción de un modelo de estadiaje en el trastorno bipolar. Soy coautora y coordinadora de varios libros y monografías y colaboradora en numerosos capítulos. Por otro lado, realizo aportaciones científicas en congresos y reuniones de la especialidad mediante simposios específicos e imparto cursos y seminarios sobre temas relacionados con la psiquiatría en colaboración con la Universidad de Valencia. En el momento actual soy Investigador Principal del Grupo de Investigación en Salud Mental del Instituto de Investigación La Fe.

¿Cómo decidió hacerse psiquiatra? Como ya he señalado, el germen de la psiquiatría estuvo siempre presente desde el momento en que decidí hacer Medicina, sin que pueda identificar un momento concreto. Siempre me maravilló el estudio de la mente y el substrato que subyacía a las enfermedades mentales, especialmente a las oscilaciones anímicas. Además, la lectura de obras como "Las esquizofrenias" de Antonio Colodrón o "El delirio un error necesario" de Carlos García del Pino, confirmaron mi pasión por la psiquiatría y contribuyeron a que no surgiera en mí, ni la más mínima duda.

¿Cuáles han sido sus principales fuentes de inspiración? A nivel teórico, mi principal referencia ha sido Emil Kraepelin. Desde siempre he admirado su acercamiento a la psiquiatría científica, su capacidad para observar los cuadros clínicos, el detalle por el conocimiento del curso de la enfermedad, sus descripciones tan minuciosas de la psicopatología. Considero que la psiquiatría, no debe perder el interés por la observación clínica o por la elaboración de historias clínicas que incluyan descripciones psicopatológicas precisas. He de nombrar también al Dr Lorenzo Livianos Aldana, Catedrático de Psiquiatría de la Universidad de Valencia. Psiquiatra de gran tesón e iniciativa en nuestra Comunidad que siempre ha constituido una guía y apoyo en todos los momentos de mi vida profesional.

¿De qué se siente más orgulloso? A nivel profesional estoy especialmente orgullosa de la integración en mi vida diaria de las tareas asistenciales, docentes e investigadoras. El programa que llevamos a cabo en la Unidad de Trastornos Bipolares aúna dichas funciones, esto contribuye a que la labor diaria resulte estimulante. Considero que es fundamental mantener siempre esta triple orientación. Por una parte, establecer una

labor asistencial cercana y empática con el paciente, siempre contando con el sustrato del conocimiento y la actualización científica que viene potenciado por el interés investigador. Del mismo modo la participación en la docencia de futuros médicos y psiquiatras resulta enriquecedor y supone un estímulo para mantener la ilusión a lo largo de los años.

¿Qué significa ser hispano o latino para usted? Ser hispano significa formar parte de una comunidad unida y con inquietudes a la hora de avanzar tanto desde el punto de vista personal como laboral. A la vez, significa afán por mejorar y por conseguir nuevas metas, tal y como está demostrando la evolución que se está viviendo en la medicina latina en los últimos años a nivel científico.

¿Qué le aconsejaría a un estudiante o residente hispano o latino que acabe de comenzar su carrera? Le aconsejaría que luchara por ser un buen profesional tanto a nivel clínico, conociendo profundamente la biología de la enfermedad mental y fomentando la empatía y trato con el paciente, como a nivel docente, siendo capaz de transmitir conocimientos e ilusión tanto a estudiantes como a otros residentes. Lo animaría también a ser inquieto desde el punto de vista investigador, a formularse preguntas, evitando actitudes estáticas y conservadoras. Considero que nuestra especialidad es diversa y enriquecedora y nosotros debemos colaborar también a cuidarla, defenderla y hacerla avanzar.

QUIJOTES DE LA PSIQUIATRIA

¿Díganos algo importante que haya aprendido de trabajar con pacientes hispanos y latinos? Entre otras cosas, he aprendido la necesidad e importancia de adaptarse a una población con mayor heterogeneidad y diversidad sociocultural. Este hecho resulta tremendamente interesante y estimulante en la práctica clínica diaria. Por otro lado, los pacientes hispanos tienen un fuerte sentido de pertenencia a su grupo y a su vez, la colaboración en la terapia suele ser alta, esta circunstancia hace que la asistencia clínica diaria con pacientes latinos sea gratificante.

¿Qué papel (positivo o negativo) ha jugado en su carrera el hecho de ser hispano o latino? En mi opinión, ha sido más positivo que negativo. Considero que me ha aportado una mayor flexibilidad y capacidad a la hora de tratar a pacientes con similitudes culturales y con una lengua común.

¿Qué futuro le augura a la psiquiatría hispana? Basándome en la evolución a lo largo de los últimos años, soy optimista en cuanto al futuro de la psiquiatría hispana. Recordando mis años de residencia, la psiquiatría latinoamericana tenía un papel mucho menos preponderante que en el día de hoy en cuanto a publicaciones médicas, organización de cursos y congresos de interés… en este sentido, se ha avanzado y se está consiguiendo mantener un nivel que permite ser optimista. Algunos hechos relevantes han sido la apertura de la psiquiatría latina a otras corrientes, la creación de cátedras, la sucesión de interesantes contribuciones desde el punto de vista científico entre otros avances, todo ello ha dado lugar al reconocimiento de su calidad y prometedor futuro en el resto del mundo.

¿Cuál ha sido el mayor obstáculo de su carrera y cómo consiguió superarlo? La posibilidad de subespecializarse en el campo de los trastornos afectivos constituía una gran ilusión y a la vez un reto. Fue por ello, por lo que desde los primeros años de residencia inicié un trabajo de fondo con la elección del tema de la Tesis Doctoral, asistencia, participación y organización de cursos específicos, publicaciones y, en definitiva, un esfuerzo que finalmente tuvo su recompensa, al permitirme acabar coordinando una Unidad de Referencia para el tratamiento del trastorno bipolar. En conclusión, es importante animar a los futuros psiquiatras porque los obstáculos que puedan ir surgiendo a lo largo de la carrera, se pueden ir superando con esfuerzo poco a poco y por supuesto, manteniendo la ilusión y actitud positiva.

¿Cuál es en su opinión el mayor reto de la psiquiatría? La psiquiatría se tiene que enfrentar a grandes retos a corto-medio plazo. Dentro de ellos,

los de mayor calado a nivel social son reducir el estigma que rodea a la enfermedad mental, integrando al paciente en la sociedad y a la vez luchando contra el propio autoestigma. Por otro lado, la implantación de estrategias de prevención del suicidio que resulten realmente eficaces también es fundamental en los próximos años.

¿Cuáles son los cambios más necesarios en la psiquiatría? La psiquiatría contemporánea ha de estar en guardia y avanzar para situarse a la altura de otras especialidades médicas. Se debe apostar por la psiquiatría de precisión o personalizada, es importante ser persistentes en la búsqueda de biomarcadores de diagnóstico y pronóstico que favorezcan el estadiaje y el desarrollo de tratamientos personalizados. De este modo, es importante potenciar y desarrollar estudios genéticos y socioambientales. Por otro lado, el desarrollo de programas de detección y actuación preventiva de primeros episodios también es un reto para los próximos años. Todo ello va a requerir políticas de inversión económica y la concienciación de los gobiernos de la importancia de la Salud Mental en la sociedad actual.

Es tan ligera la lengua como el pensamiento, que, si son malas las preñeces de los pensamientos, las empeoran los partos de la lengua

Don Quijote de la Mancha

QUIJOTES DE LA PSIQUIATRIA

HERNÁN SILVA

Nació en la ciudad de Rancagua, , el 1 de Julio de 1949. Estudió en el Instituto Nacional, en Santiago de Chile. Cursó la carrera de Medicina en la Pontificia Universidad Católica de Chile, obteniendo el título de Médico Cirujano en 1975. Obtuvo la Beca de Psiquiatría de la Pontificia Universidad Católica de Chile, la que realizó entre1976 y 1979 en el Departamento de Psiquiatría y Salud Mental, Facultad de Medicina, División Norte, Universidad de Chile, con el Profesor Armando Roa. Luego obtuvo la Beca de Perfeccionamiento de Postgrado en Psiquiatría del Instituto de Cooperación Iberoamericana, la que realizó entre1979 y 1980 en el Departamento de Psiquiatría y Psicología Médica de la Universidad Complutense de Madrid, a cargo del Profesor Francisco Alonso-Fernández. Posteriormente continúa su carrera académica en el Departamento de Psiquiatría y Salud Mental, Facultad de Medicina, División Norte, Universidad de Chile, alcanzando el grado de Profesor Titular en 1998. Fue Director del Departamento de Psiquiatría, División Norte, Universidad de Chile, entre 1993 y 2002. Editor de la Revista de Psiquiatría Clínica entre 1977 y 1979. Editor de la Revista Chilena de Neuro-Psiquiatría entre 1998 y 2002.

Ha sido parte del comité editorial de diversas revistas científicas tales como Acta Psiquiátrica y Psicológica de América Latina, World Journal of Biological Psychiatry y Asia-Pacific Psychiatry. Fue uno de los fundadores de la Sociedad Chilena de Psiquiatría Biológica. Ha trabajado en investigación, ganando diversos proyectos del Fondo de Investigación en Ciencia y

QUIJOTES DE LA PSIQUIATRIA

Tecnología (FONDECYT) y es Investigador Principal del Biomedical Neuroscience Institute (BNI) de la Iniciativa Científica Milenio. Es docente del Magister en Neurociencias y del Programa de Doctorado en Ciencias Médicas de la Facultad de Medicina de la Universidad de Chile. Sus líneas principales de investigación son el estudio de los trastornos psicóticos y la esquizofrenia y de los trastornos de personalidad desde el punto de vista genético y molecular. Asimismo ha investigado en los temas de farmacogenómica y etnopsiquiatría. Es autor de 14 libros, 57 capítulos de libros, y de 175artículos en revistas nacionales y . Conferencista invitado en diversos simposios y congresos internacionales. Reconocido en 2011 como Maestro dela Psiquiatría Chilena por la Sociedad de Neurología, Psiquiatría y Neurocirugía (SONEPSYN).

¿Cómo decidió hacerse psiquiatra?Al terminar la carrera de Medicina mi inclinación inicial era hacia la Neurocirugía, ya que poseía habilidades quirúrgicas y me atraía la complejidad e importancia del sistema nervioso en el ser humano. No obstante, terminé decidiéndome por la Psiquiatría, al advertir que se trataba de la especialidad médica en la que se establecía un vínculo personal mucho más estrecho con la persona enferma. Asimismo mis intereses humanísticos, especialmente por la literatura y la filosofía, eran mucho más compatibles con una especialidad que buscaba integrar los aspectos biológicos, psicológicos, e incluso espirituales en su práctica.

¿Cuáles han sido sus principales fuentes de inspiración? Mis profesores. Entre ellos Armando Roa, quien nos enseñó una clínica y una psicopatología muy refinadas, basadas en la fenomenología de Karl Jaspers y de Kurt Schneider. A ellos se agrega el aporte de la escuela alemana de Psiquiatría Existencial inspirada en la obra de Heidegger y de la escuela francesa, representada por Henry Ey. Durante mi estadía en Madrid, en la Cátedra de Francisco Alonso Fernández, tuve el privilegio de poder asistir a las clases y conferencias de las principales figuras de la psiquiatría europea, como Hubertus Tellenbach y Carlos Castilla del Pino, por mencionar a algunos. Asimismo pude apreciar el incipiente auge de la psiquiatría norteamericana, en los momentos en los que se publicaba el DSM-III, el que significó una verdadera revolución en la nosología psiquiátrica. El surgimiento de la moderna psicofarmacología y de la psiquiatría de orientación biológica fue una gran fuente de inspiración en mi carrera académica. Otra fuente de inspiración fue el conocer personalmente a Víctor Frankl, estudiar su obra y poder apreciar el valor fundamental de la dimensión espiritual en la vida humana.

QUIJOTES DE LA PSIQUIATRIA

¿De qué se siente más orgulloso? De haber podido contribuir a la formación de nuevas generaciones de psiquiatras con una buena formación psicopatológica y en neurociencias, quienes están a su vez contribuyendo activamente en la docencia, la investigación y la práctica clínica a mejorar el nivel de la psiquiatría actual.

¿Qué significa ser hispano o latino para usted? El ser latino me confiere una identidad, una visión del mundo diferente, que me permite integrar los aportes de la psiquiatría norteamericana y europea y apreciar la diversidad cultural del ser humano.

¿Qué le aconsejaría a un estudiante o residente hispano o latino que acabe de comenzar su carrera? Que se esfuerce en alcanzar una formación lo más avanzada posible en la psiquiatría fundada en las neurociencias, pero sin dejar de lado una buena formación en psicopatología. Que valore positivamente el hecho de ser hispano o latino, por cuanto le permite tener una visión más amplia e integrada de la especialidad en un mundo globalizado, en el que la diversidad es un aporte.

¿Díganos algo importante que haya aprendido de trabajar con pacientes hispanos y latinos? Valorar la importancia de la cultura y la visión del mundo de estos pacientes. Ello es fundamental para poder hacer los diagnósticos correctos, pudiendo distinguir adecuadamente lo que son manifestaciones psicopatológicas anormales de las creencias culturales, que a veces pueden prestarse a confusión. Desde ese punto de vista, el conocimiento de su cultura permite una mejor labor clínica. Asimismo permite tener en cuenta las diferencias con otras poblaciones en cuanto a la respuesta a los medicamentos, las que tienen que ver con la metabolización de los fármacos, los hábitos alimentarios, etcétera. Ese hecho nos ha inspirado para hacer investigaciones en farmacogenómica y a tratar de aportar conocimiento a la etnopsiquiatría, disciplina orientada a estudiar las diferencias étnicas en la forma de manifestarse los trastornos psiquiátricos y en la respuesta a los tratamientos.

¿Qué papel (positivo o negativo) ha jugado en su carrera el hecho de ser hispano o latino? El hecho de ser latino tiene tanto aspectos positivos como negativos. De algún modo el centro de desarrollo de la Psiquiatría en la primera mitad del siglo pasado se encontraba en Europa, en particular en Francia y luego en Alemania. Luego cobró prominencia la psiquiatría norteamericana, de modo que Latinoamérica fue quedando en un lugar secundario. No obstante, el ser latinoamericano ha tenido la ventaja de poder conocer e integrar ambas visiones. Es así como nos hemos formado en una tradición clínica y psicopatológica refinada de raigambre europea, pero al mismo tiempo hemos incorporado los avances en las neurociencias y la psicofarmacología actuales. Esa visión más integral representa una ventaja que es bueno poder apreciar y valorarla.

¿Qué futuro le augura a la psiquiatría hispana? Los psiquiatras hispanos han ido alcanzando un papel cada vez más relevante en la psiquiatría mundial, como puede apreciarse por ejemplo en el importante papel de la American Society of Hispanic Psychiatry (ASHP). Destacados psiquiatras hispanos desarrollan su labor en las más importantes universidades y centros de investigación en el mundo. Todo indica que la psiquiatría hispana tiene un futuro prometedor y es de esperar que los países latinoamericanos se integren cada vez más en esa dirección.

¿Cuál ha sido el mayor obstáculo de su carrera y cómo consiguió superarlo? Durante mi formación pude ver que la psiquiatría de esa época estaba muy dividida en diferentes escuelas y orientaciones, por ejemplo de tipo fenomenológico, psicoanalítico, conductual o social. Cada escuela tenía su propia visión de la especialidad y excluía a las otras. Asimismo los catedráticos tenían su propia escuela y existía una fuerte rivalidad entre ellas. Eso me impulsó a continuar mi formación en el extranjero y opté por una beca en España. Ello me permitió tener una visión mucho más amplia de la psiquiatría, pude ver como en Europa se daba el mismo fenómeno de la rivalidad entre cátedras y escuelas, pero como la psiquiatría de orientación biológica emergía fuertemente como una corriente que iba más allá de esas divisiones. En ese momento la psiquiatría norteamericana cobraba más importancia con la formulación del DSM- III, inspirado en el trabajo de Robert Spitzer, el grupo de Saint Louis y los neokraepelinianos. A mi regreso a Chile, con un grupo de colegas jóvenes formamos la Sociedad Chilena de Psiquiatría Biológica y establecimos vínculos colaborativos entre diferentes centros, superando gradualmente de ese modo las antiguas divisiones y rivalidades. También participamos activamente en la Sociedad Latinoamericana de Psiquiatría Biológica, estableciendo relaciones con psiquiatras de otros países latinoamericanos y tratando de avanzar hacia una integración entre nuestros países.

¿Cuál es en su opinión el mayor reto de la psiquiatría? Poder incorporar a la clínica los importantes progresos alcanzados por las neurociencias. Por ejemplo pasar de las clasificaciones actuales -basadas en síntomas y signos-, a otras basadas en mecanismos fisiopatológicos, tal como ha ocurrido en el resto de la medicina. Asimismo poder traducir esos avances en tratamientos más eficaces que los actuales. Pero todo ese avance debe realizarse sin perder la visión del ser humano en su totalidad, integrando los aspectos biológicos, psicológicos, sociales e incluso espirituales. De este modo la psiquiatría se pondría al nivel de otras especialidades médicas, pero sin perder su visión integrada del ser humano. Esto es especialmente difícil en una época en la que se tiende a una excesiva sub-especialización de la medicina y a una mirada reduccionista, focalizada en patologías específicas, pero sin una visión integral de la persona enferma.

¿Cuáles son los cambios más necesarios en la psiquiatría? Integrar el creciente conocimiento generado por las neurociencias con la formación en clínica y psicopatología, en el contexto de una formación humanista integral. Asimismo debe focalizarse cada vez más en las etapas precoces de aparición de las primeras manifestaciones de los trastornos psiquiátricos. Las intervenciones terapéuticas precoces pueden modificar el curso evolutivo de dichos trastornos, evitando la aparición de los cuadros clínicos floridos y manifiestos, que sabemos que están asociados a mayor riesgo de cronicidad o de déficits permanentes. También es necesario avanzar más en eliminar el estigma, históricamente asociado a las enfermedades mentales, que aún perdura en la época actual.

CARLOS SORIA

Nació en Buenos Aires. Reside en Villa Carlos Paz, Provincia de Córdoba. Casado con Carolina Remedi comparten vida, profesión y dos hijas, Rocío y Charo María. Graduado en la Universidad Nacional de Córdoba (UNC) (1982), ha obtenido posteriormente los títulos de Especialista en Farmacología Clínica y de Especialista en Psiquiatría. Actividad docente: Inició su actividad docente en la Cátedra de Farmacología Clínica (UNC), con los Prof. Carlos I. Meirovich e Hilda Montrull, quienes le iniciaron en la investigación básica y clínica, pasando a dirigir por diez años Departamento de Psicofarmacología, ingresó a la Cátedra de Clínica Psiquiátrica de la UNC en donde, bajo la tutela del Prof. Exequías Bringas Nuñez contribuyó a la creación del Posgrado de Clínica Psiquiátrica. Ejerció, también, la docencia de pre y posgrado en la Universidad Católica de Córdoba.

En la actualidad se desempeña como Profesor Adjunto de Clínica Psiquiátrica en la Facultad de Ciencias de la Salud de la Universidad Adventista del Plata y como profesor invitado en Posgrados de Psiconeuroinmunoendocrinología (PNIE) y Medina Integrativa en la Universidad Católica del Uruguay, Universidad de Belgrano y UNC. Es director del Curso de Posgrado de Neuropsicofarmacología del Colegio Latinoamericano de Neuropsicofarmacología (CLANP).

Actividad institucional: Fundador y Ex Presidente del Colegio de Neuropsicofarmacología de Córdoba y del Colegio Argentino de Neuropsicofarmacología, fundador y actual Presidente del Colegio Latinoamericano de Neuropsicofarmacología. Fundador de la Asociación

Argentina de Trastornos de Ansiedad. Miembro de la Comisión Directiva de la Asociación Argentina de Psiquiatras (AAP) Presidente de la Fundación Henri Laborit. Organizador y Presidente de cuatro Congresos Internacionales. Disertante y conferencista nacional e internacional.

Menciones honoríficas: Premio a la producción científica (UNC, 1983), Premio a la Trayectoria Docente (Asociación de Psiquiatras de Córdoba, 2008), Premio a la Investigación Clínica (AAP, 2013). Miembro de Honor de la Asociación Ecuatoriana de Psiquiatría, de la Sociedad de Psiquiatría de Santa Cruz (Bolivia), de los Colegios de Neuropsicofarmacología de Cuba, Colombia, Perú, Paraguay y Bolivia. Investigación y publicaciones.

Ha participado como investigador principal en 72 estudios básicos y clínicos, en las áreas de psicofarmacología, depresiones resistentes y PNIE, con publicaciones en revistas nacionales e internacionales y como autor de capítulos en libros de la especialidad. Actividad asistencial: Se desempeña como psicoterapeuta (con formación psicoanalítica acreditada), psicofarmacólogo y psiquiatra clínico en el Centro Henri Laborit de la Ciudad de Córdoba.

¿Cómo decidió a hacerse psiquiatra? Diría que fui "decidido" por la temprana presencia en mi hogar de la enfermedad mental, a lo reparatorio se sumaba un irrefrenable interés por comprender cómo funcionaba mi cerebro, cómo lo hacía el del prójimo y cómo podríamos establecer relaciones armoniosas entre seres tan distintos y a la vez tan similares. Recuerdo, con inevitable melancolía, que nada de lo humano me era extraño, mi entusiasmo por la ciencia y la pasión por la lectura.

¿Cuáles han sido sus principales fuentes de inspiración? Una conferencia que Henri Laborit ofreció en Buenos Aires en 1983. Todo lo que en mí eran intuiciones inconexas, modestas presunciones y arrogantes certezas se diluyó ante su didáctica luminosa. Tenía un rumbo: navegaría en su estela, con las limitaciones de mis dotes y el cerco de mi circunstancia. Comprendí que la nuestra era una disciplina de frontera y que mi obligación era procurar extender esos límites. Por detrás me impulsaban las talmúdicas lecturas de José Ingenieros y Jorge Luis Borges, cuyos destilados me indicaban que un psiquiatra era (o debía ser) la suma del saber humano de su tiempo y que la filosofía y la literatura me acompañarían en la tarea de "ganar otra vez para la vida".

QUIJOTES DE LA PSIQUIATRIA

¿De qué se siente más orgulloso? De que autores cuya obra he admirado hasta el plagio llegaran, con los años, a convertirse en amigos personales, de acceder al trato íntimo y al honor de disertar junto a ellos, allí destaco a Eduardo Kalina, Fernando Lolas, Otto Döerr y Renato Alarcón y en el rango de Maestros a Jorge Nazar y Rodolfo Fahrer, por su amorosa indulgencia y sus paternales correcciones en la vida y en la ciencia.

¿Qué significa ser hispano o latino para usted? Ser habitante -como diría Octavio Paz- de un continente de retóricos y violentos, ciudadano de la región más desigual del planeta. En lo práctico un dispendio de energías para esquivar los riesgos y soportar los males de la perenne inestabilidad económica y los desvaríos del populismo de turno. En lo académico la cotidiana tarea de separar ideología de ciencia.

¿Qué le aconsejaría a un estudiante o residente hispano o latino que acaba de comenzar su carrera? Que bucee en su intimidad para reconocer por qué eligió esta carrera, que sepa que forma parte de una disciplina médica, devota del dato y la evidencia, oficio de ayuda y ciencia aplicada. Que labore por una psiquiatría que procure asentar su práctica sobre bases más científicas y ofrecer, simultáneamente, un rostro más humano. Que comprenda que ejercer en estas latitudes le hará inmune al desaliento y llevará su creatividad a límites extremos. Que se trabaja según se es, por lo que deberá de modo permanente enriquecer y estilizar su propio instrumento y que esta profesión siempre recompensa.

¿Díganos algo importante que haya aprendido de trabajar con pacientes hispanos o latinos? Que en espacios sociales muchas veces tan adversos el micro mundo te preserva, el valor de la familia y los lazos solidarios son entre nosotros muy fuertes y a veces el único refugio sustentable. La presencia de valores y de espiritualidad pueden preservar la barca en tiempos de borrasca.

¿Qué papel (positivo o negativo) ha jugado en su carrera el hecho de ser hispano o latino? Positivo: El que nuestro mayor ingreso provenga de la consulta nos impone asistir muchos pacientes y nos otorga una gran riqueza clínica. "Ninguna otra técnica de orientación vital liga tan fuertemente a la realidad como la acentuación del trabajo" (Sigmund Freud). Mas allá de nuestras filiaciones o progenies de "escuelas", el trato asiduo con el paciente nos vuelve ampliamente eclécticos y tolerantes del saber hacer ajeno. Negativo: Investigamos, en gran medida, con fondos propios. Lo que limita la ambición de nuestras metas y nos hace iniciadores de nuevas rutas de las que solo podemos recorrer pequeños tramos.

¿Qué futuro le augura a la psiquiatría hispana? La globalización del conocimiento ha hecho que ya no haya "países", sino centros dentro de esos países. Solemos destacarnos individualmente, pero nuestras instituciones no progresan. La meritoria tarea de quienes dejando el terruño tienden puentes y puedan, quizás, facilitar los medios organizativos para una producción científica y una participación más activa es hoy una tentadora promesa. Sólo instituciones fuertes, con renovación democrática, podrían asegurar programas de investigación y transferencia de conocimiento. Por último, un peligro y una urgencia: el psiquiatra debería poseer una sólida formación psicoterapéutica. Sin conocer la historia individual, la ecología y el marco social de su paciente es imposible asistirlo. Un mero expendedor de recetas e indicador de estudios, puede ser muchas cosas, pero no será un psiquiatra. En suma: es imposible escindir a nuestra profesión del contexto en donde se ejerce. Nuestra suerte como disciplina permanecerá atada a las realidades socio-económicas de nuestros países. Las felices excepciones no harán aquí la regla. Hace mucho lo aprendimos: no son mejores, solo tienen más medios económicos, estabilidad de reglas y encuadres predecibles. Si el sustento de mañana es mi principal objetivo, todo lo demás es secundario. Sólo cuando el granero está lleno y cubiertas las necesidades del próximo invierno, surgen las condiciones para que nazca la ciencia.

QUIJOTES DE LA PSIQUIATRIA

JUAN STAGNARO

Se graduó como Médico con Diploma de Honor en la Facultad de Medicina de la Universidad de Buenos Aires (UBA) en la que obtuvo, posteriormente, el título de Doctor en Medicina y Médico Universitario Especialista en Psiquiatría.

Tras una fructífera carrera docente alcanzó el rango de Profesor Consulto Titular del Departamento de Psiquiatría y Salud Mental y Jefe de Trabajos Prácticos del Departamento de Humanidades Médicas, Sección Historia de la Medicina, en la misma Facultad de Medicina de la UBA.

Actualmente es también Director del Instituto Superior de Formación de Postgrado de la Asociación de Psiquiatras Argentinos (APSA).

Desarrolló su práctica asistencial como Jefe del Servicio de Hospital de Día en el Hospital Nacional Infanto Juvenil "Dra. Carolina Tobar García" y médico del Hospital "J. T. Borda", ambos de la ciudad de Buenos Aires, y, posteriormente, Médico consultor en el Hospital Central de San Isidro "Dr. Melchor Ángel Posse". Es investigador de proyectos UBACyT y evaluador de proyectos de investigación del Proyecto FONCYT, Agencia Nacional de Promoción Científica y Tecnológica de Argentina en el Área Medicina e Investigador principal por Argentina de la World Mental Health Survey Initiative: OMS/University of Harvard en la que actuó como coordinador del Primer Estudio poblacional epidemiológico en Salud Mental de la República Argentina 2013-2015.

QUIJOTES DE LA PSIQUIATRIA

Recibió los premios Facultad de Medicina a la mejor tesis doctoral del año 2005 y Bienal "Doctor Francisco C. Arrillaga" a la educación médica, años 2006/2008, de la Facultad de Medicina de la UBA; y el Premio "Jean Garrabé", otorgado por el Grupo Latinoamericano de Estudios Transculturales (GLADET). Fue co-fundador de la Red Iberoamericana de Historia de la Psiquiatría y desplegó una prolífica tarea editorial como director de la Colección Clásicos de la Psiquiatría, de la editorial Polemos de Buenos Aires, en la que publicó una de las series más completas en idioma español de los autores clásicos de la especialidad a partir de sus versiones originales en idiomas francés, inglés, alemán e italiano.

Por su actividad vinculada con la relación de la especialidad en Argentina y Francia, en tanto corresponsal y miembro de las redacciones de varias publicaciones científicas de ambos países, fundador y primer presidente de la Asociación Franco-argentina de Psiquiatría y Salud Mental (AFAPSAM), Miembro de la Société Médico- psychologique y de la Société de L'Évolution Psychiatrique de Francia y Director del Centro Franco Argentino de Altos Estudios de la Universidad de Buenos Aires, recibió la condecoración en el grado de Chevalier de l´Ordre des Palmes Académiques de la République Française.

Fue Presidente de la Asociación de Psiquiatras Argentinos (APSA) entre 2008 y 2011, y es Honorary Membership de la World Psychiatric Association (WPA) y de la Asociación Psiquiátrica de América Latina (APAL), de la que fue Secretario General en el periodo 2012/2014. Fundador y Director de Vertex, Revista Argentina de Psiquiatría y co-Director de la revista Temas de Historia de la Psiquiatría Argentina, ha publicado 175 trabajos en congresos y jornadas y en revistas nacionales o internacionales con referato de los cuales 40 están indizados en Pubmed.

¿Cómo decidió hacerse psiquiatra? Mi vocación surgió de la conjunción de mi precoz interés por la medicina y, simultáneamente, por las ciencias humanísticas y sociales. Cuando tuve que elegir mi especialización de postgrado mi búsqueda de una comprensión integral de "lo humano", me condujo, naturalmente, a interesarme en la psiquiatría. Creo también que una genuina inclinación reparatoria del sufrimiento de las personas, que me había orientado a los estudios médicos, se ensambló con esas inquietudes intelectuales para definir mi elección por la especialidad.

¿Cuáles han sido sus principales fuentes de inspiración? La escuela argentina de psiquiatría, particularmente las enseñanzas que dejaron Lucio

Meléndez, Domingo Cabred, Ramón Carrillo, Arturo Ameghino, Mauricio Goldenberg, Enrique Pichon Rivière y Horacio Etchegoyen, así como las enseñanzas dejadas por los grandes autores de la clínica psiquiátrica europea, en particular los de las escuelas francesa y alemana. Asimismo, como mi posición teórica se encuadra en lo que se ha dado en llamar la psiquiatría psicodinámica, tuvieron gran influencia en mi formación y mi práctica las nociones del psicoanálisis freudiano.

¿De qué se siente más orgulloso? En principio de haber sido alumno y docente de la Facultad de Medicina de la Universidad de Buenos Aires. Luego, durante mi formación de postgrado, me siento agradecido de haber podido estar cerca y aprender de maestros como Horacio Etchegoyen, en Argentina, y Charles Brisset y Georges Lanteri Laura, en Francia. Pero también de haber podido contar con colegas y discípulos brillantes que me enseñaron mucho y me alentaron a mejorar. Creo también que una larga práctica profesional en los hospitales públicos de mi país fue la matriz en la que se encarnó mi aprendizaje de la psiquiatría.

¿Qué significa ser hispano o latino para usted? Ser latinoamericano significa pertenecer a una de las grandes vertientes culturales de la humanidad, con la consecuente riqueza que otorga el tener una raíz identitaria de esa envergadura. La comunidad idiomática hispana es un enorme capital humano que no hemos explotado adecuadamente hasta el presente. Esta cualidad otorga una oportunidad inigualable a la circulación de textos, profesionales en formación, actividades docentes, encuentros científicos, trabajo profesional en cualquiera de nuestros países sin trabas idiomáticas.

¿Qué le aconsejaría a un estudiante o residente hispano o latino que acabe de comenzar su carrera? En primer lugar encontrar un equilibrio adecuado entre el estudio teórico y la práctica con sus pacientes. No dejarse fascinar por el último paper, conocer la historia de la psiquiatría y adquirir herramientas epistemológicas para analizar sus nociones a fin de mantener una perspectiva crítica respecto de los conocimientos que se le ofertan y las dimensiones sanitarias, socio-políticas y éticas de su profesión. Otro aspecto, no menos fundamental, es recorrer una experiencia psicoterapéutica personal. Y en paralelo con eso no olvidar el cuidado de su cuerpo y de sus afectos: el ejercicio de la psiquiatría implica riesgos para quien la ejerce; se debe contar siempre con fuentes extra-profesionales de placer y satisfacción para ser un buen psiquiatra, y las mismas demandan tiempo y cuidadosa dedicación. Por ello, junto a ese placer epistemofílico que debe alentar una acendrada inclinación por el estudio de nuestros textos, deben cultivarse también el deporte, el amor, las expresiones artísticas y las inquietudes y los compromisos políticos e ideológicos.

¿Díganos algo importante que haya aprendido de trabajar con pacientes hispanos y latinos? Yo realicé mi práctica profesional principalmente en la Argentina, en una gran ciudad como Buenos Aires, durante algún tiempo en una zona urbano-rural y, durante siete años, en Francia, país adonde estuve cuando en el mío gobernaba una dictadura militar brutal que me obligó a exiliarme. Argentina, es un país con raíces cosmopolitas originadas en la mezcla inicial de los miembros de los pueblos originarios americanos con españoles y africanos -estos últimos traídos como esclavos en los siglos XVII y XVIII- a la que se sumó una fuerte inmigración europea de españoles, italianos, franceses y centroeuropeos, muchos de ellos judíos, a fines del siglo XIX y hasta avanzado el XX, a los que se sumó la constante llegada de ciudadanos de los países vecinos. La característica fundamental de ese abanico étnico ha sido su mezcla y fusión en la que se observan muy pocos rasgos de intolerancia racial en comparación con los que se verifican en otros lugares. Creo que aunque solo puedo contrastar mi práctica con la que realicé en Francia, adonde trabajé con pacientes de esa nacionalidad y emigrantes norafricanos, en Argentina se puede observar una mayor tolerancia hacia los enfermos mentales, mayor solidaridad en el ámbito barrial y mayor continencia en las familias. No es muy común encontrar enfermos mentales entre los homeless, aunque no tenemos estadísticas actuales confiables al respecto y es posible que hayan aumentado últimamente a causa de la crisis económica y de cierta legislación actual sobre salud mental que restringe las internaciones hospitalarias, a la que recurren los más pobres y vulnerables. Otro aspecto a destacar es que Argentina ha desarrollado, sobre todo a partir de la segunda mitad del siglo XX, quizás por una singular penetración del pensamiento psicoanalítico, una cultura muy interesada y permeable a la dimensión subjetiva del ser humano que facilita el abordaje de los fenómenos psíquicos normales y patológicos.

¿Qué papel (positivo o negativo) ha jugado en su carrera el hecho de ser hispano o latino? Lo positivo surge de lo antes mencionado respecto de la matriz cultural, las instituciones formativas y los maestros que tuve. Lo negativo, si puede llamárselo así, es que formarse adecuadamente y producir intelectualmente, ser escuchado y leído en otros lugares, entraña un esfuerzo para lograrlo mayor que el de los colegas que ejercen su práctica en los países llamados del primer mundo. No solamente por la falsa jerarquía que establecen los idiomas en el ámbito científico, sino también porque la globalización contemporánea en estos temas, como en tantos otros, es asimétrica. En efecto, el pensamiento, las investigaciones, las propuestas que surgen en el hemisferio norte corren con la indexación que les otorga la zona dominante de la que provienen y, a favor de cierto colonialismo cultural, modelan el pensamiento y las prácticas en los países periféricos generando formas de trabajo profesional, criterios diagnósticos y abordajes terapéuticos no siempre adaptados a la realidad asistencial local.

¿Qué futuro le augura a la psiquiatría hispana? Muy promisorio y en expansión si se toma en cuenta el crecimiento de la población hispana en los Estados Unidos y, en general, en América Latina. Pero para que nuestra psiquiatría adquiera mayor jerarquía es necesario multiplicar sus publicaciones, lograr mayor penetración de las mismas en otras latitudes y sobre todo desarrollar la investigación centrada en sus problemáticas epidemiológicas, clínicas, nosográficas, terapéuticas y sanitarias específicas, mejorando la red de comunicación entre los psiquiatras de habla hispana y sus organizaciones profesionales y científicas.

¿Cuál ha sido el mayor obstáculo de su carrera y cómo consiguió superarlo? Teniendo en cuenta que ejerzo en un país como la Argentina, sujeto a los avatares políticos y económicos de toda nación en desarrollo, tuve, como le ocurre a la mayoría de mis colegas, que encontrar un equilibrio entre las necesidades económicas para vivir y sostener una familia trabajando como docente y psiquiatra de los hospitales y en mi práctica privada y las exigencias de una carrera académica que ofrece poca o nula retribución a las tareas de docencia e investigación.

¿Cuál es en su opinión el mayor reto de la psiquiatría? Renovar su paradigma encontrando un correcto equilibrio ético y científico entre las investigaciones neurobiológicas, los determinantes sociales y la construcción de subjetividad, es decir, adoptar una posición antropológica, holística, respetuosa de los derechos humanos de los pacientes y sus familias.

¿Cuáles son los cambios más necesarios en la psiquiatría? Creo que, sin desmedro de la utilización de recursos de evaluación objetiva a base de cuestionarios y escalas que aportan su utilidad en la investigación y ciertos niveles del diagnóstico, y de ciertos estudios de neuroimágenes, es necesario un retorno a la clínica, a la evaluación semiológica fina, a la recuperación de una psicopatología que tenga en cuenta, centralmente, la construcción subjetiva y el sentido de las manifestaciones sintomáticas. Las nosografías en boga muestran deficiencias; un ejercicio saludable para mejorarlas ha sido el enfoque centrado en la persona que propone la Guía Latinoamericana de Diagnóstico Psiquiátrico (GLADP VR 2012) editada por la Asociación Psiquiátrica de América Latina (APAL). Otro aspecto es revisar el rol del psiquiatra en los sistemas de managed care que, en su búsqueda de eficiencia y preocupación por los costos, al menos como lo observamos en mi país, deforman y degradan la relación médico-paciente. Por último, debemos impulsar el trabajo multidisciplinario, pero cuidando que el lugar del psiquiatra en los equipos de salud sea respetado en su imprescindible especificidad. También es necesario superar una dicotomía falsa entre el hospital psiquiátrico especializado, transformado en una institución de giro cama breve, lejos del perimido modelo asilar y la atención comunitaria. Ambos son complementarios y aseguran una correcta disponibilidad para una adecuada continuidad terapéutica, sobre todo de los casos psiquiátricos más severos.

Ella pelea en mí y vence en mí, y yo vivo y respiro en ella, y tengo vida y ser

Don Quijote de la Mancha

QUIJOTES DE LA PSIQUIATRIA

MARÍA C. DE TABORDA

María Cristina Aitken de Taborda. Nacida en Bogotá, educada en colegio alemán, cursé estudios de Medicina y especialidad en la Universidad Javeriana, el servicio social obligatorio en hospital psiquiátrico. Casada en la mitad del pregrado con Horacio Taborda Palacio. Madre de cuatro hijos, conté en su crianza con invaluable apoyo familiar. Sin mayor interés en práctica privada ni lo gremial aunque tuve consultorio y llegué a presidenta de la Asociación, adore la docencia clínica, el trabajo en comunidad.

Participé activamente, casi 30 años como docente del empeño de Horacio por crear un Departamento de Psiquiatría, extender lo mental en el currículo de pregrado, crear un posgrado, todo con objetivos de revaluar la importancia de lo psiquiátrico centrado en atención primaria y acorde con necesidades y variaciones culturales del país. Además de crear y supervisar unidades de salud mental en hospitales generales y un Hospital psiquiátrico modelo en Armero.

Como viceministra de salud ayudé a fortalecer la Dirección de Salud Mental, reconfigurar una política de salud mental y apoyar el establecimiento de unidades de salud mental en hospitales regionales. Al morir un hijo, con el duelo que ello supone, dejé de ver pacientes, asumí la dirección del Departamento y con la Asociación Colombiana de Facultades de Medicina busqué concertar currículos menos discordantes con realidades del país.

Finalmente, en la Organización Panamericana de la Salud apoyé la formulación de políticas y planes de salud incluyendo lo mental dentro del modelo de atención primaria en salud. Además realicé, promoví y capacité para atención integral de las numerosas víctimas de emergencias complejas, especialmente de nuestra guerra. Por solicitud del Ministerio, hice parte de un esfuerzo grupal para diseñar una "Política del Campo de la Salud Mental". El deseo de cultivar otros intereses, permanentemente aplazados, determinó mi retiro del ejercicio como psiquiatra.

¿Cómo decidió hacerse psiquiatra? Gusto por el contacto humano y sensibilidad social como rasgos de personalidad. Compatibilidad de su ejercicio con mi rol de madre. figura de identificación de un mentor durante el Servicio Social Obligatorio fundamental en cambio de mi temprana vocación de internista.

¿Cuáles han sido sus principales fuentes de inspiración? Fueron Félix Villamizar, mi mentor durante el servicio social y Horacio Taborda, mi esposo. Una inagotable fuente de inspiración ha sido comprobar que es posible construir modelos asistenciales diferentes y reencontrarme con exalumnos: médicos generales y especialistas no psiquiatras con competencias en psiquiatría básica y psiquiatras demostrando cumplir un papel más amplio al restringido a práctica privada. Compromiso personal muy temprano con la gestión admirable de mi esposo al compartir objetivos en mi principal interés como psiquiatra: lo académico y el desarrollo de profesionales y programas asistenciales acordes con una psiquiatría más al servicio de la medicina y las necesidades en salud mental del país.

¿De qué se siente más orgulloso? Me he sentido orgullosa de los logros del equipo docente del que participé y de mis exalumnos y de haber podido ser figura de identificación para unos hijos maravillosos. Nunca he tenido que adaptarme a un ejercicio profesional en contexto diferente al latino.

¿Qué futuro le augura a la psiquiatría hispana? Promisorio, pero la región necesita de muchos líderes con gran compromiso y capacidad de resiliencia y una alta dosis de inteligencia política que logren implementar al mismo tiempo un cambio en los perfiles profesionales y en los modelos asistenciales.

¿Cuál ha sido el major obstáculo de su carrera y cómo consiguió superarlo? Mi mayor desafío ha sido siempre cumplir con las responsabilidades como madre y profesional, ello me ha demandado sacrificios en otros intereses de mi desarrollo personal.

¿Cuál es en su opinion el mayor reto de la psiquiatría? ¿Cuáles son los cambios más necesarios en la psiquiatría? Posicionarse como una especialidad médica de igual o mayor importancia que las demás especialidades de la Medicina, con claras bases científicas que han ampliado los recursos terapéuticos y hecho posible una atención psiquiátrica integrada en todos los escenarios de los diferentes niveles de complejidad que actualmente hacen la realidad de la atención médica de la población. Buscar que las facultades de Medicina, las agrupaciones gremiales y especialmente los mismos especialistas se comprometan con su responsabilidad para lograr los cambios anteriormente enunciados.

QUIJOTES DE LA PSIQUIATRIA

JORGE TÉLLEZ

Doctor Jorge E. Tellez Vargas. Profesor Titular de Psiquiatría y psicopatología. Universidad El Bosque y Fundación Universitaria de Ciencias de la Salud, Bogotá.

Director Area de Neuropsiquiatría Instituto de Neurociencia Universidad El Bosque, Bogotá. Miembro Internacional de la Asociación Americana de Psiquiatría (APA), del Collegium Internationale Psychopharmacologicum (CINP), de la Internacional Society of Bipolar Disorders (ISBP), de la Internacional Psychogeriatric Association (IPA), del Colegio Europeo de Neuropsicofarmacología (ECNP), de la Asociación Europea de Psiquiatras y de la Red Mundial de Suicidólogos.

Miembro Inaugural de la International Neuropsychiatric Association (INA) Fundador y presidente inaugural de la Asociación Colombiana de Psiquiatría Biológica.Fundador y Director Científico de la Asociación Colombiana contra la Depresión y el Pánico.

¿Cómo decidió hacerse psiquiatra? En el bachillerato tuve una educación con énfasis en el humanismo y en la universidad tuve la oportunidad de valorar los aspectos socioculturales del proceso de enfermar, lo cual me permitió comprender mejor la trilogía bio-psico-social del enfermo y encontré que en la psiquiatría podría emplear a cabalidad este enfoque.

QUIJOTES DE LA PSIQUIATRIA

¿Cuáles han sido sus principales fuentes de inspiración? Sin lugar a dudas, el encuentro con el paciente mental en forma precoz. Sin haber terminado mis estudios médicos tuve la oportunidad de trabajar como médico interno, en la clínica que regentaba el profesor Luis Carlos Taborda. De esta manera, en el contacto directo con los pacientes y en las enseñanzas del profesor Taborda, que me mostró los aspectos clinicos y existenciales de la psiquiatría francesa, liderada en ese entonces por Henri Ey, encontré las razones suficientes para decidirme a ser psiquiatra, con un enfoque clínico, entendiendo la psicopatología como la formación del síntoma, y no solamente como una explicación fenomenológica de las teorías psicoanalíticas.Con el advenimiento de los estudios neurobiológicos pude aunar a este enfoque los nuevos descubrimientos del funcionamiento cerebral y fortalecer el enfoque médico de los mal llamados trastornos mentales.

¿De qué se siente más orgulloso? Indudablemente, me siento muy orgulloso de haber ayudado a muchos enfermos a comprender su padecimiento y a motivarlos para hacer cambios en su estilo de vida para evitar las recaídas, especialmente de los trastornos afectivos.Y de otro lado, de haber fundado la Asociación Colombiana de Psiquiatría Biológica, para promover entre los colegas la integración de los descubrimientos de la neurociencia en el abordaje y tratamiento del paciente, pero evitando llega a un reduccionismo biológico. Esta Asociación organiza cada año, un congreso que es considerado por los colegas colombianos, como el de mayor nivel académico de los organizados en Colombia. También fundé, hace más de 20 años, la Asociación Colombiana contra la Depresion y el pánico, para promover en los pacientes, a través de terapias grupales abiertas y conferencias para ellos y para el público en general, la comprensión de su padecimiento, y lograr un apoyo emocional por parte de sus familiares, que les permitiera superar la discriminación y mantener la adherencia en el tratamiento. Son más de 7 mil los pacientes que hemos ayudado en Bogotá, Medellín, Bucaramanga, Barranquilla y Pereira. Cabe anotar que, en cada una de estas ciudades, los grupos son liderados por un colega psiquiatra, que aceptó nuestra invitación y ha desarrollado esta labor con entusiasmo, compromiso y dedicación, durante estas dos décadas.

¿Cuál ha sido el major obstáculo de su carrera y cómo consiguió superarlo? Sin lugar a dudas, la tendencia al reduccionismo, ya sea desde la biología, las ciencias sociales o las teorías psicologistas. Esta tendencia alejó a la psiquiatría del modelo médico y condenó a nuestros pacientes a la discriminación y al aislamiento. Afortunadamente, con los descubrimientos de la neurociencia sobre el funcionamiento cerebral, se ha comenzado a cerrar esta brecha y a considerar a nuestros enfermos, como pacientes cuyo cerebro pudo haberse enfermado debido a diversas causas (biológicas, sociales, o experiencias traumáticas) y cuyos síntomas que pueden manifestarse como alteraciones en el afecto, el pensamiento o la conducta.

¿Cuál es en su opinión el mayor reto de la psiquiatría? El mayor reto es recuperar la credibilidad de los pacientes, los médicos y población en general, en que el abordaje que hacemos del paciente sigue el modelo médico y que nuestros diagnósticos no son simplemente rotulaciones de síntomas, sino que, por el contrario, los diferentes trastornos tienen una historia natural y nuestro tratamientos, ya sean de tipo biológico o psicológico, pueden alterar el curso clínico de estos padecimientos y recuperar la homeostasis de nuestros enfermos.

¿Cuáles son los cambios más necesarios en la psiquiatría? La Psiquiatría debe continuar en su tarea de humanizar la práctica médica e integrar los aportes de la neurociencia con los conocimientos de las ciencias sociales y las investigaciones psicológicas. Como fruto de esta integración, debe asumir la prevención de los trastornos mentales y asumir un rol más comprometido, para afrontar en nuestro continente, fenómenos como el abuso sexual en niños, que como lo demuestran la evidencia científica produce alteraciones irreparables en el funcionamiento cerebral, que deben ser detectados a tiempo para lograr reformatear esos cerebros y evitar no solamente el sufrimiento psicológico, sino la presentación de síntomas graves, ya sean de tipo afectivo o comportamental. De igual manera, debe interesarse en el diagnóstico precoz y el tratamiento temprano del trastrono bipolar y la esquizofrenia, pero no puede dejar de lado, promover buenas prácticas de salud como la dieta saludable y el ejercicio físico, para mantener el bienestar en niños, adolescentes, adultos y ancianos, para evitar la aparición de patología mental.

QUIJOTES DE LA PSIQUIATRIA

MAURICIO TOHEN

Mauricio Tohen, MD, DrPH, MBA es profesor titular y Jefe del Departamento de Psiquiatría y Ciencias del Comportamiento en el Centro de Ciencias de la Salud de la Universidad de Nuevo México en Albuquerque NM, Estados Unidos.

El Dr. Tohen nació y creció en la Ciudad de México. Obtuvo su título de médico de la Universidad Nacional Autónoma de México y su Doctorado en Salud Pública (Epidemiología) de la Universidad de Harvard (1988). Su formación postdoctoral incluyó una residencia en Psiquiatría en la Universidad de Toronto (1979-1982) donde también obtuvo un DPsych (Diploma) en Investigación Psiquiátrica, y un Fellowship en el Hospital McLean, Harvard Medical School en Psicofarmacología (1982-1985). El Dr. Tohen también obtuvo un MBA de la Escuela de Negocios Kelly de la Universidad de Indiana.

El Dr. Tohen fue Director Clínico del Programa de Trastornos Bipolares y Psicóticos del Hospital McLean (1988-1997). En 1997, se unió a Lilly Research Laboratories, donde alcanzó el rango más científico de Distinguished Lilly Scholar. De 2009 a 2013 fue el Jefe de la División de Trastornos del Estado de ánimo y ansiedad y el Profesor titular de La Universidad de Texas en San Antonio.

Entre los numerosos premios, el Dr. Tohen recibió un Premio del Servicio Nacional en Epidemiología Psiquiátrica del Instituto Nacional de

Salud Mental (NIMH) y la Universidad de Harvard. También recibió un primer premio de NIMH, el Premio Pope del Hospital McLean, un Premio de Investigador Joven NARSAD y en 2011 el Premio Simón Bolívar de la Asociación Americana de Psiquiatría por su destacada contribución a la educación, la investigación y el logro general en Psiquiatría y liderazgo en Psiquiatría. El Dr. Tohen fue Presidente de la Sociedad Internacional de Trastornos Bipolares (2010-2012) y Presidente de la Sociedad Americana de Psiquiatría Hispánica (2014-2016).

En 2014, el Dr. Tohen fue reconocido en "The World's Most Influential Scientific Minds, 2014" de Thomson Reuter. Los homenajeados fueron los científicos que se clasificaron en el 1 por ciento superior por citas de su trabajo publicado en 21 campos amplios entre 2002 y 2012. Dr. Tohen es uno de los 100 científicos reconocidos mundialmente en la categoría de Psiquiatría/psicología. En 2016 la Sociedad Internacional de Trastornos Bipolares le otorgó el premio Mogens Schou a la Educación y la Enseñanza. Fue seleccionado como psiquiatra ejemplar de NAMI 2016. En 2017, el Dr. Tohen fue reconocido en el paisaje de expertos como Top 0.12% Expertise in Bipolar Disorder Worldwide basado en artículos publicados de 2007-2017.

La investigación del Dr. Tohen, apoyada por subvenciones de NIMH, fundaciones privadas y la industria farmacéutica, se ha centrado en la epidemiología, el resultado y el tratamiento de los trastornos bipolares y psicóticos. Es autor de más de 350 publicaciones originales y tiene más de 35.000 citas científicas, con un promedio de cerca de 1000 por año. Ha editado o coeditado cinco libros, incluyendo Mood Disorders Across the Life Span (1996), Comorbidity in Affective Disorders (1999), Bipolar Disorder: The Upswing in Research and Treatment (2005), Bipolar Psychopharmacotherapy (primera edición 2006, segunda edición 2011), Epidemiología Psiquiátrica (primera edición 1995, segunda edición 2003, tercera edición 2011) y Desafíos de diseño de ensayos clínicos en trastornos del estado de ánimo (2015).

¿Qué le hizo emigrar a los Estados Unidos? Para formarse como psiquiatra y como epidemiólogo.

¿Cómo decidió hacerse psiquiatra? Estaba interesado en las ciencias biológicas y sociales.

¿Cuáles han sido sus principales fuentes de inspiración? Mis Mentores Ross Baldessarini y Ming Tsuang.

¿De qué se siente más orgulloso? El trabajo que actualmente estoy desempeñando como Presidente del Departamento de Psiquiatría y Ciencias del Comportamiento de la Universidad de Nuevo México.

¿Qué significa ser Hispano o Latino para ti? Me identifico mucho con la cultura latina/hispana en los Estados Unidos, así como con la Cultura de América Latina – me encanta.

¿Qué le aconsejaría a un estudiante o residente hispano o latino que acabe de comenzar su carrera? Trabajar mucho y servir a la comunidad.

¿Díganos algo importante que haya vida de trabajo con pacientes hispanos y latinos? En general, sus necesidades no son tan diferentes de las de pacientes de otras etnias.

¿Qué papel (positivo o negativo) ha jugado en su carrera el hecho de ser hispano o latino? Ser hispano, hasta donde yo sé, no me afectó de manera negativa, pero definitivamente ha determinado mi elección de trabajo, especialmente en mis últimos años. En mis altos cargos durante los últimos 10 años, he elegido servir en lugares con una gran comunidad latina, primero en San Antonio Texas y actualmente en Albuquerque, Nuevo México – Es muy importante para mí servir a mi comunidad. Ser inmigrante, sin embargo, me hizo darme cuenta temprano de que tenía que trabajar más duro que los colegas nacidos en Estados Unidos y probarme a mí mismo de ser capaz de contribuir al campo de una manera más significativa.

¿Qué futuro le augura a la psiquiatría hispana? Continuara expandiendo.

¿Cuál ha sido el mayor obstáculo de su carrera y cómo consiguió superarlo? El mundo académico es muy competitivo, hay que trabajar fuerte.

¿Cuál es en su opinión el alcalde reto de la psiquiatría? No tenemos curas para las condiciones que tratamos y nuestra comprensión de los diagnósticos es muy rudimentaria – Estamos detrás de otras ramas de la medicina.

¿Cuáles son los cambios más necesarios en la psiquiatría? Tenemos que eliminar el estigma en contra de nuestros pacientes. Tenemos que mejorar el seguro médico de nuestros pacientes.

QUIJOTES DE LA PSIQUIATRIA

ROSA E. ULLOA

La Doctora Rosa Elena Ulloa Flores nació en la Ciudad de México. Después de completar su formación como Médico Cirujano y Especialista en Psiquiatría completó una estancia en investigación clínica en psiquiatría infantil en la Universidad de Pittsburgh, Estados Unidos y el Doctorado en Ciencias en la Ciudad de México. Actualmente se desempeña como investigadora en Ciencias Médicas dentro del Hospital Psiquiátrico Infantil de la Ciudad de México. Su trabajo combina la docencia y la investigación en temas como los trastornos del neurodesarrollo, la evaluación de escalas de gravedad y entrevistas diagnósticas y las intervenciones farmacológicas para niños y adolescentes.

¿Cómo decidió hacerse psiquiatra? Decidí hacerme especialista en psiquiatría guiada por el interés en el funcionamiento cerebral, la fisiopatología de las enfermedades mentales y el dominio de herramientas clínicas en una disciplina que aún basa sus diagnósticos en la exploración del paciente.

¿Cuáles han sido sus principales fuentes de inspiración? Son varias: En primer lugar, mencionaría a mis mentores, en particular el Dr. Boris Birmaher, quien combina las tareas de atención al paciente con las de investigación, en un esfuerzo continuo por ayudar a los demás. Otra fuente de inspiración han sido las iniciativas de mis colegas en modelos de atención, que me motivan a estudiar nuevos temas y generar otras preguntas dentro de proyectos de investigación. Finalmente, mencionaría el hecho de que la psiquiatría incluye conocimientos de varias disciplinas (información biomédica, farmacológica, neuropsicológica y de factores ambientales) que están en continuo desarrollo, lo que la convierte en un campo de la medicina con muchas preguntas aún por plantear.

¿De qué se siente más orgulloso? De completar trabajos de investigación de primer nivel que contribuyeron a la formación de personal de salud mental e impactaron en la calidad de los servicios que se prestan a los pacientes, contando con la ayuda de excelentes compañeros de equipo y a pesar de tener muy pocos recursos económicos.

¿Qué significa ser hispano o latino para usted? Significa ser parte de una comunidad que tiene retos por delante como el demostrar que no sólo somos gente amable y cariñosa, sino que somos capaces de contribuir a mejorar las condiciones de vida de los pacientes y hacer aportaciones al conocimiento a nivel mundial.

¿Qué le aconsejaría a un estudiante o residente hispano o latino que acabe de comenzar su carrera? Que tenga presente que la psiquiatría es una disciplina integral, que se mantenga actualizado en cuanto a la evidencia respecto a las causas y los tratamientos nuevos, sean biológicos o psicosociales y que se mantenga optimista en cuanto al pronóstico de cada paciente. También le aconsejaría que recuerde trabajar en equipo, ya que el carácter crónico de las enfermedades mentales requiere escuchar varias opiniones.

¿Díganos algo importante que haya aprendido de trabajar con pacientes hispanos y latinos? Son personas muy cooperadoras a quien es necesario brindar información en forma continua sobre la enfermedad que padecen y los tratamientos que reciben.

¿Qué papel (positivo o negativo) ha jugado en su carrera el hecho de ser hispano o latino? En ocasiones el hecho de ser una investigadora de Latinoamérica ha jugado un papel negativo ya que, al provenir de un país diferente a Estados Unidos o Europa, los trabajos científicos pueden ser juzgados como de menor calidad. Por ejemplo, al enviar artículos para ser evaluados en revistas científicas he recibido respuestas de revisores argumentando que al ser México un país con muchos habitantes debería tener una muestra más amplia que las reportadas en otros lugares del mundo. Otras dificultades incluyen la barrera del idioma, en particular en la redacción de manuscritos en inglés, El venir de un país hispano tampoco facilita el ser tomada en cuenta para participar en proyectos multinacionales independientes de la industria farmacéutica.

¿Qué futuro le augura a la psiquiatría hispana? Un futuro de mayor comunicación entre sus miembros gracias a iniciativas como ésta, donde podamos trabajar con colegas latinos de otros países para generar y compartir conocimiento.

¿Cuál ha sido el mayor obstáculo de su carrera y cómo consiguió superarlo? Más que obstáculos yo hablaría de retos; el principal fue combinar la carrera de investigadora con el quehacer clínico, ya que la investigación clínica es un área pequeña dentro de la psiquiatría en México.

¿Cuál es en su opinión el mayor reto de la psiquiatría? Mejorar los procedimientos diagnósticos. Hoy en día es evidente que los sistemas de clasificación con que contamos han quedado cortos. Creo que los criterios de dominio planteados por el Instituto Nacionales de Salud Mental de Estados Unidos constituyen una aproximación acertada ya que buscan integrar la información de varios niveles a fin de definir mejor los síndromes y a partir de ahí diseñar tratamientos más específicos.

¿Cuáles son los cambios más necesarios en la psiquiatría? Aprovechar las ventajas de la globalización; se deben crear bases de datos públicas que puedan recabar información de muchos países aprovechando la tecnología como las aplicaciones de los teléfonos móviles y los relojes inteligentes que nos permitan recabar información en tiempo real y ofrecer tratamientos no farmacológicos. También considero necesario que los instrumentos diagnósticos y escalas de severidad sean accesibles para todos los profesionales sin costo, a fin de tener las mejores herramientas para homogeneizar los procesos de atención a los pacientes.

QUIJOTES DE LA PSIQUIATRIA

VICTORIA VALDEZ

La Dra. Victoria Valdez De Vuibert nació en Guayaquil (Ecuador) y estudió Medicina en la Universidad de Guayaquil. Es especialista en Psiquiatría Hospital Clínico y Provincial de Barcelona, Universidad de Barcelona – España. Realizo estudios postdoctorales en la Universidad de Tulane, New Orleáns, LA, Estados Unidos; en el departamento de psiquiatría del Hospital de Uppsala – Uppsala – Suecia; y en el Hospital Universitario de Gotenburgo, Gotenburgo – Suecia. Actualmente trabaja en el servicio de Psiquiatría del Hospital Eduardo Alcívar y del Hospital Kennedy Samborondón. Ha recibido múltiples distinciones y reconocimientos de organizaciones nacionales e internacionales como la Asociación Ecuatoriana de Psiquiatría, la Asociación Americana de Psiquiatría (APA), la sociedad Ecuatoriana de Psiquiatría Biológica y ha ocupado posiciones de liderazgo en la Federación Mundial de las Sociedades de Psiquiatría Biológica (WFSBP) y en la Asociación Internacional de la Salud Mental de La Mujer (IAWMH).

Desde 2014 la Dra. Valdez se desempeña como profesora de la facultad de medicina de la Universidad Católica de Guayaquil y ha sido reconocida como conferencista en congresos internacionales más relevantes como APA y la Sociedad Americana de Psiquiatría Hispana (ASHP).

¿Cómo decidió hacerse psiquiatra? Tome la decisión de hacer el postgrado en psiquiatría porque cuando era adolescente me inquietaba el consumo y abuso de sustancias de algunos buenos amigos míos. Pensaba que habría que indagar más sobre el tratamiento de esta enfermedad. Al graduarme de medico no había muchos psiquiatras en mi país, y casi ninguna mujer escogía esta especialidad. Así que no lo dude y comencé a indagar sobre un buen programa de formación en psiquiatría. Realice mi postgrado de psiquiatría en el Hospital Provincial de Barcelona. Tuve muy buenos profesores, pero el que más influyo en mi formación académica fue el profesor Joan Massana. Tuve la oportunidad de hacer pasantías en el hospital de Uppsala y Gotemburgo en Suecia gracias al Profesor Hans Agren.

¿Cuáles han sido sus principales fuentes de inspiración? Especificar mis fuentes de inspiración no lo podría decir específicamente, Dr Massana, cada profesor o actividad académica es para mí una fuente de inspiración. Siempre tratar de hacer mejor toda actividad académica.

¿De qué se siente más orgulloso? Me siento orgullosa de mis hijos. Creo que he hecho una muy buena labor.

¿Qué significa ser Hispano o Latino para usted? Para mi ser hispana o latina es un orgullo. Tenemos la flexibilidad de poder movernos en diferentes culturas, y además tener la capacidad de comunicarnos por nuestra calidez y habilidad social.

¿Qué le aconsejaría a un estudiante o residente hispano o latino que acabe de comenzar su carrera? Yo le aconsejaría a un estudiante latino siempre seguir adelante, sin importar los obstáculos que se presenten. Nunca ver los momentos difíciles como algo negativo. Solo enfocarlos como retos.

¿Díganos algo importante que haya aprendido de trabajar con pacientes hispanos y latinos? La mayoría de mis pacientes han sido latinos. Pero puedo decir que la leyenda urbana de que los latinos siempre viven de fiesta es solo eso un mito. A nuestros pacientes les cuesta mucho admitir que están deprimidos. Especialmente a los hombres. Por tal motivo debemos siempre ir más adelante cuando veamos algún síntoma de alerta. También los latinos se aferran mucho a la religión y los estigmas, lo cual debemos tener presente al evaluar a nuestros pacientes porque podríamos obtener un diagnostico errado.

¿Qué papel (positivo o negativo) ha jugado en su carrera el hecho de ser hispano o latino? El hecho de ser psiquiatra mujer latina a veces no ha sido sencillo en mi país, pero afortunadamente las cosas están cambiando en Latinoamérica. Yo creo que el futuro de la psiquiatría hispánica -latina es positivo. Como lo mencione anteriormente el hecho de que los jóvenes psiquiatras se puedan mover fácilmente en diferentes culturas es algo muy positivo para los pacientes. Académicamente se podrán dar mejores diagnósticos y tratamientos. Podremos trabajar mejor en los estigmas y prevención de la violencia.

¿Cuál ha sido el mayor obstáculo de su carrera y cómo consiguió superarlo? El mayor obstáculo en mi profesión es hacer investigación en Ecuador y sigo trabajando en aquello.

¿Qué futuro le augura a la psiquiatría hispana? El mayor reto de la psiquiatría es tratar de que todos los ciudadanos tengan la oportunidad de recibir una buena atención en salud mental. En estos momentos es de suma importancia trabajar en violencia y estrés, para ello creo que los gobiernos deberían invertir en programas reales en prevención y atención de las enfermedades mentales.

Y yo soy de parecer y la experiencia lo enseña, que ablandarán una peña lágrimas de una mujer

Don Quijote de la Mancha

ELVIA VELÁSQUEZ

Nací en Jardín, Antioquia una pequeña y hermosa población del Suroeste Antioqueño en Colombia. En este lugar los hombres luego de la secundaria viajaban a continuar sus estudios a Medellín, la Capital regional. Las mujeres en cambio permanecían en el pueblo, "porque para qué iban a estudiar si luego se casarían dedicándose a criar hijos"

En mi caso mis padres lograron conseguir una beca para mí, gracias a las Hermanas del Colegio de la Presentación de Envigado, quienes me propusieron ser monja, lo cual no acepté. Estuve allí, 4 años interna y me gradué de Bachiller como la mejor estudiante del curso. Luego de considerar otras carreras ingresé a Medicina en la Universidad de Antioquia en Medellín. Preseleccionaban 100 entre 4.000 aspirantes para un cupo final de 54 estudiantes de los cuales 50 eran hombres y 4 mujeres.

Me casé durante el internado de Medicina y tuve mis 2 hijos mientras hacía el año rural obligatorio en Colombia, en Concordia Antioquia Decidí hacer Psiquiatría, por una serie de coincidencias que pusieron la Psiquiatría en mis manos y en la cual me enrolé con mucho entusiasmo, desde el principio. Al final de la residencia mis profesores me propusieron para ingresar como profesora al Departamento de Psiquiatría de la Facultad de Medicina de la Universidad de Antioquía cargo en el cual llegué a Profesora Titular, máximo título que el escalafón otorga.

QUIJOTES DE LA PSIQUIATRIA

Luego de algunos años siendo profesora, obtuve una Licencia de dos años, para estudiar Epidemiología en la Facultad Nacional de Salud Pública donde me gradué en esta área. Durante muchos años compartía mis labores en la Universidad con el trabajo en el Servicio de "Farmacodependencia" del Hospital Mental de Antioquia. Este fue el Primer Centro en Colombia y en Latino América de atención especializada en "Farmacodependencia" con un equipo terapéutico completo y profesional conformado por psiquiatras psicólogos, trabajadoras sociales, terapistas ocupacionales, médico general etc., en contraste con la mayoría de los centros de atención para adictos en esa época, atendidos por personal no profesional en comunidades terapéuticas.

Allí como Psiquiatra atendí el primer paciente que fue internado en este Centro. Luego fui nombrada Jefe del Servicio de Farmacodependencia. Se realizaron estudios de investigación, actividades de prevención con la comunidad y se trabajó con el Ministerio de Salud a nivel nacional y luego internacional en cursos de capacitación en Farmacodependencia para personal profesional médico y de otras profesiones. Por estar constituido su equipo por Psiquiatras se atendía a pacientes en forma integral y se realizaba el Diagnóstico Psiquiátrico basado en la Clasificación Internacional de Enfermedades y el Diagnóstico de la Adicción, trastornos presentes en la mayoría de los pacientes. De modo que el "Servicio de Farmacodependencia del Hospital Mental de Antioquia" fue el primer Servicio de Atención en Patología Dual (existencia de un trastorno mental y un trastorno adictivo en el mismo paciente) cuando aún no se le daba este nombre a la misma entidad. Por esta época promoví la Fundación de la Corporación Colombiana para la prevención de la Farmacodependencia y el Alcoholismo de la cual fuí Directora muchos años y ahora hago parte de su Junta Directiva.

Fui miembro y Vicepresidente Honoraria de la ONG ICAA (Internacional Council on Alcoholism and Addictions con sede en Lausana, Suiza. He participado como Temporal Advisory a Comisiones de Expertos en La OMS y OPS en Adicciones y Salud Mental. He asistido como delegada a reuniones de Naciones Unidas e invitada a Eventos Cumbres Mundiales por Naciones Unidades en Viena Bangkok Brasil, etc. He participado de Investigaciones multicéntricas en proyectos financiados por Naciones Unidad y la OMS Soy cofundadora, presidente pasada y actual representante Internacional de ALAD, la Asociación Latinoamericana de Adiccionología, Primer autor del Libro: "FUNDAMENTOS DE MEDICINA. Adicciones, aspectos clínicos, psicosociales, tratamiento y prevención", Elvia Velásquez de P. MD, Álvaro Olaya Peláez MSP, Guillermo Castaño Pérez MD, Sergio Castro Rey, MD. Editorial CIB Medellín. Además, he publicado artículos, capítulos de Libros, conferencias, y otras publicaciones. He recibido varios premios de diferentes organizaciones como la mujer profesional del año de la Unión de Ciudadanas de Colombia y otros. Actualmente miembro de diferentes asociaciones como la Asociación Mundial de Patología Dual, la Asociación Colombiana de Psiquiatría, Asociación Mundial de Salud Mental de la Mujer, Coordinadora de la Sección de Diagnóstico y Clasificación en Psiquiatría, de la APAL (Asociación Latinoamericana de Psiquiatría) y secretaria por la Región Andina de la Sección de Trastornos por Sustancias y Patología Dual etc.

¿Cómo decidió hacerse psiquiatra? Realmente me decidió a ser psiquiatra una suma de oportunidades: ofrecimiento de una beca, ofrecimiento a ingresar cómo residente por ser una buena estudiante y conocer profesores muy destacados en la Psiquiatría.

¿Cuáles han sido sus principales fuentes de inspiración? Una vez ingresé a la Psiquiatría me apasionaron sus desafíos, sus incógnitas, los comportamientos extraños y la posibilidad de ayudar a aliviar las dificultades del enfermo mental y sus familias.

¿De qué se siente más orgulloso? Nunca de niña, ni de joven soñé poder tener tantos logros cómo he tenido. Además de lograr estudiar medicina y luego psiquiatría. En los años 60 y 70 todavía era una proeza que una mujer estudiara y llegara a ser médica y luego especialista, más aún si tenía pocos recursos económicos. Mas tarde poder estar a la altura de los colegas más sobresalientes de la psiquiatría y compartir con ellos en múltiples reuniones y conferencias Internacionales como ponente o participante. Me enorgullece haber creado cómo promotora principal una ONG llamada "Surgir" para la Prevención de las Adicciones la cual hoy en día tiene un gran prestigio y reconocimiento. Con ella se ha ampliado la capacidad de crear conciencia para la prevención y tratamiento de este trastorno.

¿Qué significa ser hispano o latino para usted? Aunque nunca he vivido largo tiempo fuera de mi país, me he sentido muy orgullosa de mostrar en mis viajes al exterior la mejor cara de Colombia y Latinoamérica y de mirar con cara de amistad y de tú a tú a las personas de todos los países, razas y condiciones y nivel social.

QUIJOTES DE LA PSIQUIATRIA

¿Qué le aconsejaría a un estudiante o residente hispano o latino que acabe de comenzar su carrera? Le recomendaría trabajar desde su formación en Investigación en algún tema específico y lo antes posible manejar y tener habilidades en Idiomas y tecnologías además de interesarse por los temas sociales de su país, Respecto a irse o quedarse en Latinoamérica En Latinoamérica y el Caribe aún se vive una crisis casi permanente de inestabilidad, violencia, corrupción y pobreza de modo que aún muchos profesionales tendrán necesidad de salir. Sin embargo, cada vez hay más opciones para el que se queda, en sus países. Le diría que si se queda puede tener más posibilidades de éxito y servicio a su país, si se va puede tener más éxito económico, pero las dificultades van a ser mayores incluyendo la discriminación declarada o tácita. En todo caso si se queda debe saber inglés, viajar con frecuencia y mantenerse actualizado.

¿Díganos algo importante que haya aprendido de trabajar con pacientes hispanos y latinos? Los pacientes de cualquier nacionalidad u origen son para el psiquiatra, nuestra fuente permanente de conocimiento y crecimiento profesional. El Psiquiatra es un depositario de miles de "historias" muchas de ellas verdaderamente extraordinarias. Por lo tanto, adquiere un gran conocimiento del ser humano que lo enriquece. De los pacientes inmigrantes Latinos.es valioso aprender de sus dificultades y luchas antes y después de la inmigración a Estados Unidos.

¿Qué papel (positivo o negativo) ha jugado en su carrera el hecho de ser hispano o latino? El hecho de ser hispano o latino (viviendo en Latinoamérica) sobre todo las limitaciones en el inglés han sido una gran barrera para mayores logros y mayor colaboración y acción internacional

¿Qué futuro le augura a la psiquiatría hispana? Creo que la Psiquiatría en general y la Hispana en particular, hacia el futuro tendrá cada vez más importancia respecto al comportamiento del ser humano como tal y a los cambios que se producirán hacia el futuro por las variaciones en el estilo de vida por el avance de los viajes espaciales, etc. por lo tanto la psiquiatría Hispana tendrá mayor o menor presencia especialmente en USA en la medida del número de psiquiatras que mantengan su identidad Hispana o de los nuevos inmigrantes. . Hay dos aspectos 1. El Psiquiatra Hispano en Estados Unidos o en cualquier otro país y 2. El Psiquiatra Latinoamericano en Latinoamérica En el primer caso el psiquiatra hispano en Estados Unidos tiene el compromiso de mantener los más altos estándares científicos de la psiquiatría igualmente que el psiquiatra americano y mantener los vínculos y el compromiso social con sus raíces y con su grupo hispano en Estados Unidos y en el territorio Latinoamericano. Por el momento la Psiquiatría Hispánica debe hacer mucho énfasis en los psiquiatras recién salidos, en su formación y en profesionales nuevos inmigrantes para ayudarles a conseguir rápido sus destrezas necesarias para moverse hacia su progreso y desarrollo y congregar a los que ya tengan buenas posiciones para apoyar programas que favorezcan la región Latinoamericana y los menos favorecidos.

¿Cuál ha sido el mayor obstáculo de su carrera y cómo consiguió superarlo? Los mayores obstáculos han sido los escasos recursos para trabajar y desarrollar los proyectos, lo mismo que la falta de recursos para realizar investigación en las instituciones del estado y la ausencia de planes y conciencia sobre la necesidad de investigación.

¿Cuál es en su opinión el mayor reto de la psiquiatría? El mayor desafío de la Psiquiatría en la actualidad fuera del conocimiento del cerebro y las coberturas es el estigma no sólo hacia el paciente con problemas mentales sino también hacia la psiquiatría.

¿Cuáles son los cambios más necesarios por llevar a cabo en la psiquiatría en este momento? Debe cambiar hacia una psiquiatría que mantenga y cuide la relación terapéutica, el trato humano y la Medicina Integral Centrada en la persona en medio de las tendencias a la fragmentación de la medicina, mediadas por las tecnologías y las grandes empresas económicas alrededor de la medicina y la psiquiatría.

QUIJOTES DE LA PSIQUIATRIA

JUAN VILAPRIÑO

Me llamo Juan Jose Vilapriño, nací en Mendoza, Argentina. Mi padre Juan José era médico psiquiatra (Falleció en el año 2012), nacido en Costa Rica y mi madre Maria del Carmen es argentina y actualmente tiene 79 años. Hice escolaridad primaria, secundaria y universitaria en instituciones educativas públicas (gratuitas en mi país). Me casé en dos ocasiones y con mi segunda esposa, Ángeles he pasado 18 increíbles años de vida. Tengo cinco hijos hermosos y cariñosos, Josefina (23 años), Juan Cruz (21), Ángeles (18), Álvaro (15) y Felicitas (10), con los cuales trato de pasar el mayor tiempo posible y que ese tiempo además sea de calidad. Tengo además cinco hermanos y con uno de los cuales, Manuel, comparto sueños, proyectos, emprendimientos y amor por la carrera, es decir la vida misma.

Recibí mi título de médico en la Facultad de Ciencias Médicas de la Universidad Nacional de Cuyo, e inicié mi especialización en psiquiatría (Residencia) en el Hospital Escuela de Salud Mental Dr Carlos Pereyra de la Ciudad de Mendoza. Posteriormente, obtuve el título de especialista e hice al año siguiente la especialización universitaria también en la Universidad Nacional de Cuyo.

En el área docente, en el tercer año de mi formación en la residencia de psiquiatría comencé como ayudante de alumno en la cátedra de psiquiatría de la Facultad de Ciencias Médicas de la Universidad Nacional de Cuyo (UNCuyo), donde actualmente soy Profesor Adjunto (Cargo ganado por concurso). He sido también Profesor Titular de las Cátedras de Psiquiatría y de Psicopatología en la Facultad de Ciencias de la Salud de la Universidad de Mendoza (2007-2014) y Profesor Titular de Salud Mental en la Universidad del Aconcagua de la provincia de Mendoza (2002-2006). Actualmente soy supervisor de la residencia de Psiquiatría de la Clínica Del Prado y miembro del comité de Docencia e investigación de dicha institución.

Por otro lado, soy docente de la carrera de especialización en psiquiatría de la Universidad Católica Argentina en la provincia de San Luis y codirector de la diplomatura de Psicofarmacología de la Universidad Maza de la provincia de Mendoza y Co Director también de los Cursos de Posgrado de Psicofarmacología aplicada a pacientes de difícil manejo y de Diseño de Tratamiento en Psiquiatría y he dictado y me encuentro dictando numerosos cursos y webinar de la especialidad. En relación con Investigación y trabajos publicados, soy investigador del Laboratorio de Neuropsicofarmacología Experimental de la Universidad Nacional de Cuyo, he participado como coinvestigador en tres trabajos indexados a PUBMED y participado en tres Congresos Argentinos sobre Tratamiento en Trastorno Bipolar, Alcoholismo y Depresión Resistente. Soy Co autor del libro "Depresiones de Difícil Manejo" y autor de capítulos de numerosos libros de la especialidad y del Manual de Pediatría de Meneguello. En la Asociación de Psiquiatras Argentinos soy actualmente vocal de la comisión directiva y Presidente Honorario del Capítulo de Drogodependencia. A nivel asistencial, desde el año 1997 trabajo en los hospitales Neuropsiquiátricos de la Provincia y desde el año 2005 soy Jefe de Guardia del Hospital Escuela de Salud Mental "El Sauce". Por último, en la actividad privada soy Director de la Clínica Psiquiátrica Del Prado y Director del Programa de adicciones de dicha institución. Atiendo pacientes con patología psiquiátrica general desde hace 23 años, siendo la patología prevalente los Trastornos Afectivos. A todo lo expresado habría que agregarle mi pasión por mis amigos, mi club de futbol (Gimnasia de Mendoza), el asado y el golf.

¿Cómo decidió hacerse psiquiatra? Mi padre era psiquiatra y muy reconocido en el medio, ya en la carrera de medicina buscaba opciones a la hora de elegir la especialidad que no fuera psiquiatría, probablemente porque tenía mucho temor a no ser reconocido por mérito propio sino por ser "hijo de,". Ya médico y previo a rendir el examen de la especialidad, trabajaba en un servicio de medicina interna de un importante hospital de mi ciudad, estaba a cargo de cuatro pacientes internados. Cada vez que teníamos un paciente con patología psiquiátrica debíamos enviarlo al consultorio del psiquiatra, este no iba a la sala. Con los meses noté que, a diferencia de otros compañeros, yo iba a la interconsulta cuando eso no era necesario y me quedaba absorto viendo como el psiquiatra evaluaba al paciente, indagaba sobre diagnóstico y tratamiento posible. Todo esto lo hacía descuidando mis responsabilidades como médico del servicio. Esto me hizo ver que lo que me atrapaba y me obsesionaba era la psiquiatría y ahí decidí que no podía ser tan necio y negar una auténtica vocación. Hoy agradezco haber tenido esa claridad, en ese momento porque amo mi trabajo y soy un apasionado tanto en la docencia, investigación como en la asistencia.

¿Cuáles han sido sus principales fuentes de inspiración? En primer lugar, mi padre Juan Jose Vilapriño. Uno de los psiquiatras fundadores de la psiquiatría mendocina y un referente a nivel nacional y regional, un psicopatologo sabio y un gran clínico, persona muy generosa con sus conocimientos tanto como para brindarlos a sus colegas (fue muy reconocido por eso) como para aplicarlos clínicamente al servicio de sus pacientes, una de sus razones de ser y existir y a los cuales se dedicó en cuerpo y alma. En segundo lugar, Jorge Nazar, gran amigo de mi papa y un segundo padre para mí, un apoyo constante en mi profesión y una fuente de consulta permanente, además de ser alguien que puso a Mendoza en el mapa mundial a través de los congresos de depresión que organizó y que demostraron que se podían hacer eventos de altísimo nivel por fuera de las grandes asociaciones y en una ciudad del interior del país. En tercer lugar, los psicopatologos clásicos y especialmente los hispanoamericanos como Armando Roa, Honorio Delgado, Juan Jose Lopez Ibor y Otto Dorr, quienes aún hoy me ayudan a encontrar las claves en aquellos casos en donde tengo enormes dificultades a la hora del diagnóstico y que me han inspirado para que pueda ver aspectos del ser humano que van más allá de la neurobiología y los neurotransmisores, es decir lo fenomenológico, el encuentro vivencial con otro que nos pide ayuda.

¿De qué se siente más orgulloso? De haber podido ayudar a muchas personas a aliviar su sufrimiento. De haber podido junto a mi hermano Manuel sostener y creo que, hacer crecer el legado de mi padre, desarrollando una idea de cómo incorporar más dispositivos terapéuticos a nuestro Centro sin alterar el compromiso y la calidad en la atención de los pacientes. De poder seguir aportando mis ideas y mis conocimientos a la salud pública, ayudando a la recuperación de personas sin medios y en situación de vulnerabilidad social, una de las grandes razones por las que no solo me hice medico, sino que también elegí la psiquiatría. De haber contribuido a la formación de varias generaciones de médicos y de psiquiatras tanto en la docencia del pre y del postgrado De haber podido formar una familia numerosa (Tengo cinco hijos), armónica y que mis hijos sean empáticos y personas con valores.

¿Qué significa ser Hispano o Latino para usted? Nunca me había preguntado esto, creo que el latino se caracteriza por su pasión, por su hondo compromiso social y por la necesidad de "embriagarse" de afectos donde sea que interactúe y yo me siento identificado con eso. Soy alguien para el cual la palabra es un compromiso y donde comprometerse en la ayuda hacia alguien no debe conocer de horas, lugares o momentos, que para ayudar a alguien con trastorno mental grave uno debe estar disponible las 24 horas y eso, para mí, es bien del latino.

¿Qué le aconsejaría a un estudiante o residente hispano o latino que acabe de comenzar su carrera? Que además de estudiar y actualizarse permanentemente, no solo aprenda de neurobiología y psicofarmacología permanentemente. Lea a los clásicos, aquellos que tenían en cuenta no solo lo biológico del ser humano sino principalmente sus vivencias, sus sentimientos que son una parte importante de esa gran complejidad que es el ser humano.

¿Díganos algo importante que haya aprendido de trabajar con pacientes hispanos y latinos? Lo más importante es la parte emocional, esa necesidad que tienen nuestros pacientes no solo de comunicarse verbalmente sino de expresarse emocionalmente que hace que algunas veces hasta uno pierda la distancia emocional y se emocione tanto como ellos. Ese mismo factor emocional es el que muchas veces dificulta su abordaje

¿Qué papel (positivo o negativo) ha jugado en su carrera el hecho de ser hispano o latino? Para mí son más los positivos que los negativos, de los primeros podría destacar, el alto compromiso en la atención del paciente con padecimiento mental, el lograr empatía con las personas que atiendo más allá que sea mi trabajo, el valor que el psiquiatra hispano le da a la experiencia sin descuidar los datos de la evidencia, el poder tener un registro emocional de lo que le pasa al otro. Entre lo negativo podría mencionar que al psiquiatra latino o hispano le cuesta un poco sistematizar su trabajo a lo cual le atribuyo las diferencias que hay a la hora de la producción en investigación comparado con el mundo sajón, por ejemplo.

QUIJOTES DE LA PSIQUIATRIA

¿Qué futuro le augura a la psiquiatría hispana? Promisorio, de hecho, ya tiene un buen presente, lo que nos resta es como dije antes sistematizar un poco más nuestro trabajo e investigar y publicar con más frecuencia.

¿Cuál ha sido el mayor obstáculo de su carrera y cómo consiguió superarlo? Sin dudas la muerte, es decir el suicidio de los pacientes, algo a lo que uno nunca está preparado y de lo cual es muy difícil recuperarse aun después de varios años de profesión. Me ayuda mucho la presencia de mi mujer, mis hijos, de toda la familia además de la comprensión y el apoyo de mis compañeros de trabajo. Por último, lo que me sirve es comprender que las decisiones "no se hacen para atrás" y que las decisiones que uno toma en un momento dado las hace con honestidad y compromiso y que a su vez al paciente podemos ayudarlo a recuperarse, pero no tenemos el poder omnímodo para salvar vidas.

¿Cuál es en su opinión el mayor reto de la psiquiatría? Lograr una mayor identidad como rama de la medicina. Sobre todo en nuestro país (Argentina) la identidad del psiquiatra está en jaque ya que por razones muy complejas y diversas , no solemos tomar decisiones con un criterio estrictamente medico (que es lo que somos), sino muy influido por condicionantes sociales que hacen prevalecer los factores psicológicos y sociales por sobre los biológicos, instaurando un clima "antipsiquiatrico" en donde se desconoce la base neurobiológica de la enfermedad mental, sin querer con esto plantear un modelo hegemónico psiquiátrico biológico, para nada, simplemente que las alteraciones metabólicas que se encuentran en la enfermedad mental no sean desconocidas y por lo tanto tratadas.

¿Cuáles son los cambios más necesarios en la psiquiatría? Mejorar la formación del psiquiatra, enfatizar el origen médico de sus decisiones y estimular la necesidad de formación y actualización, promover que todo profesional realice maestrías y doctorados como parte de su desarrollo profesional y no como punto culmine de su carrera. Promover la investigación tanto básica como clínica y desarrollar espacios de investigación con otras especialidades. Descubrir y desarrollar marcadores de diagnóstico, pronostico y tratamiento, desarrollando nuevos métodos diagnósticos y explorando otros ya vigentes (RMf). Incorporar a nuestra practicas nuevas estrategias terapéuticas, más allá de las farmacológicas (Terapias psicológicas, abordajes grupales, Acompañamiento terapéutico, etc.). Promover en la asistencia la interacción con otras especialidades medicas.

QUIJOTES DE LA PSIQUIATRIA

MANUEL VILAPRIÑO

Médico Especialista Universitario en Psiquiatría. Máster en Neurociencias – Universidad Cervantes (España). Director del Centro de Estudios, Asistencia e Investigación en Neurociencias (Mendoza – Argentina). Director Diplomatura de Psicofarmacología – Universidad Maza y Curso de Posgrado "Diseño de Tratamientos en Psiquiatría" (Cesasin y Fundación CEDES). Ex Director Hospital Dr. Carlos Pereyra. Autor del Libro "Depresión de Difícil Manejo". Organizador de los Congresos Internacionales de Psiquiatría Clínica y Psicofarmacología (Mendoza – Argentina).

¿Cómo decidió hacerse psiquiatra? A lo largo del cursado universitario ratifiqué que todo lo concerniente a lo clínico en su amplia concepción, como así también el poder identificar en la relación médico paciente una díada central de la visión humanista de la medicina, reforzaban aquello que sentí cuando elegí la Carrera. Teniendo claro que mi campo como médico debía orientarse hacia una especialidad donde el valor de la mirada clínica y de la relación con el paciente fuese predominante, y sumado a vivencias familiares (comentadas más adelante) muy arraigadas en mí, el paso hacia la elección de la psiquiatría como mi nueva forma de vida, fue simple.

¿Cuáles han sido sus principales fuentes de inspiración? Mi padre ejerció durante más de cincuenta años la psiquiatría y sin dudas que, crecer observando su amor por la Medicina y la especialidad (representados por su compromiso incondicional hacia el paciente), fue fuente inspiradora de mi elección. Contribuyó mucho el hecho de compartir espacios que me interesaban y que mi padre propiciaba, como, por ejemplo, acompañarlo a ver pacientes y esperarlo en el auto o en el buffet del hospital, ser su secretario cuando ya tenía edad suficiente, etc. Todavía recuerdo como me gustaba acompañarlo a los hospitales los fines de semana…rara y gratificante sensación me generaba el hecho de pensar que el poco personal de salud que esos días circulaba por los servicios de internación, sentía plena vocación de servicio y de ayuda al otro.

¿De qué se siente más orgulloso? Nada me hace sentir más orgulloso y agradecido a la profesión que el vínculo logrado con muchos pacientes y el creer que he podido desde la Medicina (entendida a partir de los principios hipocráticos) colaborar, de una u otra forma, en la recuperación de una persona que presenta trastornos tan estigmatizantes y limitantes de la calidad de vida como son los cuadros psiquiátricos.

¿Qué significa ser Hispano o Latino para usted? Un orgullo. Me identifica la idiosincrasia del latino, su cercanía afectiva, cordialidad y empatía.

¿Qué le aconsejaría a un estudiante o residente hispano o latino que acabe de comenzar su carrera? Que no pierda la esencia de sus raíces, orígenes e idiosincrasia.

¿Díganos algo importante que haya aprendido de trabajar con pacientes hispanos y latinos? Comprender el impacto de los aspectos culturales y sociales en la expresión de la psicopatología.

¿Qué papel (positivo o negativo) ha jugado en su carrera el hecho de ser hispano o latino? Papel negativo creería que ninguno. Papel positivo, varios. Principalmente los ya mencionados aspectos propios de nuestra cultura y sentir latino.

¿Qué futuro le augura a la psiquiatría hispana? Enorme futuro. De hecho, el presente es muy positivo. La psiquiatría es, con alguna otra, la rama más clínica de la Medicina, y el psiquiatra latino por su formación (muy centrada en lo clínico) y por su forma de contactarse y sentir la relación con el otro, se ve favorecido, en mi opinión, al momento de entablar una relación médico – paciente fructífera en términos diagnósticos y terapéuticos.

QUIJOTES DE LA PSIQUIATRIA

¿Cuál ha sido el mayor obstáculo de su carrera y cómo consiguió superarlo? No tener una buena base de inglés que permitiera, más allá de leer sin problemas la bibliografía, comunicarme con colegas de forma más fluida. No sé si lo superé, pero lo intento estudiando el Idioma regularmente.

¿Cuál es en su opinión el mayor reto de la psiquiatría? Vencer el estigma que se cierne sobre el paciente que presenta enfermedades psiquiátricas

¿Cuáles son los cambios más necesarios en la psiquiatría? Profundizar, aún más de lo ya hecho, en los aspectos etiopatogénicos de las enfermedades psiquiátricas, incluyendo los marcadores biológicos.

No le des importancia al resultado, valora el esfuerzo

Don Quijote de la Mancha

QUIJOTES DE LA PSIQUIATRIA

GERARDO VILLARREAL

Nací en la ciudad de México. Mi padre era gerente de ventas y mi madre maestra de historia. En mi adolescencia me empecé a interesar en la medicina y la psiquiatría y decidí estudiar medicina en la Universidad La Salle en la ciudad de México. Como parte de mi servicio social trabajé en el Instituto Nacional de Psiquiatría donde fui expuesto a la psiquiatría biológica y a la investigación psiquiátrica. Emigré a los Estados Unidos en el año 1989 y completé mi residencia en psiquiatría en el Institute of Living/ University of Connecticut en Hartford CT. Durante mi residencia me interesé en los trastornos de ansiedad por lo que decidí hacer un entrenamiento formal con el fin de investigar más profundamente en la Medical University of South Carolina. Durante los años 1995-97 trabajé en un hospital general en Harlan Kentucky como parte de un servicio público a los Estados Unidos. En este periodo completé un entrenamiento en Terapia Cognitivo Conductual (TCC) en el Beck Institute. Desde el año 1997 me radico en la ciudad de Albuquerque NM. Inicialmente trabajé en el departamento de psiquiatría de la Universidad de Nuevo México (UNM) y me empecé a interesar en el Trastorno por Estrés Post Traumático (TEPT). Además, inicié una colaboración en la enseñanza de TCC a residentes. Desde el año 2004 soy el director de entrenamiento de residentes en TCC. En el año 2001 me cambié al hospital de veteranos de la ciudad de Albuquerque, pero continué como profesor en la UNM.

QUIJOTES DE LA PSIQUIATRIA

Mi práctica es en consulta externa y la mayor parte de mis pacientes son veteranos de guerra que sufren de TEPT. Continúo involucrado en la enseñanza de residentes principalmente en TCC.

Mi investigación se ha enfocado al TEPT, he conducido estudios en neuroimágenes tanto estructurales como funcionales, pero la mayor parte de mi investigación ha sido en psicofarmacología. Recibí la condecoración de Miembro distinguido de la APA. Mi esposa, Cynthia King es profesora de psiquiatría infantil en la UNM. Mi mayor orgullo y gozo son mis hijos Marco y Alec.

¿Qué le hizo emigrar a los Estados Unidos? Durante la niñez y adolescencia tuve la oportunidad de visitar los Estados Unidos y me gustó mucho. Como tenía interés en la investigación psiquiátrica, al terminar la carrera de medicina pensé que hacer la residencia en Estados Unidos me daría muchas oportunidades. Decidí tomar el examen ECFMG y al pasarlo empecé a buscar programas de residencia en los Estados Unidos. Los doctores Juan Ramon de la Fuente y Javier Escobar me apoyaron y logré entrar al programa del Institute of Living. En un inicio mi plan era formarme en los Estados Unidos y retornar a México, pero eventualmente decidí quedarme.

¿Cómo decidió hacerse psiquiatra? Desde niño fui expuesto a conceptos psicoanalíticos y psiquiátricos ya que mi padre estaba estuvo muy interesado en el psicoanálisis y puso a toda la familia en terapia psicoanalítica. Mi terapeuta me influyo a estudiar medicina y medicina. Por otro lado, en la adolescencia quise entender al ser humano y su conciencia y pensé que un enfoque podría ser a través de la medicina y la psiquiatría.

¿Cuáles han sido sus principales fuentes de inspiración? Tuve varios maestros que me inspiraron el valor al conocimiento. Los grandes pensadores desde Darwin, Freud y hasta Carl Sagan entre otros. Además, muchos supervisores y colegas que me apoyaron y motivaron, entre ellos el Dr. José Cañive

¿De qué se siente más orgulloso? Mi mayor orgullo profesional fue pasar el internado en los Estados Unidos. Legué a los Estados Unidos una semana antes de empezar el programa sin conocer el sistema médico y sin haber nunca entrevistado un paciente en el idioma Inglés. Completar el internado fue un gran reto para mí.

¿Qué significa ser hispano o latino para usted? Para mí son aspectos culturales como son el lenguaje, y los valores como la y la cercanía a la familia y amigos.

¿Qué le aconsejaría a un estudiante o residente hispano o latino que acabe de comenzar su carrera? Le diría que la psiquiatría es una especialidad fascinante y que los grandes avances en neurociencias van a revolucionar los tratamientos psiquiátricos.

¿Díganos algo importante que haya aprendido de trabajar con pacientes hispanos y latinos? Viviendo en los Estados Unidos he visto que los pacientes hispanos tanto los de habla inglesa o española sienten una conexión especial al psiquiatra hispano, les da confianza y tranquilidad.

¿Qué papel (positivo o negativo) ha jugado en su carrera el hecho de ser hispano o latino? Creo que ese aspecto ha sido neuro para mí. Siento que me he abierto paso por mi experiencia y habilidad.

¿Qué futuro le augura a la psiquiatría hispana? Yo le auguro un gran futuro. He conocido a muchos residentes con gran potencial

¿Cuál ha sido el mayor obstáculo de su carrera y cómo consiguió superarlo? Yo diría que fueron dos, el primero lo mencione en el número 4. Al empezar el internado decidí que sólo me iba a preocupar en sobrevivir ese día, lo que me ayudo a superar los retos. El segundo fue enfrentarme a un supervisor hostil que trato de dañar mi carrera académica. La solución fue cambiarme a otro hospital.

¿Cuál es en su opinión el mayor reto de la psiquiatría? Creo que el mayor reto es la falta de acceso a tratamientos psiquiátricos. Hay muchos factores cómo son falta de psiquiatras, gente sin seguro médico o recursos económicos para pagar el tratamiento y áreas rurales con pocos hospitales y clínicas.

¿Cuáles son los cambios más necesarios en la psiquiatría? Aumentar el acceso a psiquiatras a impulsar la investigación clínica basada en los grandes avances en neurociencias y genétic.

NORA VOLKOW

La Dra. Nora D. Volkow se graduó en 1981 de la Universidad de México, Ciudad de México (México) y realizó su residencia en psiquiatría en la Universidad de Nueva York. Ha sido la Directora del (Instituto Nacional de Farmacodependencia, de los Estados Unidos, NIDA desde Mayo de 2003.

Antes de ocupar este cargo, trabajó en posiciones directivas en Ciencias de la Vida en el Brookhaven National Laboratory (BNL), Medicina Nuclear en el BNL y en el Centro Regional para el Diagnóstico neurológico por imagen del Departamento de Energía- NIDA en el BNL.

Asimismo, fue docente en el Departamento de Psiquiatría de la State University de Nueva York (SUNY) en Stony Brook, y fue nombrada decana adjunta de la Facultad de Medicina de la SUNY-Stony Brook. El trabajo de la Dra. Volkow ha sido fundamental para demostrar que el abuso de sustancias es una enfermedad de origen eminentemente cerebral.

Ha sido pionera en el uso de técnicas de imágenes cerebrales para estudiar los efectos de las drogas. Sus estudios han mostrado los cambios en el sistema dopaminérgico que afectan a las regiones del cerebro involucradas en la motivación, el impulso y el placer, así como la disminución de la dopamina en el cerebro que se da con la edad, entre otros hallazgos sobre la neurobiología de la obesidad o del trastorno por hiperactividad.

Se ha especializado en la investigación de los mecanismos con que operan en el cerebro humano, las propiedades tóxicas, adictiva y de refuerzo asociadas a las drogas de abuso. Sus estudios han probado que los sujetos adictos muestran un decremento funcional del sistema dopamina, que se asocia con una interrupción funcional de las regiones frontales del cerebro responsables de la motivación y el deseo. Asimismo, se ha centrado en la investigación de los mecanismos neuroquímicos responsables de la variabilidad en la respuesta a las drogas de abuso que se produce entre distintos sujetos, y en su posible relación con la vulnerabilidad a la drogadicción y al alcoholismo.

La doctora Volkow también ha utilizado el diagnóstico por imagen para estudiar los efectos de las drogas estimulantes, tanto en su acción gratificante como terapéutica. Mediante una comparación sistemática de los efectos de la cocaína y del metilfenidato en el cerebro humano, sus estudios destacan la importancia de la farmacocinética en el desarrollo de los efectos reforzadores de las drogas estimulantes. Estos estudios han demostrado que drogas estimulantes, en su uso terapéutico, amplifican las señales DA en el cerebro, mejorando así la atención y el rendimiento.

Asimismo, ha utilizado el diagnóstico por imagen para investigar los cambios que la edad produce en el sistema dopamina, así como su importancia funcional. Con su trabajo ha demostrado que la pérdida de la función de la dopamina en el cerebro que se produce con la edad en sujetos sanos que no muestran disfunción neurológica, se asocia, no obstante, con el enlentecimiento motor y con cambios en el rendimiento del desarrollo de tareas cognitivas que requieren funciones ejecutoras.

La doctora Volkow es autora o coautora de más de 500 publicaciones incluyendo manuscritos y libros. Ha recibido numerosos premios por su investigación, y ha sido nombrada miembro del Instituto de Medicina de la Academia Nacional de las Ciencias. Ha recibido numerosos premios y varias revistas americanas de difusión general la señalan como una de las personas más influyentes en la actual sociedad estadounidense.

QUIJOTES DE LA PSIQUIATRIA

MARCELA WAISMAN

Marcela Waisman Campos se graduó de Médico en la Facultad de Medicina de la Universidad de Buenos Aires, de psiquiatra y luego de neuróloga cognitiva en el Hospital de Clínicas "José de San Martín" de la Universidad de Buenos Aires. Realizó estudios en el Hospital Clinic de Barcelona (España), en Trastornos del ánimo y luego en el Hospital del Mar de Barcelona, en Trastornos Adictivos. Completó la Maestría de Psicofarmacología en la Universidad de Favaloro.

Es docente titular de dicha Maestría y de la Maestría de Adicciones de la Universidad del Salvador. Además, es docente en la Carrera de Recertificación de especialistas en psiquiatría en la Asociación Médica Argentina (AMA) y en la Carrera de Especialista de Psiquiatría en varios hospitales. Publico en 2017 su primer libro para la Editorial Panamericana, Adicciones: uso de sustancias psicoactivas y presentaciones clínicas de la enfermedad adictiva y durante el 2020 se publicará su Segundo libro sobre Adicciones conductuales. Ha realizado cursos y disertaciones en Congresos nacionales e internacionales y ha colaborado con capítulos en varios libros de psiquiatría y neurologia. Es miembro titular de varias asociaciones científicas (CAPYN, APA, APSA, APAL) y Presidente del Capitulo de Psiquiatría Biológica de APSA (Asociación de psiquiatras argentinos). Se desempeña como psiquiatra en el Departamento de Neurología cognitiva, neuropsicología y neuropsiquiatría de FLENI.

¿Cómo decidió hacerse psiquiatra? Mi primera profesión es maestra. Observar a niños de 10 años divertirse, aprender y desarrollar sus días con alguna que otra rabieta, pero no mucho más. Luego, a los 11-12 años la irrupción de las emociones en función del contacto social, expectativas, proyectos, conflictos intrapsíquicos sobre su cuerpo, desarrollo de la identidad, rol en la sociedad, percepción de la realidad y la formación de creencias, me llevo al deseo de comprender como interactúa el aparato psíquico con lo que lo rodea.

¿Cuáles han sido sus principales fuentes de inspiración? Mi mayor inspiración para dedicarme a la patología adictiva ha sido intentar comprender por qué las personas consumen cosas que le hacen daño. Actualmente, las adicciones constituyen afecciones dinámicas y crecientes que obligan a la actualización permanente. Durante la carrera, los pacientes, así como mis profesores y colegas argentinos e hispanoamericanos han sido los refuerzos positivos para continuar.

¿De qué se siente más orgulloso? Mi orgullo es disfrutar de mi trabajo y de haber podido ayudar a pacientes a limitar la enfermedad y mejorar su calidad de vida. En mi aspecto docente poder ayudar a otros a formarse de manera más accesible incluso en ciudades pequeñas de mi país, a través de capítulos y libros publicados, pero también del contacto directo en disertaciones, donde se acercan y analizamos casos clínicos y alternativas con los medios que cada ciudad tiene, algunas incluso sin psiquiatra.

¿Qué significa ser hispano o latino para usted? Mi mama es Española y mi papa argentino, así que conozco directamente la influencia de la lengua y cultura Española en mi país, de hecho, cuando era pequeña y en el colegio me enseñaron que vino Colon desde EEspaña y al volver a mi casa le pregunte a mi mama si había venido con Colon. Ser hispano implica la construcción de una identidad en tierras jóvenes con raíces heterogéneas. El desafío de superar barreras idiomáticas en el acceso a la información y la necesidad de desarrollar el ingenio y las capacidades individuales para obtener respuesta en situaciones inestables.

¿Qué le aconsejaría a un estudiante o residente hispano o latino que acabe de comenzar su carrera? Lo primero es que cuide su salud general y mental. Que tenga espacio de supervisión de manera sostenida, que comprenda al paciente de acuerdo con su cultura y entorno y no a partir de sus sesgos personales, ya que observará personas con creencias distintas las cuales deberá comprender y amalgamar con el pensamiento científico moderno. Su formación implicará el estudio de la psiquiatría comenzando por la neuroanatomía, neurobiología y neurofisiología, el método y la evidencia deben prevalecer sobre el empirismo. Practicar una psiquiatría moderna y contemporánea. Como decía Groussag, más que un sabio profundo y un filósofo original, ser un cultivador de almas.

¿Díganos algo importante que haya aprendido de trabajar con pacientes hispanos y latinos? El trabajar en un país social y económicamente inestable me ha enseñado la importancia del impacto de la política y la economía en la salud mental de la población. La heterogeneidad de costumbres y creencias impacta en el abordaje de la enfermedad, y deben ser tenido en cuenta para tratar a la persona conforme a su cultura.

¿Qué papel (positivo o negativo) ha jugado en su carrera el hecho de ser hispano o latino? La historia de la psiquiatría en Argentina se remonta a 1770, el Hospital de Santa Catalina, perteneciente a los religiosos hasta el avance de la medicina donde se inicia el desciframiento de la enfermedad mental. Algunos personajes destacados son Diego Alcorta Domingo Cabred, Cristofredo JaKob, Jose M Ramos Mejía, Jose ingenieros, han sido pioneros en distintas ramas de la psiquiatría nacional, no han tenido trascendencia internacional debido a las barreras idiomáticas y al dominio de la psiquiatría por parte del mundo anglo y franco parlante. A medida que la tecnología y el recurso económico prepondera en los avances científicos, siento que cada vez estamos más alejados de los países del primer mundo y que el acceso a métodos complementarios diagnósticos y farmacología adecuada moderna se limita a una pequeña población y no debería ser así. Sin duda lo que nos distingue a los latinos es nuestra calidez por lo que el trato afectuoso y cercano nos permite empatizar con el sufrimiento de manera natural.

¿Qué futuro le augura a la psiquiatría hispana? El futuro dependerá de mirar hacia los países que lideran los avances en Medicina sin dejar de tener en cuenta las realidades propias, las fortalezas y las carencias. En caso de que logremos hacerlo, podremos diseñar planes de salud mental con dispositivos acordes a nuestra realidad, pero a la altura de la ciencia moderna.

¿Cuál ha sido el mayor obstáculo de su carrera y cómo consiguió superarlo? El mayor obstáculo fue y es la dedicación en tiempo necesaria para acceder a una actualización que amerita hoy la psiquiatría contemporánea. Requirió la comprensión de aristas como la neurociencia, psicología, neuroinmunologia, endocrinologia, psicofarmacología, genética, psicoterapias y el desafío psicosocial, para comprender la historia de cada paciente y lograr un tratamiento integral. Me dedico a adicciones y debo afrontar la falta de servicios organizados, sistematizados para la asistencia y tratamiento adecuado, la falta de lenguaje común entre algunas especialidades que intentan participar o conformar la interdisplicina, incluso el desafío de la mirada facilitadora de consumo. Implico un gran desafío diario que supere apoyando la educación medica, aportando libros en español sobre el tema, acercándome a cada centro de salud a incentivar a mis colegas a interesarse por las adicciones, por ejemplo.

¿Cuál es en su opinión el mayor reto de la psiquiatría? El desafío es el mismo que hace varios siglos: ni más ni menos que otorgarle al sufrimiento psíquico el carácter de entidad medica. Pese a que vivimos una época de amplitud en el respeto de las religiones, razas, orientaciones sexuales, no ocurre lo mismo en la comprensión de la importancia de la salud mental. El mayor reto también es finalizar el estigma y los prejuicios asociados al desconocimiento de la enfermedad mental, que afecta a 1 de cada 4 personas; terminar de ejecutar la medicina de las 4 p: personalizada, predictiva, preventiva y participativa; lograr avances en imágenes funcionales de los procesos alterados en la enfermedad, implementar la farmacogenética, identificación precoz de vulnerabilidad cierta para posibilitar intervenciones preventivas, ampliar el espectro de biomarcadores para mejorar el diagnóstico y subtipos de enfermedad. Documentar técnicamente la influencia del sufrimiento psíquico en la génesis y evolución de las enfermedades medico generales. Por ejemplo, concientizar sobre el impacto del estrés crónico como nueva epidemia del siglo 21. Los psiquiatras vamos a la zaga de otras especialidades como la pediatría que hace hincapié en lo nocividad de la sobeexposición a la tecnología. La multidisciplina inclusiva debera incluir los endocrinólogos, genetistas (deficit de glicina por exceso de metabolizacion, produce síntomas psicóticos), clínicos (la asociación de intestine irritable con ansiedad y depresión por ejemplo) para el abordaje real integral.

¿Cuáles son los cambios más necesarios en la psiquiatría? Desde lo técnico, desarrollar métodos complementarios funcionales, biomarcadores fiables para el diagnóstico de enfermedad mental. Desde lo social, acercarnos a carreras afines para unificar el lenguaje relacionado a salud mental. Desde lo clínico, optimizar la rehabilitación cognitiva para lograr en cada paciente la recuperación sintomática y funcional.

QUIJOTES DE LA PSIQUIATRIA

ROBERTO YUNES

Doctor Roberto Amado Yunes. Nacionalidad: Argentino. Médico Psiquiatra. Título de Médico otorgado por la Universidad Nacional de Córdoba. Médico Psiquiatra título otorgado por la Universidad Nacional de Buenos Aires (UBA).

Primera Cátedra de Psiquiatría Hospital J. T. Borda (Adultos). Especialista en Psiquiatría Infanto-Juvenil. C.E.A.M., Centro de Estudio y Asistencia Médico Psicológica. Directora: Dra. Telma Reca. Duración 3 años, trabajo teórico-práctico de 1973 a 1976. Curso de Terapia Familiar realizado en Palo Alto, California, Estados Unidos. Con el Dr. Carlos Sluzki y Dr. Paul Watzlawick, 1982. Curso de Terapia Familiar realizado en la Facultad de Medicina de la Universidad de Massachusetts, Estados Unidos. Con el Dr. Carlos Sluzki 1985. Magister en Psicofarmacología en el Hospital Universitario Fundación Favaloro, duración 3 años, en el 2000.

Algunos antecedentes docentes incluyen: Especialidad en la Docencia Universitaria, UBA. Duración 5 años. Docencia en la Facultad de Medicina de la UBA. Docente: Primera Cátedra de Pediatría. Hospital de Clínicas José de San Martín. 1973- 1986.Coodinador: Programa de Adolescencia, área Psiquiatría. Hospital de Clínicas José de San Martín (Hospital Universitario). 1986-1990. Profesor Cátedra Psiquiatría Infantil. Curso Superior de Médico Psiquiatra. Hospital J. T. Borda. 1979-1989.

Docente de Semiología y Clínica Psiquiátrica. Residencia Médica en Psiquiatría.

Hospital J. T. Borda. 1979-1981. Profesor: Cátedra de Psicopatología II. Carrera de Psicología U.C.A., Universidad Católica Argentina. 1982-1983. Profesor Titular: Cátedras de Psicología Evolutiva I y II. Carrera de Psicología. Universidad del Salvador. 1993-1994. Subdirector de la Carrera de Posgrado de Médico Especialista en Psiquiatría Infanto-Juvenil, en el Hospital de Niños, "Pedro de Elizalde", Facultad de Medicina, Universidad Nacional de Buenos Aires. 29 de Abril 1993. Director de la Carrera de Posgrado de Médico Especialista en Psiquiatría Infanto-Juvenil, en el Hospital Monovalente "Carolina Tobar García", Facultad de Medicina, UBA. 2013 hasta la actualidad.

Breves antecedentes Hospitalarios y de Salud Pública. Médico. Sector de Psicopatología Infanto-Juvenil. Primera Cátedra de Pediatría. Hospital de Clínicas José de San Martín. 1973-1989. Coordinador de los Equipos Psiquiátricos de Interconsulta de la Sala de Internación. Primera Cátedra de Pediatría, UBA. 1977-1982. Coordinador del Equipo de Terapia Familiar y formador de nuevos profesionales. Sector de Psicopatología Infanto-Juvenil UBA. 1983-1987. Coordinador de las Áreas de Consultorio Externo, Adolescencia Abuso Sexual e Internación. Sector de Psicopatología Infanto-Juvenil UBA. 1985-1986.

SubJefe del Sector de Psicopatología Infanto-Juvenil. Primera Cátedra de Pediatría. Hospital de Clínicas José de San Martín. 1985-1990. Director Hospital Infanto-Juvenil, "Carolina Tobar García". Hospital Monovalente. 1991-2010. Participación en Jornadas, Seminarios y Congresos en Argentina y en el exterior. Presidente del Congreso de Neurociencias de (AMA). Realizado en Argentina 1990. Presidente de Congreso de Psiquiatría Infanto-Juvenil (AAPI). Presidente del Congreso de Psiquiatría Infantil (FLAPIA) Federación Latino Americana (Argentina, Uruguay, Brasil y Chile). Re certificador de la especialidad Psiquiatría Infanto-Juvenil, por el término de 5 años. Asociación Médica Argentina 1996. Federación Médica Gremial de Capital Federal 1996. Presidente de numerosos Congresos y Jornadas realizadas por el "Hospital Tobar García" en Argentina.

¿Cómo decidió hacerse psiquiatra? Nací en Argentina en una provincia a mil kilómetros de la Capital Federal del país. Cuando era pequeño en la casa paterna, mi padre inmigrante, nos inculcó que la mejor posibilidad en la vida adulta era tener un título bajo el brazo; que nos iba a proteger y a dar una vida con menores dificultades. Fuí el menor de tres hermanos, en mi casa, mi madre era maestra y mi padre adoptó el oficio de comerciante. Como todo libanés era uno más que se ocupaba del comercio de telas. En ese tiempo el Líbano era dominado por Turquía por lo tanto el pasaporte de mi padre era turco, por eso los inmigrantes sirios y libaneses fueron llamados "los turcos". El deseo de mi padre era tener hijos doctores, al igual que todo inmigrante de esa época, de principio del siglo pasado. Terminé mi secundario en un colegio comercial pero mi idea era ser psiquiatra y entendí que tendría que ser médico para después especializarme en esa área. Me trasladé a la ciudad de Córdoba ciudad universitaria a ochocientos kilómetros de mi ciudad natal. Fue muy difícil el desarraigo porque era el primer hijo que iba a estudiar lejos de mis padres, que habían formado una familia aglutinada. Dos años largos me costó el despegue, hasta lograr una red de compañeros que estudiábamos y algunos vivíamos juntos. Se me dificultaron mucho algunas materias de medicina, porque no tenían nada que ver con lo que yo buscaba. Cuando llegué a la materia de Psiquiatría en la carrera, me dí cuenta que no estaba equivocado, que me daba la oportunidad de ayudar a las personas que tenían problemas de Salud Mental. Cuando me gradué de médico, estudié un año psiquiatría y neurología infantil, en la misma universidad. Al darme cuenta de que las especialidades se realizaban en la universidad de Buenos Aires me trasladé a la Capital. Donde estudié la especialidad en Psiquiatría de adultos y luego la especialidad de Psiquiatría Infanto-Juvenil.

¿Cuáles han sido sus principales fuentes de inspiración? La práctica clínica en niños y adolescentes, las realicé en el Hospital de Clínicas José de San Martín, Hospital Escuela de la Universidad de Buenos Aires, en la primera Cátedra de Pediatría. La especialidad teórica práctica de Psiquiatría Infanto-Juvenil la realicé en el Instituto de la Dra. Telma Reca (primera psiquiatra argentina que tuvo una beca Rockefeller en Estados Unidos). Cuando ella retorna a la Argentina crea el primer Consultorio de Psicología y Psiquiatría Infanto-Juvenil en el Hospital de Clínicas. En esa época el psicoanálisis era muy importante en la comunidad científica. Los discípulos de Freud emigraron a la costa este de Estados Unidos (New York) y a la Argentina (Buenos Aires). Por eso estos dos lugares fueron muy importantes en el desarrollo del Psicoanálisis. La práctica con adultos y el estudio teórico lo realicé en la sala 9 del Hospital Borda, dependiente de la Universidad de Buenos Aires, allí obtuve el título en la Especialidad de Médico Psiquiatra. Como el psicoanálisis en esa época era fundamental para el trabajo terapéutico inicié la formación del mismo y mi análisis individual de cuatro veces por semana para elaborar mis experiencias personales a través de mi desarrollo, a fin de evitar proyectar mis conflictos en los pacientes. Cuando llegó a la Argentina la teoría de Melanie Klein, me fue muy difícil aceptar sus fundamentos sobre el primer año de vida del niño. También aceptar la posición esquizoparanoide y la posición depresiva del bebé. Pero como uno no puede discutir sobre cuestiones de fé y creencias obviaba mis comentarios porque sería un hereje. Por eso hemos aprendido de la ciencia, "creencias", de teorías como verdades, en esa época, que luego fueron disipadas por falta de fundamento científico.

¿De qué se siente más orgulloso? Me siento orgulloso de ser una buena persona, de haber alcanzado los puestos máximos dentro de la psiquiatría sobre todo infanto- juvenil, y de tener una hermosa familia. El trabajo institucional que realicé en su mayoría fué ad-honoren, ya que nuestros hospitales son públicos y se atiende gratuitamente a los pacientes. A través de mi trabajo profesional he podido brindar ayuda a cientos de pacientes y familias de los cuales sigo recibiendo agradecimiento y afecto. En mí trabajo docente la formación de nuevos profesionales tiene un profundo significado, ya que la transmisión de conocimientos y experiencias en la relación con los pacientes constituyen un hito muy importante en la formación profesional.

¿Qué significa ser hispano o latino para usted? Ser hispano en mi país no significa ser diferente a los demás ya que pertenecemos a América del Sur y el lenguaje en la comunicación es el idioma castellano. Me considero una persona que cumplió con los objetivos propuestos: logré el respeto y cariño de mi familia, mis pares y pacientes.

¿Qué le aconsejaría a un estudiante o residente hispano o latino que acabe de comenzar su carrera? Les aconsejaría a los médicos que comienzan la especialidad que realicen un estudio metódico de los diversos trastornos en salud mental y además lograr la interrelación fluída y empática con los pacientes y sus familias. También que establezcan una interacción cordial con el equipo interdisciplinario como así también con sus colegas. Estas acciones lo llevarán a no sentirse discriminado, favoreciendo la integración. En este momento están llegando a nuestro país, muchos médicos latinoamericanos, que son incorporados al equipo, en la especialidad que yo coordino. Se sienten más cómodos debido a que el idioma es el mismo, aunque las culturas son diferentes. Se adaptan fácilmente al país, aunque los venezolanos extrañan mucho su tierra y sus familias.

¿Díganos algo importante que haya aprendido de trabajar con pacientes hispanos y latinos? Es importante aprender las costumbres de la cultura porque a pesar de tener el mismo idioma tenemos diferencias en la cultura familiar y social. Por eso es sustancial conocer las diferentes culturas, lo mismo que las religiones que profesan.En nuestros países latinos, el hecho de compartir la misma cultura el mismo lenguaje ha tenido para la práctica un papel positivo en la comunicación y en el entendimiento del motivo de consulta. Debemos darles importancia a sus antecedentes familiares y conocer las costumbres del país de donde vinieron a radicarse sus ancestros.

En Argentina se va perdiendo el concepto de que se consulta al psiquiatra porque una persona se encuentra con una enfermedad mental. Hoy en día se va cambiando el concepto en la población y la consulta no es estigmatizante. Por lo que resulta más fácil la incorporación a la especialidad en la interdisciplina médica.

¿Cuál ha sido el mayor obstáculo de su carrera y cómo consiguió superarlo? El mayor obstáculo en mi carrera se presentó durante los años en que fuí director del Hospital Monovalente de Psiquiatría Infanto-Juvenil "Carolina Tobar García". Tratando de lograr la interdisciplina entre el médico psiquiatra, psicólogo, terapistas ocupacionales, trabajadores sociales, musicoterapeutas, psicomotricistas, en el trabajo con pacientes internados por síntomas agudos con peligro para sí o para terceros. La dificultad con la Salud Pública es que muchas veces no comprenden los representantes del gobierno de turno. No entienden nuestro trabajo. Actualmente con la nueva Ley de Salud Mental quieren incorporar el área de Psiquiatría en hospitales generales y cerrar los hospitales monovalentes. Sobre este tema hoy existe una gran discusión. Al jubilarme en la actividad pública logré dejar un hospital modelo en su estructura y funcionamiento, creo que esto fue lo más importante que desarrollé en el área comunitaria.

¿Cuál es en su opinión el mayor reto de la psiquiatría? El mayor reto de la Psiquiatría es la comprensión y entendimiento de las otras especialidades médicas del papel que nos toca cumplir con el paciente, por lo tanto, la interdisciplina debe ser tomada en cuenta por otras áreas médicas.

¿Cuáles son los cambios más necesarios en la psiquiatría? El avance de la neuropsicofarmacología y el conocimiento de las áreas cerebrales y de las conexiones neuronales, nos aporta nuevos conocimientos para el tratamiento del paciente. Creo que los cambios de la Psiquiatría se irán dando a medida del mayor conocimiento del cerebro. El Médico Psiquiatra deberá ser amplio en los cambios que se producen y abrirse a los nuevos conocimientos y a la interdisciplina. No olvidemos que el ser humano está inserto en ambientes favorables y desfavorables por lo cual debemos tomar conciencia de los efectos que producen en el individuo estos cambios

CARLOS ZARATE

El Dr. Carlos A. Zarate estudió Medicina en la Universidad Católica de Cordoba en Argentina. Es especialista en Psiquiatría y completó sus estudios de psicofarmacología clínica en el Hospital McLean y posteriormente trabajó en la Escuela de Medicina de la Universidad de Massachusetts.

Desde 2001, el Dr. Zarate trabaja para el NIMH. Inicialmente trabajó en el programa de Trastornos del Estado de ánimo y Ansiedad y, desde 2009, como director de la Subdivisión de Fisiopatología y Terapéutica Experimenta (ETPB) guiando un equipo de investigación multidisciplinario que además de hacer estudios de investigación, proporciona capacitación para desarrollar la próxima generación de investigadores clínicos.

En el 2005 el Dr. Zarate, recibió fondos para investigar sobre nuevos tratamientos para trastornos del estado de ánimo como la depresión y el trastorno bipolar, siendo pionero del desarrollo de moléculas que comienzan a funcionar mucho más rápido que las opciones anteriores. Su investigación con la Ketamina ha dado como resultado tratamientos de depresión de acción rápida que funcionan en pocas horas y duran 3-5 días o más. Debido a la velocidad a la que este medicamento reacciona dentro del cuerpo y a la duración de sus efectos, es posible que los médicos de urgencias tengan un tratamiento posible para aquellos que sufren de depresión con un alto riesgo suicida.

Ha recibido múltiples premios incluyendo el Premio Ethel-DuPont Warren y los Premios Livingston, de la Escuela de Medicina de Harvard, del Colegio Americano de Neuropsicofarmacología y del Programa de formación en Investigación de la Asociación Americana de Psiquiatría y de la Alianza Nacional para la Investigación sobre la Esquizofrenia y la Depresión.

El Dr. Zarate ha enfocado su investigación en el estudio de los aspectos biológicos y farmacológicos de los trastornos del estado de ánimo en adultos utilizando nuevos compuestos y biomarcadores, uso de técnicas como magnetoencefalografía (MEG), polisomnografía (PSG), tomografía por emisión de positrones (PET), imágenes de resonancia magnética funcional (fMRI) y espectroscopia de resonancia magnética (MR).

"Para mí es un tiempo emocionante para ser un investigador. No teníamos la mayor parte de estas tecnologías hasta hace una década y ahora tenemos todas estas opciones y posibilidades. Y eso sin duda, ha llevado a una mayor comprensión de cuáles son las causas de la enfermedad, y los objetivos potencialmente prometedores para desarrollar mejores tratamientos. Estas cosas no las tuvimos en el pasado reciente."

QUIJOTES DE LA PSIQUIATRIA

IN MEMORIAM

QUIJOTES DE LA PSIQUIATRIA

CAROLINA BORJA

Medica Psiquiatra, colombiana especialista en psiquiatria perinatal. Especialista en docencia universitaria. Presidenta de la Asociación Marce-Colombia. La Dra. Borja realizó una labor incansable por y para las madres. Perteneció a la red de salud mental de la mujer WARMI, y fundó la sección de psiquiatría perinatal de la Asociación Colombiana de Psiquiatría.

En su profesión, la doctora Carolina Borja estimulaba a las madres para tener un contacto piel con piel con sus bebés, promoviendo la lactancia materna en bebés prematuros. Fue egresada del programa de Psiquiatría de la Universidad Javeriana en el año 2002 y desde su rama se convirtió en una de las promotoras del programa Madre Canguro.

La doctora Carolina Borja se consolidó como un referente de salud mental perinatal y fue promotora del programa Madre Canguro. Lideró y motivó a infinidad de compañeros para, entre todos, lograr que se aprobara en el senado colombiano el proyecto de Ley de Brazos Vacíos, Ley de lineamiento para el manejo del Duelo Perinatal, que ella misma defendió con una ponencia en el congreso de la República. Falleció en Bogota, el 20 de Feb/2022

QUIJOTES DE LA PSIQUIATRIA

ÁLVARO CAMACHO

Nació en Santander, Colombia – falleció en California, Estados Unidos en 2018. Médico, psiquiatra, investigador, profesor universitario y académico. Proveniente de una familia de también prestigiosos y reconocidos médicos en Colombia, el Dr. Camacho se graduó en la Facultad de Medicina de la Pontificia Universidad Javeriana en 1997. Después de practicar psiquiatría en su Colombia natal, el Dr. Camacho, se radicó en los Estados Unidos. Terminó su entrenamiento en Psiquiatría en la Universidad de California, San Diego (UCSD), donde fue Jefe Residentes. Obtuvo una maestría en Ciencias de Salud comunitaria de la Escuela de Salud Pública de UCSD y estudios postdoctorales en Epidemiología Psiquiátrica.

Durante más de 10 años, el Dr. Camacho trabajó en comunidades rurales desfavorecidas en la frontera entre Estados Unidos y México. Sirvió con distinción en numerosos roles de liderazgo en el Condado Imperial y en la Asociación Americana de Psiquiatras Hispanos (ASHP). El Dr. Camacho se desempeñó como Profesor Asociado de Psiquiatría en UCSD.

Sus áreas de interés/investigación fueron las disparidades de salud, así como la asociación de los trastornos del estado de ánimo y la ansiedad con factores de riesgo cardiometabólico entre los hispanos/latinos que viven en comunidades rurales de escasos recursos.

El legado del Dr. Camacho promoviendo la investigación y

sirviendo a las poblaciones de hispanos mas desfavorecidos seguirá vivo y será un referente para muchos psiquiatras jovenes en America Latina y Estados Unidos.

En su honor los colegas de la ASHP crearon la conferencia anual que lleva su nombre donde se presentan temas relacionados con depresión y prevención de suicidio en médicos.

QUIJOTES DE LA PSIQUIATRIA

LUIS A. CÁRDENAS

El Profesor Luis Alejandro Cárdenas Reyes nació el 16 de Mayo de 1927, en Tunja, Boyacá, Colombia y Falleció en Bogota el 28 de Diciembre, 2016. Ingresó al colegio de Boyacá donde cursó los últimos años de primaria y el bachillerato académico, que terminó en 1944. Egresado de la Facultad de Medicina de la Universidad Nacional de Colombia en 1950. Se inclinó por las disciplinas de la Medicina Interna y poco por las actividades quirúrgicas en el Hospital de La Hortúa. A partir de la lectura de la novela *El médico de las locas de Javier de Montepin* se interesó por la Psiquiatría, Su primer contacto con esta disciplina fue en el Asilo de Locas de Bogotá.

Trabajó en el "Frenocomio de Varones de Sibaté," y fue Jefe de Neurología, psiquiatría y medicina psicosomática en la Facultad de Medicina de la Universidad Nacional de Colombia. Además, fué médico legista y psiquiatra forense en el Instituto Nacional de Medicina Legal, profesor de Psiquiatría Forense y Medicina Legal en las Universidades Libre de Colombia y Gran Colombia, profesor de Psiquiatría Clínica en la Facultad de Medicina del Colegio Mayor de Nuestra Señora del Rosario donde alcanzó el grado de Profesor Emérito- y de la Pontificia Universidad Javeriana, donde fue Profesor Titular.

Fue Miembro fundador y primer presidente de la Asociación de Estudios Psiquiátricos de Bogotá y Miembro fundador de la Asociación Colombiana de Psiquiatría. Fue muy reconocido por su trabajo " Situación actual de la asistencia, docencia, prevención y otros aspectos de la psiquiatría colombiana." En las ultimas decadas de si vida, fue Jefe de

QUIJOTES DE LA PSIQUIATRIA

Consulta Externa para pacientes psiquiátricos de la Beneficencia de Cundinamarca e intervino de en la modificación de la asistencia de los enfermos mentales de esa Institución. Compartimos alguno de sus pensamientos que reflejan su vida y obra: *"He vivido como he planeado y en el momento actual, desde la cúspide de mi existencia, me siento satisfecho con el mundo, con la sociedad, con mi familia, con mis ancestros y sobre todo con mi yo, con mi ello y con mi superyo, así como con mis círculos bioeléctricos y con mi entorno. Seguiré existiendo hasta que mi parábola vital se complete, siguiendo mi formación y principios, sin renunciar a lo que me ha motivado siempre: la competitividad y el compartir sin condiciones con los demás".*

QUIJOTES DE LA PSIQUIATRIA

RICARDO CAPPONI

Psiquiatra chileno nacido en 1956, quien falleció en Enero de 2020. Dr. Capponi estudió Medicina en la Universidad Católica, Psiquiatría en la Universidad de Chile, y un Bachillerato en Filosofía. Se transformó en un famoso psicoanalista. Fue docente de la Universidad de Chile. Escribió cinco libros; el último fue el best seller "La felicidad sólida," escrito en Mayo, 2019. Publico manuales sobre psicopatología, sobre el necesario fin del duelo, y otros escritos sobre el amor y la sexualidad. Con su trabajo conquistó a los medios de comunicación, empresarios y a políticos. Su exitoso libro sobre felicidad (e infelicidad) fue publicado meses antes del 18 de Sept/2019. Ahí se anticipaban algunas claves para entender lo insatisfechos que se sienten los chilenos.

Sobresalió por su capacidad de sintetizar y comunicar fácilmente conceptos psicoanalíticos complicados. Sobre el 18/9 dijo una vez: *"Este es un proceso acotado a un fenómeno regresivo de la sociedad, pero que si es bien manejado se puede recuperar"*. Otro día aludió a las causas del quiebre social: *"El origen de todo esto, a mi parecer, es un malestar adolescente tremendo, furibundo, con esa agresión a flor de piel que tienen los adolescentes para marcar la ruptura de sus padres, y con una omnipotencia que los hace sentir que las cosas van a ser más fáciles de lo que son después."*

QUIJOTES DE LA PSIQUIATRIA

RICARDO CASTAÑEDA

El Dr. Castañeda nació el 9 de julio de 1955 en la ciudad de Guatemala. Su padre era un obstetra y ginecólogo; su madre era un restaurador de arte. Su propio camino se extiende por los dos campos. Mientras estaba en la escuela de medicina de la Universidad de San Carlos de Guatemala, el Dr. Castañeda se ofreció voluntariamente para tratar a las víctimas del terremoto de Guatemala de 1976. Se trasladó a los Estados Unidos en 1980 y comenzó una pasantía y residencia en el Albert Einstein College of Medicine en el Bronx. Finalmente aterrizó en el campo de la psiquiatría. Antes de entrar en la práctica privada como psiquiatra clínico en el Upper West Side de Manhattan, el Dr. Castañeda fue director de hospitalización psiquiátrica en el Hospital Bellevue de Manhattan de 1992 a 2009.

El Dr. Ricardo Castañeda era un ávido caricaturista que a menudo podía ser encontrado en los conciertos de la Filarmónica de Nueva York o en la Ópera Metropolitana, en primera fila, cuando era posible, garabateando a los dibujos de los artistas. Ilustró libros para principiantes sobre psiquiatría y adicción. Intentó escribir guiones y componer ópera. El Dr. Castaneda murió el 25 de marzo de 2020, poco después de ser ingresado el Hospital de Tisch de N.Y.U. Centro Médico de Langone en Manhattan. Murió debido a complicaciones del coronavirus.

QUIJOTES DE LA PSIQUIATRIA

CARLOS CASTILLA DEL PINO

Nació el 15 de Octubre de 1922 en San Roque, Cádiz, y murió el 15 de Mayo de 2009 en Castro del Río, Córdoba, España. Estudio en Madrid, donde cursó la carrera de Medicina con especialidad en Psiquiatría y se doctoró con la tesis titulada "Fisología y patología de la percepción óptica del movimiento". Sus primeros años de profesión estuvieron vinculados al departamento de Psiquiatría del Hospital General de Madrid. Trabajo por la humanización del tratamiento del enfermo mental y la introducción de medidas psicofarmacológicas. Posteriormente, fue director del Hospital Psiquiátrico de Córdoba, institución en la que, a partir de entonces, desarrolló toda su actividad clínica.

Desde su jubilación en 1987, continuó con su labor investigadora en la Fundación Aula Castilla del Pino, creada en 1993 con el objetivo de promocionar la psiquiatría y asumir las funciones del Instituto de Investigación Psicopatológica Escribió más de 30 obras psiquiátricas y 186 monografías neuropsiquiátricas publicadas en revistas especializadas. Además es autor de más de un centenar de ensayos, dos novelas - Discurso de Onofre (1977) y La alacena tapiada (1991)- y un libro de memorias - Pretérito imperfecto (1997). En psiquiatría, sus obras incluyen, un estudio sobre la depresión (1966), La culpa (1968), Introducción al masoquismo (1973), Introducción a la psiquiatría (1980), Estudios de psicología sexual (1984), Teoría de la alucinación (1984), Cuarenta años de psiquiatría (1987). La ontología humana se ve reflejada en Teoría de la incomunicación (1970). Fue profesor en la Escuela de Ciencias.

ROBERTO CHASKEL

Dr. Roberto E. Chaskel. Nacío en Bogotá, Colombia. Se entreno en la Facultad de Medicina de la Universidad Nacional de Colombia de donde se graduo en 1975. Realizo estudios del postgrado de Psiquiatra de Adultos de la Freie Universität de Berlin, Alemania y posteriormente termino el entrenamiento en Psiquiatría Infantil y de Adolescentes en el King´s College y el Instituto de Psiquiatría de Londres. Fue pionero de la psiquiatria infantil en Colombia, docente de psiquiatría en las facultades de medicina con algunas universidades en Bogotá y Cali. Desarrollo el servicio de Psiquiatría Infantil y Adolescencia en el Hospital Militar Central. Trabajo en las áreas de Trastorno de Stress Postraumático y Elaboración de Duelo en niños y adolescentes. Fue profesor de centenares de colegas, psicólogos y pediatras quienes se han encargado de reconocer y replicar la labor del Dr. Chaskel.

Activo miembro de la comunidad judía en Colombia. Fue miembro de múltiples sociedades médicas y psiquiátricas como Asociación Mundial de Psiquiatría, la Asociación Americana de Psiquiatría y a la Asociación Colombiana de Psiquiatria ocupando posiciones de liderazgo como presidente y miembro de la junta directiva.

Líder en posicionar a la psiquiatria infantil como una especialidad en Colombia abriendo el primer programa en 1999. En 2020 la Sociedad Americana de Psiquiatras Hispanos le otorgo el premio de excelencia en psiquiatria por su vida y trayectoria ayudando a niños, madres y familias en Colombia.

Falleció en Bogota en Febrero de 2023.

QUIJOTES DE LA PSIQUIATRIA

HONORIO DELGADO

Nacido en Arequipa el 26 de Septiembre de 1892 y fallecido en Lima el 27 de Noviembre de 1969. Estudio Ciencias en la Universidad de San Agustín de Arequipa y Medicina en la Facultad de Medicina de la Universidad Nacional Mayor de San Marcos, destacándose desde entonces por su inteligencia y por una vocación de estudioso, que se mantuvo durante toda su existencia.

Realizo su carrera de docente, en la universidad de San Marcos y en la Universidad Peruana Cayetano Heredia. Fue Decano de la primera y primer Rector de la Segunda. Cofundador de las Revistas de Psiquiatría y Disciplinas Conexas (1918-1924) y Revista de Neuro Psiquiatría (1937). Introductor del psicoanálisis en castellano, fue también pionero en aplicar los tratamientos biológicos y farmacológicos, así como las técnicas, individuales y grupales, psicológicas y sociales en Perú.

Trabajo en el hospital Víctor Larco Herrera por más de cuarenta años y en esa Institución desarrolló su investigación clínica y terapéutica, llegando a publicar cerca de 400 artículos. Miembro Fundador del Colegio Internacional de Neuropsicofarmacología.

QUIJOTES DE LA PSIQUIATRIA

JUAN GONZALEZ-PACHECO

Psiquiatra colombiano, egresado de pre-grado y postgrado de la Pontificia Universidad Javeriana de Bogota. Desde 1995 el Dr. Gozalez-Pacheco se desempeño como Profesor Asociado al Departamento de Psiquiatría y Salud Mental, en la Facultad de Medicina de la Universidad Javeriana.

Fue Director Unidad de Salud Mental del Hospital San Ignacio . Perteneció a innumerables organizaciones profesionales y participo activamente en la Sociedad Colombiana de Psiquiatría .
Su enfoque de investigación en psiquiatría fue basado en la atención integral del paciente psiquiátrico. Era conocido por su genial sentido del humor y la facilidad en la resolución de conflictos. Publico múltiples artículos y capítulos en importantes libros de texto de psiquiatira.

Trabajo en el hospital San Ignacio de Bogota por más de veinticinco años y en esa Institución desarrolló su practica docente y clínica, llegando a ejercer posiciones de liderazgo como la Direccion del Departamento de Psiquiatria y de la Unidad de Salud Mental.

Fue Miembro Fundador del Colegio Colombiano de Neuropsicofarmacología. Organizo muchos eventos nacionales e internacionales en temas como el Abordaje integral de los pacientes psiquiatricos hospitalizados y escribió las Gúısa de atención integral para la detección temprana y diagnóstico del episodio depresivo y trastorno depresivo recurrente en adultos. Atención integral de los adultos con diagnóstico de episodio depresivo o trastorno depresivo recurrente Aspectos generales del tratamiento, manejo de la fase aguda, continuación y mantenimiento del paciente con diagnóstico de depresión.

Falleció en Bogota, el 28 de Diciembre de 2021

QUIJOTES DE LA PSIQUIATRIA

CARLOS LEÓN

Nació en Guaranda, Ecuador, en Mayo de 1926. Falleció en Cali, Colombia, en Marzo de 2020. Estudio en el Colegio Nacional Pedro Carbo, en su ciudad natal y obtuvo su grado en medicina en la Universidad Central de Quito en 1952. Epidemiólogo y especialista en psiquiatría de la Universidad de Tulane –Estados Unidos. Se vinculó como docente a la Universidad del Valle en 1955 y un año más tarde participó en la creación del Departamento de Psiquiatría que dirigió desde su fundación hasta 1977.

En 1966, colaboro con la Organización Mundial de la Salud (OMS) en el ¨Estudio piloto internacional en esquizofrenia¨ que se realizó con participación de siete centros mundiales de investigación, incluido el de Cali.

Perteneció a innumerables organizaciones profesionales y participo en la fundación de la Sociedad Colombiana de Psiquiatría siendo presidente en 1966. También fue miembro de la Academia Americana de Psicoanálisis, la Asociación Psiquiátrica Americana, la Asociación Epidemiológica Internacional y la Asociación Americana para el Avance de la Ciencia, entre otras. Desde 1965, fue Profesor Visitante en el departamento de Psiquiatría de la Universidad de Tulane (New Orleans, LA).

También fue miembro del comité editorial de varias publicaciones como «Social Psychiatry» y «Acta Psiquiátrica y Psicológica de América Latina». En 1967, fue elegido Miembro del Grupo de Expertos en Salud Mental de la OMS. Su enfoque de investigación en psiquiatría fue basado en la necesidad de utilizar la metodología científica y en la importancia de incorporar los factores sociales y culturales para comprender los fenómenos psicológicos.

QUIJOTES DE LA PSIQUIATRIA

JUAN J. LÓPEZ-IBOR

Fue uno de los profesionales de la psiquiatría más relevantes de España, que dedicó toda su vida al estudio y desarrollo de su especialidad. Sus pasiones siempre fueron el estudio de los trastornos obsesivos-compulsivos, esquizofrenia, nosología psiquiátrica y la psiquiatría de enlace. Colaborador habitual de la Organización Mundial de la Salud, y poseedor del sillón número 10 de la rama de Psiquiatría de la Organización. Durante su trayectoria profesional fue presidente de la Asociación Mundial de Psiquiatría y colaborador en el desarrollo de Honorary Fellow of Royal College of Psychiatrists y miembro de RANM.

Hijo del también doctor López-Ibor se licenció en Medicina por la Universidad Complutense de Madrid, donde realizó su tesis "Los equivalentes depresivos", para especializarse más tarde en Psiquiatría y Neurología. Hasta el año 1992 y desde el 1977, ocupó la plaza de Jefe del Servicio de Psiquiatría del Hospital Ramón y Cajal de Madrid.

Ocupó igualmente, la cátedra de Psiquiatría de la Facultad de Medicina de la Universidad Complutense, organizando el Congreso Mundial de Psiquiatría que se celebró en Madrid en 1.993. Profesor emérito del Departamento de Psiquiatría de la Facultad de Medicina de la Universidad Complutense de Madrid, mantuvo la tradición y espíritu de la obra de sus padres en la clínica López-Ibor.

QUIJOTES DE LA PSIQUIATRIA

CLAUDIO NARANJO

Nacido en Valparaíso en Noviembre de 1932. Se destacó como exponente de la psicología transpersonal, en Chile y Estados Unidos. Pionero de la psicología psicodélica y el estudio de los medicamentos psicoactivos. Su modelo de practicar la psiquiatría utilizando la meditación, el uso de la música y los procesos de comunicación y autoconocimiento como recurso terapéutico se expandieron globalmente. Su libro "Cambiar la educación para cambiar el mundo", se convirtió en referencia obligada para los educadores a nivel mundial.

Fue autor de otros libros como "La vieja y novísima gestalt: Actitud y práctica' (1990); 'La agonía del patriarcado' (1993); 'Gestalt sin fronteras' (1995); 'Carácter y neurosis' (1996); 'Entre meditación y psicoterapia' (1999); 'Autoconocimiento transformador. Los eneatipos en la vida, la literatura y la clínica' (1999); y 'El eneagrama de la sociedad' (2000).

El año 2007 fue nombrado doctor honoris causa por la Universidad de Udine (Italia). Falleció en su residencia de Berkeley, California, en Diciembre de 2019.

QUIJOTES DE LA PSIQUIATRIA

JAMES PEREL

Nació en Argentina en Marzo de 1932 – falleció en Estados Unidos en Agosto 27 de 2018. Antes de incorporarse al Departamento de Psiquiatría de la Universidad de Pittsburgh en 1979, Dr. Perel ocupo posiciones académicas en Emory, Columbia y la Universidad de Nueva York, donde obtuvo su doctorado en 1964. Trabajó en varios cargos de liderazgo incluyendo presidente del Departamento de Farmacología, director del Programa de Farmacología Clínica del Western Psychiatric Institute y Clinic, y jefe del Servicio de Farmacología Clínica para el Centro de Veteranos en Pittsburgh. PA.

La investigación del Dr. Perel se centró en las acciones de los fármacos psicotrópicos y también en la predicción de respuestas individuales mediante el uso de perfiles biomarcadores y farmacogenéticos de los antidepresivos.

Acumuló una serie de publicaciones que incluía más de 330 artículos revisados por expertos y fue nombrado uno de los investigadores más citados entre 1982-1999 por el Instituto de Información Científica.

Dr. Perel también era conocido por su pasión por educar a los estudiantes. Obtuvo el premio de Educador clínico del año de la Escuela de Medicina de Pitt en 2013.

JOAQUIM PUIG ANTICH

Nacio en Barcelona en septiembre de 1944 y falleció en diciembre de 1989 en Pittsburgh, PA. Realizó sus estudios de medicina en el hospital Clínico de Barcelona y los complementó con una formación en neurocirugía en Montpellier. A partir de entonces orienta su rumbo hacia Estados Unidos, donde iba a llevar a cabo el resto de su carrera. Su formación pasó por los mejores centros, tales como el Sinai Hospital de Baltimore y el Beth Israel Hospital de Nueva York. Académicamente empezó a brillar como fellow en el Albert Einstein College of Medicine y poco después en el destacado grupo de la Universidad de Columbia de Nueva York hasta 1984, año en el que fue nombrado catedrático de Psiquiatría de Niños y Adolescentes en el departamento de Psiquiatría de la Facultad de Medicina de la Universidad de Pittsburgh.

El legado científico de Joaquim Puig Antich se centra en la psiquiatría del niño y del adolescente, campo en el que demostró en 1978 que los niños también presentan depresión mayor y no sólo los adultos, cosa que hasta entonces permanecía en duda. Además, consiguió descifrar algunas de las características de esta enfermedad en los niños, como su frecuente asociación con ansiedad de separación y trastornos de conducta, además de otras características de la familia de los afectados.

Muchos de sus alumnos han seguido los pasos del profesor Puig Antich, siendo abanderados de la psiquiatria infantil a nivel mundial.

Falleció inesperadamente el 2 de diciembre de 1989 por una crisis de asma, enfermedad que le generó importantes limitaciones, ante las que Joaquim había respondido con un envidiable repertorio de ingenio, actividad y entereza.

QUIJOTES DE LA PSIQUIATRIA

ARMANDO ROA

Armando Roa Rebolledo fue un médico psiquiatra, académico, intelectual y humanista chileno. Nació en Concepción, en Marzo de 1915- y fallece en Santiago de Chile, en Septiembre de 1997. Se desempeñó como profesor titular de la cátedra de psiquiatría de la Universidad de Chile y la Universidad Católica.

Fue miembro de la Academia Chilena de Medicina, institución de la cual fue presidente desde 1987 hasta su deceso en 1997. También fue fundador y director de la Sociedad de Filosofía de Chile, y presidente (1965-1966) de la Sociedad de Neurología, Psiquiatría y Neurocirugía de Santiago, organismo que lo nombró en 1994 Maestro de la Psiquiatría Chilena, título honorífico que se entrega cada dos años desde 1990.

En el ámbito académico, marcó a generaciones de médicos y psiquiatras. Publico en revistas nacionales e internacionales sobre psiquiatría, filosofía, bioética, etc. Desarrolló la antropología y la ética médica antes de que esos temas tuviesen la notoriedad de que gozan en la actualidad.

Parte de sus estudios sobre bioética y psiquiatría clínica cuestionaban el uso estricto del DSM en el diagnóstico de enfermedades psiquiátricas que se daba en la época, sin considerar la historia particular de cada paciente.

Un capítulo del libro Los Antifrívolos de Carlos Ruiz-Tagle retrata la relación médico- paciente entre Roa y el escritor. Actualmente, un auditorio de la Facultad de Medicina de la Universidad de Chile lleva su nombre.

QUIJOTES DE LA PSIQUIATRIA

DIEGO RODRÍGUEZ ESCOBAR

Dr. Diego Rodríguez Escobar nace en Amalfi, Antioquia, Colombia el 8 de junio de 1937. Cursó sus estudios de bachillerato en la Universidad Pontificia Bolivariana en Medellín, Colombia graduándose en 1955. Ingresa a la Facultad de Medicina de la Universidad de Antioquia en febrero de 1956, también en Medellín, y completa los estudios formales en junio de 1962. Inicia entonces su internado rotatorio en el hospital de San Vicente de Paul, al terminar el cual se gradúa como Médico Cirujano por la Universidad de Antioquia el 4 de julio de 1963.

Durante su carrera profesional sirvió en diversas capacidades en actividades siempre relacionadas con la psiquiatría. En 1988 y 1989 fue supervisor de los residentes del programa de Fellowship in Child Psychiatry de la Universidad de Texas en Galveston. De 1988 a 1992 fue Consultante de Revisión de Uttilización de Servicios de la compañía de seguros médicos Prudential. De 1992 a 1994 fue miembro del Panel nacional de la Red de Salud Mental. Diego fue uno de los primeros miembros del Capítulo del Sur de Texas de la Sociedad Texana de Médicos Psiquiátricos y Asociación Americana de Psiquiatria y participó en el grupo de planeación que culminaría en la construcción del Behavioral Hospital at Renaissance, una institución de gran calidad en el Valle del Rio Grande.

Publicó dos colecciones de poesías en sendos libros. La primera, intitulada Cero al Infinito en 1991 en Fundación Otras Palabras/Editorial Lealón de Medellín. La segunda en 2018, con el título Arrancando el Olvido, publicada por Amazon. Arrancando el Olvido contiene tanto poesías selectas que ya habían aparecido en la primera colección, pero también otras muchas nuevas y novísinas como aquellas celebrando a su amigo Carlos Gaviria y a su maestro de pintura Vicente Laguna. Ya antes había escrito honrando a García Lorca y a Neruda. Además de la poesía cultivó la pintura y al final de sus días intentó dominar el piano.

El Dr. Rodriguez era un admirador reiterado del Quijote y encontraba en muchas de sus vivencias personales similitudes con las andanzas del Caballero de la Triste FIgura. Venir a los Estados Unidos, volver a Colombia, de nuevo a los Estados Unidos y finalmente a Colombia fue para él como las "salidas" de Don Quijote, incluyendo la última: volviendo a casa. Como el quijote, vuelve a su aldea, en este caso la ciudad de Medellin donde pasa sus últimos años hasta su fallecimiento el 2 de agosto de 2022. De su "aldea" escribió: Tuve un pueblo de brumas, de brujas y arrayanes y un oso perezoso que fue mi hada madrina.

QUIJOTES DE LA PSIQUIATRIA

HUMBERTO ROSSELLI

Nació en Sogamoso en 1923 – falleció en Bogotá en 2009. Médico, psiquiatra, psicoanalista, escritor, historiador, profesor universitario y académico, el doctor Rosselli hizo estudios profesionales en la Facultad de Medicina de la Universidad Nacional y estudios y formación en psicoanálisis didáctico como psicoanalista.

Doctor en Medicina y Cirugía de la Universidad Nacional (1948) y Psicoanalista de la Sociedad Colombiana de Psicoanálisis, Profesor Titular, Honorario y Emérito de Psiquiatría de la Universidad Nacional, Jefe de la Sección de Psiquiatría de la Facultad de Medicina de la Universidad Nacional y Director del Hospital Psiquiátrico de Bogotá.

Presidente de la Sociedad Colombiana de Psiquiatría, de la Asociación Psicoanalítica Colombiana, del Instituto Colombiano del Sistema Nervioso, de la Sociedad Colombiana de Historia de la Medicina, de la Asociación Psiquiátrica de América Latina y del Consejo Interamericano de Asociaciones Psiquiátricas; Miembro de la Academia Colombiana de Historia, Miembro de número de la Academia Nacional de Medicina por más de veinte años hasta su elección como Miembro Honorario.

QUIJOTES DE LA PSIQUIATRIA

RAFAEL SANCHO DE SAN ROMÁN

Nació en Toledo, (en la calle Sillería) en 1935. Falleció a la edad de 84 años. Dedicó toda su vida a la psiquiatría, especialidad médica que ejerció en la capital de Castilla- La Mancha durante más de cuatro décadas. Fue director de la Real Academia de Bellas Artes de Toledo en 1984. Desempeñó el puesto de médico-psiquiatra del Hospital Psiquiátrico Provincial de Toledo, como jefe de los Servicios de Psiquiatría e Higiene Mental y director del Centro de Diagnóstico y Orientación Terapéutica de la Jefatura Provincial de Sanidad de Toledo. Desarrolló su carrera clínica en neuropsiquiatra en la Seguridad Social y en su consulta privada. Fue autor de numerosas obras como "El Hospital del Nuncio de Toledo en la Historia de la asistencia psiquiátrica", "Los antiguos hospitales de la Ciudad de Toledo) y "La medicina en Toledo." Fue especialista en psicología clínica, neurología y psiquiatría, atendiendo a más de 40.000 pacientes. Fue el autor de biografías de médicos como López-Fando y Gregorio Marañón. También publicó sobre literatura neurológica, sobre la pestilencia en época del Renacimiento español, y sobre los estudios médicos en la antigua Universidad de Toledo.

Entre sus publicaciones como historiador de la medicina figuran, La medicina y los médicos en la obra de Tirso de Molina, con la que se incorporó en 1959 a la Sociedad de Médicos Escritores y Artistas. Este trabajo fue editado al año siguiente por el Seminario de Historia de la Medicina Española de la Universidad de Salamanca. De la misma época son textos como «Vida y obra de Gaspar Casal» (1959), «La obra psiquiátrica del doctor Pi y Molist» (1960) y «La obra psiquiátrica de Giné y Partagás» (1960). En 1960, aún vinculado a la Universidad de Salamanca, trabajó en un Catálogo de las disertaciones y memorias de la Regia Sociedad Médica de Sevilla (1736-1819).

Miembro fundador de la Sociedad Española de Historia de la Medicina y de la Real Academia de Medicina de Salamanca, miembro del Club du Cirque de Paris y consejero del Instituto Provincial de Investigaciones y Estudios Toledanos (IPIET). Fuera de la historiografía médica, se interesó por temas como la pintura, la escultura y la poesía.

QUIJOTES DE LA PSIQUIATRIA

ROBERTO SERPA

Dr. Roberto Serpa Florez, nació el 1 de Noviembre de 1925 y murió el 6 de Abril de 2019 en Bucaramanga. Perteneció a una familia de médicos. Además de escritor y médico, fue maestro, cirujano e incluso se ganó un doctorado honoris causa en Derecho por sus aportes a la parte legal del tema de la psiquiatría. Sus aportes, tanto en la medicina como en las letras de molde, realzaron al mundo de la medicina y a multiples editoriales de periódicos locales y nacionales. Le dio vida al magazín 'Artes y Letras' y a su columna editorial. Fue el cofundador de la Facultad de Salud de la Universidad Industrial de Santander, UIS, en donde también ejerció el cargo de decano. También dirigió al Hospital Psquiátrico San Camilo. De igual forma se desempeñó como profesor en la Universidad Libre, la Universidad Nacional y la Universidad Autónoma de Bucaramanga

Su título de médico cirujano lo logró en la Universidad Nacional y además se especializó en Psiquiatría, tras varios estudios en Bogotá y en Ciudad de México.

Fue miembro de la Academia Nacional de Medicina, Profesor Emérito de Psiquiatría de la UIS, Fundador de la Asociación Colombiana de Psquiatría y Fundador de la Sociedad Colombiana de Historia de la Medicina.

QUIJOTES DE LA PSIQUIATRIA

El Dr. Roberto Serpa Flórez recibió múltiples distinciones incluyendo la Cruz de Esculapio de la Federación Médica Colombiana y el Premio Vida y Obra al Servicio de la Psiquiatría de la Asociación Colombiana de Psiquiatría. La Cruz de Esculapio le fue otorgada a la Asamblea General de la Federación en Febrero 1999. y fue impuesta por el Presidente de la Federación en Bucaramanga el primero de Septiembre, en ceremonia patrocinada por la Universidad Autónoma de Bucaramanga, y el Colegio Médico de Santander.

Pionero de la Psiquiatría Biológica en Colombia, escribió múltiples artículos científicos y libros de psiquiatría, historia y medicina. Trabajo para múltiples universidades educando un sinnúmero de profesionales en salud.

QUIJOTES DE LA PSIQUIATRIA

JOSÉ F. SOCARRAS

Nació en Valledupar (Cesar, Colombia) en 1906; falleció en 1995. Se graduó de bachiller en el Colegio Mayor de Nuestra Señora del Rosario en Bogotá en 1923 y de doctor en Medicina y Cirugía en la Universidad Nacional en 1930 con la tesis doctoral "Los Fundamentos del Psicoanálisis". Fue asistente al curso de Psiquiatría de Henri Ey en la Clínica Psiquiátrica de la Facultad de Medicina de París de 1946 a 1949.

Fue fundador del Grupo de Estudios Psicoanalíticos en Colombia en 1956, el cual se convirtió en la Sociedad Colombiana de Psicoanálisis en 1961. Fue psiquiatra, psicoanalista, educador, político, periodista, escritor, filósofo e historiador, gestor de múltiples y quijotescas empresas. Fue Concejal Municipal de Ciénaga (Magdalena) en 1931-1932. Representante al Congreso Nacional, de 1945 a 1946; cofundador del Instituto Colombiano del Sistema Nervioso, en 1953; Director del Gimnasio "Los Rosales" del Instituto Colombiano del Sistema Nervioso, para niños retrasados mentales, en Bogotá, en los años de 1952 a 1953; Director de la Clínica Montserrat del Instituto Colombiano del Sistema Nervioso, en 1960-1962; Miembro del Consejo Directivo de la Universidad Libre, en 1963; Asesor del Grupo de Salud Mental del Ministerio de Educación Nacional, de 1973 a 1974; Miembro del Consejo de la Salud Mental, del Instituto Colombiano de Seguros Sociales, en 1976. Presidente del Tribunal de Ética Médica de Cundinamarca de 1982 a 1987.

QUIJOTES DE LA PSIQUIATRIA

RODRIGO MUÑOZ

Dr. Rodrigo Muñoz nació en Popayán, Colombia el 21 de Marzo de 1939. Estudió bachillerato y medicina en su ciudad natal y se graduó de médico en la Universidad del Cauca en 1963. Una vez graduado, el doctor Muñoz se encaminó por la psiquiatría y escogió el Hospital Mental de Antioquia, para realizar entrenamiento de posgrado en psiquiatría, durante el año de 1963. Posteriormente se trasladó a los Estados Unidos en donde hizo un año más de Residencia en el Hospital de Fairfied Hills de Conneticut y luego dos años más en la Universidad de Washington en San Luis, Missouri, en donde terminó su formación como psiquiatra.

Entre 1965 y 1970, trabajó con la Universidad de Washington; entre 1970 y 1977 en Wisconsin con los hospitales y centros de salud mental del Condado de Sheboygan, y desde 1977 se encuentra vinculado la Universidad de California, en San Diego. Durante su permanencia en San Luis, el doctor Muñoz se enfocó en transformar el paradigma del diagnóstico para la investigación en psiquiatría y la validación el diagnóstico psiquiátrico. Durante la etapa de su permanencia en Sheboygan, Wisconsin, el doctor Muñoz dirigió los programas de Alcoholismo y Abuso de Drogas. Más tarde en California, las Clínicas de desórdenes afectivos y de los trastornos de ansiedad. El doctor Muñoz ha sido, entre muchas distinciones honoríficas, Presidente de la Academia Americana de Psiquiatría (APA).

QUIJOTES DE LA PSIQUIATRIA

El Dr. Muñoz ejerce en forma privada en la ciudad de San Diego y como Profesor en la cátedra de Psiquiatría Clínica de la Universidad de California-San Diego. Ha tenido una amplia trayectoria al interior de la APA como dirigente gremial, ocupando importantes cargos en el ámbito estatal y nacional. Su interés particular ha girado en torno al desarrollo de la Psiquiatría Clínica. Es autor de más de cien artículos, publicados en prestigiosas revistas, además ha participado como autor de capítulos de libros y revisor de publicaciones psiquiátricas; y es autor de textos sobre Depresión, y Ansiedad. Actualmente es miembro Activo de la Academia Americana de Psiquiatría Clínica, la Asociación Americana de Administración en Psiquiatría, la Sociedad Americana de Geriatría, y de Sociedad Americana de Psiquiatras Hispanos.

"Nunca he entendido bien la diferencia entre la psiquiatría biológica y la psiquiatría dinámica, yo fui a un centro en que la Psiquiatría se estudiaba como una rama de la Medicina, de tal manera que nunca estuve expuesto a la opinión que todo el pensamiento psiquiátrico tiene como fundamento al psicoanálisis, y por supuesto, nunca asistí a un instituto psicoanalítico, entonces, simplemente no comparto la idea de aquellos que piensan que el psicoanálisis es la base de la Psiquiatría. Por otro lado, nuestra especialidad como ciencia médica, ha avanzado considerablemente y ahora disponemos de criterios diagnósticos que son más precisos que los que se realizan en cardiología o en gastroenterología y tenemos tratamientos más efectivos que los que se hacen en otras ramas de la medicina."

¿La condición de género modifica el ejercicio de la psiquiatría, cómo ve la situación de las mujeres en nuestra especialidad y cómo transforma su práctica? La transforma para bien, en los Estados Unidos alrededor del 40% de los residentes de Psiquiatría son mujeres. El problema es que las mujeres no han dejado sus otros roles, de manera que el desarrollo de su carrera a veces se complica por sus múltiples obligaciones en la familia y, también, por nuestra falta de interés en facilitarles su trabajo.

QUIJOTES DE LA PSIQUIATRIA

HORACIO TABORDA

Doctor Horacio Taborda Palacio. Nacido en Santa Rosa de Osos, ciudad tradicionalista de Antioquia, el departamento más progresista de Colombia. Hogar conformado por los padres y seis hermanos siendo Horacio el segundo de ellos. Inició su escolaridad en Santa Rosa y la continuó en Medellín en el Liceo Antioqueño de la Universidad de Antioquia.

Al graduarse como bachiller se trasladó con la familia a Barranquilla en el caribe colombiano. Allí trabajó durante tres años y retornó a Medellín para iniciar su formación como médico en la Universidad de Antioquia donde cursó los primeros dos años y se trasladó a Bogotá a la Universidad Nacional donde se graduó como médico y culminó simultáneamente su formación en Filosofía y Letras, siendo recordado como líder estudiantil.

Su paso por la cátedra de Psiquiatría, su formación como filósofo, sus variados intereses intelectuales y la especial influencia de algunos de sus maestros gestaron su vocación psiquiátrica.

Resulta imposible describir en profundidad su papel en el desarrollo de la psiquiatría en el país y en la región. Someramente y siguiendo los diferentes sectores de su interés y desempeño podrían enumerarse sus realizaciones así:

QUIJOTES DE LA PSIQUIATRIA

•Participó en la creación de la Sociedad Colombiana de Psiquiatría, miembro directivo de la misma y de su similar latinoamericana evidenciando la importancia de su liderazgo y amplio poder de convocatoria.

•Exitoso y generoso en su práctica profesional privada y en hospital psiquiátrico público.

•Docente ameno e ilustrado en numerosos escenarios académicos: facultades de medicina, psicología, rehabilitación y también con miembros de equipos asistenciales primarios y la comunidad.

•Promotor de la creación y consolidación de facilidades asistenciales diversas: para la atención del retardo mental, unidades de salud mental en hospitales generales siendo uno de ellos en el hospital universitario javeriano y la más importante y apreciada de todas, el Hospital Mental Universitario de Armero, ejemplo de atención integral en salud mental lamentablemente destruido por la erupción de un volcán cercano.

•Promotor de la creación de unidades de salud mental en las Secretarías Departamentales de Salud.

•Gestor de un equipo docente comprometido con su misión y creador del Departamento de Psiquiatría en la Facultad de Medicina de la Universidad Javeriana que permitió fortalecer la formación en psiquiatría de estudiantes de pregrado y posteriormente la formación integral de especialistas en los que tradicionalmente se ha inculcado la importancia del ejercicio profesional orientado a satisfacer las necesidades de la comunidad y un activo liderazgo en la promoción de políticas y planes para la transformación de la docencia y los modelos asistenciales.

Luego de más de cuarenta años de desempeñar los múltiples roles anteriormente señalados y afectado profundamente por la muerte de un hijo, decidió restringir su compromiso con la psiquiatría a un limitado desempeño docente que progresivamente fue abandonando por completo. Canalizó su laboriosidad y espíritu emprendedor de antioqueño en rescatar y fortalecer una empresa comercial creada muchos años atrás, que siempre permitió reforzar la economía familiar y responder a su responsabilidad como padre de cuatro hijos. Dicha labor recientemente acabó de delegar en el hijo menor. Actualmente se ha refugiado en lo que irónicamente describe como "mis cuarteles de invierno", su muy valiosa biblioteca.

Decidió inclinarse por la psiquiatría en coherencia con sus múltiples intereses intelectuales, su formación como filósofo y el perfil de varios maestros psiquiatras que jugaron un papel importante como figuras de identificación.

Las principales fuentes de inspiración fueron dos de sus maestros en la formación del pregrado, Luis Jaime Sánchez como insigne clínico y erudito intelectual y Álvaro Villar por su visión integral y filosófica del entorno. Fue inspirador el apoyo de un ministro de salud, cirujano en su ejercicio pero patrocinador entusiasta funcionario oficial, de la construcción y desarrollo pleno del Hospital Mental de Armero.Se siente orgulloso de su honestidad. Además de haber contribuido a cambios significativos en la formación del recurso humano destinado a la atención de las necesidades de salud mental de la comunidad y la transformación de los escenarios asistenciales en salud mental.

Augura un futuro promisorio de la psiquiatría en América Latina. Un obstáculo insalvable ha sido el cambio del sistema asistencial del país a raíz de la promulgación de la ley 100, sistema por predominar el interés económico en la atención. Otro obstáculo, la resistencia generalizada al cambio. Su superación ha sido posible por una paciente construcción de resultados exitosos. El mayor reto de la psiquiatría sigue siendo encontrar su espacio como especialidad muy importante en el ejercicio médico y adquirir una visión más amplia de lo que constituye su campo de acción, que trasciende la atención de los enfermos mentales.

El Dr. Taborda falleció en Bogotá el 12 de Agosto de 2020.

QUIJOTES DE LA PSIQUIATRIA

RICARDO JOSÉ TORO

El Dr. Ricardo José Toro Greiffenstein nació en Medellín en el hogar del Dr. Pedro José Toro y la señora Anita Greiffenstein. Fue médico de la Universidad de Antioquia, y se especializó en psiquiatría general y de niños en el Eastern Pennsylvania Psychiatric Institute. A su regreso a Colombia, trabajó en el Instituto de los Seguros Sociales, pero la mayor parte de su actividad profesional se la dedicó a la docencia y al ejercicio privado de la psiquiatría.

Fue profesor y jefe del Departamento de Psiquiatría de la Universidad de Antioquia y cofundador del Departamento de Psiquiatría del CES. Recibió el Premio Vida y Obra al Servicio de la Psiquiatría. También fue condecorado con la Orden al Mérito 'Don Juan del Corral' por el Concejo de Medellín. Una de las tareas académicas a la que dedicó mucho esfuerzo y tesón fue la coautoría del texto de Psiquiatría, de la Corporación de Investigaciones Biológicas.

Falleció en Medellín el 25 de Marzo del 2013.

QUIJOTES DE LA PSIQUIATRIA

JULIO VALLEJO

Dr. Vallejo Ruiloba nació en Barcelona, España, en 1945. Obtuvo su formación en medicina por la Universidad de Barcelona en 1969, se especializó en psiquiatría en 1971 y tuvo el título de doctor por la misma universidad en 1978. Fue nombrado Profesor Titular de Psiquiatría de la Facultad de Medicina de la Universidad de Barcelona en 1980 y Catedrático de Psiquiatría de la misma facultad en 1996.

Durante su trayectoria profesional fue médico adjunto de psiquiatría en el Hospital Universitario Valle de Hebrón de Barcelona (1972-1977) y en el Hospital Universitario de Bellvitge de la misma ciudad (1977-1980), jefe clínico del Servicio de Psiquiatría en el Hospital Clínico también en Barcelona (1980-1989) y jefe del Servicio de Psiquiatría de la Ciudad Universitaria de Bellvitge (1989-2008). Fue académico de la Real Academia de Medicina de Cataluña desde 2015. Fue presidente de la Asociación Nacional ATOC (Asociación Trastornos Obsesivos-Compulsivos) desde 2001.

Fue presidente de la Fundación Española de Psiquiatría y Salud Mental,3 Presidente de la Sociedad Española de Psiquiatría (2004-2008), de la Sociedad Española de Psiquiatría Biológica (1999-2003) y de la Sociedad Catalana de Psiquiatría (1981-1982). Fue miembro de la Comisión Nacional de Especialidad de Psiquiatría y director del Instituto de Estudios Avanzados de la Fundación de Psiquiatría y Salud Mental. También es miembro fundador de Asociación Ibero Latinoamericana de Neurociencias y Psiquiatría (AILANCYP).

Falleció en Barcelona (España) el 14 de Enero de 2019

QUIJOTES DE LA PSIQUIATRIA

JAIME VENGOECHEA

Médico Psiquiatra egresado de la Pontificia Universidad Javeriana y Especialista en Psiquiatría de Enlace de la misma universidad. Experiencia docente y cargos internacionales: Clínica Nuestra Señora de la Paz, Docente de Psicofarmacología; Profesor por 30 años de la Pontificia Universidad Javeriana, Departamento de Psiquiatría y Salud Mental, Facultad de Medicina, Bogotá.

Fundador y Presidente del Colegio Colombiano de Neuropsicofarmacología CCNP; Miembro Fundador y Past-President Colegio Latinoamericano de Neuropsicofarmacología CLANP; Miembro Activo, Máxima Categoría Fellow del Collegium Internationale Neuro-Psychopharmacologicum CINP; Miembro Activo del Comité Latinoamericano del CINP. Miembro Fundador de la Asociación Colombiana del Sueño. Autor de diversas publicaciones en Psiquiatría y Psicofarmacología. Investigador en Psicofarmacología, Conferencista Nacional e Internacional por más de 35 años.

El Dr. Jaime Vengoechea dedicó su vida a investigar y educar estudiantes, residentes y colegas sobre temas de neuropsicofarmacología. Falleció en Bogotá el 14 de Mayo de 2019.

QUIJOTES DE LA PSIQUIATRIA

JUAN J. VILAPRIÑO

Juan José Vilapriño Añé, nació en 1932 en Costa Rica donde inmigraron sus padres españoles. Su madre falleció cuando tenía 8 años y fue educado por sus dos hermanas mayores. A la edad de 18 años viajó a la Argentina con la idea de estudiar Bioquímica y seducido por condiciones establecidas por el país que favorecían la posibilidad de estudiar y graduarse en el mismo. Estudió un año de Bioquímica en Buenos Aires y al no sentirse pleno allí, se trasladó a Mendoza (1000 km al oeste) para iniciarse en la Facultad de Medicina de la recientemente inaugurada Universidad Nacional de Cuyo, y donde se graduó en 1956 con muy buen promedio.

Desde los primeros años de la Facultad, y teniendo en cuenta que no tenía familia en Argentina, se hospedó en diferentes hospitales, lo cual le permitía estar en contacto fluido con la práctica clínica. Fue así que durante un tiempo prolongado vivió en el Hospital El Sauce (especializado en Psiquiatría), donde se despertó en él su vocación por la especialidad, eligiendo ejercer la misma una vez graduado. Siguió los pasos del Prof Dr. Julio Herrera (padre) quien fuese uno de sus mentores. En más de los 50 años como Psiquiatra, ejerció la asistencia en el ámbito público y privado, como así también en la Docencia Universitaria, donde fue premiado como Profesor Emérito de la Facultad de Ciencias Médicas de la Universidad de Mendoza.

La importancia de la salud pública y la necesidad que los médicos ejercieran gran parte de su labor en ella fue una constante en su decir y hacer. Se desempeñó cuatro veces como Director de Hospital: dos ocasiones en el Hospital El Sauce y dos también en el Hospital Dr Carlos Pereyra, en el cual instrumentó políticas sanitarias absolutamente transformadoras para la época que permitieron, en su primera dirección, que una institución con prácticas manicomiales pudiese funcionar como un Hospital modelo. La segunda dirección determinó que el Hospital consiguiese por primera vez, el Premio Nacional de Calidad, otorgado a instituciones públicas o privadas por parte del Gobierno Nacional. Fue padre de seis hijos y vivió hasta sus últimos días en compañía de su esposa María del Carmen, pilar fundamental en sus logros. Abrazó desde el primer al último día (sin exagerar) la atención de los pacientes como forma de vida y nutriente esencial de su ejercicio profesional. Fue un agradecido a la Argentina por abrirle sus puertas, cobijarlo y darle la posibilidad de formar una familia y ser médico. Se sentía un argentino más. Falleció en 2012.

QUIJOTES DE LA PSIQUIATRIA

PEDRO F. VILLAMARZO

Nació en Madrid en 1928. Murió en Madrid el 18 de Noviembre de 2002, (de accidente quirúrgico) en plenitud intelectual, y dejando inacabada lo que habría de ser la obra magna del estudio del psicoanálisis en lengua española: "Cursos Sistemáticos de Formación Psicoanalítica" (Ediciones Marova. Madrid), de los que se llegaron a publicar los tres primeros tomos de los nueve que constaría la colección). Hoy son referencia de cualquier estudio freudiano. Sus estudiantes llegarían a decir: "Cuando el profesor Villamarzo explica, el psicoanálisis se entiende".

Formado y analizado en París, leyó su tesis doctoral " Frustration pulsionelle et culture chez Freud" ante profesores de la Universidad Católica de París, Ginebra y Nanterre. Nombrado Decano y Catedrático de Psicología Dinámica de la Universidad Pontificia de Salamanca, siendo la primera Cátedra de Psicoanálisis de España. Fundador del Instituto Psicoanalítico Oscar Pfister de Madrid y presidente de la Asociación Española de Psicoanálisis Freudianos (A.E.P.F.), adscrito a la Universidad Pontificia de Salamanca.

Fue la figura más representativa del Movimiento Psicoanalítico Español de los últimos 40 años. Maestro, promotor y didacta de generaciones de psicoanalistas españoles, su gran capacitación para la creatividad intelectual y entrega a la Universidad le condujo siempre al encuentro interdisciplinar y comparación de paradigmas. Hizo suyo el lema de Freud: "La coincidencia de investigación con el tratamiento psicoanalítico es, desde luego, uno de los títulos más preciados de la labor psicoanalítica" (S. Freud, 1912, O.C. II, 1656). Y, además, con el rigor de su técnica ortodoxa y su profundo amor a la transferencia, puso su inteligencia y honestidad al servicio de los pacientes. Entre sus múltiples libros y publicaciones caben reseñar: "Vigencia clínica de Freud: el método terapéutico freudiano en tanto que situación cuasi experimental". "Psicoanálisis aplicado". "Origen infantil de la sexualidad adulta. Enfoque psicodinámico". "Sandor Ferenczi: La cuestión de las 'variaciones técnicas' en Psicoterapia psicoanalítica".

QUIJOTES DE LA PSIQUIATRIA

ÁLVARO VILLAR

Nació en Bogotá, el 31 de Diciembre de 1921. Se graduó como médico en la Universidad Nacional de Colombia el 20 de noviembre de 1950 con la tesis, "Tratamiento de la esquizofrenia por medio de la histamina". Se especializó en la Universidad Nacional en psiquiatría, fue profesor y además decano de la facultad de Psicología (1962- 1966). Realizó el entrenamiento psicoanalítico en el Instituto de Psicoanálisis. Profesor Emérito de la Universidad Nacional de Colombia, 1983; Profesor Honorario de la Universidad Nacional de Colombia, 1993. Hizo el entrenamiento psicoanalítico completo. Y en la década de los años sesenta comenzó sus estudios del marxismo. Decano de la Facultad de Psicología. Universidad Nacional, 1962-1966; Director del Departamento de Psiquiatría. Hospital de la Hortúa. Universidad Nacional, 1976-1980; Miembro del Consejo Técnico de la Secretaría de Educación del Distrito 1960-1962; Presidente de la Asociación Psicoanalítica Colombiana, 1970-1973.

Participo como expositor e invitado en muchos congresos y reuniones científicas de sus especialidades, en el país e internacionalmente. El 4 de Septiembre de 1997, ingresó a la Academia Nacional de Medicina como Miembro Correspondiente con el trabajo: "La pareja humana". Recibió el premio "Héctor Ortega Arbeláez" por su trabajo acerca de Michel Foucault. Falleció en Bogotá, el 5 de mayo de 1999. Trabajó hasta el último momento de su vida, con la gran lucidez que siempre lo caracterizó.

QUIJOTES DE LA PSIQUIATRIA

ANGEL O. VILLAR[1]

Ángel Octavio Villar, nació en San Gil, Santander, Colombia en 1916- Falleció en Bucaramanga en 1992.

El Dr. Villar, ocupó destacadas posiciones públicas: fue el primer Director del Hospital Psiquiátrico San Camilo y uno de sus fundadores; fundó y dirigió varios años la Clínica Psiquiátrica Martín Carvajal, fue Jefe del Servicio de Salud de Santander, Magistrado del Tribunal de Ética Médica de Santander y Miembro de la Academia Nacional de Medicina. Durante su entrenamiento en Bogotá trabajo en la vieja casona del Asilo de Locas de Bogotá y La Quinta de Bogotá. Se graduó con honores en 1948 con una Tesis Laureada por la Universidad Nacional.

El primero de Agosto de 1953 en compañía de tres religiosas de la comunidad de las hermanas hospitalarias del sagrado corazón, el Dr. Villar inicia labores del instituto Psiquiátrico San Camilo en Bucaramanga. Ejerció su profesión por más de cuarenta años ajustado a las más estrictas normas de la ética, con gran responsabilidad y hondo sentido humanitario, aliviando los conflictos emocionales de sus pacientes.

---

[1] Nota del obituario del 30 de abril de 1992

QUIJOTES DE LA PSIQUIATRIA

ROBERTO DE ZUBIRÍA

El doctor Roberto De Zubiría nació en Bogotá el 29 de febrero de 1924 y falleció en 2009. Estudió Medicina en la Universidad Nacional y recibió su grado en 1948. Se especializó en medicina interna en la Universidad Nacional, en el Hospital de San Juan de Dios, entre 1948 y 1954, y luego hizo psicoanálisis en la Asociación Psicoanalítica Colombiana, entre 1958 y 1961. Fue jefe de hospitalización en el Hospital San Juan de Dios de 1951 a 1954; su entrenamiento psicoanalítico lo realizó en el Instituto Colombiano de Psicoanálisis de la Sociedad Colombiana de Psicoanálisis (1958-1961), luego en compañía de otros psicoanalistas, fundaron la Asociación Colombiana de Psicoanálisis de la que fue su Presidente. Jefe del Departamento respectivo en el Hospital de La Samaritana de 1954 a 1959 y de 1979 a 1993. Director Médico de los Laboratorios Winthrop de 1959 a 1979. Ocupó la cátedra de medicina interna en la Facultad de Medicina de la Universidad Nacional desde 1954 y, cinco años después, fue nombrado profesor de la misma asignatura en la Universidad Javeriana, cargo que desempeñó durante cerca de 30 años, hasta 1988.

Perteneció a diversas entidades científicas y profesionales del país y del exterior y ocupo posiciones de liderazgo en la Sociedad Colombiana de Medicina Interna, la Asociación Colombiana de Psicoanálisis, la Asociación de Medicina Interna y en el Hospital de La Samaritana donde fué Jefe del Departamento de Medicina Psicosomática.

QUIJOTES DE LA PSIQUIATRIA

El Dr. Roberto De Zubiria fue un científico que ha logrado trascender a través de sus escritos e investigaciones, destacándose por sus rigurosas prácticas médicas y psicoanalíticas. Uno de sus libros que más hizo impacto fue "Muerte y Psicoanálisis" en donde se refiere a muertos interiorizados que se mantienen vivos en la mente.

QUIJOTES DE LA PSIQUIATRIA

UNA MIRADA AL FUTURO DE LA PSIQUIATRÍA HISPANA

Ruby C. Castilla-Puentes, MD, DrPH, MBA

En el X Congreso del Colegio Latinoamericano de Neuropsicofarmacología (CLNP) celebrado en Cordoba, Argentina en Agosto de 2018 (organizado por los Drs. Carolina Remedi y Carlos Soria), fui honrada con la conferencia de apertura del congreso: *"Una mirada optimista al futuro de la Psiquiatría."* En este capitulo expondré algunos de los puntos que trate durante esa ponencia.

El psiquiatra hispano se enfrentará a un nuevo modo de entender la atención del enfermo mental, dedicado principalmente evitar su estigmatización y a volver la dignidad a los pacientes psiquiátricos proporcionando un seguimiento a largo plazo, trabajando en la prevención de recaídas para lograr su reinserción social y laboral. Los psiquiatras hispanos han aprendido a manejar los recursos limitados con los que cuentan para manejar a los pacientes psiquiátricos y a coordinar a las personas que trabajan con ellos, que muchas veces se limitan únicamente a la familia. ¿Cómo se puede ofrecer tratamiento de cuadros mentales a poblaciones cuyos problemas más apremiantes de salud son la falta de una alimentación adecuada, malnutrición e infecciones? ¿Cómo se puede negar que, en muchas zonas, el presupuesto no alcanza para dotar de agua potable a las comunidades? ¿De qué pueden servir los progresos psicofarmacológicos si ellos están fuera del alcance de quienes los necesitan? ¿De qué vale un excelente diagnóstico DSM-5 si no hay como brindar un tratamiento efectivo? Todas estas preguntas son comunes en la psiquiatría hispana de cara al tercer milenio.

En este contexto, no podemos negar la influencia de la psiquiatría Norte Americana en el ámbito mundial y en ese sentido parecería estar estrechamente ligado con la psiquiatría hispana. La clave del desarrollo actual y futuro de la psiquiatría hispana está basada en la interacción de avances científicos con la práctica de una psiquiatría centrada en la ayuda al ser humano. A la persona que sufre. A pesar del dominio marcado de la psiquiatría biológica es también clara la necesidad de volver a considerar otros paradigmas. En este contexto, se deben considerar dos nuevos aportes. Por un lado, la biotecnología que está descifrando los misterios de la neurociencia, y por otro, la infotecnología, proporcionando un poder de procesamiento de datos sin precedentes.

Pero no podríamos hablar del futuro, desconociendo el pasado. Sin querer profundizar en el tema que inicialmente planteo Fernando Espi al inicio del libro, sobre la historia de la psiquiatría, quise poner en contexto las diferentes fases del desarrollo de la psiquiatría, desde lo sobrenatural hasta el uso de la Inteligencia Artificial para explicar y entender el comportamiento y las enfermedades mentales (Figura 1). En laFigura 2. Se representan algunos paradigmas usados en psiquiatría y que se han mantenido a través del tiempo.

Figura 1.
Principales etapas en el desarrollo de la psiquiatría
Desde lo sobrenatural hasta la Inteligencia Artificial

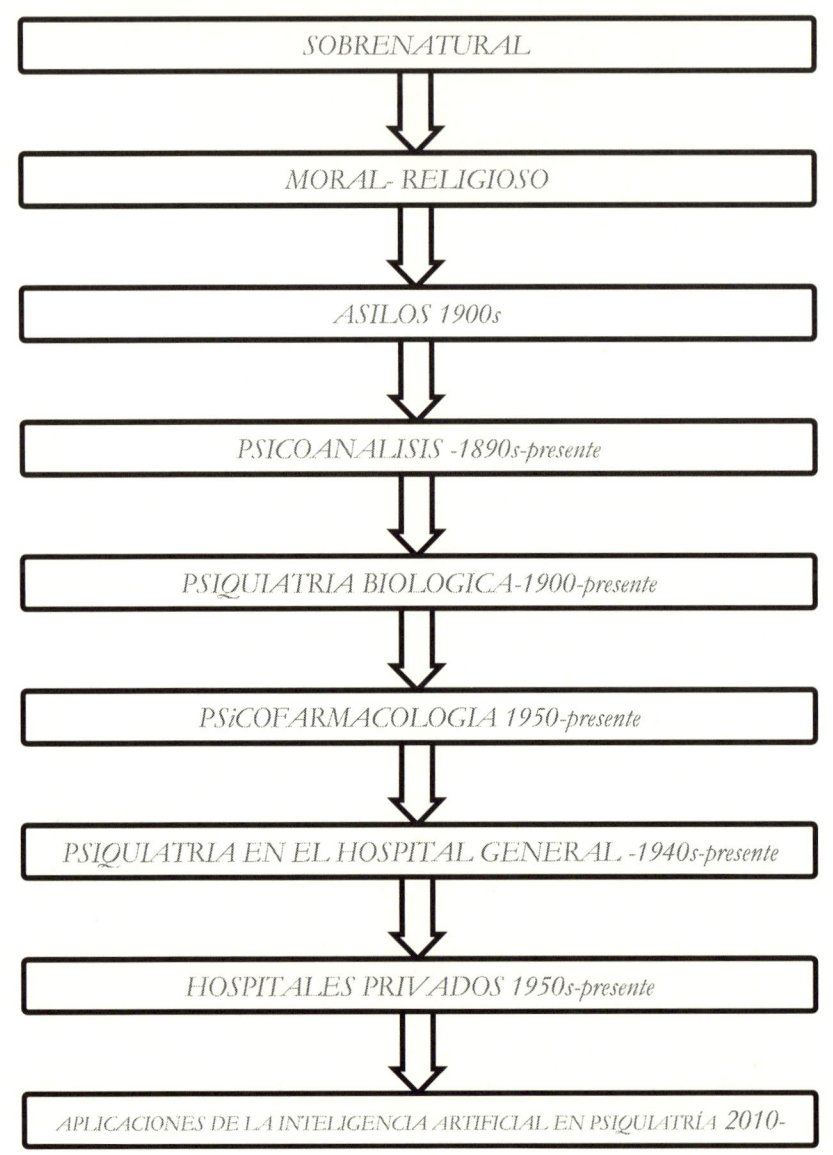

```
┌─────────────────────────────────────────────┐
│              SOBRENATURAL                   │
└─────────────────────────────────────────────┘
                     ⇩
┌─────────────────────────────────────────────┐
│            MORAL- RELIGIOSO                 │
└─────────────────────────────────────────────┘
                     ⇩
┌─────────────────────────────────────────────┐
│              ASILOS 1900s                   │
└─────────────────────────────────────────────┘
                     ⇩
┌─────────────────────────────────────────────┐
│       PSICOANALISIS -1890s-presente         │
└─────────────────────────────────────────────┘
                     ⇩
┌─────────────────────────────────────────────┐
│      PSIQUIATRIA BIOLOGICA-1900-presente    │
└─────────────────────────────────────────────┘
                     ⇩
┌─────────────────────────────────────────────┐
│       PSICOFARMACOLOGIA 1950-presente       │
└─────────────────────────────────────────────┘
                     ⇩
┌─────────────────────────────────────────────┐
│ PSIQUIATRIA EN EL HOSPITAL GENERAL -1940s-presente │
└─────────────────────────────────────────────┘
                     ⇩
┌─────────────────────────────────────────────┐
│     HOSPITALES PRIVADOS 1950s-presente      │
└─────────────────────────────────────────────┘
                     ⇩
┌─────────────────────────────────────────────┐
│ APLICACIONES DE LA INTELIGENCIA ARTIFICIAL EN PSIQUIATRÍA 2010- │
└─────────────────────────────────────────────┘
```

Figura 2.
Algunos paradigmas usados para explicar el desarrollo de la psiquiatría que han perdurado a través del tiempo

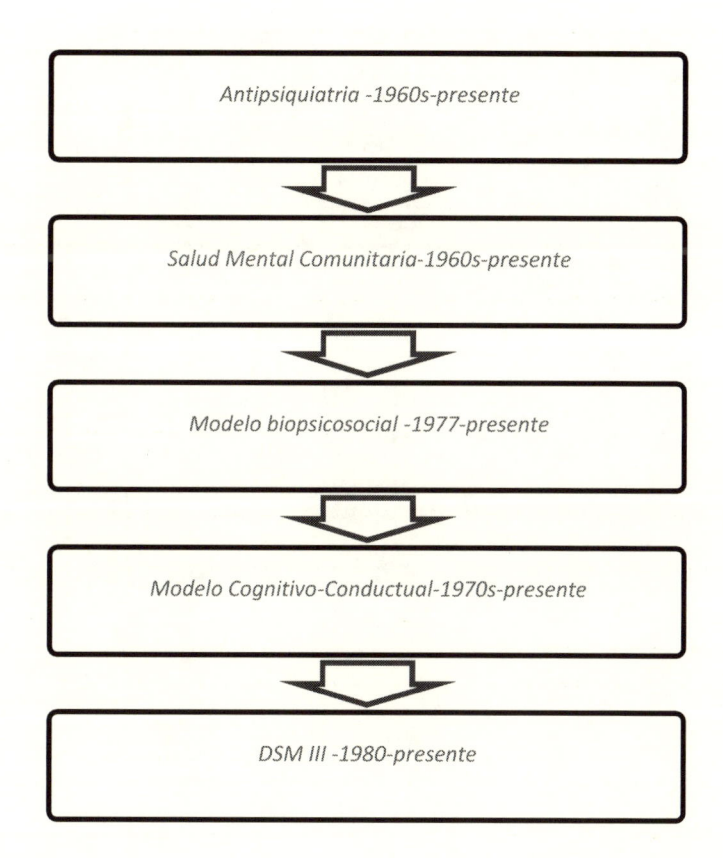

```
┌─────────────────────────────────────────┐
│   Antipsiquiatria -1960s-presente       │
└─────────────────────────────────────────┘
                   ⇩
┌─────────────────────────────────────────┐
│  Salud Mental Comunitaria-1960s-presente│
└─────────────────────────────────────────┘
                   ⇩
┌─────────────────────────────────────────┐
│   Modelo biopsicosocial -1977-presente  │
└─────────────────────────────────────────┘
                   ⇩
┌─────────────────────────────────────────┐
│ Modelo Cognitivo-Conductual-1970s-presente│
└─────────────────────────────────────────┘
                   ⇩
┌─────────────────────────────────────────┐
│      DSM III -1980-presente             │
└─────────────────────────────────────────┘
```

Figura 3.
Métodos propuestos para promover la neuroplasticidad

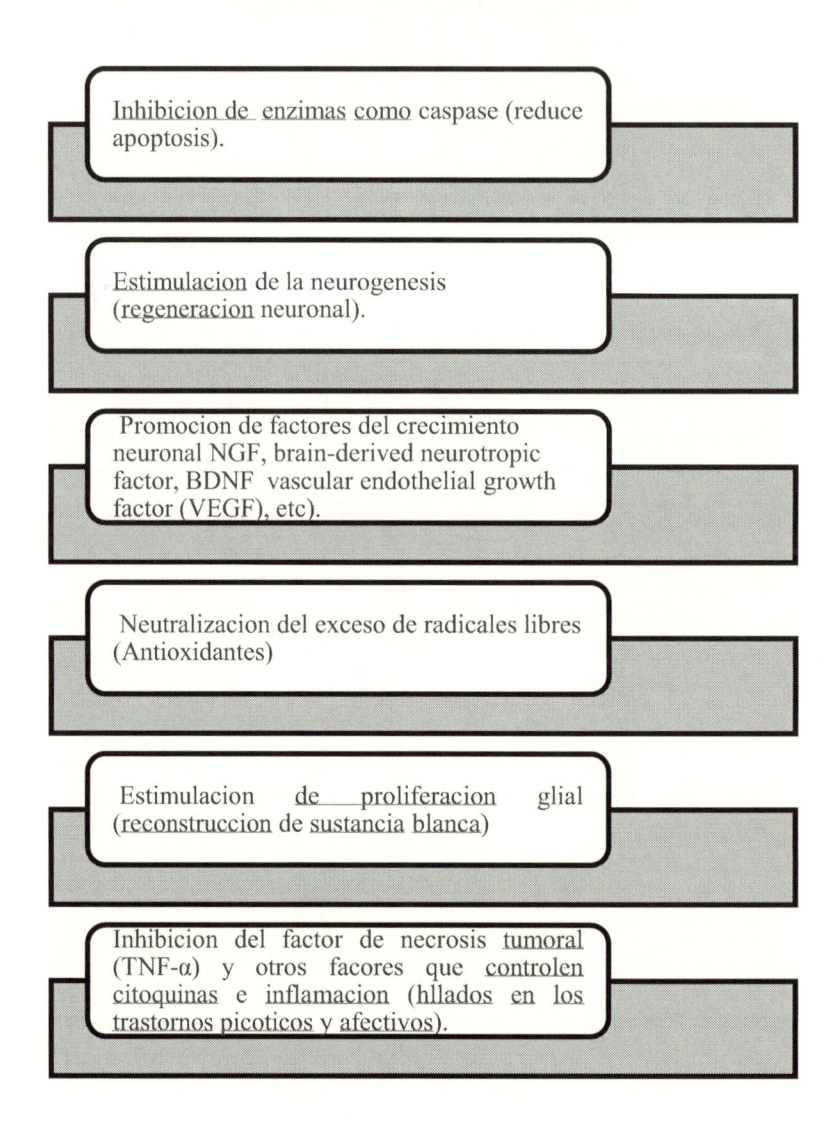

- Inhibicion de enzimas como caspase (reduce apoptosis).

- Estimulacion de la neurogenesis (regeneracion neuronal).

- Promocion de factores del crecimiento neuronal NGF, brain-derived neurotropic factor, BDNF vascular endothelial growth factor (VEGF), etc).

- Neutralizacion del exceso de radicales libres (Antioxidantes)

- Estimulacion de proliferacion glial (reconstruccion de sustancia blanca)

- Inhibicion del factor de necrosis tumoral (TNF-α) y otros facores que controlen citoquinas e inflamacion (hllados en los trastornos picoticos y afectivos).

Pero el futuro de la psiquiatría también se podría enmarcar teniendo en cuenta criterios que han sido bien estudiados. Sin querer hacer una lista extensa, describiremos los principales.

1. **Lograr un diagnóstico temprano** que facilite la intervención temprana de las enfermedades.

Objetivo: Tratar de demorar, modificar, disminuir, aliviar el impacto de enfermedades mentales usando farmacoterapia y psicoterapia.

Métodos: Identificando personas en alto riesgo, identificando "pródromos" y evitando que los episodios agudos inicien su curso.

2. **Continuar con los descubrimientos genéticos.**

Objetivo: seguir descubriendo la influencia de la genética en las enfermedades mentales. Neuregulin 1, dysbindin, DISC1, DAOA (G72), PRODH, COMT genes localizados en varios cromosomas. Estos descubrimientos confirman la "complejidad genética" de trastornos psiquiátricos. Implican a docenas, y a veces cientos de genes que confieren susceptibilidad (en contraste con el antiguo paradigma Mendeliano de "1 gen, 1 enfermedad").

Métodos: Descubriendo la patofisiología –molecular -de los trastornos mentales que llevan a proveer un mejor tratamiento psiquiátrico, más específico, logrando las terapias que modifican la enfermedad, y no solo aquellas que controlen los síntomas.

3. **Incluir la neuroplasticidad en el enfoque terapéutico**

Objetivo: Mas allá de la noción simple de la neuroquímica, atrofia estructural del cerebro (a nivel celular y molecular) ha sido documentada trastornos psicóticos, del afecto (manía, depresión), y trastornos de ansiedad.

Métodos: Cambios en neuronas, terminaciones dendríticas, extensiones neuronales, sinapsis, en ambas, sustancia blanca y gris. Modificación de conexiones y funcionamiento neuronal. La descripción detallada de los métodos propuestos para promover la neuroplasticidad se enumeran en la Figura 3

4. Promover la reparación a través de la neuroestimulación.

Objetivo: Optimizar el uso de la estimulación cerebral profunda (en inglés, "deep-brain stimulation DBS").

Métodos: Además de la terapia electroconvulsiva, la nueva era de estimulación cerebral incluye: la estimulación magnética transcraneal repetitiva (rTMS) y la estimulación del vago (VNS).

DBS se ha convertido en el tratamiento de trastornos neurológicos como enfermedad de Parkinson.

Nuevos estudios usando DBS están siendo investigados rápidamente.

5. Aplicación clínica de los avances en farmacogenética

Objetivo: Usar la farmacogenética rutinariamente en la practica clínica. Actualmente está disponible en algunas Instituciones académicas en U.S. Logran mejores resultados – adaptados a c/paciente, con mejor eficacia, tolerabilidad y respondiendo a la diversidad étnica.

Métodos: Variaciones genéticas heredadas (ej. enzimas-citocromos) influyen en la respuesta a las drogas – conocidas y estudiadas en psiquiatría. Metabolizadores lentos experimentan eventos adversos predisponiéndolos a abandonar las terapias. Tratamientos pueden fallar en metabolizadores rápidos predisponiéndolos a "resistencias en el tratamiento."

6. Realidad integrativa: salud mental & física

Objetivo: Lograr un manejo integral del paciente, tratándolo heurísticamente.

Métodos: A través de un modelo colaborativo entre psiquiatras, internistas, médicos familiares, pediatras, ginecólogos, etc. Pacientes pueden recibir un tratamiento integral físico y mental.

En resumen, el futuro de la psiquiatría además de involucrar la incorporación de los nuevos conocimientos en la plasticidad cerebral, los genomas y la inteligencia artificial, debe mantener presente la adaptación del cerebro a condiciones externas e internas sin olvidar las influencias familiares, ambientales, sociales (por ejemplo, de la religión y de la política). Los psiquiatras hispanos deben continuar la lucha contra la pobreza, la desigualdad, el estigma, la arbitrariedad y la negligencia, edificando más una salud mental bien entendida. Manteniendo una relación colaborativa con los colegas, y una relación médico-paciente, menos etnocentrista y más integradora; menos paternalista y más procurando la igualdad en la consideración y el trato al paciente.

No podríamos terminar este libro sin compartir otra frase del libro que nos inspiró, relacionada con la ciencia: *"Ninguna ciencia, en cuanto a ciencia, engaña; el engaño está en quien no la sabe." Don Quijote de la Mancha.*[2]

---

[2] Cervantes, M. *Don Quijote de la Mancha*. Capítulo LVIII. Múltiples ediciones.

QUIJOTES DE LA PSIQUIATRIA

SOCIEDAD AMERICANA DE PSIQUIATRAS HISPANOS (ASHP)
Uniendo a Profesionales de la Salud Mental desde Estados Unidos

Fundada 1982, la sociedad americana de psiquiatras hispanos (ASHP), tiene los siguientes objetivos:
1. Promover la investigación, educación, y actividades clínicas en el campo de la salud mental a través de la participación y colaboración de psiquiatras, psicólogos y otros profesionales de la salud mental en los Estados Unidos, Latinoamérica y la península Ibérica.
2. Promover un proceso de colaboración entre profesionales de la salud mental y otras organizaciones enfocadas en Latinos en los Estados Unidos, Latinoamérica y la península Ibérica
3. Abogar por políticas basadas en la mejor evidencia científica, dirigidas a eliminar las disparidades en la salud de los Latinos y otras poblaciones minoritarias.
4. Apoyar a pacientes, familias y comunidades Latinas en la promoción de iniciativas de bienestar e inclusión.

La sociedad ha tenido el privilegio de tener los siguientes presidentes:
1. Moisés Gaviria 1982-1984
2. Eduardo Val 1984-1986
3. Evaristo Gomez 1986-1988
4. Jose Arana 1988-1989
5. Bruno Lima 1989-1990
6. Jaime Trujillo 1990-1992
7. Walter Pedemonte 1992-1994
8. Renato Alarcon 1994-1996
9. Juan Mezzich 1996-1998
10. Jose Canive 1998-2000
11. Pedro Delgado 2000-2002
12. Javier Escobar 2002-2004
13. Manuel Trujillo 2004-2006
14. Alex Kopelpwicz 2006-2008
15. Maria Oquendo 2008-2010
16. Margarita Alegria 2010-2012
17. Roberto Lewis-Fernandez 2012-2014
18. Mauricio Tohen 2014-2016
19. Carlos Zarate 2016-2018
20. Bernardo Ng 2018-2020
21. Ruby Castilla-Puentes 2020-2022

QUIJOTES DE LA PSIQUIATRIA

La ASHP cuenta con presencia nacional e internacional.

ASHP en America Latina
Presencia en 13 paises

1. Argentina
2. Bolivia
3. Brazil
4. Colombia
5. Chile
6. Ecuador
7. Guatemala
8. Honduras
9. Mexico
10. Panama
11. Paraguay
12. Uruguay
13. Venezuela

ASHP en Estados Unidos
150+ Miembros en 22 Estados

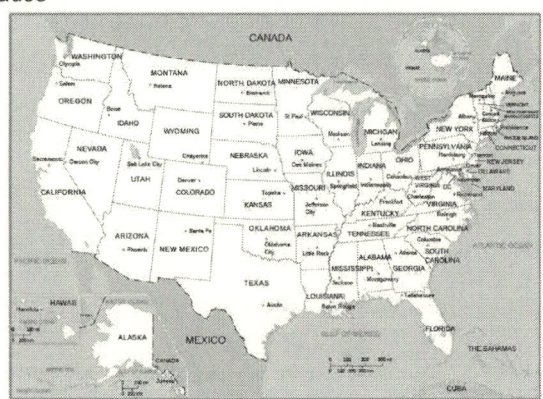

1. Arizona
2. California
3. Connecticut
4. Florida
5. Illinois
6. Maryland
7. Massachusetts
8. Michigan
9. Minnesota
10. Missouri
11. New Jersey
12. New Mexico
13. New York
14. North Carolina
15. Ohio
16. Pennsylvania
17. Puerto Rico
18. Tennessee
19. Texas
20. Virginia
21. Washington
22. Wisconsin

EPILOGO
Fructuoso Irigoyen

Universalmente admirada es la soberbia figura moral del hidalgo manchego. Don Alonso Quijano el bueno, convertido en andante caballero por la sugestión de los disparatados libros de caballería, representa, según se ha dicho mil veces, el más perfecto símbolo del honor y del altruismo.

Santiago Ramón y Cajal [3]

Como para el Quijote original, el de La Mancha, el de Cervantes, para muchos de los quijotes hispanos o latinos actuales insertos en el mundo de la psiquiatría, de los que se ocupa este libro, la aventura comienza en su imaginación, y leyendo mucho. Tal vez, incluso en algunos casos, al extremo del Caballero de la Triste Figura a quien del mucho leer y poco dormir se le secó el *"celebro"*. Para muchos de ellos, de nosotros, la marcha hacia el mundo de igualdad y justicia, el ideal quijotesco, habría de comenzar con aquellos infames exámenes requeridos para validar —*como si de por sí no valieran*— los estudios de medicina en nuestros paises de origen. Y claro, como a don Quijote, los molinos de viento —percibidos entonces y ahora como fieros gigantes— nos propinaron, a más de uno, un descalabro inicial. La gracia estuvo en prepararse más, y poder dar a los malignos encantadores las respuestas que ellos querían. Y esto sucedía antes de ingresar al mundo de la psiquiatría: esta *"salida"* inicial hermana pues, desde su gestación, al quijote de la psiquiatría con los muchos quijotes de la medicina; es algo así como compartir el trauma del parto...

Debo aclarar que no todos los *Quijotes de la Psiquiatría* dejaron sus países de origen para inmigrar a los Estados Unidos, pero aun aquellos que permanecieron cerca de sus *aldeas* de origen —y digo *aldeas* porque el Quijote original dejó su *aldea* en un lugar de la Mancha— encontrarían retos similares: gigantes, encantadores, fieras, ejércitos fantasmales.

Cuando el Quijote se decide a lanzarse al mundo —lo imagino trepando una escalera y entrando al olvidado desván— desempolva la vieja armadura de sus bisabuelos. Al limpiarla y ordenar sus partes que yacían en un rincón, nota que el artefacto en cuestión carece de la clasica *celada de encaje* y solo tiene el *morrión sencillo* —especie de sombrero metálico que vemos

---

[3] *Psicología de don Quijote y el quijotismo. Discurso leído por el doctor Santiago Ramón y Cajal en la sesión conmemorativa de la publicación del Quijote celebrada por el Colegio Médico de San Carlos el día 9 de Mayo.* Madrid. Imprenta y librería de Nicolás Moya. Garcilaso, 6, y Carretas, 8. 1905. En Internet el Centro Virtual Cervantino publica una excelente copia.

frecuentemente en los retratos de los conquistadores. Por lo que aguzando su ingenio, construye una celada usando cartón. Al probar su resistencia golpéandola con su espada, las celada que con tanto celo había construido no resistió y allí quedó destruida, así que tuvo que volverla a hacer, reforzada con unas barras de hierro y, resistiéndose el hidalgo, cautamente ahora, a volver a efectuar la prueba de resistencia. Los quijotes modernos tal vez somos más desdeñosos y queremos no tener que fabricar nuestras propias celadas. Pero, de cualquier forma, siempre acabamos haciéndolo: mucho de esto se puede ver en las respuestas que damos a por qué y cómo es que nos hicimos psiquiatras.

Ya decididos a seguir la huella, no del Amadís o de Rolando, sino de Freud, Pinel, Bleuler o Kraepelin, los quijotes debieron velar sus armas, no una noche como el Caballero de la Triste Figura en la venta, sino tres o cuatro largos años. y entonces sí, listos —o así lo creímos, lo sentimos— para enfrentar otro conglomerado de molinos de viento —gigantes en disfraz—, los que menciona la doctora Ruby Castilla en el prólogo a la primera edición de este libro: *la inequidad y el estigma*.

Y, por supuesto, debemos notar que el subtítulo de *Quijotes de la Psiquiatría* es "*Líderes Hispanos y Latinos de Salud Mental*". Como del primer Quijote, Ramón y Cajal diría:

> Jamás el genio anglo-sajón, tan dado a imaginar caracteres
> enérgicos y originales, creó la personificación más exquisita
> del individualismo indómito
> y de la abnegación sublime.[4]

Y en efecto, los quijotes hispanos modernos comparten o creen compartir esos rasgos del Caballero de la Triste Figura. Particularmente el del individualismo que tiende a definir a muchos de nosotros. Lo que, sin dejar de tener algunos problemas, es una característica útil al enfrentar nuestros molinos de viento —o gigantes— en la era de la globalización, internet y el cuidado "*manejado*" de los pacientes.

Así las notas biográficas que se publican en esta edición, incluyendo las de insignes colegas ya fallecidos, sin duda alguna, muestran el espíritu quijotesco de los ilustres psiquiatras hispanos y latinos representados en ella. Las notas, reunidas, ordenadas y editadas por la doctora Ruby C. Castilla-Puentes MD, DrPH, MBA y el doctor Fernando Espi Forcén MD, siendo

---

[4] *Ibid.*

esta recopilación en sí un trabajo quijotesco, aparecen aquí delineando lo que cada uno de los líderes referenciados ha contribuído a la psiquiatría y a la sociedad.

Un detalle muy importante, como ya se puede notar tan solo hojeando el libro, muchos de nuestros quijotes son mujeres.

Quijotes de la Psiquiatría, ciertamente corre el riesgo de ser percibido como una colección de fotografías a las cuales se han añadido una breve biografía y una entrevista. Pero desde esa óptica limitada, el crítico estaría viendo solamente los molinos de viento sin advertir el gigante maligno que se oculta en ellos. Ya hemos anticipado como nuestros quijotes hubieron de enfrentarse a sus primeros retos e intuído como es que llegaron hasta donde llegaron; digamos ahora un poco respecto a las preguntas que se hicieron a cada uno de los quijotes que participaron en la edificación de esta obra. Se les preguntó sobre los retos y obstáculos que tuvieron en su desarrollo profesional, es decir cuáles fueron los gigantes, encantadores, caballeros andantes que tuvieron que enfrentar —y vencer. Sus reflexiones no son solo ilustrativas sino ejemplos a seguir. Las observaciones y comentarios al hecho de los quijotes de ser hispanos y de atender pacientes hispanos son particularmente interesantes. Y no podemos dejar de comparar las respuestas a la pregunta *¿qué le aconsejaría a un estudiante o residente hispano o latino que acabe de comenzar su carrera?* con las instrucciones que don Quijote le diera a Sancho Panza cuando este se disponía a tomar la gubernatura de la Ínsula Barataria.

Había yo antes disertado y escrito sobre los otros quijotes, comenzando con el Quijote original,[5] y siguiendo con los que etiquetados como enfermos mentales navegan en una realidad diferente a la del "*hombre común*". Lo que quiero rescatar aquí de aquellas lucubraciones, es solo que y siguiendo con muchos de los que buscan en nosotros alivio para sus males, estos otros quijotes no solo llevan a nuestros consultorios signos y síntomas de enfermedad sino también perlas de sabiduría las cuales es preciso escuchar y aprender de ellas.

Finalmente quiero expresar mi deseo de que más Quijotes de la Psiquiatría se sigan agregando a las reseñas que publica esta Edición. Sé que los hay y que hay más, muchos más, que apenas van dejando sus aldeas pero que aspiran derrotar a gigantes y encantadores y "*desfacer*" entuertos,

---

[5] Irigoyen F. *Don Quijote y su Diagnóstico*. Amazon. Columbia SC 2021.

buscando equidad y justicia. Y más que todo liberar a nuestros pacientes hispanos de las garras de la enfermedad mental, ya que

> "La libertad, Sancho, es uno de los más preciosos dones que a los hombres dieron los cielos; con ella no pueden igualarse los tesoros que encierra la tierra ni el mar encubre; por la libertad[1] así como por la honra se puede y debe aventurar la vida, y, por el contrario, el cautiverio es el mayor mal que puede venir a los hombres"
> Don Quijote de la Mancha

ACERCA DE LOS AUTORES

RUBY C. CASTILLA-PUENTES

Médica psiquiatra, nacida en Colombia sirvió de Presidenta de la American Society of Hispanic Psychiatry (ASHP) durante 2020-2022. Es también Directora de Desarrollo Clínico de Neurociencias de Janssen, compañía de Johnson & Johnson. Participa en el desarrollo de medicamentos para el tratamiento de Alzheimer y Nuevos Antidepresivos. Es Profesora adjunta de Psiquiatría y Farmacoepidemiología en las Universidades de Carolina del Norte, U. Penn, Temple y Drexel. Es la directora del equipo que desarrolla estrategias Médicas de la Organización Hispana de empleados (HOLA). Obtuvo su título de médico en la Escuela de Medicina de la Universidad Industrial de Santander y luego realizó su residencia en Psiquiatría, en la Pontificia Universidad Javeriana en Bogotá. Dirigió el Departamento de Psiquiatría del Hospital Universitario Santa Clara de Bogotá y posteriormente realizo estudios de doctorado en epidemiología psiquiátrica y una maestría en negocios internacionales en la Universidad de Pittsburgh. Tiene más de 20 años de experiencia como docente universitaria es experta en el análisis de "Big Data" y estudios aplicando la Inteligencia Artificial. Se dedica a estudiar los factores de riesgo de suicidio en médicos. Cofundadora de la organización WARMI (mujer en lenguaje Quechua-Aymara), dedicada mejorar las redes de apoyo de salud mental en mujeres de América Latina. Su ultimo libro Psiquiatria Hispana: una guía para los clínicos (Hispanic Psychiatry: a guide for clinicians) es un aporte a la comunidad, que busca mejor la atención de los pacientes hispanos en Estados Unidos.

FERNANDO ESPI-FORCEN

Nació en Murcia, España. Después de graduarse de la Facultad de Medicina de la Universidad de Murcia se trasladó a los Estados Unidos para seguir el entrenamiento en Psiquiatría General en MetroHealth Medical Center en Cleveland, OH. Posteriormente se trasladó a la Ciudad de Chicago y terminó sus estudios en Psiquiatría Infantil y Adolescente en la Universidad de Chicago. Durante esta beca, fundó "The Journal of Humanistic Psychiatry". Esta publicación intenta llenar la brecha actual en la literatura entre humanidades y psiquiatría. El Dr. Espi también terminó su entrenamiento en psico-oncología y medicina psicosomática en el centro conmemorativo del cáncer de Sloan Kettering en New York City. Es Profesor asistente del Departamento de Psiquiatría, Medicina Psicosomática en el Rush University Medical Center, Chicago. Obtuvo un doctorado del

QUIJOTES DE LA PSIQUIATRIA

Departamento de Psiquiatría y Psicología Social de la Universidad de Murcia con la tesis titulada "Demonios, ayuno y muerte: el enfoque de la salud mental a finales de la Edad Media". Su disertación combina las disciplinas de Psiquiatría e Historia del Arte. Recientemente acepto una posición como profesor de psiquiatria en el Massachusetts General Hospital, afiliado a la Universidad de Harvard.

Made in United States
Orlando, FL
10 March 2025